MANAGEMENT TOOLS

Michael Wipp,
Bahram Aghamiri, Karla Kämmer

Fehlzeiten konstruktiv managen
Und wer springt morgen ein?

VINCENTZ NETWORK

Bibliografische Information der Deutschen Bibliothek

Die Deutsche Bibliothek verzeichnet diese Publikation in der Deutschen Nationalbibliografie; detaillierte bibliografische Daten sind im Internet über ‹http://dnb.ddb.de› abrufbar.

Die Verfasser nehmen sich heraus, zur besseren Lesbarkeit ausschließlich die männliche Form aller Bezeichnungen zu verwenden. Es wird ausdrücklich darauf hingewiesen, dass sich selbstverständlich Frauen gleichermaßen angesprochen fühlen sollten.

Sämtliche Angaben und Darstellungen in diesem Buch entsprechen dem aktuellen Stand des Wissens und sind bestmöglich aufbereitet.

Der Verlag und die Autoren können jedoch trotzdem keine Haftung für Schäden übernehmen, die im Zusammenhang mit Inhalten dieses Buches entstehen.

© VINCENTZ NETWORK, Hannover 2009

VINCENTZ.NET Besuchen Sie uns im Internet: www.vincentz.net

Satz und Titelgestaltung: BöHM Druckvorstufe, Ronnenberg
Druck: Kösel, Altusried-Krugzell
Foto Titelseite: © S. Hofschlaeger / pixelio

ISBN 3-86630-055-7
    978-3-86630-055-2

Mind Map®

Die Buch-Landkarte für das Buch »Fehlzeiten konstruktiv managen«

Seit 2008 finden Sie in den Büchern von Vincentz Network eine solche Landkarte in Form eines Mind Maps®. Sie soll der Orientierung dienen und stellt das Thema des Buches in einen übergeordneten Zusammenhang. Außerdem erklärt die Buch-Landkarte, welches Thema im aktuellen Buch behandelt wird und welche Themen es parallel noch gibt.

Viel Spaß beim Entdecken!

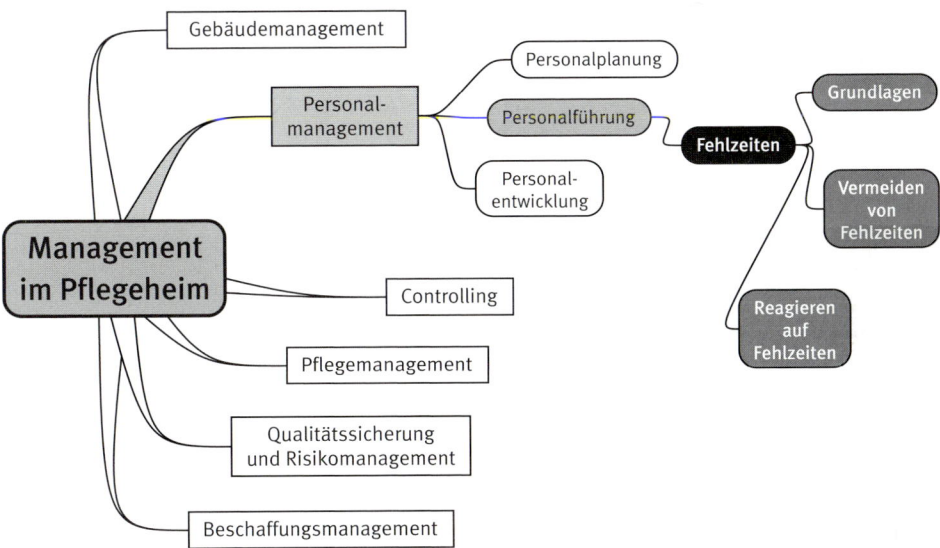

Fehlzeiten konstruktiv managen
© Vincentz Network GmbH & Co. KG, Hannover 2009; ISBN 978-3-86630-055-2

Inhalt

Vorwort

Der konstruktive Umgang mit Fehlzeiten in Folge von Krankheiten stellt eine hoch-brisante Thematik und gleichzeitig eine der zentralen Führungsaufgaben dar. Dabei geht es zunächst um die einrichtungsinterne Definition von Fehlzeiten in Folge von Krankheiten in Abgrenzung zu anderen Ausfallzeiten, deren detaillierte Erfassung und Analyse (= Ursachenforschung) und schließlich um abgestufte Reaktionsformen wie z. B. Rückkehrgespräche, Einbezug von Betriebsarzt und MDK, gegebenenfalls Änderungs- und Beendigungskündigungen unter der möglichen Beteiligung von Betriebsrat oder MAV etc. Das Negieren dieser brisanten Thematik ermuntert nicht nur zu weiteren Fehlzeiten, sondern zerstört das Engagement derjenigen Mitarbeiter, welche die Fehlzeiten anderer ausgleichen müssen und nicht selten vergeblich auf Maßnahmen seitens der Leitungsebene warten.

Das Buch gehört nicht zur Reihe derjenigen, die Fehlzeiten nach Berufsgruppen untersuchen und vor diesem Hintergrund Statistiken ausarbeiten. Dazu gibt es aus-führlich jährlich erscheinende Literatur, welche als Wissenshintergrund sehr zu emp-fehlen ist. Vielmehr will dieses Buch eine Arbeitshilfe aus der Praxis für die Praktiker im Alltag sein, die sich konstruktiv kritisch dieser Thematik zuwenden.

Eigentlich krankenhauspflichtige Patienten werden im Zusammenhang mit Bet-tenabbau und Fallpauschalen immer häufiger in Pflegeheimen oder ambulanten Diensten »untergebracht«. Dies erhöht für die dort tätigen Mitarbeiter bei steigendem Durchschnittsalter der Patienten die physische und psychische Belastung.

Bei einem allgemeinen Rückgang von Fehlzeiten liegen Pflegeeinrichtungen immer noch über dem Durchschnitt anderer Berufsgruppen. Dies verdeutlicht die Notwendigkeit, sich einrichtungsintern konstruktiv dieser Thematik zu stellen. Dabei geht es zum einen darum, die berechtigten krankheitsbedingten Fehlzeiten im Inte-resse von Bewohnern/Patienten und Mitarbeitern von denen abzugrenzen, die zwi-schendurch als willkommener freier Tag (mit)-genommen werden. Ein einfacher Ver-weis auf den branchenüblichen hohen Krankenstand mag zwar beruhigen, stellt aber keine Rechtfertigung dafür dar, sich mit diesem Problem nicht auseinanderzusetzen. Die Zunahme der Arbeitsverdichtung aller Berufsgruppen erlaubt nicht im Ansatz einen Laissez-faire-Stil seitens der verantwortlichen Mitarbeiter im Umgang mit dieser extrem wichtigen Führungsaufgabe, sondern erfordert ein klar strukturiertes, transpa-rentes und nachvollziehbares Handeln. Selbstverständlich sind die Mitarbeiterzahlen weitgehend durch die Vertragspartner im stationären Bereich vorgegeben, nicht aber der Anteil an Fehlzeiten infolge von Krankheiten. Dieser Anteil ist erheblich beein-flussbar. Auch, weil sich Einrichtungen beim (gehäuften?) Auftreten von Krankheits-fehlzeiten oft plakativen Vorwürfen wie mangelnder Führungskompetenz, Mobbing oder schlechtem Betriebsklima ausgesetzt fühlen, sollten sie Fehlzeiten konsequent analysieren und ein betriebliches Fehlzeitenmanagement aufbauen.

Fehlzeiten konstruktiv managen
© Vincentz Network GmbH & Co. KG, Hannover 2009; ISBN 978-3-86630-055-2

In der Alltagspraxis vieler Einrichtungen diktiert die Reaktion auf die Fehlzeiten das Handeln. Zielsetzung dieses Fachbuchs ist es, genau das ins Gegenteil umzukehren. Nicht Reagieren, sondern Agieren. Sich nicht das Handeln durch die Fehlenden aufzwingen lassen, sondern handeln, bevor es dazu kommt. Auch wenn sich vom Sprachgebrauch hier vieles auf die Pflege bezieht, gilt die Systematik des Vorgehens für alle Arbeitsbereiche ambulanter und stationärer Pflegeeinrichtungen.

Am Ende der Kapitel befinden sich in der Regel Tabellen, die das soeben im vorangegangenen Kapitel Beschriebene in kurzen Sätzen als Aussage zusammenfassen. Sie können damit überprüfen, wo Sie mit Ihrer Einrichtung im Bezug auf das Fehlzeitenmanagement stehen. Dazu kreuzen Sie bitte die entsprechende Spalte an. »Ja« heißt, dass Sie diesen Aspekt des Fehlzeitenmanagements bereits voll berücksichtigt haben; »Nein«, dass Sie dies nicht planen, und »Erfolgt später« ist als ein Hinweis zu verstehen, der an die Agenda bezüglich der Weiterentwicklung Ihres Fehlzeitenmanagements erinnert.

Michael Wipp, Bahram Aghamiri, Karla Kämmer
2009

1. Grundlagen

1.1 Definition und Zielsetzungen

Selbstverständnis, gesellschaftliche und ideologische Ausrichtung als Grundlage eines betrieblichen Fehlzeitenmanagements

Voraussetzung für den Aufbau eines betrieblichen Fehlzeitenmanagements ist es sich einrichtungsintern darüber klar zu werden, welche Zielsetzungen damit verbunden sein sollen, um im Nachfolgenden die dazu erforderlichen Maßnahmen zu planen. Zielsetzungen und Maßnahmen müssen sich im Selbstverständnis des Trägers, seiner ideologischen und gesellschaftlichen Ausrichtung wiederfinden. Diese Übereinstimmung stellt bezüglich der späteren Akzeptanz des betrieblichen Fehlzeitenmanagements einen grundlegenden Baustein dar. Dabei dürfen die Visionen und Werte des Trägers nicht dem Grundgedanken des betrieblichen Fehlzeitenmanagements im Wege stehen, die Fehlzeiten deutlich zu senken. Vielmehr muss die Haltung und Wertschätzung des Trägers gegenüber seinen Interessenpartnern sich inhaltlich und in der Maßnahmenumsetzung wiederfinden. Das bedeutet, dass die am Aufbau, der Erarbeitung und der Umsetzung des betrieblichen Fehlzeitenmanagements Beteiligten eine zentrale Unternehmenspositionierung erarbeiten, hinter der sie persönlich auch stehen und an der sie auch gemessen werden. Vor diesem Hintergrund kommt das »Sprechen wegen Kranksein« aus der »Schmuddelecke« heraus, in die es oft vorschnell gestellt wird. Unterstellt wird häufig, es habe nur die Zielsetzung, Mitarbeiter fertig zu machen. In Form eines fundierten betrieblichen Fehlzeitenmanagements wird es stattdessen zu einem aktiven und vor allem verlässlichen Begleiter im Alltag. Dieser Begleiter wird nicht nur seine positiven Seiten haben. Die Frage ist vielmehr die, ob die Maßnahmen in jedem Einzelfall bestmöglich geeignet sind, die angestrebte Zielsetzung zu erreichen. Denn eines ist sicher beim Umgang mit der Thematik der Fehlzeiten: Aussitzen lassen sich diese nie. Höchstens auf Kosten der anderen Mitarbeiter im Betrieb und hier stellt sich die Frage, wie lange die Bürde des Ausgleichs anderen Mitarbeitern aufgelastet werden kann.

Zentrale Zielsetzungen eines betrieblichen Fehlzeitenmanagements:

1. Senkung von Fehlzeiten infolge von Krankheit auf ein Maß, welches dem üblichen Durchschnitt entspricht; besser darunter.

2. Schutz derjenigen Mitarbeiter, welche krank sind, damit diese kein schlechtes Gewissen haben müssen zu Hause zu bleiben.

3. Schutz derjenigen Mitarbeiter vor Überforderung, die häufig für die fehlenden Mitarbeiter einspringen.

4. Das Auftreten von Fehlzeiten einrichtungs- und mitarbeiterbezogen zu lokalisieren, um adäquat darauf reagieren und Lösungen suchen zu können.

Fehlzeiten konstruktiv managen
© Vincentz Network GmbH & Co. KG, Hannover 2009; ISBN 978-3-86630-055-2

5. Betriebswirtschaftliche Schäden für das Unternehmen infolge von Fehlzeiten soweit möglich zu reduzieren.
6. Den Kunden eine vertragsgemäße und kontinuierliche Leistung anbieten zu können.
7. Interessenpartner müssen sich auf vertragsgemäße und qualifizierte Leistungserbringung verlassen können.
8. Mitarbeitern, welche gesundheitlich ihren arbeitsvertraglichen Verpflichtungen nicht mehr nachkommen können, Hilfestellung und Unterstützung zu geben (weil sich dieses Thema nicht aussitzen lässt).
9. Eindeutige Strukturen zum Verhalten beim Auftreten von Fehlzeiten infolge von Krankheiten vorzugeben (= Verlässlichkeit der Maßnahmen).
10. Mitarbeitern, für deren Fehlzeiten sich keine nachvollziehbare Erklärung finden lässt, eindeutig die zu erwartenden Konsequenzen aufzeigen (= Entgegentreten einem möglichen Mobbingvorwurf).

Ergänzende – nicht konkurrierende – Zielsetzungen ergeben sich aus dem betrieblichen Eingliederungsmanagement BEM (vgl. Kap. 3.4). Das BEM sollte im Wesentlichen folgende Zielsetzung verfolgen:

- Die Entstehung von chronischen Krankheiten und Behinderungen bei den Mitarbeitern soll durch vorbeugendes Handeln der Einrichtung und ihrer Interessenvertretungen möglichst verhindert werden.
- Arbeitsunfähigkeit soll überwunden und erneuter Arbeitsunfähigkeit soll vorgebeugt werden.
- Der Arbeitsplatz Schwerbehinderter und/oder von Krankheit betroffener Mitarbeiter soll möglichst erhalten bleiben und es soll verhindert werden, dass diese aus dem Erwerbsleben ausscheiden.

Betriebliches Eingliederungsmanagement nach § 84 SGB IX stellt einen Teil des gesamten betrieblichen Fehlzeitenmanagements dar. Umgekehrt gesagt könnte das betriebliche Eingliederungsmanagement als die »Basisversion« eines umfassenden betrieblichen Fehlzeitenmanagements verstanden werden (vgl. Kap. 2.3.1 und 3.4.)
Betriebliches Fehlzeitenmanagement gewinnt vor allem vor dem Hintergrund umfassender gesellschaftlicher Veränderungen stetig an Bedeutung:

- Zunahme der Schwerstpflegebedürftigkeit von Bewohnern/Patienten auch aufgrund von Veränderungen im Kliniksektor mit der Folge zunehmender körperlich und psychisch belastender Anforderungen im stationären und ambulanten Pflegealltag,
- deutlicher Anstieg des Anteils älterer Mitarbeiter,

- quantitative Abnahme der häuslichen (familiären) Pflegesituation mit Verlagerung dieser Anforderungen in die ambulanten und stationären Pflegeeinrichtungen,
- zunehmend längere Lebensarbeitszeiten,
- Zunahme chronischer Krankheiten,
- Anforderungen aus dem betrieblichen Eingliederungsmanagement § 84 SGB IX.

Vorteile eines betrieblichen Fehlzeitenmanagements

Vorteile für die Mitarbeiter	Vorteile für die Pflegeeinrichtung
• Beitrag zum Erhalt des eigenen Arbeitsplatzes.	Senkung der Fehlzeiten reduziert den organisatorischen Aufwand für »Ersatzbeschaffung« von Mitarbeitern.
• Beitrag zum Erhalt der eigenen Gesundheit.	Attraktivität der Einrichtung in der Außenwirkung ist erhöht bei geringen Fehlzeiten.
• Hilfe bei der Suche nach beruflichen Ersatzmöglichkeiten, wenn die Arbeit nicht mehr (vollumfänglich) ausgeführt werden kann.	Arbeitsplätze oder Teile davon können an andere Mitarbeiter übertragen werden, wenn für kranke Mitarbeiter Alternativen gefunden wurden. Das entlastet den Kranken und das Team.
• Einer drohenden Verschlimmerung von Krankheiten entgegenzuwirken.	Reduzierung und Abbau von Überstunden.
• Vermeidung von Arbeitslosigkeit aufgrund gesundheitlicher Einschränkungen.	Reduzierung der Kosten für »Ersatzbeschaffung« über Zeitarbeitsfirmen; Entgeltfortzahlungen etc.
• Weniger Einspringen und mehr Kontinuität im Einsatz, weniger erforderliche Überstunden.	Anwesende Mitarbeiter sorgen für Kontinuität in der Leistungserbringung und damit für zufriedene Klienten.
• Schutz gesunder Mitarbeiter vor Überforderung als Folge von langfristiger Tätigkeitsübernahme von kranken Kollegen.	Pflegeeinrichtung gewinnt als Arbeitgeber an Attraktivität bei einem etablierten betrieblichen Fehlzeitenmanagement vor dem Hintergrund demographischer Veränderungen.
• Sicherheit beim Umgang mit Fehlzeiten – keine Beliebigkeit im Handeln bei Vorgesetzten.	Zufriedene Mitarbeiter, weil sich diese auf klare Regelungen verlassen können und nicht »Opfer« von Spontanaktionen werden.

Zum Thema krankheitsbedingte Fehlzeiten gibt es zahlreiche Veröffentlichungen von Krankenkassen, aber auch anderen Institutionen sowie Studien zu den unterschiedlichen Branchen. Direkt zu den Pflegeberufen bestehen wenige aussagekräftige Studien.

Eher werden Allgemeinplätze in die Diskussion geworfen, dass der erhöhte Krankenstand in den Pflegeberufen nicht verwunderlich sei, wegen der hohen physischen und psychischen Belastungen. Dass diese Belastung hoch ist, ist unbestritten. Dazu dürfen dann auch alle Jahre wieder aus der Versenkung hervorgeholte Vergleichswerte mit dem Baugewerbe herhalten. Aber gibt es nicht eine ganze Reihe anderer Berufe mit ähnlich belastenden Situationen (Schichtdienst, Wochenenddienst, Tag- und Nachtdienst, Sterbende und kranke Menschen etc.)? Warum ist beispielsweise in der Krankenpflege die Fehlzeitenquote geringer als in der Altenpflege? Wegen des Alters der jeweiligen Mitarbeiter, der Qualifikation?

Es ist deutlich zu erkennen, von welcher zentralen Bedeutung es für die Beteiligten ist, sich nicht nur auf Aussagen von Dritten, Studien oder Statistiken zu verlassen, sondern sich ein Bild von der Situation vor Ort in der eigenen Einrichtung oder dem Trägerverband zu machen, um zu aussagekräftigen Fakten zu kommen. Nur diese können die Grundlage für ein gezieltes Handeln darstellen. Studien und Statistiken bilden den Hintergrund, Sachverhalte zu erklären und einzuordnen und haben deswegen durchaus ihre Berechtigung und Wichtigkeit, insbesondere auch als Vergleichswerte zur Bestimmung des eigenen Standorts innerhalb dieser Thematik (vgl. Kap. 1.6).

1.2 Fehlzeiten in Abgrenzung zu anderen Ausfallzeiten

(vgl. Schaubild 1.2.2 A, S. 23)

Voraussetzung für ein konsequentes Fehlzeitenmanagement ist eine einrichtungsinterne Definition dessen, was unter dem Begriff Ausfallzeiten zu verstehen ist, um davon wiederum die Fehlzeiten infolge von Krankheit abzugrenzen. Nur wenn diese Festlegung erfolgt ist, können diese Zeiten später im Sinne einer Fehlzeitenstatistik erfasst und bewertet werden. Als Ausfallzeiten sollten die klassischen Fehlzeitenanteile wie Krankheit, Urlaub und Fortbildung definiert und erfasst werden und abgrenzend dazu auch Arbeitszeiten beispielsweise für einrichtungsinterne Qualitätssicherungsmaßnahmen, Wegezeiten etc. Bei den Fehlzeiten in dem hier beschriebenen Sinne handelt es sich um Krankzeiten innerhalb der Grenzen des Entgeltfortzahlungsgesetzes.

Dazu ist es erforderlich, dass einrichtungsintern genau festgelegt ist, wie die Fehlzeiten zu erfassen sind. Es bietet sich dazu der Dienstplan an, weil hier jegliche Fehlzeit dokumentiert wird. Unabhängig von der Entscheidung, ab welchem Tag und bei welchem Mitarbeiter (vgl. Kap. 3.3.1) Arbeitsunfähigkeitsbescheinigungen eingefordert werden, ist somit gewährleistet, dass eine genaue Grundlagendokumentation sichergestellt ist. Eine derart festgelegte Definition und Erfassung ist Voraussetzung dafür, dass im Folgenden sowohl einrichtungsintern als auch häuserübergreifend (= trägerintern) Aussagen vergleichender Art bezüglich der gesamten Ausfallzeiten wie auch des Anteils an Fehlzeiten infolge von Krankheit gemacht werden können.

Fehlzeiten konstruktiv managen
© Vincentz Network GmbH & Co. KG, Hannover 2009; ISBN 978-3-86630-055-2

Folgende Definitionen und Abgrenzungen sollen nachfolgend verwendet werden. Sie werden auch in der Literatur analog gebraucht.

- Kurzzeiterkrankungen: bis zu 3 Tagen,
- Erkrankungszeiten: > 3 Tage bis zu 42 Tage,
- Langzeiterkrankungen: > 42 Tage pro Jahr.

Bei Statistiken der Krankenkassen, welche jeweils zum Vergleich herangezogen werden, muss ein besonderes Augenmerk darauf gerichtet sein, welche Versichertenstruktur diese Krankenkasse überwiegend aufweist. Folglich weichen auch veröffentliche Zahlen der Krankenkassen nicht unerheblich voneinander ab und müssen, wenn diese als Vergleichsgröße herangezogen werden, in Übereinstimmung mit der Versichertenstruktur der jeweiligen Mitarbeiter und deren Krankenkassen betrachtet werden.

Arbeitsunfähigkeitsfall: Anzahl der Häufigkeit des Auftretens von Arbeitsunfähigkeit (= Anzahl an Arbeitsausfällen (nicht Tage!) mit und ohne Krankschreibungen).

Arbeitsunfähigkeitstage: Anzahl an Arbeitsunfähigkeitstagen (abhängig von der Dauer der jeweiligen Krankschreibungen).

1.2.1 Rechtliche Perspektive

Mitarbeiter können aus verschiedenen Gründen daran gehindert sein, ihre Arbeitsleistung zu erbringen. Die Vergütung ist regelmäßig für die Dauer von sechs Wochen (§ 3 Abs. 1 EFZG) jedoch nur für solche Fehlzeiten von der Einrichtung zu zahlen, in denen der Mitarbeiter infolge von auf Krankheit beruhender Arbeitsunfähigkeit seine Arbeitsleistung nicht erbringen konnte. Rechtmäßige Sterilisationen und Schwangerschaftsabbrüche sind der unverschuldeten Arbeitsunfähigkeit wegen Krankheit gleichgestellt (§ 3 Abs. 2 EFZG).

Die Abgrenzung von Fehlzeiten infolge Krankheit von anderen Fehlzeiten ist daher für die Einrichtung von erheblicher, insbesondere finanzieller Bedeutung. Dieses insbesondere auch aus dem Grund, da im Bereich des Entgeltfortzahlungsrechts das sog. Prinzip der Monokausalität gilt. Nach diesem Prinzip muss die krankheitsbedingte Arbeitsunfähigkeit die alleinige Ursache der Arbeitsverhinderung sein, damit Entgeltfortzahlungsansprüche des Mitarbeiters entstehen können. Ein Anspruch auf Entgeltfortzahlung scheidet somit grundsätzlich immer dann aus, wenn die Arbeit auch aus einem anderem Grund als der krankheitsbedingten Arbeitsunfähigkeit des Mitarbeiters ausgefallen wäre.

An der Ursächlichkeit fehlt es zunächst, wenn der Mitarbeiter von vornherein arbeitsunwillig war, in dem er zum Beispiel vor Beginn seiner Krankheit bereits erklärt hat, dass er krank sein werde, wenn die Einrichtung an bestimmten Anweisungen festhält oder bestimmte Wünsche des Mitarbeiters etwa auf Urlaubsgewährung zu einem bestimmten Zeitpunkt nicht erfüllen will. Arbeitsunwilligkeit schließt somit entgeltfortzahlungspflichtige Arbeitsunfähigkeit aus. In den Fällen, in denen der Mitarbeiter Krankheiten ankündigt, wird darüber hinaus regelmäßig eine außerordentliche Kündigung gemäß § 626 BGB gerechtfertigt sein. Das Bundesarbeitsgericht geht insoweit davon aus, dass die Ankündigung einer zukünftigen, im Zeitpunkt der Äußerung noch nicht bestehenden Erkrankung durch den Mitarbeiter für den Fall, dass die Einrichtung einem Verlangen auf Gewährung zusätzlichen bezahlten oder unbezahlten Urlaubs nicht entsprechen sollte, ohne Rücksicht auf die später tatsächlich auftretende Krankheit an sich als wichtiger Grund für eine außerordentliche Kündigung geeignet ist. Dabei kann es ausreichend sein, dass die Drohung mit der Erkrankung nicht unmittelbar erfolgt, sondern im Zusammenhang mit dem Urlaubswunsch gestellt wird, und ein verständiger Dritter dies als deutlichen Hinweis werten kann, bei Nichtgewährung des Urlaubs werde eine Krankschreibung erfolgen.

Weiterhin fehlt es an der Ursächlichkeit in den Fällen, in denen die Arbeitsleistung infolge eines gesetzlichen Beschäftigungsverbotes nicht erbracht werden kann (vgl. Schaubild 1.2.2 A). Dies gilt uneingeschränkt für die Fälle der mutterschutzrechtlichen Beschäftigungsverbote der §§ 3 Abs. 1, 4 MuSchG. Liegen deren Voraussetzungen vor und ist die Mitarbeiterin noch nicht in den Schutzfristen der §§ 3 Abs. 2, 6 Abs. 1 MuschG mit der Folge, dass sie noch keine Ansprüche aus der RVO auf Mutterschaftsgeld hat, wird sie regelmäßig einen Anspruch gegen die Einrichtung aus § 11 Abs. 1 MuSchG auf Zahlung des Durchschnittsverdienstes haben, bemessen auf einen Zeitraum von 13 Wochen vor Beginn des Beschäftigungsverbots.

Beachte: Ansprüche aus § 11 Abs. 1 MuSchG sind nicht auf einen Zeitraum von sechs Wochen beschränkt. Es kann daher im Einzelfall von erheblicher Bedeutung sein, ob ein Beschäftigungsverbot nach dem MuschG oder Arbeitsunfähigkeit infolge Krankheit vorliegt. Die Einrichtung, die ein Beschäftigungsverbot nach § 3 Abs. 1 MuSchG anzweifelt, kann vom ausstellenden Arzt Auskünfte über die Gründe für das Attest verlangen, soweit diese nicht der ärztlichen Schweigepflicht unterliegen. In jedem Fall ist der Einrichtung mitzuteilen hat der Arzt, von welchen tatsächlichen Arbeitsbedingungen der Mitarbeiterin er ausgegangen ist und ob krankheitsbedingte Arbeitsunfähigkeit vorgelegen hat. Will die Einrichtung das Beschäftigungsverbot wegen objektiv begründbarer Zweifel nicht gegen sich gelten lassen, kann sie weiterhin eine weitere ärztliche Untersuchung der Mitarbeiterin verlangen. Die Mitarbeiterin hat diesem Verlangen regelmäßig nachzukommen, wenn die Einrichtung ihr die Beweggründe mitteilt.

Bei einem seuchenpolizeilichen Beschäftigungsverbot wird der Anspruch auf Entgeltfortzahlung im Krankheitsfall dann nicht ausgeschlossen, wenn das Beschäftigungsverbot die Folge der zur Arbeitsunfähigkeit geführten Erkrankung ist.

Erkrankt der Mitarbeiter während des Urlaubes, werden die durch ärztliche Bescheinigung nachgewiesenen Tage der Arbeitsunfähigkeit auf den jährlichen Erholungsurlaub nicht angerechnet (§ 9 BUrlG). Das heißt, Urlaub ist in Zeiten von Arbeitsunfähigkeit infolge Krankheit nicht erfüllbar. Hieraus folgt, dass der Mitarbeiter für die Tage der krankheitsbedingten Arbeitsunfähigkeit, die in den Zeitraum des bewilligten Erholungsurlaubs fallen, Anspruch auf Entgeltfortzahlung hat.

Sofern Mitarbeiter über einen längeren Zeitraum infolge Krankheit arbeitsunfähig sind, stellt sich häufig die Frage, bis zu welchem Zeitpunkt noch bestehende Urlaubsansprüche zu erfüllen sind. Diese Frage beantwortet § 7 Abs. 3 BUrlG. Danach ist eine Übertragung des Urlaubs bis zum 31.03. statthaft, sofern dringende in der Person des Mitarbeiters liegende Gründe dies rechtfertigen. Konnte Urlaub im laufenden Jahr infolge auf Krankheit beruhender Arbeitsunfähigkeit nicht erfüllt werden, liegt hierin nach der Rechtsprechung ein in diesem Sinne dringender Grund. Die Systematik lässt sich am anschaulichsten anhand des nachfolgenden Beispiels verstehen.

Beispiel: Die Pflegehelferin B ist im Zeitraum vom 04.09.2006 bis zum 01.01.2008 arbeitsunfähig erkrankt. An ihrem ersten Arbeitstag nach Wiederherstellung der Arbeitsfähigkeit, dem 02.01.2008 macht sie die Erfüllung von zehn Resturlaubstagen aus dem Jahre 2006 sowie des gesamten Jahresurlaubes aus dem Jahre 2007 gegenüber der Einrichtung geltend.

Urlaubsansprüche aus dem Jahre 2006 kann sie nicht mehr geltend machen, denn diese sind gem. § 7 Abs. 3 S. 3 BUrlG spätestens am 31.03.2007 verfallen. Den gesamten Jahresurlaub aus dem Jahre 2007 hat die Einrichtung in den ersten 3 Monaten des Jahres 2008 zu erfüllen. Dieser ist gem. § 7 Abs. 3 S. 2 BUrlG aus dringenden in der Person der Mitarbeiterin liegenden Gründen automatisch in das Jahr 2008 übergegangen. Dass die Mitarbeiterin im Jahre 2007 überhaupt keine Arbeitsleistung erbracht hat, ist dabei unerheblich, denn zum einen ist das Erholungsbedürfnis nicht Voraussetzung des Urlaubsanspruchs und zum anderen kann der Geltendmachung des Anspruchs auch nicht der Einwand des Rechtsmissbrauchs entgegengehalten werden.

In Zeiten, in denen das Arbeitsverhältnis ruht (Elternzeit, Zivildienst etc.), entstehen keinerlei Ansprüche aus dem Arbeitsverhältnis, etwa auf Entgeltfortzahlung, Urlaub etc. Erkrankt der Mitarbeiter während eines ruhenden Arbeitsverhältnisses wird die Zeit des Ruhens nicht auf den Sechs-Wochen-Zeitraum nach § 3 Abs. 1 EFZG angerechnet. Dieser Zeitraum beginnt nicht mit der Erkrankung, sondern erst mit der tatsächlichen Verhinderung an der Arbeitsleistung infolge Krankheit, also mit der Beendigung des Ruhenszeitraums.

Die volle Erwerbsminderung nach dem Rentenversicherungsrecht schließt entgegen weit verbreiteter Auffassung Arbeitsunfähigkeit infolge Krankheit nicht aus. Vielmehr sind die sozialrechtlichen Voraussetzungen einer Erwerbsminderung und die arbeitsrechtlichen Voraussetzungen für die Arbeitsunfähigkeit infolge Krankheit unabhängig voneinander zu beurteilen. Selbst für den Fall einer besonders schweren Erkrankung des Mitarbeiters, die die zeitweise oder dauerhafte volle Erwerbsminderung zur Folge hat, wird die Einrichtung bei Fortbestand des Arbeitsverhältnisses nicht von der Verpflichtung zur Entgeltfortzahlung befreit.

Ist der Mitarbeiter schließlich aus persönlichen Gründen an der Erbringung seiner Arbeitsleistung verhindert (§ 616 Abs. 1 BGB) und ist er zugleich arbeitsunfähig erkrankt, ist umstritten, ob dem Mitarbeiter in Durchbrechung des Grundsatzes der Monokausalität Entgeltfortzahlungsansprüche zustehen sollen. Als persönliche Gründe in diesem Sinne anerkannt sind insbesondere:

- familiäre Ereignisse (Hochzeiten, Beerdigungen, Konfirmation, Niederkunft der Ehefrau etc.),
- Ausübung von Ehrenämtern (freiwillige Feuerwehr, Katastrophenschutz, ehrenamtliche Richter etc.),
- Vorladungen bei Behörden und Gerichten,
- Pflege naher Angehöriger, (Pflegezeitgesetz)
- Arztbesuche.

Im Hinblick auf Arztbesuche ist festzuhalten, dass diese nur dann einen persönlichen Hinderungsgrund darstellen, wenn der Arztbesuch medizinisch notwendig während der Arbeitszeit durchzuführen war. Das heißt, grundsätzlich sind Arztbesuche außerhalb der Arbeitszeit durchzuführen. Nur dann, wenn entweder akute Beschwerden vorliegen, der Arztbesuch aus medizinischen Gründen zwingend während der Arbeitszeit stattzufinden hat (z. B. Blutabnahme oder Röntgen mit nüchternem Magen) oder der jeweilige Arzt Sprechstunden nur während der Arbeitszeit hat, liegt ein persönlicher Hinderungsgrund vor. Ansonsten kann die Einrichtung den Mitarbeiter jeweils darauf verweisen, seine Arztbesuche außerhalb der Arbeitszeit durchzuführen.

1.2.2 Krankheit versus Absentismus

Die Autoren sind sich bewusst, in diesem Buch einige sehr heikle Sachverhalte ansprechen zu müssen, ohne deren Abhandlung würde jedoch die Thematik der Fehlzeiten infolge von Krankheiten nicht in ihrer gesamten Komplexität angesprochen und darf deswegen nicht fehlen. Denn auch der Führungskraft bleiben diese Themen im Alltag nicht erspart. Dieser Ratgeber für Praktiker spricht daher offen und ehrlich schwierige Themen an und gibt Tipps und Hilfestellungen für den Arbeitsalltag.

Nachweislich reduziert ein konstruktiver und zielgerichteter Umgang mit Fehlzeiten infolge von Krankheiten diese deutlich. Konsequente Rückkehrgespräche z. B. unter Einbezug des Betriebsrates und/oder in abgestufter Form eingebettet in ein betriebliches Fehlzeitenmanagement stellen ein bewährtes und erprobtes Mittel dazu dar. Eine besondere Herausforderung im Umgang mit Fehlzeiten stellt die Abgrenzung der echten von den sog. unechten Ausfallzeiten infolge von Krankheit dar. Mit unechten Fehlzeiten (= Absentismus) ist gemeint, dass Mitarbeiter nicht wirklich krank sind, sondern sich unter diesem Deckmantel einen, mehrere oder wiederholt freie Tage gewähren.

Keul formuliert in seinem Buch »Fehlen aus Gewohnheit« den Begriff »Absentismus« dahingehend, dass der Mitarbeiter die bewusste Entscheidung trifft, aufgrund einer inneren Einstellung oder Motivation ohne ein direktes Krankheitsbild oder mit einer vorgeschobenen Krankheit, nicht zur Arbeit zu erscheinen.

Jede Führungskraft, welche sich mit einem betrieblichen Fehlzeitenmanagement befasst, kommt an den Punkt, an dem sich ihr der Umgang mit dieser Fragestellung aufzwingt. Die Mitarbeiter innerhalb des Teams machen es sich in diesem Sachverhalt einfacher – oft wissen sie sogar ganz genau, wer den Absentismus pflegt, vertrauen ihr Wissen aber aus falsch verstandener Kollegialität nicht der Führungsebene an, bis es eben manchmal nicht mehr anders geht. Mitarbeiter mit unechten Fehlzeiten überstrapazieren nicht selten die Bereitschaft der anderen, derartige Fehlzeiten mitzutragen. Gleichwohl beobachtet das Team in einer derartigen Situation ganz genau das Handeln oder Nicht-Handeln der Führung und fragt sich, wie lange es wohl dauert, bis auffällt, was hier eigentlich gespielt wird.

Um sich der Abgrenzung von Fehlzeiten infolge Krankheiten gegenüber Absentismus zu nähern, ist es hilfreich, sich zu vergegenwärtigen, welche Zielsetzungen mit einem betrieblichen Fehlzeitenmanagement verbunden sind (vgl. Kap. 1.1). Ein konstruktiver Umgang mit Fehlzeiten ist sowohl im Interesse der Leistungsempfänger (also der Bewohner von Einrichtungen) als auch der Mitarbeiter, die den Absentismus ihrer Kollegen mit vermehrten Diensten, schlechter Besetzung und in der Folge massiven Überstunden »korrigieren« dürfen. Jedem Mitarbeiter in der Pflege ist bekannt, dass Fehlzeiten infolge von Krankheit auch einen beträchtlichen Anteil an Absentismuszeiten enthalten, welche nicht nur dem Betrieb oder seinen fehlenden Managementstrukturen angelastet werden können und somit auch nicht fehlenden organisatorischen Strukturen oder einer mangelnden Mitarbeiterführung zuzuschreiben sind. Eine derartige Denkweise wäre zu vereinfachend.

Zu oft wird die (Schutz)- Behauptung vorgeschoben, dass Mitarbeiter, die krank sind, nicht unter Druck gesetzt werden dürfen. Das ist auf der einen Seite absolut richtig. Davor bewahrt ein betriebliches Fehlzeitenmanagement, weil es nach einem vorab festgelegten Schema vorgeht und in seinen Rahmenstrukturen unabhängig ist von der Person des jeweils Betroffenen. Genau dies fehlt oft. Verantwortliches Handeln Mitarbeitern gegenüber setzt Strukturen voraus, welche weitgehend frei von subjektiven Auslegungen sind. Das ist bereits ein hoher Anspruch. Die Verantwortung der Führungskraft besteht allen Mitarbeitern gleichermaßen gegenüber, nicht »nur« gegenüber dem Kranken. Es ist eine verantwortliche Aufgabe der Führungskraft zu erkennen, welche Ursachen (vgl. Kap. 1.3) zu den Fehlzeiten infolge von Krankheit führen. Und das geht nicht, ohne mit den Betroffenen darüber zu sprechen.

Die wohnbereichsübergreifende »Ersatzbeschaffung« von Mitarbeitern zum Ausgleich von Fehlzeiten ist wichtig. Es ist aber hochgefährlich, wenn die einzige Reaktion auf Fehlzeiten im Ausgleich der Dienstplanlücke besteht, um die Leistungserbringung sicherzustellen. Fehlt ein Mitarbeiter ohne tatsächliche Erkrankung, sondern weil er sich indisponiert fühlt und die einzige Reaktion auf sein Fehlen darin besteht, dass für ihn ein anderer Mitarbeiter einspringt, bewirkt dies zweierlei:

- Bei dem ausfallenden Mitarbeiter wird möglicherweise das Gefühl gefördert, dass sein Fehlen kein Problem darstellt, weil die Bewohnerversorgung dennoch sichergestellt wurde. Es wird damit das subjektive Gefühl bei ihm gestärkt, dass sein Fehlen für niemanden ein Problem war. Frei nach dem Motto: »Die WBL regelt das bei uns schon«.

- Der einspringende Mitarbeiter hält seinen Einsatz für erforderlich im Hinblick auf die Kontinuität in der Leistungserbringung und die Arbeitsentlastung der Kollegen. Tritt diese Situation allerdings wiederholt ein, entsteht eine gefährliche Konstellation: Der einspringende Mitarbeiter wird sich über kurz oder lang ausgenutzt vorkommen. Er erbringt seinen Einsatz, um kurzfristig eine Notlage zu überbrücken, erlebt aber gleichermaßen keine nachhaltigen Maßnahmen der Führungsebene, um derartige Situationen zu reduzieren. Wird die beschriebene Situation bis zum Exzess weitergeführt, entwickelt sich ein gefährlicher Kreislauf mit zwei Mitarbeiterkategorien: Die einen Mitarbeiter glauben ohne Sorge fehlen zu können. Das Ergebnis für sie – es ist alles geregelt, warum also mache ich das nicht öfter? Bei der anderen Mitarbeiterkategorie findet sich eine zunehmende Demotivation ehemals hoch motivierter Mitarbeiter, welche sich selbst nicht mehr zu helfen wissen und sich fragen, warum sie der »Depp« im Unternehmen sein müssen. Im schlimmsten Fall fallen sie durch Frustration und/oder Überlastung ebenfalls aus. Und genau an diesem Punkt ist die Situation eskaliert.

Wie können Fehlzeiten infolge von Krankheit von Zeiten des Absentismus unterschieden werden? Das ist ein Prozess, der sich aus vielen einzelnen Teilen zusammensetzt, welche in ihrer Summe ein Bild der individuellen Mitarbeitersituation ergeben. Ein zentrales Merkmal stellen dabei die Rückkehrgespräche dar, weil sie innerhalb der Gesprächssituationen tiefe Einblicke in das Denken und Handeln des jeweiligen Mitarbeiters geben. Diese Gespräche müssen in Verbindung mit den Erkenntnissen aus den in Kap. 1.3 beschriebenen Gesprächsanalysen betrachtet werden. Ebenso zählen dazu das Verhalten und die Arbeitsleistung im Betrieb. Dabei geht es keineswegs um angepasste Mitarbeiter, sondern darum, ob Mitarbeiter die von ihnen auf der jeweiligen Arbeitsebene vereinbarte Arbeitsleistung zuverlässig erbringen. Mitarbeiter, die Absentismus pflegen, sind selten personenidentisch mit solchen, die ein hohes Arbeitsengagement an den Tag legen. Gleichermaßen stellt die Beobachtung des Teams selbst und der Platz, den der einzelne darin einnimmt, ein weiteres wichtiges Element dar. Die Teams kennen ihre »Teamplayer« und wissen, welche als erste ausfallen, wenn Grippeviren im Anflug auf Deutschland benannt werden. In einem Seminar zu dieser Thematik berichtete vor kurzem eine Kollegin von der Situation, dass ihr im Rahmen von Analysenauswertungen des betrieblichen Fehlzeitenmanagements Mitarbeiter aufgefallen waren, die beispielsweise bei einer Norovirusinfektion doppelt so lange gefehlt haben wir andere. Dieselben Mitarbeiter gingen einher mit hohen Fehlzeiten im Mittel zwischen 8 und 14 Tagen und gleichermaßen nicht erkennbar logischen Erklärungen wie zum Beispiel einer Abwehrschwäche bei chronischen Erkrankungen, welche dann den Körper auch bei scheinbaren Banalinfektionen in eine Krise ziehen kann. Diejenigen Mitarbeiter, die auch bei der Noroinfektion nur kurz gefehlt haben, waren die gleichen, die auch sonst geringe Fehlzeiten haben. Oder die Mutter, die oftmals fehlt (= Kind krank im Dienstplan), weil ihr »Kleiner« krank ist, der ansonsten aber nichts mehr mit der Familie zu tun haben will, weil er inzwischen 16 Jahre alt ist.

Deutlich zu sehen ist, dass es auch hier wieder um Folgendes geht:

Leichtfertige und spontane Aussagen zu Fehlzeiten von Mitarbeitern haben nichts mit einem betrieblichen Fehlzeitenmanagement und/oder der Wahrnehmung der Fürsorgepflicht zu tun. Die in diesem Buch beschriebenen Analysen fordern einen differenzierten Umgang mit diesem heiklen Thema als Führungsaufgabe ein. Dazu gehören Gespräche, geschulte Beobachtungen und Analysen und die Fähigkeit, daraus im verantwortlichen Sinn Rückschlüsse zu ziehen, um diese mit dem betroffenen Mitarbeitern zu besprechen und gemeinsam Lösungen zu suchen.

Der Schaden, der von Absentismuszeiten ausgeht, ist beträchtlich. Nicht nur die Leistungsfähigkeit des Betriebs seinen Kunden gegenüber wird eingeschränkt, sondern es entsteht neben dem betriebswirtschaftlichen Schaden infolge von zusätzlichem Einsatz anderer Mitarbeiter etc. eine möglicherweise kontinuierliche Überlastung derjenigen Mitarbeiter, die arbeiten. Die heutige Arbeitssituation zeigt sich allerorten mit einer ohnehin hohen körperlichen und oftmals psychischen Belastung, die weitere Arbeitsverdichtungen nicht mehr kompensieren oder tolerieren kann.

So hart es klingen mag: Zeiten des Absentismus können aus den beschriebenen Gründen nicht toleriert werden und müssen mit allen gesetzlichen und dienstvertraglich möglichen Maßnahmen verfolgt werden. Zielführend sind diese immer. Voraussetzung ist allerdings – und das zieht sich wie ein roter Faden durch das betriebliche Fehlzeitenmanagement – die Konsequenz im Handeln. Konsequenz bedeutet, dass ein einmal eingeschlagener Weg zwar auf seiner Streckenführung den möglicherweise sich ändernden Situationen angepasst werden muss, die Zielsetzung selbst aber nämlich die Fehlzeitenreduktion, niemals unterbrochen werden darf. Dann ist der Erfolg sichergestellt. Für Zweifler darf auf den Sachverhalt eines Mitarbeiters verwiesen werden, der über Jahre hinweg ca. 200 Fehltage/pro Jahr hatte, was zunächst ohne spürbare Konsequenzen für ihn blieb. Sein Fehlen wurde über den Dienstplan geregelt – man hatte sich mit seinen Abwesenheiten arrangiert. Sprich: Er war mit der Situation rundum zufrieden. Mit einer veränderten Führungsmannschaft wurde ihm dann allerdings signalisiert, dass diese Jahre sich dem Ende zuneigen. Daraufhin drohte er mit Anwälten und Mobbingvorwürfen.

Die konsequente Verfolgung der Zielsetzung mit:

- Rückgesprächen am ersten Tag (Begrüßung bereits am Eingang des Hauses),
- kontinuierlichem Anbieten der Vertragsreduzierung (direktes Vorlegen des vorgefertigten Vertrags),
- kontinuierlicher Einbindung der Personalvertretungsorgane bezüglich Vorschlägen zum Umgang mit derartigen Situationen,
- kontinuierlichem Einbezug der Krankenkasse mit Information des Mitarbeiters,
- der Einschaltung betriebsärztlicher Untersuchungen,
- klaren Worten zur Zielsetzung unter vier Augen,
- dem Ausschöpfen aller betriebsinternen Versetzungsmöglichkeiten,
- Information der anderen Mitarbeiter, für wen sie zum wiederholten Mal am Wochenende einspringen dürfen etc.

führte auch hier zum Erfolg (vgl. Kap. 3.3). Entscheidend ist die Ausdauer und die Konsequenz im Vorgehen. Das Vorgehen hat noch einen anderen Effekt: Die übrigen Mitarbeiter – insbesondere solche, die in ihrer »Struktur« ähnlich gelagert sind, sich aber nicht trauen, unechte Fehlzeiten zu produzieren, beobachten derartige Sachverhalte sehr genau und loten vor diesem Hintergrund eigene Aktivitäten aus.

Fachleute gehen davon aus, dass 30 – 40 Prozent der krankheitsbedingten Fehlzeiten nicht durch medizinische Notwendigkeiten begründet und somit beeinflussbar sind. In diesen Fällen entscheidet also nicht der Arzt, sondern der Mitarbeiter selbst, ob er die Arbeit aufnimmt. Neben Mitarbeitern, die gezielt fehlen, darf aber nicht die Gruppe derjenigen unerwähnt bleiben, die auch dann zur Arbeit gehen, wenn ihre Gesundheit streikt. Bei einer Umfrage des Online Stellenmarktes StepStone in 2006, an der sich ca. 12.000 Besucher beteiligten, gaben nur neun Prozent der Befragten an, sich im Krankheitsfall auszukurieren. 41 Prozent sagten, unabhängig von der Schwere ihrer Erkrankung zu arbeiten. Weitere 50 Prozent erklärten, wegen kleinerer Beschwerden nicht zu Hause zu bleiben. Diese Ergebnisse machen deutlich, wie wichtig es ist, dass dann nicht einige wenige auf Kosten der anderen leben. Jeder der

Autoren weiß, dass es immer die gleichen Mitarbeiter sind, die, auch wenn sie krank sind, zum Dienst kommen bzw. dass es auch immer die gleichen Mitarbeiter sind, die jede Gelegenheit nutzen, sich auszuruhen. Und genau das darf für Letztere im Interesse der engagierten und einsatzbereiten Mitarbeiter nicht zur Gewohnheit werden, weil sich diese ansonsten zu Recht ausgenutzt vorkommen.

Besteht die Strategie in Bezug auf Fehlzeiten infolge von Krankheit ausschließlich darin, die Besetzung im Dienstplan wieder herzustellen, ist von ausschließlich steigenden Fehlzeiten auszugehen.

Das betriebliche Fehlzeitenmanagement	ja	nein	Erfolgt später
• enthält Strategien zum Umgang mit Fehlzeiten infolge von Krankheit über den dienstplanmäßigen Ersatz ausfallender Mitarbeiter hinaus.			
• umfasst durch die interne Kommunikationsstruktur regelmäßige Informationen der Führungsmannschaft über die komplexen Auswirkungen von Fehlzeiten.			
• enthält Analyseinstrumente, welche die individuelle Mitarbeitersituation als Resultat vielfältiger Einflüsse verständlich machen. Damit lässt sich herausfiltern, bei welchen Mitarbeitern möglicherweise unechte Fehlzeiten auftreten (vgl. Schaubild 2.1 A).			
• umfasst Maßnahmen, welche der Führungsmannschaft die Komplexität des Geschehens zeigen.			

Schaubild 1.2.2 A

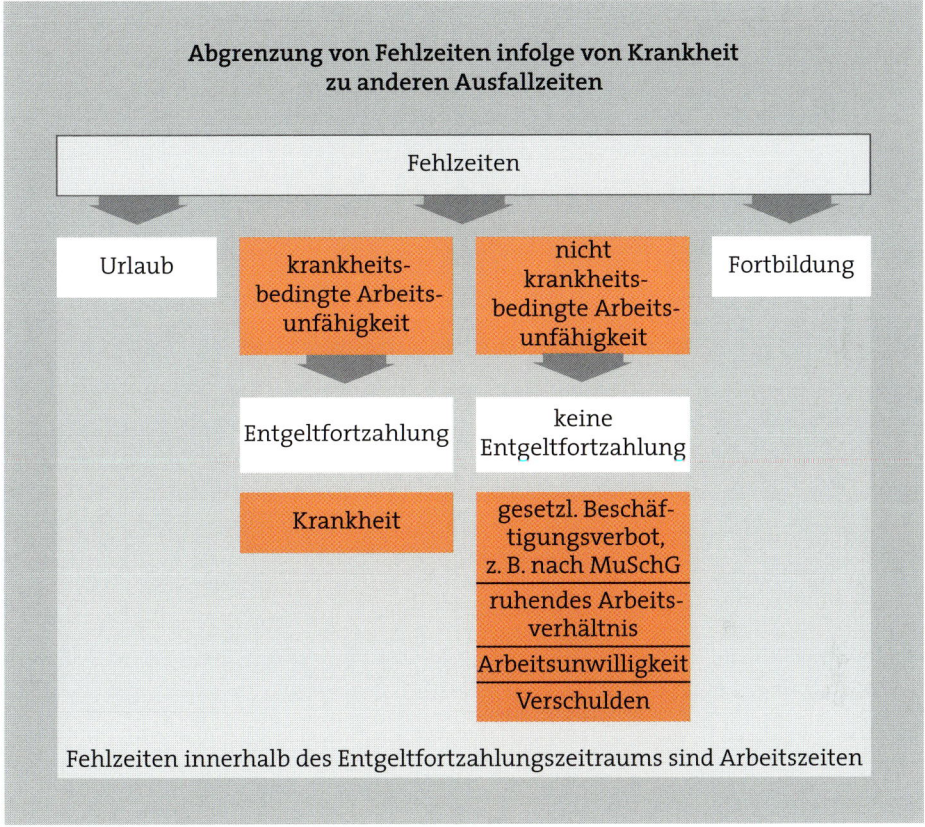

Abgrenzung von Fehlzeiten infolge von Krankheit
zu anderen Ausfallzeiten

Fehlzeiten

Urlaub | krankheits-bedingte Arbeits-unfähigkeit | nicht krankheits-bedingte Arbeits-unfähigkeit | Fortbildung

Entgeltfortzahlung | keine Entgeltfortzahlung

Krankheit | gesetzl. Beschäf-tigungsverbot, z. B. nach MuSchG
ruhendes Arbeits-verhältnis
Arbeitsunwilligkeit
Verschulden

Fehlzeiten innerhalb des Entgeltfortzahlungszeitraums sind Arbeitszeiten

Siehe auch »Einflussfaktoren auf Fehlzeiten« auf der folgenden Seite

Siehe auch »Einflussfaktoren auf Fehlzeiten« auf der folgenden Seite

1.3 Erfassung und Ursachenforschung

Die Beurteilung von Fehlzeiten infolge von Krankheiten – erfordert im Interesse aller Beteiligten eine konsequente Analyse, um eine gezielte Ursachenforschung betreiben zu können. Nur diese sachbezogene Vorgehensweise erlaubt ein gezieltes Angehen der zugrunde liegenden Ursachen. An diesem Punkt gilt: Eine differenzierte Ursachenanalyse setzt neben einer detaillierten Betrachtung zunächst eine genaue Erfassung dieser Fehlzeiten voraus – nicht nur das Sammeln von »Gelben Scheinen«. Viele Einrichtungen teilen auf Nachfrage mit, dass viele Mitarbeiter fehlen – bei genauer Nachfrage »was viele sind« gibt es keine konkrete Antwort. Diese unstrukturierte Form

Fehlzeiten konstruktiv managen
© Vincentz Network GmbH & Co. KG, Hannover 2009; ISBN 978-3-86630-055-2

Grundlagen

Schaubild 1.2.2 B

Einflussfaktoren auf Fehlzeiten

Persönliche Einflussfaktoren
- Geschlecht, Alter
- Familienstand
- Ausbildung und Qualifikation
- Persönlichkeitsstruktur
- Allgemeiner Gesundheitszustand etc.

Externe Einflüsse
- Gesellschaftliche Einflüsse
- Politische Einflüsse
- Einflüsse der Tarifpartner
- Freizeitanspruch
- Wochentage

Soziale Faktoren im Betrieb
- Einstellung der Betriebsleitung
- Vorgesetztenverhalten
- Kollegen
- Betriebsklima

Bezahlung
- Form der Bezahlung
- Höhe der Bezahlung

Arbeitsumwelt/Struktur der Arbeit
- Arbeitsbedingungen
- Arbeitszeit
- Tätigkeitsort
- Gefährdungsgrad

Private/häusliche Situation
- Einfluss der Familie
- Private Belastungen
- Wohnverhältnisse
- Wirtschaftliche Verhältnisse
- Arbeitsweg

Merkmale der Organisation
- Standort, Größe
- Branchenzugehörigkeit
- Image
- Wertvorstellungen
- Formen der Organisation

Subjektives Krankheits-empfinden

Objektives Krankheits-bild

Ich gehe heute nicht zur Arbeit

(Siegfried Kaul; Fehlen aus Gewohnheit; VDM Verlag Dr. Müller)

erleichtert es denjenigen Mitarbeitern, welche aus gutem Grund in der Gesamtheit aller untertauchen und schadet denjenigen, die jeweils einspringen dürfen.

Für manche Einrichtungen, die in ein systematisches betriebliches Fehlzeitenmanagement einsteigen, mutet der Aufwand – insbesondere zur kontinuierlichen Analyse der Fehlzeiten – anfänglich aufwändig an. Dabei darf nicht vergessen werden, dass zum einen ein Fehlzeitenmanagement ohne Kenntnis über Ursachen, Hintergründe und den Umfang der Fehlzeiten schlichtweg nicht möglich ist. Auf der anderen Seite wird generell geklagt über zu wenig verfügbare Arbeitszeit. Dabei muss man sich verdeutlichen,

- wie viel Arbeitszeit infolge von Fehlzeiten durch Krankheit verloren geht,
- welcher Aufwand (zeitlich über organisatorische Maßnahmen und wirtschaftlich über Zusatzaufwand von Überstunden, Einsatz von geringfügig Beschäftigten oder Zeitarbeitsfirmen) und
- welcher Imageschaden (»bei denen fehlen ständig Mitarbeiter«) entsteht.

Das Schaubild 1.4 C auf S. 44 beleuchtet zunächst die zeitliche Schiene der verloren gegangenen Arbeitszeiten. Bei dem dort aufgeführten Beispiel ist zu sehen, dass beispielsweise die Senkung der Fehlzeitenquote von 7,5 auf 5 Prozent pro Woche 50 Stunden zurück gewonnene Arbeitszeit ausmacht. Das entspricht 1,25 VZ-Stellen oder im Jahr ca. 41.000 €. Die Autoren dieses Buches sind davon überzeugt, dass die Fehlzeiten sinken, wenn mit Konsequenz das betriebliche Fehlzeitenmanagement kontinuierlich umgesetzt wird. Dafür bestehen zahlreiche Belege über viele Jahre hinweg auch aus anderen Branchen; auch solchen mit vergleichbarer Arbeitsbelastung.

Grundsätzlich bieten sich dabei zwei Möglichkeiten an:

a. Stichtagsvariante ohne Einbezug früherer Fehlzeiten

Umsetzung: Nachdem einrichtungsintern festgelegt ist, welche Maßnahmen das betriebliche Fehlzeitenmanagement umfassen soll, werden diese ab einem bestimmten Zeitpunkt umgesetzt ohne Berücksichtigung frührer Fehlzeiten. Dieses Vorgehen bietet sich vor allem für Einrichtungen an, welche bisher keine systematische Erfassung von Fehlzeiten durchgeführt haben.

Vorteile:

- Aufbau eines betrieblichen Fehlzeitenmanagements ohne Einbezug der Historie,
- kein Aufwand zur Nacherhebung von Fehlzeitendaten,
- »Amnestie« für alle Mitarbeiter und deren bisherige Fehlzeiten (begründete und unbegründete),
- Chance für alle Mitarbeiter, sich »unbelastet« auf einen Neubeginn mit veränderten Rahmenstrukturen einzulassen.

Nachteile:

- In den Situationsbeurteilungen können nur die ab diesem Zeitpunkt auftretenden Situationen Berücksichtigung finden, alles Zurückliegende bleibt im Bereich der Spekulationen und der subjektiven Einschätzung (»hat früher schon viel gefehlt«),
- arbeitsrechtlich wenig fundiert,
- frühere »Fehlzeitenmuster« bleiben unerkannt (vgl. Schaubild 1.4 D auf S. 45).

Eine Alternative bei diesem Vorgehen bestünde darin, dass beim Auftreten mitarbeiterbezogener Fehlzeiten, welche eine detaillierte Betrachtung einfordern, eine Einzelfallanalyse zur Historie gemacht wird. Es wird also nicht auf die Historie verzichtet, aber auch nicht wie unter b beschrieben eine generelle Einstiegsanalyse durchgeführt, sondern nur im erforderlichen Einzelfall. Mit dieser Variante wird der Aufwand an Arbeitszeit für die Sichtung der Dienstplanhistorie eingespart und dennoch der Sachverhalt mitarbeiterbezogen korrekt analysiert.

b. Stichtagsbeginn unter Einbezug einer definierten Analyse der bisherigen Fehlzeitensituation

Umsetzung: Nachdem einrichtungsintern festgelegt ist, welche Maßnahmen das betriebliche Fehlzeitenmanagement umfassen soll, werden diese ab einem bestimmten Zeitpunkt unter Einbezug bestimmter Kriterien aus dem Zeitraum davor umgesetzt. Beispielsweise werden die Fehlzeiten der zurückliegenden drei Jahre analysiert, um eine saubere Ausgangsbasis für das zukünftige Vorgehen zu haben. Verwendet werden kann dazu das Muster aus Schaubild 1.4 D auf S. 45.

Vorteile:

- Aufbau eines betrieblichen Fehlzeitenmanagements unter Einbezug der Historie,
- umfassender Einbezug früherer Fehlzeiten als Grundlage künftiger Beurteilung,
- frühere »Fehlzeitenmuster« werden erkannt (vgl. Schaubild 1.4 D auf S. 45),
- möglicherweise gerechtere Vorgehensweise dem Team insgesamt gegenüber,
- arbeitsrechtlich wesentlich fundierter.

Nachteile:

- Einmalig erhöhter Ausgangsaufwand wg. Analysebedarf aus der Vergangenheit,
- mitarbeiterbezogene »Altlasten« an Fehlzeiten hängen jetzt unter veränderter Betrachtung von Fehlzeiten verstärkt nach.

Ein mögliches Auswahlstart-/-analysekriterium, wie unter Punkt b beschrieben, könnte beispielsweise diejenigen Mitarbeiter umfassen, die während dieser Jahre mindestens einmal mehr als 15 Tage pro Jahr gefehlt haben. Dieser Faktor ist nicht willkürlich gewählt, sondern greift einen der Hauptindikatoren für eine möglicherweise zunehmende Steigerung (ungünstige Prognose) von Fehlzeiten heraus unter Bezugnahme auf die individuelle Fehlzeitenentwicklung – sowohl im positiven wie auch im negativen Sinne. Abnehmende Fehlzeiten werden beispielsweise mit beobachtenden Maßnahmen in ihrer Entwicklung verfolgt, während hingegen Steigerungen in diesem Zeitraum entsprechend differenziertere Maßnahmen erfordern (vgl. Kap. 3). Weitere Merkmale, welche in die individuelle Situationsbewertung mit einfließen müssen, sind innerhalb dieses Kapitels ausführlich beschrieben. Das bedeutet, dass die 15 Tage lediglich ein einmaliges Startauswahlkriterium darstellen, welches sich im Weiteren durch die kontinuierlichen Maßnahmen des betrieblichen Fehlzeitenmanagement erübrigt.

Es ist keineswegs beabsichtigt, den Eindruck zu erwecken, dass das eine Vorgehen gut und das andere weniger gut ist. Es handelt sich vielmehr um eine betriebsinterne Entscheidung, die jeweils ihre Beweggründe hat. Wichtig ist es, sich darüber im Klareren zu sein, welche Zielsetzungen mit dem Aufbau des betrieblichen Fehlzeitenmanagements verfolgt werden (vgl. Kap. 1.1) und vor diesem Hintergrund die entsprechende Entscheidung zum Einstieg zu treffen.

1.3.1 Lokalisation von Fehlzeiten

Generelles Auftreten von Fehlzeiten

- im Wochenverlauf

Der Montag hat – bereinigt um die Anzahl der Erkrankungen, die am Wochenende auftreten – nicht den höchsten Stand an Krankschreibungen der Woche, sondern der Dienstag. Der Montag ist sogar nach dem Freitag der Wochentag mit der geringsten Anzahl an Krankmeldungen. Die meisten Ärzte beenden ihre Krankschreibung am Freitag. Nach dem Freitag ist der Mittwoch derjenige Wochentag, an dem die meisten Krankschreibungen enden. Da meist bis Mittwoch oder Freitag krankgeschrieben wird, nimmt der Krankenstand zum Wochenende hin ständig zu und erreicht seinen höchsten Stand am Donnerstag und Freitag. Deswegen kann aber nicht davon abgeleitet werden, dass am Freitag besonders gerne blau gemacht wird, um auf Kosten der Einrichtung das Wochenende zu verlängern. Für die Frage nach der Arbeitsfähigkeit in Bezug auf Wochenenddienste bedeutet dies aber eindeutig: Wer bis zu einem Freitag einschließlich krankgeschrieben war, kann am Wochenende arbeiten.

- im Jahresverlauf

Bekannterweise bestehen saisonale Schwankungen der Erkrankungsspitzen im Jahresverlauf mit einer Zunahme im Februar, die anschließend kontinuierlich abnimmt und ihren Tiefstand im August erreicht, um bis zu einem Höchststand im November wieder abzusteigen und bereits zum Dezember hin wieder abnimmt. Diese Zyklen beinhalten von Grippe und auch zunehmenden Noroviruserkrankungen dominierte

Zeiträume. Dabei ist es besonders schwierig, diejenigen Mitarbeiter herauszufiltern, welche diese Gelegenheiten als Trittbrettfahrer nutzen, um sowohl den Noro- als auch die Grippe »mitzunehmen«, ohne weder an dem einen noch an dem anderen tatsächlich erkrankt zu sein (vgl. Kap. 2.1).

Betriebliches Auftreten von Fehlzeiten

Die Voraussetzung für ein zielgerichtetes Vorgehen ist ein konkretes Erfassen von Fehlzeiten mit mitarbeiter-, bereichs- (= Teilaspekt) und unternehmensbezogenen (Gesamtübersicht) Auswertungen (vgl. Schaubild 1.4 D auf S. 45). Nur dann nähert man sich dem Ziel und es können mögliche Schwachstellen im Unternehmen lokalisiert werden, welche u. U. krankheitsfördernd wirken. Die hier beschriebenen Maßnahmen sind fester Bestandteil des betrieblichen Fehlzeitenmanagements und gleichermaßen Teil des einrichtungsinternen Qualitätsmanagements. Eine angestrebte Reduzierung von Fehlzeiten setzt zunächst eine offene und ehrliche Analyse mit einer heiklen Thematik voraus. Das Ergebnis lohnt es gleichwohl – für Mitarbeiter, Bewohner und den Betrieb.

Möglichen Einflussgrößen auf Fehlzeiten infolge von Krankheiten

- Bisherige Fehlzeitenentwicklung vs. Prognose/Tendenzen

Als herausragendes Merkmal zur Prognose künftiger Fehlzeitenentwicklungen spielt die Frage eine Rolle, wie sich diese quantitativ in der Vergangenheit entwickelt haben. Eine kontinuierliche Zunahme an Fehltagen stellt einen in der Literatur beschriebenen nachweislichen Indikator dafür dar, dass diese nicht abnehmen, sondern weiter zunehmen. Folglich gilt es beim betrieblichen Fehlzeitenmanagement ein besonderes Augenmerk darauf zu richten, wie sich bei einzelnen Mitarbeitern diese Entwicklung gestaltet. Der Einfluss der Häufigkeit von Arbeitsunfähigkeitsfällen in der Prognose für die zukünftige Entwicklung verliert sich in dem Maße je länger diese zurückliegen.

- Auswirkungen von Qualifikation/Funktion auf Fehlzeiten

Die Qualifikation der Mitarbeiter spielt dabei eine weitere entscheidende Rolle. Über alle Arbeitsbranchen hinweg sind die Fehlzeiten bei den Facharbeitern geringer, Angestellte fehlen seltener als Arbeiter. In der Pflegebranche fehlen die Pflegefachkräfte seltener als die Pflegehilfskräfte. Helfer in der Pflege fehlen nach Angaben aus dem »Fehlzeiten-Report 2006« im Jahresdurchschnitt 22,2 Tage. Das ist deutlich über dem Durchschnitt der Krankenschwestern mit 11,7 Tage je Fall im Jahr 2005. Dies wird ebenso bestätigt durch den IKK- Branchenreport 2007, sowohl in Bezug auf die Fälle als auch auf deren Dauer.

- Auswirkungen der Altersstruktur auf Fehlzeiten

Diese Statistiken belegen auch untermauert durch Erhebungen der Autoren, dass jüngere Mitarbeiter zwar häufiger fehlen, aber jeweils mit kürzeren Zyklen (Kurzerkrankungen). Ältere Arbeitnehmer dagegen fehlen seltener, wenn sie fehlen aber über längere Zyklen (Multimorbidität).

- Auswirkungen der Dauer der Betriebszugehörigkeit auf Fehlzeiten

Ebenfalls zeigen Studien, dass auch die Betriebszugehörigkeit einen Risikofaktor für Langzeitarbeitsunfähigkeit darstellt, wobei auf die Ursachen und Hintergründe nicht weiter eingegangen wird. Die Faktoren steigendes Alter und zunehmender Kündigungsschutz sind dabei sicherlich mit in der Bewertung zu berücksichtigen.

- Auswirkungen der Betriebsgröße auf Fehlzeiten

Interessant ist der Sachverhalt, dass nach Angaben aus einschlägiger Literatur mit zunehmender Betriebsgröße – unabhängig von der Branche – die Anzahl an Arbeitsunfähigkeitstagen steigt. Diese Entwicklung hat nach Untersuchungen jedoch nichts mit den anderen möglicherweise sich negativ auswirkenden Strukturen wie Schichtarbeit oder Beschäftigtenstruktur zu tun, sondern ist systemimmanent. Die Zunahme steigt bis zu einer Betriebsgröße von 1000 Mitarbeitern an und nimmt erstaunlicherweise danach wieder deutlich ab.

1.3.2 Auswertung von Arbeitsunfähigkeitsbescheinigungen

Die genauere Betrachtung von Arbeitsunfähigkeitsbescheinigungen (= AUB) ist interessant (vgl. Schaubild 1.4 B auf S. 43). Neben der Frage, wann diese bei wem abzugeben sind (vgl. Kap. 3.2 und 3.3.1), ist deren differenzierte Betrachtung von hohem Interesse bezüglich der Aussagekraft. Dabei geht es im Folgenden um die wesentlichen zentralen Parameter:

Beobachtungsparameter	Kommentierung
Ausstellungsdatum	Erfolgt eine Rückdatierung und wenn ja in welchem Umfang?
Ausstellender Arzt	Hat der Arzt einen Bezug über sein Fachgebiet zur vermuteten Krankheit des Mitarbeiters?
Wechselnder, gleicher Arzt	Wird der Arzt gewechselt von Fehlzeit zu Fehlzeit oder in welchen Zeitabständen und ohne logischen Bezug zur vermuteten Krankheit des Mitarbeiters?
Tag der AUB – Vorlage	Wurde die AUB innerhalb des vereinbarten Zeitraums vorgelegt?

Es geht letztlich bei der Betrachtung der Arbeitsunfähigkeitsbescheinigungen darum, sich ein Bild von der Gesamtsituation zu machen. Dieses ergibt sich oftmals aus vielen Puzzleteilen und führt dazu, dass bei Mitarbeitern, bei denen begründete Zweifel an der Krankheit bestehen, Fragen in einem Gespräch mit dem Betroffenen thematisiert werden müssen. Damit wird signalisiert, dass eine sehr genaue Beobachtung der Situation erfolgt.

Die gewonnen Erkenntnisse werden zunächst in manueller oder EDV-basierter Form erfasst, um Entwicklung und Tendenzen erkennen zu können. Gibt es Anhaltspunkte dafür, dass Fehlzeiten an bestimmten Tagen wiederholt auftreten? Beispielweise das Auftreten von Fehlzeiten vor und nach Urlaubs- oder an Brückentagen (= einzelner »Dienst-Tag« innerhalb einer Reihe freier Tage) (vgl. Schaubild 1.4 D, S. 45).

Bevor in Kapitel 3.1 über die Rückkehrgespräche als eine der zentralen Reaktionsmöglichkeiten gesprochen wird, bedarf es der beschriebenen klaren Erkenntnisse. Nicht selten kommt es vor, dass bei einem zunehmenden Anstieg der Fehlzeiten irgendwann den Verantwortlichen der Kragen platzt und dann mit allgemeinen Vorwürfen allen Mitarbeitern gegenüber, möglicherweise im Rahmen einer Dienstbesprechung, reagiert wird. Ein derartiges Vorgehen ist nicht zielführend. Die betroffenen Mitarbeiter gehen auf »Tauchstation« und äußern sich nicht, während diejenigen, die immer bereit sind einzuspringen, lediglich verärgert und unnötig betroffen sind. Selbstverständlich sollte das konsequente Angehen dieser Thematik im Sinne eines betrieblichen Fehlzeitenmanagements allen Mitarbeitern dezidiert bekannt gemacht werden, aber gleichermaßen mit einer sorgfältigen Analyse einhergehen, die Bestandteil einer betriebsinternen Fehlzeitendokumentation ist (vgl. Schaubild 1.6 D, S. 53).

1.3.3 Strukturen der Erfassung

Bei der Struktur der Fehlzeitenerfassung geht es zum einen um die quantitative Komponente. Diese umfasst die kalendarische Lage der Fehltage sowie den zeitlichen Umfang der Fehlzeiten (vgl. Schaubild 1.4 D, S. 45). Bei der qualitativen Komponente geht es um die Erforschung von möglichen Hintergründen, welche zu Fehlzeiten führen. Diese zu kennen stellt die Voraussetzung dafür dar, gezielte Maßnahmen einleiten zu können. Wie bei jeder Erfassung sollte man sich vorab im Klaren sein, welche Fakten mit welcher Zielsetzung erhoben werden sollen, um den dafür erforderlichen Aufwand in Grenzen zu halten.

- Quantitative Komponenten

Organisatorische Differenzierung der Erfassungsebenen
(vgl. Schaubild 1.6 D, S. 53).

Bei der Thematik der Fehlzeitenerfassung empfehlen die Autoren folgende differenzierte Erfassung:

1. Ebene: Bei Trägern mehrerer Einrichtungen jedes Haus getrennt.

2. Ebene: Innerhalb der Häuser die einzelnen (Haupt)-Arbeitsbereiche wie Küche, Hauswirtschaft, Pflegedienst etc.

3. Ebene: In Bereichen mit arbeitsorganisatorischer weiterer Untergliederung, zum Beispiel die Wohnbereiche innerhalb des Pflegedienstes.

4. Ebene: Die nächste Erfassungsebene stellt der einzelne Mitarbeiter dar.

5. Ebene: Eine weitere Differenzierung, die sich als »Abfallprodukt« aus der mitarbeiterbezogenen Erfassung ergibt, stellen beispielsweise die unterschiedlichen Qualifikationen sowie die Altersstruktur der Mitarbeiter dar.

Festlegungen zum Umfang der Erfassung

Bei der statistischen Erfassung von Fehlzeiten sollte folgendes Vorgehen gewählt werden:

a) Nur diejenigen Tage, an denen der Mitarbeiter auch dienstplanmäßig zum Dienst eingetragen ist.

b) Nur diejenigen Tage, welche innerhalb der Lohnfortzahlung liegen.

c) Die Erfassung erfolgt in Stunden.

d) Der Fehltag wird analog zur geplanten Dienstlänge erfasst/bewertet.

Zu a: Begründung: Fehlt ein Mitarbeiter beispielsweise den ganzen Monat, können nicht alle Monatstage zugrunde gelegt werden (zumal der Mitarbeiter auch nicht alle Tage des Monats gearbeitet hätte). Es werden die im Dienstplan vorgesehenen Arbeitszeiten berechnet. Fehlt der Mitarbeiter den ganzen Monat und war der Dienstplan noch nicht erstellt, wird seine individuelle Sollarbeitszeit zugrunde gelegt.

Zu b: Mitarbeiter, welche über lange Zeiträume aus der Lohnfortzahlung sind, würden in großen Arbeitsbereichen zu exorbitanten Fehlzeitenquoten führen, was sachlich nicht richtig ist. Berücksichtigt wird derjenige Anteil, welcher innerhalb der Lohnfortzahlung von sechs Wochen liegt.

Zu d: Fehlt ein Mitarbeiter an einzelnen Tagen, wird diejenige Arbeitszeit zugrunde gelegt, welche für diesen Tag geplant war. Hatte der Mitarbeiter planmäßig frei, erfolgt keine stundenmäßige Berücksichtigung des Tages. Anders stellt sich der Sachverhalt bei Urlaub dar, weil dieser ersetzt wird. Hier muss die dem Urlaubstag kalkulatorisch zugrunde gelegte Arbeitszeit berechnet werden.

Die direkte Erfassung der Fehltage sollte grundsätzlich in Stunden erfolgen, weil die Aussage in Tagen nur begrenzt verwertbar ist. Ein Arbeitstag kann zehn Stunden

Arbeitszeit oder genau so gut nur zwei Stunden umfassen. Die Erfassung und Veröffentlichung von Krankheitsstatistiken der Krankenkassen erfolgt deswegen in Tagen, weil diesen die tatsächlichen Stunden nicht vorliegen und für deren Betrachtung keine Relevanz besitzen. Dagegen ist es für die einrichtungsinterne Beurteilung von ganz erheblicher Bedeutung. Das konsequente Erfassen jedes einzelnen Fehltages mitarbeiterbezogen im Jahresverlauf, um die kalendarische Lage einzelner Tage erkennen zu können, führt dazu, dass mögliche Muster (vor und nach Urlaub, während Nachtdienstzyklen etc.) erkannt werden. Dabei werden auch Mitarbeiter »herausgefiltert«, deren Fehlzeiten deutlich über dem Vergleich anderer Mitarbeiter liegen.

- Qualitative Komponenten

Mitarbeiterbezogene Erfassung von Fehlzeiten

Die differenzierte Betrachtung der Fehltage des einzelnen Mitarbeiters erfolgt mit dem Ziel Tendenzen in der Fehlzeitenentwicklung zu erkennen. Diese Vorgehensweise führt zwangsläufig dazu, dass dabei Fehlzeiten herausgefiltert werden, für die es keine logische Erklärung gibt. Die Betrachtung der mitarbeiterbezogenen Fehlzeiten muss immer vor dem Hintergrund der individuellen Parameter erfolgen, um mögliche auslösende Momente und Zusammenhänge erkennen zu können und letztendlich zu Ergebnissen zu kommen, welche der Situation des Mitarbeiters gerecht werden.

Dafür sollten folgende Parameter betrachtet werden:

Parameter	Betrachtungsweise	Juristische Bewertung
Eintrittsdatum in den Betrieb	Dauer der Betriebszugehörigkeit als zentraler Parameter möglicher arbeitsrechtlicher Reaktionen.	Umso Je länger der Mitarbeiter im Betrieb ist, umso desto höhere Anforderungen sind an krankheitsbedingte Kündigungen zu stellen. Sofern einzelne Mitarbeiter bereitsst tariflichen Sonderkündigungsschutz haben, erhöhen sich die Anforderungen nochmals.
Arbeitsvertraglicher Stellenanteil	Wichtig in Bezug auf die Möglichkeit der Reduzierung der Wochenarbeitszeit.	Reduzierung der Wochenarbeitszeit ist nur einvernehmlich oder mittels Änderungskündigung möglich.
Qualifikation des Mitarbeiters	Zur internen Beurteilung: Hat die Qualifikation – wie allgemein bestätigt – auch intern Auswirkungen auf die Häufigkeit des Auftretens von Fehlzeiten?	Die Einrichtung hat vor Ausspruch einer Kündigung immer zu prüfen, ob mildere Mittel in Betracht kommen. Hierzu gehört selbstverständlich auch die Versetzung an einen anderen Arbeitsplatz. ↪

Parameter	Betrachtungsweise	Juristische Bewertung
Alter des Mitarbeiters	Wichtig in Bezug auf mögliche arbeitsrechtliche Reaktionen.	Das Alter des Mitarbeiters ist im Hinblick auf den Ausspruch krankheitsbedingter Kündigungen eine eher zu vernachlässigende Größe.
Fehlzeitenentwicklung der vergangenen 2 bis 3 Jahre		Nehmen die Fehlzeiten ab, kann dies eher gegen die Begründung der Kündigung sprechen.
Kranktage mit Lfz	Zunahme/Abnahme/Konstanz?	Nach der Rechtsprechung kommt eine krankheitsbedingte Kündigung wegen häufiger Kurzzeiterkrankungen grundsätzlich nur in Betracht, wenn der Mitarbeiter jährlich mehr als 6 Wochen entgeltfortzahlungspflichtig gefehlt hat.
Kranktage ohne Lfz	Zunahme/Abnahme/Konstanz?	Diese haben bei der Beurteilung der krankheitsbedingten Kündigung wegen häufiger Kurzzeiterkrankungen grundsätzlich außer Betracht zu bleiben.
• Kurzerkrankung = < 3 Tage	Wesentlich in Bezug auf arbeitsrechtliche Maßnahmen.	Bei häufigen Kurzerkrankungen sollte geprüft werden, ob der Mitarbeiter zukünftig die AU am ersten Tag beizubringen hat.
• Langerkrankung > 42 Tage/Jahr	Wesentlich in Bezug auf arbeitsrechtliche Maßnahmen.	Hier stellt sich grundsätzlich die Frage, ob eine Langzeiterkrankung vorliegt, für die kündigungsrechtlich andere Voraussetzungen gelten.
Aktuell in Lfz/aus Lfz	Mit ausschlaggebend für die Dringlichkeit des Handelns.	Ist der Mitarbeiter länger als 6 Wochen krank, hat er keinen Anspruch auf Entgeltfortzahlung, so dass wirtschaftlich kein Handlungsdruck besteht.
Bekannte Krankheitsursachen?	Ausschlaggebend für die Entscheidung, mögliche Maßnahmen einzuleiten.	Sind die Ursachen bekannt, kann beurteilt werden, ob eine chronische Erkrankung vorliegt oder ob es sich um abgeschlossene Krankheiten handelt, die bei der krankheitsbedingten Kündigung grds.grundsätzlich nicht in die Betrachtung einbezogen werden können. ⮐

Parameter	Betrachtungsweise	Juristische Bewertung
	Abgeschlossene Operation.	
Bisherige Arbeitsleistung	Mit ausschlaggebend für die Tiefe der einzuleitenden Maßnahmen.	Sofern das Arbeitsverhältnis Jahre lang beanstandungsfrei funktioniert hat, spricht dieses eher gegen kündigungsrechtliche Maßnahmen.
Bestehende Schwerbehinderung	Maßnahmen müssen besonders abgewogen werden in Bezug auf das Verhältnis von Aufwand zu potentiellem Ergebnis.	Hier ist zwingend vor Ausspruch der Kündigung die Zustimmung des Integrationsamtes einzuholen.

Die Auswertung der einzelnen Parameter führt automatisch zu einer Selektion, die nie unbeachtet des Verhaltens des jeweiligen Mitarbeiters und seiner Einstellung zum Betrieb betrachtet werden darf. Dabei geht es keineswegs darum, ob ein Mitarbeiter konstruktiv kritisch mit einer betrieblichen Situation umgeht und deswegen möglicherweise unbequem erscheint.

Um detailliert die Hintergründe von Fehlzeiten zu erforschen, bedarf es der sorgfältigen Vorbereitung von Rückkehrgesprächen (vgl. Kap. 3.1) mit der eindeutigen kalendarischen Abklärung, wann Fehltage auftreten. Dies sollte in einer kalendarischen Übersicht über die Verläufe der zurückliegenden zwei bis drei Jahre vorliegen und analysiert werden. Die farbliche Kennzeichnung von Urlauben, Wochenenden und Feiertagen (vgl. Schaubild 1.4 D, S. 45) zeigt derartige Entwicklungen auf einen Blick. Diese stellen auch die Basis dafür dar, anhand derer der Mitarbeiter im Rahmen des Rückkehrgesprächs seine Fehlzeitensituation erklärt.

1.3.4 Analyse

Zur Analyse der Fehlzeiten bedarf es der beschriebenen sorgfältigen Vorgehensweise. Dabei sollten die nachfolgend genannten Faktoren in die Prüfung unbedingt mit einbezogen werden. Diese stellen keineswegs eine abschließende Aufzählung dar. Vielmehr können sie die Grundlage zur Erarbeitung eines einrichtungsintern auf den Bedarf abgestimmten Rasters darstellen, welches hilft, neutral mit der gleichen Umsetzungsstruktur unabhängig von dem persönlichen Bezug zu dem einzelnen Gesprächspartner, Hintergründe zu ergründen.

■ Kalendarisches Auftreten von Fehlzeiten

	1	2	3
• Fehltage vor und nach dem Urlaub			
• »Brückentage« zwischen freien Tagen			
• Tage vor oder nach freien Tagen			
• Im Zusammenhang mit der Ankündigung der Notwendigkeit des »Einspringens«			
• Es handelt sich überwiegend um Kurzzeiterkrankungen (= < 3 Tagen)			
• Es handelt dich überwiegend um Langzeiterkrankungen (= > 42 Tage)			
• Der Verlauf an Fehlzeiten verzeichnet im Zweijahresverlauf eine Zunahme			
• Der Verlauf an Fehlzeiten verzeichnet im Zweijahresverlauf eine Abnahme			
• Die Fehlzeiten verhalten sich gleichbleibend im Zweijahresverlauf			

1 = Sachverhalt erklärt sich; 2 = Sachverhalt erklärt sich nicht; 3 = Sachverhalt muss dringend überprüft werden

■ Führungsstruktur in diesem Team

Fehlzeiten im Verhältnis zu anderen Teams

	1	2	3
• Seit wann führt die Leitung das Team?			
• Ist es in dieser Zeit zu einer Steigerung, Absenkung oder zum Gleichstand von Fehlzeiten gekommen?			
• Sind diese Veränderungen auf bestimmte Mitarbeiter im Team zurückzuführen?			
• Ist die Fehlzeitensteigerung unabhängig von Mitarbeiterwechseln im Team zu betrachten?			
• Gibt es Rückmeldungen zu den dem Führungsverhalten und Eigenschaften der Leitung?			
• Wird die individuelle Arbeitsleistung von der Führung wahrgenommen und gezielt Lob ausgesprochen?			

1 = Sachverhalt erklärt sich; 2 = Sachverhalt erklärt sich nicht; 3 = Sachverhalt muss dringend überprüft werden

■ Arbeitsanforderungen in diesem Bereich

Besondere Anforderungen seitens des Bewohner-/Kundenklientels: **Körperlich**

	1	2	3
• Bestehen in diesem Arbeitsbereich besonders hohe körperlich zu bewältigende Arbeitsanforderungen?			

1 = Sachverhalt erklärt sich; 2 = Sachverhalt erklärt sich nicht; 3 = Sachverhalt muss dringend überprüft werden

■ Arbeitsanforderungen in diesem Bereich

Besondere Anforderungen seitens des Bewohner-/Kundenklientels: **Psychisch**

	1	2	3
• Bestehen in diesem Arbeitsbereich besonders hohe psychisch zu bewältigende Arbeitsanforderungen?			

1 = Sachverhalt erklärt sich; 2 = Sachverhalt erklärt sich nicht; 3 = Sachverhalt muss dringend überprüft werden

■ Arbeitszeitliche Belastungen

Bestehen Abweichungen der Arbeitszeitgestaltung
(vgl. Kap. 1.8), welche höhere Fehlzeiten begründen?

	1	2	3
• Anzahl der auf einanderfolgenden Arbeitstage am Stück.			
• Mitarbeiter arbeiten mehr Wochenenden als in anderen Arbeitsbereichen?			
• Mitarbeiter haben häufiger geteilte Dienste als in anderen Arbeitsbereichen?			
• Mitarbeiter haben häufiger Nachtdienst als in anderen Bereichen?			

1 = Sachverhalt erklärt sich; 2 = Sachverhalt erklärt sich nicht; 3 = Sachverhalt muss dringend überprüft werden

- Teamstruktur der Mitarbeiter

Jung/Alt/Zufriedenheit im Verhältnis zu anderen Arbeitsbereichen

	1	2	3
• Teamstruktur weist einen höheren Anteil mit Mitarbeitern als aus sozial schwachen Familien auf			
• Teamstruktur weist einen höheren Anteil mit Mitarbeitern > 50 Jahren auf als andere Teams			
• Teamstruktur weist einen höheren Anteil mit Mitarbeitern auf, die schon häufiger mit Langzeiterkrankungen (= > 42 Tage) behaftet waren.			
• Es bestehen gute zwischenmenschliche Beziehungen im Team.			
• Es besteht eine relativ hohe Arbeitsplatzzufriedenheit im Team.			
• Es besteht eine überdurchschnittliche Fluktuation in diesem Team.			

1 = Sachverhalt erklärt sich; 2 = Sachverhalt erklärt sich nicht; 3 = Sachverhalt muss dringend überprüft werden

- Arbeitsplatzbezogene Strukturen

Sicherheitsbedürfnis

	1	2	3
• Müssen ältere Mitarbeiter um die Sicherheit ihres Arbeitsplatzes fürchten?			
• Mitarbeiter müssen immer wieder Entscheidungen außerhalb ihres Zuständigkeitsbereichs treffen, weil Führungskräfte nicht zeitnah zugegen sind.			
• Es besteht eine Kultur des gegenseitigen Vertrauens im Betrieb.			
• Mitarbeiter erfahren berufliche Entwicklungspotenziale im Betrieb.			

1 = Sachverhalt erklärt sich; 2 = Sachverhalt erklärt sich nicht; 3 = Sachverhalt muss dringend überprüft werden

Letztendlich müssen auch die Wechselwirkungen und Querverbindungen aus den unterschiedlichen Faktoren mit in die Bewertung einbezogen werden. Es ist deutlich zu sehen, dass es bei einem betrieblichen Fehlzeitenmanagement um deutlich mehr geht als darum, Mitarbeitern ihr Fehlen vorzuwerfen. Es geht darum, sich individuell im Einzelfall mit der mitarbeiterbezogenen Situation auseinanderzusetzen und abzuwägen, welches Vorgehen geeignet ist, in das Gespräch einzutreten. Ein unvorbereitetes Gehen in ein Rückkehrgespräch (vgl. Kap. 3.1) dient nicht nur nicht der Sache, sondern schadet auch der Einrichtung. Sollte es sich dabei tatsächlich um einen Mitarbeiter handeln, der auf Kosten der anderen sich zeitweise freie Tage genehmigt, kann diesem im Prinzip nichts Besseres passieren.

Die Erkenntnisse aus der Erfassung und der Ursachenanalyse fließen nach einem vorab festgelegten Schema an die verantwortlichen Mitarbeiter auf den Führungsebenen ein und werden dort in Bezug auf das weitere Vorgehen abgestimmt (vgl. Schaubild 1.4 B, S. 43).

Das betriebliche Fehlzeitenmanagement	ja	nein	Erfolgt später
• Verfügt über eine Prozessbeschreibung zu Verlauf und Auswertung von Arbeitsunfähigkeitsbescheinigungen innerhalb der Einrichtung.			
• Verfügt über eine differenzierte Fehlzeitenstatistik nach dem den Organisationseinheiten des Unternehmens.			
• Kann auf Mitarbeiterbezogene mitarbeiterbezogene Übersichten zurückgreifen, welche in kalendarischer Form eine Übersicht zu der Fehlzeitenentwicklung ermöglichen.			
• Betrachtet die Mitarbeiterbezogene mitarbeiterbezogene Fehlzeitensituation differenziert vor dessen persönlichem Hintergrund und betriebsbezogenen Komponenten.			
• Bewertet die gewonnnen Erkenntnisse auf der Führungsebene des Unternehmens und die Ergebnisse daraus fliesen fließen in betriebliche Maßnahmen ein.			

1.4 Beispiel für eine Fehlzeitenstatistik

Das Ziel einer Fehlzeitenstatistik ist es, die Höhe der arbeitsbereichsbezogenen Fehlzeiten detailliert zu kennen, um eine Grundlage für ein zielführendes Gegensteuern im Rahmen eines betrieblichen Fehlzeitenmanagements zu erarbeiten. Dafür stellt die Kenntnis der einrichtungsinternen Fehlzeiten eine zentrale Grundlage dar. Des Weiteren ist dabei zu berücksichtigen, dass es um Arbeitszeiten geht, welche den Leitungsempfängern verloren gehen und betrieblichen Schaden verursachen. Das Erstellen

Fehlzeiten konstruktiv managen
© Vincentz Network GmbH & Co. KG, Hannover 2009; ISBN 978-3-86630-055-2

der Fehlzeitenstatistik erfolgt jeweils nach Abschluss des jeweiligen Dienstplanungs-
zeitraums. In unserem Beispiel sind auf dem Dienstplanauswertungsbogen folgende
Anteile den Gesamtausfallzeiten zugeordnet (vgl. Schaubild 1.4 A, S. 40-41)

Ziffer 5: Urlaub
Ziffer 6 Fehlzeiten infolge von Krankheiten
Ziffer 7: Fortbildungszeiten

Das nachfolgend beschriebene Verfahren zeigt eine Auswertung über mehrere
Arbeitsbereiche einer Einrichtung für einen Monat mit einer Summenbildung in der
untersten Querzeile. Zur leichteren Nachvollziehbarkeit sind die einzelnen Bezugs-
punkte im Beispiel durchnummeriert. Letztendlich kann die Auswertung auch über
einen anderen Zeitraum als einen Monat laufen. Die Auswertung hier bezieht sich
ausschließlich auf die Thematik der Fehlzeiten.

Ziffer 1: Hier wird der Monat und das Jahr bzw. ein anderer Auswertungszeitraum
eingetragen

Buchstaben A – J: Hier werden die Arbeitsbereiche eingetragen, welche in die
Statistik mit einbezogen werden sollen (vgl. Schaubild 1.6 D, S. 53).

Ziffer 2: Hier wird die Anzahl der im jeweiligen Arbeitsbereich für den abzurech-
nenden Dienstplanungszeitraum auf dem Dienstplan eingesetzten Mitarbeiter umgerechnet in Vollzeitstellen addiert. Das bedeutet Vollzeit – und anteilig Teilzeitmitarbeiter werden in einer Summe zusammengefasst. Nicht erfasst werden dabei diejenigen
Mitarbeiter, welche zwar die gleiche Wochenarbeitszeit ableisten, deren Stellenanteil
aber abweichend zu der regulären Bezugsgröße berechnet wird wie beispielsweise
FSJ, ZDL, Auszubildende etc. Auch geringfügig Beschäftigte oder Minijobs werden
aus Gründen der Transparenz an dieser Stelle nicht erfasst, wenngleich dies möglich
wäre.

Ziffer 3: Aus der Gesamtzahl der Mitarbeiter nach Ziffer 2 errechnet sich die
Gesamtsollarbeitszeit für den geplanten Zeitraum. Dazu wird die monatliche Sollarbeitszeit eines zu 100 Prozent angestellten Mitarbeiters mit der Anzahl der Mitarbeiter nach Vollzeitstellen aus Ziffer 2 multipliziert. Bestehen unterschiedliche Wochen-
höchstarbeitszeiten bei den einzelnen Mitarbeitern wie zum Beispiel 38,5 oder 40
Stunden, müssen die im Dienstplan hinterlegten monatlichen Sollarbeitszeiten für
diesen Planungszeitraum in der Summe aufaddiert werden.

Ziffer 4: Die gesamten Ist-Stunden errechnen sich aus der Addition aller Ist-Stunden aus dem abgerechneten Dienstplan. Darin enthalten sind alle Zeiten, für welche
Arbeitszeit eingesetzt wurde – vom Urlaub über die eigentlichen Arbeitsschichten bis
hin zur Fortbildung.

Im Folgenden werden die in Schaubild 1.4 A (siehe Seite 40-41) als einrichtungsintern definierten Ausfallzeiten bearbeitet. Diese Zeiten sind im Folgenden nach den
Kategorien: Urlaub, Krank und Fortbildung differenziert. Eine Summenspalte rundet
die arbeitsbereichsbezogene Bewertung ab.

Schaubild 1.4 A

Beispiel für eine manuelle Fehlzeitenerfassung

Auswertungs-zeitraum ①	FestMA in VZK	FK	NFK	Gesamt Soll-Std.	Gesamt Ist-Std.	Urlaub Tage	Krank Tage	Fortbild. Tage	QM in	Dienst-bespr. in	Einsatz and. Bereich in	Ak
Bereich						Std.	Std.	Std.	Std.	Std.	Std.	
A Bereich 1	②	0,00 : #DIV/0!	0,00	③	④							
B Bereich 2		0,00 : #DIV/0!	0,00									
C Bereich 3		0,00 : #DIV/0!	0,00									
D Bereich 4		0,00 : #DIV/0!	0,00			⑤	⑥	⑦				
E Bereich 5		0,00 : #DIV/0!	0,00									
F Küche		0,00 : #DIV/0!	0,00									
G Hauswirtschaft		0,00 : #DIV/0!	0,00									
H Haustechnik		0,00 : #DIV/0!	0,00									
I Verwaltung		0,00 : #DIV/0!	0,00									
J		0,00 : #DIV/0!	0,00									
Summen (ohne *)	0,00	0,00 : #DIV/0!	0,00	0,00	0,00	0,00 #DIV/0!	0,00 #DIV/0!	0,00 #DIV/0!	0 0,00 #DIV/0!	0 0,00 #DIV/0!	0 0,00 #DIV/0!	#

Definierte Ausfallzeiten + Anteile an indirekten Pflegezeiten

Abgehende Zeiten

klassische Ausfallzeiten

Indirekte Pflege

* ohne ZDL, FSJ, GFB, Praktikanten, Azubis etc.; diese

VZK gesamt:
Verhältnis VZ/TZ Mitarbeiter:
Austritte lfd. Jahr: davon Rente:

Die Rubriken »Urlaub, Krankheit und Fortbildung« sind mit einem schraffierten Hintergrund von den übrigen Spalten abgesetzt, weil es sich dabei um die klassischen Ausfallzeiten handelt. Um den prozentualen Umfang der Ausfallzeiten zu ermitteln, bedarf es lediglich der Addition der Prozentzahlen am jeweiligen unteren Spaltenende aus den ersten drei Spalten (= 5, 6 und 7).

Aussagekraft Ziffer 6: Die in der Spalte 6 ermittelten Fehlzeiten infolge von Krankheiten ermöglichen vor dem Hintergrund der Kenntnis der individuellen arbeitsbereichsbezogenen Situationen eine weitergehende Beurteilung.

Ziffer 8: Summe aus den klassischen Ausfallzeiten aus Punkt 5,6 und 7 ebenfalls in Tagen und Stunden. Dabei kann die Anzahl der Stunden von den Tagen abweichen aufgrund der unterschiedlichen Stundenkontingente pro Arbeitstag. Aus diesem Grund macht eine Umrechnung in Tage keinen Sinn.

0	Ist - Belegunsgtage

stiges	Summe Aufwand Tage	Zugang and. Bereiche	Zeitarbeit	GFB	1-€ Jobs	Anteil Azubis	Anteil FSJ/ZdL	dir. und indir Gesamtzeit	+/- Std.	eingepl. Urlaubstage	Abwesenheit Bewohner in Tagen Bezahlt	Abwesenheit Bewohner in Tagen Unbezahlt
td.	Std.	Std.	Std.	Std.	Std.	Std.	Std.		Urlaubstage			
	0							0,00				
	0,00											
	0							0,00				
	0,00											
	0							0,00				
⑧								0,00				
	0							0,00				
	0,00											
	0							0,00				
	0,00											
	0							0,00				
	0,00											
	0							0,00				
	0,00											
	0							0,00				
	0,00											
0	0	0	0	0	0	0	0	0,00	0	0	0	0
00	0,00							#DIV/0!	0,00			
IV/0!												

nbereichsbezogen mit Stellenanteil aufführen

Aussagekraft zu Ziffer 8: Diese Prozentzahl sollte nicht als das alles entscheidendes Kriterium bewertet werden, sondern muss im Verlauf mehrerer Monate und einer Gesamtentwicklung im Jahresverlauf betrachtet werden. Eine hohe Aussagekraft hat sie – bezogen auf den Auswertungszeitraum – auf die Bewertung der Arbeitsbereiche untereinander.

Die Bewertung der drei Ausfallzeit-Kategorien muss immer im (Einzel)-Verhältnis zur gesamten Ist-Zeit (Ziffer 4) betrachtet werden. Beispiel: Eine Gesamtausfallzeit (= Addition der Ziffern 5,6 und 7) mit 18 Prozent wird allgemein als akzeptabel hinge-nommen, betrachtet man den Vergleichswert von ca. 20 – 22 Prozent (vgl. Schaubild 1.6 A). Setzen sich diese 18 Prozent aber aus 16 Prozent Krankheit zusammen, dann ist in irgendeiner Form ein dringender Klärungsbedarf erforderlich.

Die Frage, was »viel« Zeit ist, z. B. bei den Ausfallzeiten für Krankheit, kann nur im einrichtungsinternen Kontext unter Bezugnahme auf die längerfristige einrichtungsinterne Bewertung dieser Kennzahlen, aber auch unter Heranziehen von externen Vergleichszahlen betrachtet werden (vgl. Kap. 1.6).

Ebenso darf bei einem externen Vergleich der ermittelten Prozentzahl nicht der Fehler gemacht werden, dies in den unkritischen Vergleich mit externen Werten zu stellen. Dazu bedarf es der Kenntnis des Inhaltes der Vergleichswerte, weil ansonsten Fehlbeurteilungen die Folge sein können. In unserem Beispiel fallen auch einrichtungsinterne Verschiebungen unter die ermittelten Zeiten. Das ist eine einrichtungsinterne Entscheidung dieses derart zu handhaben. Das Handling der beschriebenen Einsatzauswertung erfordert einen professionellen Umgang mit den Fakten.

Die Quersummen im unteren Teil des Erhebungsbogens zur Einsatzauswertung geben Auskunft über die Durchschnitte aller Arbeitsbereiche und müssen in ihrer Ergebnisbewertung sehr differenziert betrachtet werden (vgl. Kap. 1.1 und 1.3).

Entnommen dem Fachbuch »Der Regelkreis der Einsatzplanung«, Wipp/Wagner; Vincentz Network 2005

AUB: Prozessverlauf Eingang AUB bis Einbindung in Rückkehrgespräch

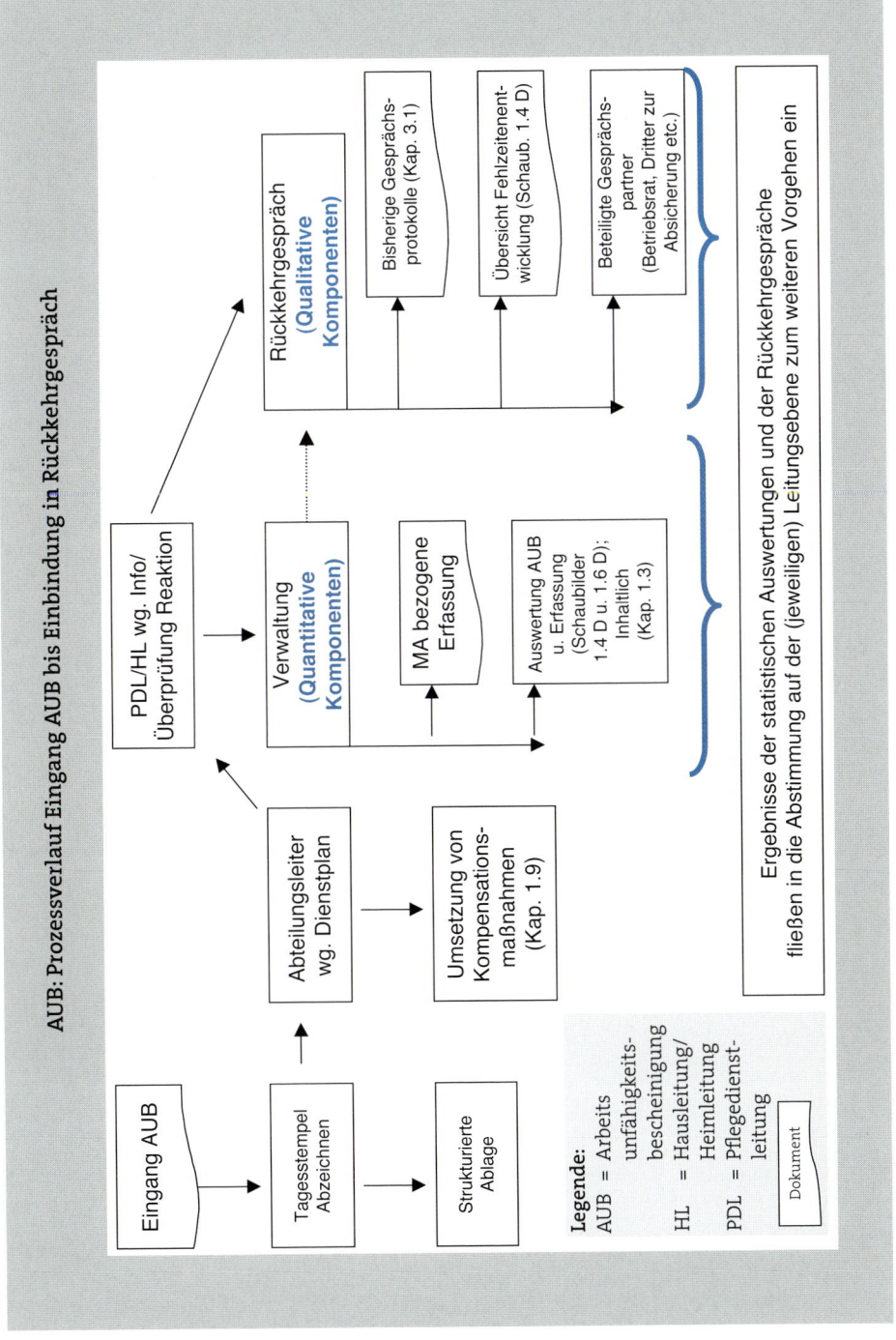

Grundlagen

Schaubild 1.4 C

Arbeitszeitliche Auswirkungen von Fehlzeiten infolge von Krankheit

Anstieg der Fehlzeiten führt zur Abnahme verfügbarer Arbeitszeit

Beispiel für 50 Mitarbeiter/Wochenarbeitszeit 40 Stunden
(= umgerechnet in Vollzeitstellen/Brutto-Arbeitszeit 2000 Std./Woche)

Verfügbare Arbeitszeit nimmt ab mit Anstieg der Fehlzeiten

200 Std.
= 5 MA/Woche

150 Std.
= 3 MA/Woche

100 Std.

60 Std.

Summe wegfallender Pflegezeit

Fehlzeitenquote in Prozent

3 %   5 %   7,5 %   10 %

Schaubild 1.4 D

Kalendarischer Verlauf einer Fehlzeitenentwicklung über die letzten 24 Monate

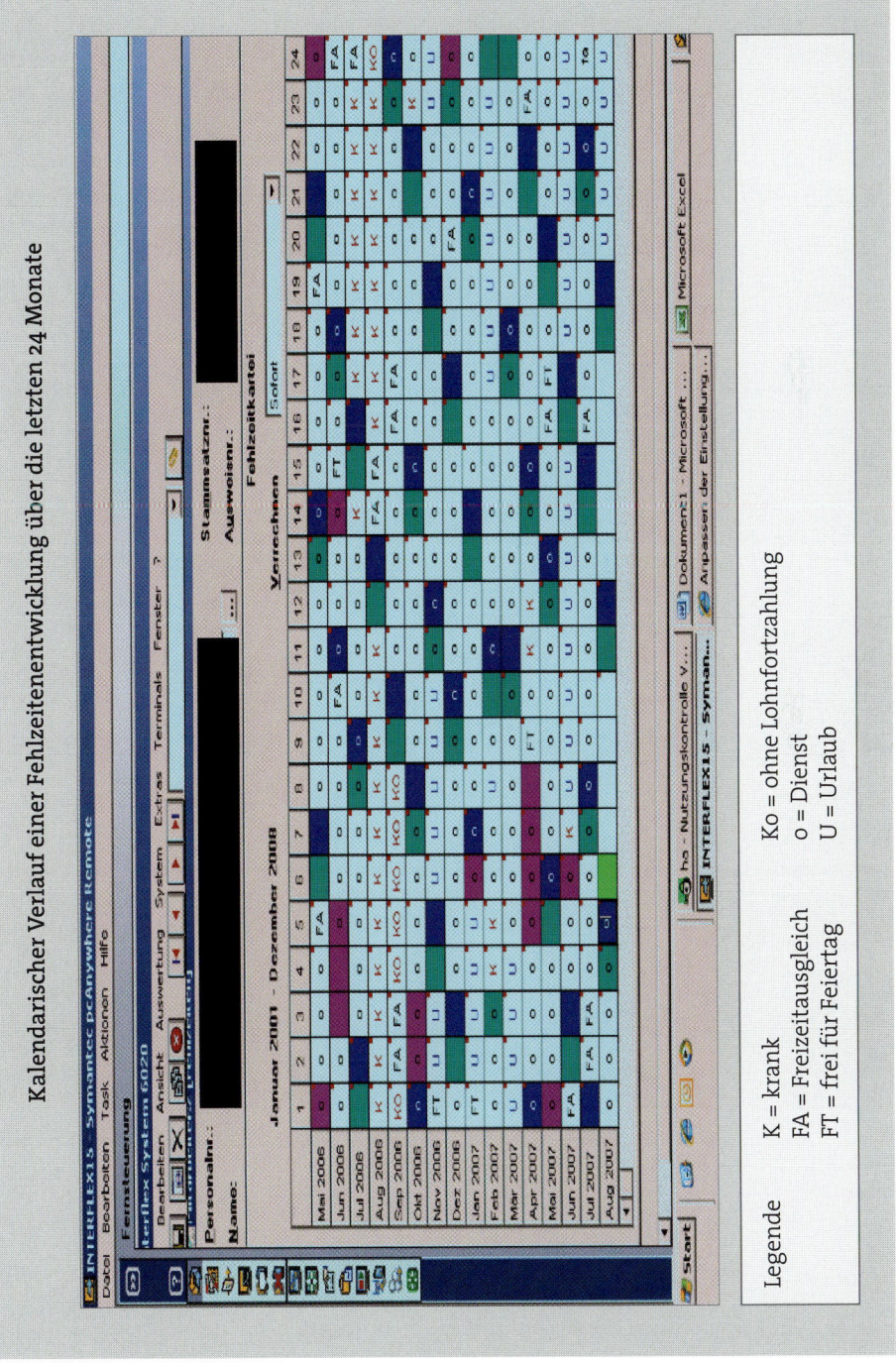

Legende   K = krank   Ko = ohne Lohnfortzahlung

         FA = Freizeitausgleich   o = Dienst

         FT = frei für Feiertag   U = Urlaub

Schaubild 1.4 F

Prozessverlauf Krankmeldung bis Rückkehrgespräch
(vgl. Kap. 3.3)

Vormerkung Rückkehrgespräch

1. Meldung
Mitarbeiter meldet sich vor Arztbesuch telefonisch/persönlich krank

Unverzüglich an benannter Stelle mit Angabe einer Prognose (Bürozeiten)

Unverzüglich bei dienst-habendem Mitarbeiter mit Angabe einer Prognose (außerhalb Bürozeiten)

Weitergabe der Information durch entgegennehmenden Mitarbeiter an Vorgesetzte

2. Meldung
Nach Arztbesuch: unmittelbare Info über die Dauer der Erkrankung an benannte Stelle

3. Meldung
Spätestens am letzten Tag der Erkrankung, jedoch so früh wie möglich Information über den Zeitpunkt der Arbeitswiederaufnahme

3. Meldung
Spätestens am letzten Tag der Erkrankung, jedoch so früh wie möglich Information über eine mögliche Verlängerung der Krankschreibung

Einrichtungsinterne Dienstvereinbarung:
• Der Mitarbeiter hat sich – sofern nicht eine akute Schwere einer plötzlichen Erkrankung dem entgegensteht – beim Auftreten einer Erkrankung so rechtzeitig an der benannten Stelle zu melden, dass eine dienstliche Ersatzregelung noch getroffen werden kann (Dienstvertragliche Nebenpflicht).
• Bei telefonischer Krankmeldung erfolgt die vereinbarte Dokumentation (Telefonnotiz schreiben und Weitergabe an benannte Stelle).
• AUB bei benannten Mitarbeitern ab dem ersten Tag, bei allen anderen ab dem dritten Tag.

Grundlagen

1.5 Entgeltfortzahlung

1.5.1 Voraussetzungen

Der Anspruch auf Entgeltfortzahlung besteht für einen zusammenhängenden Zeitraum von bis zu sechs Wochen.

Beachte: Erkrankt der Mitarbeiter in den ersten vier Wochen eines neu begründeten Arbeitsverhältnisses, hat er noch keinen Anspruch auf Entgeltfortzahlung (§ 3 Abs. 3 EFZG). Er hat in den ersten vier Wochen jedoch einen Anspruch auf Krankengeld, der gegenüber der Krankenkasse geltend zu machen ist (§§ 44 ff SGB V) und dessen Höhe niedriger als die Entgeltfortzahlung nach dem EFZG ist (§ 47 SGB V).

Der Anspruch setzt gem. § 3 Abs. 1 S. 1 EFZG voraus, dass der Mitarbeiter unverschuldet infolge Krankheit an der Erbringung seiner vertraglich geschuldeten Arbeitsleistung gehindert ist. Arbeitsunfähigkeit infolge von Krankheit liegt dann vor, wenn der Mitarbeiter aufgrund eines regelwidrigen körperlichen oder geistigen Zustands nicht mehr in der Lage ist, die konkret geschuldete Arbeit zu erbringen, oder diese von ihm nur unter der Gefahr erbracht werden kann, seinen Gesundheitszustand in absehbarer Zeit zu verschlimmern. Das heißt, nicht jede Krankheit begründet zugleich Arbeitsunfähigkeit.

Beispiel: Der Heimleiter A, ein Rechtshänder, bricht sich bei einem unverschuldeten Verkehrsunfall den linken Arm und erhält einen Gips. Arbeitsunfähigkeit infolge Krankheit wird in diesem Fall zu verneinen sein, denn der Heimleiter kann sämtliche von ihm konkret geschuldetenTätigkeiten ohne negative Folgen für den Heilungsverlauf weiterhin erbringen. Würde sich im gleichen Fall eine Pflegehelferin den Arm brechen, die eine Vielzahl von Hebetätigkeiten zu erbringen hat, müsste Arbeitsunfähigkeit infolge Krankheit bejaht werden, denn die Hebetätigkeiten dürften mit einem Gipsarm kaum zu erbringen sein und können zudem den Heilungsprozess nachhaltig negativ beeinflussen.

Beachte: Damit überhaupt Arbeitsunfähigkeit vom behandelnden Arzt bescheinigt werden kann, muss sich der Arzt ein genaues Bild von der Tätigkeit des Mitarbeiters machen. Er hat den Mitarbeiter diesbezüglich zu befragen. Verletzt der Arzt diese Verpflichtung oder schreibt er den Mitarbeiter arbeitsunfähig, ohne dass er diesen tatsächlich ordnungsgemäß untersucht hat, macht er sich ggf. nach § 106 Abs. 3a SGB V schadensersatzpflichtig. Nach dieser Norm macht sich der Arzt nämlich dann schadensersatzpflichtig, wenn er

- *grobfahrlässig oder*
- *vorsätzlich die AU festgestellt hat, obwohl die Voraussetzungen für die AU nicht vorgelegen haben.*

Fehlzeiten konstruktiv managen
© Vincentz Network GmbH & Co. KG, Hannover 2009; ISBN 978-3-86630-055-2

Des Weiteren darf im Hinblick auf die der Arbeitsunfähigkeit zugrunde liegende Krankheit auch kein Verschulden des Mitarbeiters gegeben sein. Verschuldet ist die Arbeitsunfähigkeit dann, wenn der Mitarbeiter in erheblicher Weise gegen von einem verständigen Menschen im eigenen Interesse gebotenes Verhalten verstößt.

Beachte: In der Praxis stellt sich häufig erst nachträglich heraus, dass Verschulden in diesem Sinne vorlag. Hat die Einrichtung in diesen Fällen bereits Entgeltfortzahlung geleistet, kann sie die geleisteten Zahlungen vom Mitarbeiter nach Bereicherungsrecht zurückverlangen.

Wann Verschulden vorliegt, ist eine Frage des Einzelfalls. In der Rechtsprechung hat sich diesbezüglich eine Kasuistik von Fallgruppen herausgebildet:

- Arbeitsunfälle (vgl. §§ 7 ff SGB VII), bei denen ein Verschulden regelmäßig vorliegt, wenn der Mitarbeiter in grober Weise gegen Unfallverhütungsvorschriften oder die seiner Sicherheit dienenden Anordnungen der Einrichtung verstößt.

    Beispiel: Die Einrichtung hat die modernsten auf dem Markt erhältlichen Hebehilfen angeschafft (und ihre Mitarbeiter umfangreich in diesen unterweisen lassen). Im Anschluss hat sie die ausdrückliche Anweisung gegeben, dass beim Umbetten entsprechend der Einweisungen die Hebehilfen genutzt werden müssen. Hierüber setzt sich die Pflegekraft A hinweg und holt sich beim Umbetten einer Bewohnerin ohne jegliche Nutzung der vorhandenen Hebehilfen ein Rückenleiden, infolge dessen sie für eine Woche arbeitsunfähig wird. Hätte sie die vorhandenen Hebehilfen genutzt, wäre nichts passiert. Entgeltfortzahlungsansprüche dürften mit guten Argumenten verweigert werden können, denn die A hat entgegen ausdrücklicher Anweisungen die vorhandenen Hebemittel nicht genutzt.

- Sportunfälle, bei denen ein Verschulden angenommen werden kann, wenn der Unfall auf einen Verstoß gegen anerkannte Regeln der Sportart zurückzuführen ist, der Mitarbeiter sich in einer seine Kräfte und Fähigkeiten deutlich übersteigenden Weise betätigt oder eine so genannte gefährliche Sportart vorliegt. Von der Rechtsprechung sind bislang nur das Bungeespringen und das Kickboxen anerkannt worden, nicht jedoch das Skifahren, das Fußballspielen oder das Fallschirmspringen;

- Verkehrsunfälle, bei denen ein grober Verstoß gegen Verkehrsregeln vorliegen muss (überhöhte Geschwindigkeit, Missachtung der Vorfahrt, Trunkenheitsfahrt und bewusste Mitfahrt bei einer solchen, Telefonate während der Fahrt ohne Freisprechanlage, Fahren ohne Sicherheitsgurt).

    Beispiel: Die A ist Mitarbeiterin in einem ambulanten Pflegedienst. Auf ihrer üblichen Tour hat sie sich wieder einmal nicht angeschnallt. Weiterhin wird sie während der Fahrt von der Pflegedienstleitung auf ihrem Handy angerufen.

Die A nimmt den Anruf während der Fahrt entgegen, wird dadurch einen Moment unaufmerksam und fährt bei Rot über eine Ampel, wodurch es zu einem Verkehrsunfall mit einem anderen PKW kommt, der sich verkehrsgerecht verhalten hat. Infolge des Verkehrsunfalls fällt die A vier Wochen wegen Arbeitsunfähigkeit infolge Krankheit aus. Da sie in mehrfacher Weise gegen Verkehrsregeln verstoßen hat, ist Verschulden zu bejahen, mit der Folge, dass sie keine Entgeltfortzahlungsansprüche gegenüber dem Pflegedienst geltend machen kann.

1.5.2 Anzeige- und Nachweispflichten

Liegt kein Verschulden des Mitarbeiters vor, muss die Einrichtung trotzdem solange keine Entgeltfortzahlung leisten, wie der Mitarbeiter den ihm obliegenden Nachweis- und Anzeigepflichten des § 5 EFZG nicht nachgekommen ist.

Beachte: Verletzt der Mitarbeiter seine ihm obliegenden Nachweis- und Unterrichtungspflichten nach § 5 EFZG, indem er etwa die Einrichtung zu spät davon in Kenntnis setzt, dass er arbeitsunfähig erkrankt ist oder die Arbeitsunfähigkeitsbescheinigung zu spät einreicht, berechtigt dieses Fehlverhalten die Einrichtung ohne Weiteres zum Ausspruch einer Abmahnung und im Wiederholungsfalle zum Ausspruch einer verhaltensbedingten Kündigung.

§ 5 EFZG verpflichtet den Mitarbeiter zunächst dazu, der Einrichtung die Arbeitsunfähigkeit und deren voraussichtliche Dauer unverzüglich mitzuteilen. Unverzüglich in diesem Sinne, heißt ohne schuldhaftes Zögern. Unverzüglich bedeutet allerdings nicht sofort. Der Mitarbeiter ist verpflichtet, die Einrichtung so zeitnah zu informieren, wie es nach den Umständen des Einzelfalls möglich ist. Das erfordert (im Inland) im Regelfall eine telefonische Nachricht vor Beginn der betrieblichen Arbeitszeit am ersten Arbeitstag, wenn die prognostizierte AU schon vorher bestand, hilfsweise im Laufe des ersten Arbeitstages.

Beispiel: Die Pflegekraft A ist am Dienstag für die Nachtschicht eingeteilt. Diese beginnt um 20:00 Uhr. Aufgrund eines Arztbesuches am Dienstagmorgen hat sie Kenntnis davon, dass sie am Abend infolge Krankheit arbeitsunfähig sein wird. Hiervon hat sie die Einrichtung im unmittelbaren Anschluss an den Arztbesuch telefonisch zu unterrichten. Sie kann mit der Unterrichtung nicht bis etwa 19:30 Uhr warten.

Bestand die AU bereits an den arbeitsfreien Tagen zuvor (Wochenende, Teilzeitbeschäftigung) und ist dann bereits abzusehen, dass der Erkrankte die Arbeit nicht wird aufnehmen können, kann der Mitarbeiter nicht bis zum ersten individuellen Arbeitstag mit seiner Anzeige warten. Er muss die Anzeige im Laufe des ersten Krankheitstages erstatten. Sie wäre anderenfalls nicht unverzüglich.

Beispiel: Die Hauswirtschaftskraft A arbeitet in Teilzeit ausschließlich montags und dienstags. An einem Donnerstagmorgen stellt ihr Arzt einen Grippeinfekt fest und schreibt sie für eine Woche krank. Die A kann nicht bis zum Montag mit der Unterrichtung der Einrichtung zuwarten. Vielmehr hat sie diese bereits am Donnerstag davon in Kenntnis zu setzen, dass sie Montag und Dienstag ihren Dienst nicht aufnehmen können wird.

Adressat der Unterrichtung ist die Einrichtung. Es ist somit ausschließlich Sache der Einrichtung festzulegen, wer zu unterrichten ist (Heimleitung, Pflegedienst-, Wohnbereichs- oder Stationsleitung/vgl. Schaubild 1.4 F, S. 46/Kap. 3.3.1). Die Einrichtung ist auch jederzeit dazu berechtigt, eine bisher geübte Regelung abzuändern. Wurden etwa in der Vergangenheit immer nur die Arbeitskollegen auf der entsprechenden Station oder die Stationsleitung unterrichtet, kann die Einrichtung jederzeit zukünftig verlangen, dass PDL oder Heimleitung zu unterrichten sind. Die entsprechende Anweisung sollte dokumentiert werden. Soweit es in der Einrichtung keine ausdrücklichen Regelungen gibt, muss ein Vorgesetzter benachrichtigt werden. Keine geeigneten Benachrichtigungsempfänger sind Mitglieder der Interessenvertretung, Empfangskräfte und Arbeitskollegen. Diesen Personenkreis kann der Mitarbeiter nur als Bote nutzen, so dass er das Risiko der rechtzeitigen und zutreffenden Übermittlung trägt.

Beispiel: Die im oben genannten Beispiel benannte Hauswirtschaftskraft A bittet am Donnerstag ihre Arbeitskollegin B die Hauswirtschaftsleiterin darüber in Kenntnis zu setzen, dass sie Montag und Dienstag fehlen wird. Frau B unterrichtet die Hauswirtschaftsleiterin jedoch erst am Samstag darüber, dass Frau A fehlen wird. Da Frau A das Risiko zu tragen hat, dass die von ihr eingeschaltete Botin die Unterrichtung unverzüglich vollzieht, hat sie ihre Unterrichtungspflichten verletzt, was die Einrichtung zum Ausspruch einer Abmahnung wegen verspäteter Unterrichtung berechtigen würde.

Dauert die Arbeitsunfähigkeit länger als drei Kalendertage, hat der Mitarbeiter der Einrichtung zusätzlich zur unverzüglichen Unterrichtung eine ärztliche Arbeitsunfähigkeitsbescheinigung vorzulegen. Die Einrichtung ist jederzeit berechtigt, auch eine frühere Vorlage der ärztlichen Bescheinigung zu verlangen (§ 5 Abs. 1 Satz 3 EFZG). Dieses Verlangen kann die Einrichtung im Einzelfall ohne Beteiligung des Betriebsrats ausüben. Trifft die Einrichtung allerdings eine generelle Regelung über eine frühere Vorlage von Arbeitsunfähigkeitsbescheinigungen, hat der Betriebsrat ein Mitbestimmungsrecht gem. § 87 Abs. 1 Nr. 1 BetrVG.

Beachte: Von dem Recht zur Vorlage der Arbeitsunfähigkeitsbescheinigung bereits am ersten Tag sollte die Einrichtung nur gegenüber solchen Mitarbeitern Gebrauch machen, bei denen tatsächlich der Verdacht besteht, dass diese an bestimmten Tagen oder regelmäßig zu bestimmten Anlässen »krankfeiern«. Hintergrund ist, dass manche Ärzte dazu neigen, Beschäftigte grundsätzlich für einen Zeitraum von einer Woche und nicht nur für einen Tag krankzuschreiben.

Ist das in der Arbeitsunfähigkeitsbescheinigung enthaltene voraussichtliche Beendigungsdatum der Krankheit abgelaufen, sind jeweils ohne besondere Aufforderung Folgebescheinigungen vorzulegen. Wird eine ärztliche Bescheinigung nicht vorgelegt, kann die Einrichtung bis zu dem Zeitpunkt, in welchem die Vorlage nachgeholt wird, die Entgeltfortzahlung einstellen (§ 7 EFZG). Des Weiteren berechtigt die Nichtvorlage der Folgebescheinigung die Einrichtung zum Ausspruch einer Abmahnung und im Wiederholungsfalle zum Ausspruch einer verhaltensbedingten Kündigung.

1.5.3 Anspruchsdauer

Der Anspruch auf Entgeltfortzahlung ist der Dauer nach auf sechs Wochen beschränkt. Dem 6-Wochen-Zeitraum entsprechen 42 Kalendertage, unabhängig davon, welche Tage in diesem Zeitraum als Arbeitstage ausgefallen sind (Freizeitausgleich, Sonn- und Feiertage). Ist die Arbeitsfähigkeit wieder hergestellt und erkrankt der Mitarbeiter erneut, besteht der Anspruch auf Entgeltfortzahlung nur dann, wenn es sich nicht um eine sog. Fortsetzungserkrankung handelt (§ 3 Abs. 1 S. 2 EFZG).

Liegt eine Fortsetzungserkrankung vor, besteht ein erneuter Anspruch auf Entgeltfortzahlung, wenn der Mitarbeiter

vor der erneuten Arbeitsunfähigkeit mindestens sechs Monate nicht infolge derselben Krankheit arbeitsunfähig war

oder

seit Beginn der ersten Arbeitsunfähigkeit infolge derselben Krankheit eine Frist von 12 Monaten abgelaufen ist.

Eine Fortsetzungserkrankung liegt regelmäßig dann vor, wenn die Ursprungserkrankung medizinisch nicht vollständig ausgeheilt war, sondern als Grundleiden latent weiter bestanden hat. Eine Fortsetzungserkrankung wird grundsätzlich auch nicht durch verschiedene Krankheitssymptome ausgeschlossen, sofern diese nur auf dem gleichen Grundleiden beruhen.

Beachte: Werden Mitarbeiter innerhalb kurzer Zeit erneut arbeitsunfähig, kann dieser Umstand ein Indiz für das Vorliegen einer Fortsetzungserkrankung sein. Die Einrichtung kann daher zunächst die Entgeltfortzahlung einstellen und den Mitarbeiter dazu auffordern, einen ärztlichen Nachweis darüber zu erbringen, dass die erneute Arbeitsunfähigkeit nicht auf demselben Grundleiden basiert.

Entsprechendes gilt, wenn eine Maßnahme der medizinischen Vorsorge oder Rehabilitation und eine vorangegangene oder nachfolgende Arbeitsunfähigkeit dieselbe Ursache haben. Der Anspruch auf Entgeltfortzahlung ist auch dann auf die Dauer von sechs Wochen seit Beginn der Arbeitsunfähigkeit begrenzt, wenn während bestehender Arbeitsunfähigkeit eine neue Krankheit auftritt, die ebenfalls zur Arbeitsunfähigkeit führt. Bei entsprechender Dauer der durch beide Erkrankungen verursachten Arbeitsverhinderung kann der Mitarbeiter die Sechs-Wochen-Frist nur einmal in Anspruch nehmen (Grundsatz der Einheit des Verhinderungsfalls). Ein weiterer Entgeltfortzahlungsanspruch besteht ausschließlich dann, wenn die erste Arbeitsverhinderung bereits zu dem Zeitpunkt beendet war, als die weitere Erkrankung zu einer neuen Arbeitsverhinderung führte. Tritt eine Krankheit, die sich später als Fortsetzungserkrankung herausstellt, zu einer bereits bestehenden, zur Arbeitsunfähigkeit führenden Krankheit hinzu und dauert sie über deren Ende hinaus an, ist sie für die Zeit, in der sie die alleinige Ursache der Arbeitsunfähigkeit war, als Teil der späteren Fortsetzungserkrankung zu werten. Führen zwei Krankheiten jeweils für sich betrachtet nicht zur Arbeitsunfähigkeit, sondern nur weil sie zusammen auftreten, liegt eine Fortsetzungserkrankung auch vor, wenn später eine der beiden Krankheiten erneut auftritt und allein zur Arbeitsunfähigkeit führt.

Was die Höhe des fortzuzahlenden Entgelts betrifft, gilt das sog. Lohnausfallprinzip. Danach ist das Entgelt fortzuzahlen, dass der Mitarbeiter bei Fortsetzung seiner Tätigkeit erzielt hätte. Für die Berechnung ist die individuelle regelmäßige Arbeitszeit des Mitarbeiters zugrunde zu legen. Schwankt die regelmäßige individuelle Wochenarbeitszeit, ist die durchschnittliche Wochenarbeitszeit anhand eines Referenzzeitraums von zwölf Monaten zu ermitteln.

1.6 Branchenvergleichswerte

Die detaillierte Kenntnis der eigenen einrichtungsinternen Fehlzeiten stellt eine der Grundlagen für ein zielgerichtetes betriebliches Fehlzeitenmanagement dar. Vor diesem Hintergrund müssen konkrete Aussagen gemacht werden können:

* zu den Fehlzeiten der eigenen Einrichtungen im Verhältnis zu Einrichtungen des gleichen Trägers,
* zu den Fehlzeiten innerhalb einzelner Arbeitsbereiche,
* zu den Fehlzeiten der Wohnbereiche untereinander und
* im Vergleich zum Branchendurchschnitt (vgl. Schaubild 1.6 D, S. 53).

Dabei geht es nicht um das reine Sammeln bürokratischer Daten. Es geht darum, dass das Einleiten zielgerichteter Maßnahmen beim Umgang mit einem derart sensiblen Thema einer soliden Grundlage bedarf, um mit dem Bewusstsein der Fürsorgepflicht gegenüber dem Mitarbeiter zu handeln.

Einer Einrichtung, die weder die eigenen Fehlzeiten noch Vergleichswerte kennt, fehlt damit das entscheidende Bewertungskriterium als Messlatte, das Korrektiv. Es ist immer besser, unterhalb der Vergleichwerte anderer zu liegen, weil damit gleichermaßen die verfügbare Arbeitszeit ansteigt. Gleichwohl darf der Vergleichswert nicht

Fehlzeiten konstruktiv managen
© Vincentz Network GmbH & Co. KG, Hannover 2009; ISBN 978-3-86630-055-2

narkotisierend wirken nach dem Motto: »Wir sind gut und brauchen nichts zu tun«. Die kontinuierliche Beobachtung des Fehlzeitengeschehens als Teil des betrieblichen Fehlzeitenmanagements ist ein wichtiges Strukturmerkmal, um Veränderungen und/ oder Tendenzen frühzeitig zu erkennen. Ebenso kann die Gesamtheit der Fehlzeiten beispielsweise einer großen Einrichtung sehr gut im Vergleich zum Wettbewerb sein. Und dennoch kann dabei ein Arbeitsbereich sein, welcher massiv Fehlzeiten aufweist. Diesem Bereich muss besondere Aufmerksamkeit geschenkt werden. (vgl. Schaubild 1.6 D)

Vor diesem Hintergrund stellt sich die Frage, welche Fehlzeiten akzeptabel und welche es nicht mehr sind. Zunächst lässt sich aus den jahrelangen eigenen Erhebungen der Autoren belegen, dass eine Fehlzeitenquote infolge von Krankheit im Schnitt mit 5 Prozent einen tolerablen Faktor darstellt (vgl. Schaubild 1.6 A, S. 54). Dabei ist

Schaubild 1.6 D

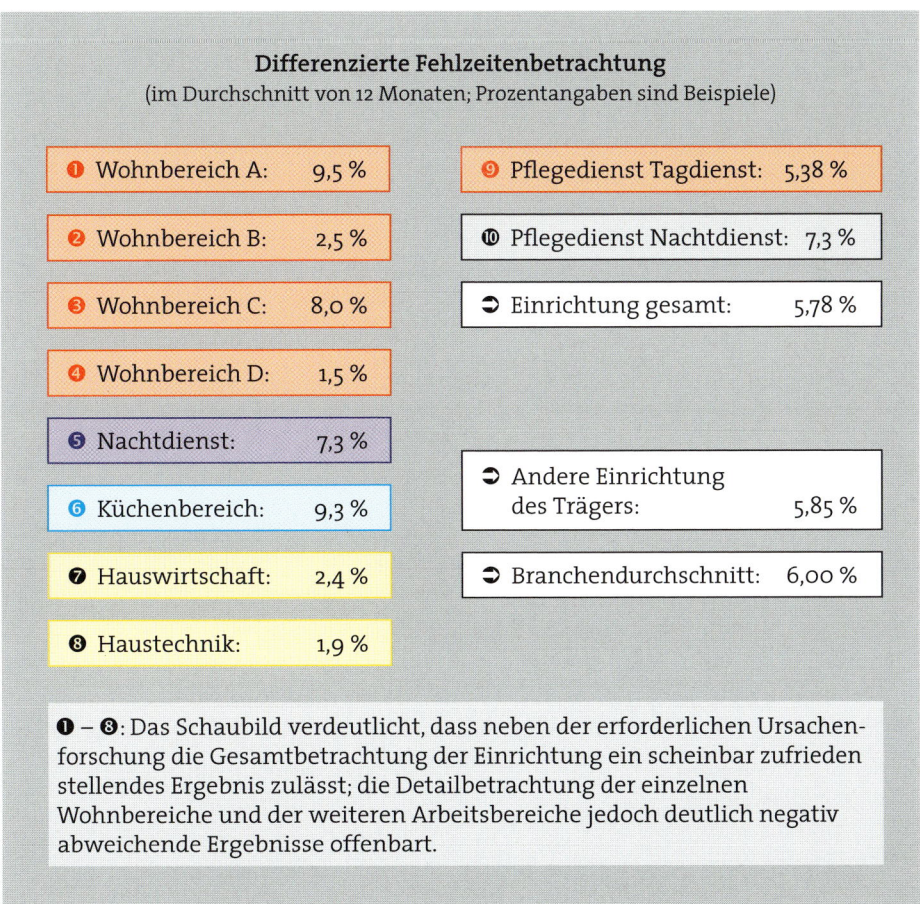

Differenzierte Fehlzeitenbetrachtung
(im Durchschnitt von 12 Monaten; Prozentangaben sind Beispiele)

❶ Wohnbereich A: 9,5 %

❷ Wohnbereich B: 2,5 %

❸ Wohnbereich C: 8,0 %

❹ Wohnbereich D: 1,5 %

❺ Nachtdienst: 7,3 %

❻ Küchenbereich: 9,3 %

❼ Hauswirtschaft: 2,4 %

❽ Haustechnik: 1,9 %

❾ Pflegedienst Tagdienst: 5,38 %

❿ Pflegedienst Nachtdienst: 7,3 %

⮩ Einrichtung gesamt: 5,78 %

⮩ Andere Einrichtung des Trägers: 5,85 %

⮩ Branchendurchschnitt: 6,00 %

❶ – ❽: Das Schaubild verdeutlicht, dass neben der erforderlichen Ursachenforschung die Gesamtbetrachtung der Einrichtung ein scheinbar zufrieden stellendes Ergebnis zulässt; die Detailbetrachtung der einzelnen Wohnbereiche und der weiteren Arbeitsbereiche jedoch deutlich negativ abweichende Ergebnisse offenbart.

Schaubild 1.6 A

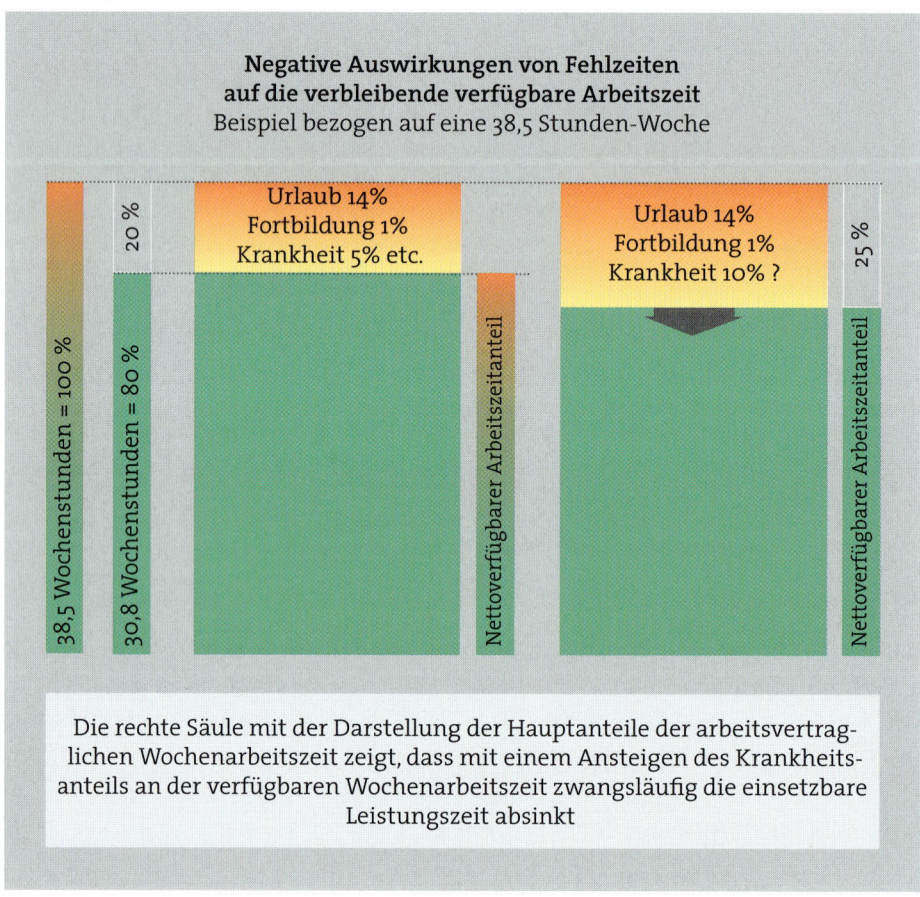

**Negative Auswirkungen von Fehlzeiten
auf die verbleibende verfügbare Arbeitszeit**
Beispiel bezogen auf eine 38,5 Stunden-Woche

Urlaub 14%
Fortbildung 1%
Krankheit 5% etc.

Urlaub 14%
Fortbildung 1%
Krankheit 10% ?

20 %

25 %

38,5 Wochenstunden = 100 %

30,8 Wochenstunden = 80 %

Nettoverfügbarer Arbeitszeitanteil

Nettoverfügbarer Arbeitszeitanteil

Die rechte Säule mit der Darstellung der Hauptanteile der arbeitsvertraglichen Wochenarbeitszeit zeigt, dass mit einem Ansteigen des Krankheits-
anteils an der verfügbaren Wochenarbeitszeit zwangsläufig die einsetzbare
Leistungszeit absinkt

zu bedenken, dass nicht eine einzelne Erhebung im Sinne einer Monatsstichprobe
als Grundlage von Entscheidungen über einzuleitende Maßnahmen herangezogen
werden darf, sondern die Betrachtung über einen längeren Zeitraum und die daraus
abzulesenden Tendenzen von entscheidender Bedeutung sind.

Das bedeutet, dass Abweichungen, welche sich aus der kontinuierlichen und differenzierten Betrachtung der einzelnen Bereiche erkennen lassen, Grundlage für
einzuleitende Maßnahmen darstellen. Dabei stellt das Heranziehen von (branchenüblichen) Vergleichszahlen einen wesentlichen Faktor zur neutralen Beurteilung des
eigenen Standortes dar.

Generelle Fehlzeitenentwicklung und Branchenvergleichswerte

Die Einführung der Lohnfortzahlung im Krankheitsfalle begann im Jahr 1970. Verfolgt man die Entwicklung bis heute, ist immer wieder zu erkennen, dass aus den unterschiedlichsten Beweggründen heraus der Versuch unternommen wurde, Karenztage (wieder) einzuführen. Der bislang letzte Versuch scheiterte im Jahre 1994. Geplant war damals darüber in Teilen die Pflegeversicherung mit zu finanzieren. Karenztag sind Tage, an welchen zwar Krankheit besteht, zunächst aber kein Anspruch auf Lohnfortzahlung besteht. 1994 waren 5 Tage geplant, die jedoch politisch nicht durchsetzbar waren.

1976 gab es im Durchschnitt 22,5 Arbeitsunfähigkeitstage, heute sind es im Durchschnitt 12 – 15 Tage. Dabei schwanken diese Angaben von Krankenkasse zu Krankenkasse, hauptsächlich wegen der unterschiedlichen Versichertenstrukturen. Auch innerhalb der Sparte »Dienstleistungen« variieren die Krankenstände erheblich. Niedrige Krankenstände hat zum Beispiel das Gastgewerbe (3,3 Prozent), der Bereich »Gesundheit, Veterinär und Sozialwesen« mit 4,6 Prozent eher einen höheren Wert (Fehlzeiten-Report 2006; Seite 286, Springer-Verlag). Damit nähern wir uns wieder dem Richtwert von ca. fünf Prozent an, den die Autoren aus jahrelangen eigenen Erhebungen als Anhaltswert zugrundelegen.

Bei der Sichtung der Statistiken sind verschiedene Fakten interessant:

- Mit durchschnittlich 17,1 Arztkontakten je Bundesbürger waren die Deutschen auch 2006 wieder weltweit führend bei den Arztbesuchen. Nach dem »GEK-Report ambulant-ärztliche Versorgung 2007« suchen täglich 5 Millionen Deutsche einen Arzt auf.

- Interessant ist, dass der Anteil derjenigen, die das ganze Jahr über keinen Tag wegen Krankheit unter Vorlage einer AUB gefehlt hat – je nach Kassenart – knapp unter 50 Prozent liegt. Bei den BKKs waren dies im Jahr 2004 44 Prozent. Der Anteil der Arbeitnehmer, der das ganze Jahr überhaupt nicht krank geschrieben war, stieg von 44,7 Prozent im Jahr 2000 auf 48,5 im Jahr 2005.

- Die häufigsten AU-Fälle liegen im Bereich von 1 – 3 Tagen mit 39 Prozent an den gesamten AU-Fällen (IKK-Branchenreport 2007). Kurzerkrankungen sind zwar lästig für die Dienst- und Einsatzplanung, spielen aber statistisch nur eine untergeordnete Rolle, weil im Alltag nicht die Zahl der AU-Fälle, sondern der AU-Tage (= Dauer) das Problem darstellen. Gleichwohl bedarf es der detaillierten Beobachtung, weil hier sehr wohl Abweichungen auftreten können und diese deswegen innerhalb des betrieblichen Fehlzeitenmanagements angemessen berücksichtigt werden müssen.

- Auf Arbeitsunfähigkeitsfälle mit einer Dauer von ein bis drei Tagen gingen 2005 lediglich 5,8 Prozent der Fehltage zurück, obwohl ihr Anteil an den Arbeitsunfähigkeitsfällen 34,1 Prozent betrug (Fehlzeiten-Report 2006, Springer-Verlag;

S.212). Bei der Betrachtung dieser Zahlen ist zu bedenken, dass diesen Statistiken der Krankenkassen häufig für diese Kurzerkrankungen keine AUBs vorliegen und damit die Dunkelziffer wohl höher sein dürfte. Inzwischen hat jedoch jedes zweite Unternehmen die Attestpflicht ab dem ersten Krankheitstag eingeführt. Im Bereich des Dienstleistungssektors liegt der Anteil der Kurzerkrankungen (= bis 3 Tage) gemessen an allen AU-Tagen bei 6 Prozent und AU-Fällen bei 33,6 Prozent (Fehlzeiten-Report 2006, Springer-Verlag; S.291).

- Die Verteilung zu den Arbeitsunfähigkeitsfällen zeigt, dass die Hälfte aller Arbeitsunfähigkeitstage auf lediglich 7,7 Prozent der Fälle zurückzuführen sind; Langzeitfälle betragen Fehlzeiten über 42 Tage (= > 6 Wochen). Obwohl ihr Anteil in 2005 nur 4,3 Prozent an den AU-Fällen ausmachte, verursachten sie 38,5 Prozent des gesamten AU-Tage Volumens (Fehlzeiten-Report 2006; Seite 212, Springer – Verlag).

- Der höchste Anteil an den Arbeitsunfähigkeitstagen – mit Ausnahme der Erkrankungen über 42 Tage – liegt mit 16,3 Prozent an AU-Tagen im Bereich zwischen 8 und 14 Tagen. Arbeitsunfähigkeitsdauern darüber treten seltener auf, ebenso darunter (Fehlzeiten-Report 2006; Seite 212, Springer-Verlag).

- AOK (WidO):

	2003 Altenpflege	21,30 Tage	5,80 Prozent
	2003 Krankenhäuser	19,20 Tage	5,30 Prozent
	2003 Branchendurchschnitt	17,70 Tage	4,90 Prozent

- Berufsgruppenunabhängig hat die AOK im Südwesten der Republik mit 4,4 Prozent im Jahr 2004 den niedrigsten Krankenstand mit durchschnittlich 15,9 Tagen pro Versichertem erhoben.

- Die Beschäftigten der DAK im Gesundheitswesen hatten eine prozentuale Fehlzeitenquote von 3,7 Prozent (!) im Jahr 2007.

- Der »IKK-Branchenreport 2007« zeigt zum Beispiel, dass die Fehlzeiten infolge Krankheit bei deren Versicherten aus dem Pflegebereich geringer sind als im Durchschnitt ihrer Versicherten aller Branchen.

- Das »Pflege-Thermometer 2007« macht nur Aussagen zu Befragungen von Mitarbeitern nach deren Meinung bezüglich der Entwicklung von Fehlzeiten infolge von Krankheit. Damit bleibt der Informationsstand nach dem Lesen diesbezüglich unverändert.

- Das »Altenheim Jahrbuch 2008« herausgegeben vom Vincentz Network zeigt auf Seite 106 aus dem WidO, Fehlzeiten-Report 2004 einen Krankenstand in der Altenpflege mit 5,8 Prozent, in Krankenhäusern mit 5,3 Prozent und im Bundesdurchschnitt mit 4,9 Prozent.

- Der Anteil an älteren Pflegenden (= > 50 Jahre) in Krankenhäusern macht nach dem BGW-Pflegereport 2007 im Durchschnitt nur zehn Prozent aus; in Pflegeheimen dagegen ist fast jeder vierte Beschäftigte über 50 Jahre alt und das bei höherer körperlicher Belastung als in den Krankenhäusern. Nach Erhebungen des Pflegereports gibt es Pflegeheime, in denen 40 Prozent der Mitarbeiter über 50 Jahre alt sind. Im Gegensatz zur Krankenpflege ist das zwischenmenschliche Klima in der Altenpflege besser und die Bindung an eine Einrichtung deutlich stärker.

⸙ Verteilungen der Arbeitsunfähigkeit (Fehlzeiten-Report 2006; Seite 210, Springer-Verlag). Nach Erhebungen der AOK waren 51,5 Prozent der AOK-Mitglieder von Arbeitsunfähigkeit betroffen. Davon meldeten sich pro Jahr:

25,2 Prozent einmal,

13,1 Prozent zweimal und

13,2 Prozent dreimal oder häufiger krank.

Bei dem gesamten Datenmaterial ist zu bedenken, dass alle Tage ohne AUB von den Krankenkassen nicht erfasst werden (können). Und auch diese können ein erhebliches einrichtungsinternes Problem in der Gestaltung der Einsatzplanung darstellen. Ebenso können Abweichungen zwischen den Erhebungen der Krankenkassen und den Einrichtungen durch unterschiedliche Erfassungen von Feiertagen und dienstfreien Tagen entstehen. Die Krankenkassen erfassen den gesamten Krankheitszeitraum, der auf den AUBen angegeben ist.

Alle diese Zahlen ersetzen nicht die eigenen Erhebungen, sondern sind als wichtiges Element in Bezug auf die Beurteilung des eigenen Standorts zu verstehen. Darüber hinaus sind sie hilfreich, wenn mit einem betrieblichen Fehlzeitenmanagement begonnen wird, aber noch keine (aussagekräftigen) Erhebungszeiträume verfügbar sind. Gelichermaßen stellen sie hilfreiche neutrale Fakten innerhalb von Diskussionen dar.

Das betriebliche Fehlzeitenmanagement	ja	nein	Erfolgt später
• macht Aussagen zu dem einrichtungsinternen Stand an Fehlzeiten infolge von Krankheiten, den zu erfassenden Arbeitsbereichen und der Häufigkeit der Erhebungen.			
• verfügt über branchenübliche Anhaltszahlen zum eigenen Standortabgleich, innerhalb des gesamten Unternehmens und zum Vergleich mit der Branche.			

1.7 Arbeitsdichte und Fehlzeiten

Die Intensität der Arbeitsdichte wird nicht selten in einen unmittelbaren Bezug zu dem Auftreten selbst und der Dauer von Fehlzeiten infolge von Krankheiten gestellt. »Kein Wunder, dass bei denen so viele fehlen, so wie die arbeiten müssen.« Solche oder ähnliche Äußerungen sind oft zu hören. Wie in Kap. 1.3 beschrieben, wirkt auf die Fehlzeiten ein multifaktorielles Geschehen ein und damit ist diese Aussage so nicht richtig.

Entscheidend für die Arbeitsdichte, welche auf den einzelnen Mitarbeiter einwirkt, ist letztendlich neben der möglichen psychischen Belastung (vgl. Kap. 2.1 und 2.5) die personelle Besetzung in dem jeweiligen Arbeitsbereich. Diese Besetzung ist im Bereich der stationären Altenhilfe in ihren Rahmenstrukturen quantitativ vorgegeben und wird einrichtungsintern in unterschiedlicher Qualität umgesetzt. Dabei wird nicht selten versucht, »Defizite«, welche die Pflegeversicherung diesbezüglich in Form eines begrenzten Stellenkontingents vorgibt, über den Dienstplan zu kompensieren. Dieser Versuch ist nicht nur von vornherein zum Scheitern verurteilt, sondern ist auch gefährlich, insbesondere für das Wohlergehen und die Gesundheit der Mitarbeiter. Im Nachfolgenden wird die Thematik der Besetzung erläutert, um einerseits das Mögliche für die Einrichtung und deren Bewohner »herauszuholen«, aber auch um die Mitarbeiter vor Überforderung zu schützen. Die Problemkonstellation gipfelt letztlich darin, dass die Bitte der Mitarbeiter die tagesbezogene Schichtbesetzung zu erhöhen, bei gleichem Stellenumfang, lediglich zu einem deutlichen Mehreinsatz für den einzelnen führt. Dessen sind sich die meisten gar nicht bewusst.

Definition: Regelbesetzung
(Merkmal: Einhaltung der nettoverfügbaren Arbeitszeit)

Die Regelbesetzung eines Arbeitsbereichs ergibt sich aus den dafür festgelegten Kriterien in Bezug auf die Leistungsanforderung, was folgendes Beispiel verdeutlicht:

Im stationären Pflegedienst errechnet sich aus den Pflegeschlüsseln in Verbindung mit der Bewohnerzahl nach Pflegestufen – mit Differenzierung nach den Regelungen in den einzelnen Bundesländern – die Mitarbeiteranzahl. Darin enthalten sind meistens die Pflegedienstleitung und der Ergotherapeutische/Soziale Dienst. Deren Stellen sind von dem ermittelten Gesamtstellenkontingent abzuziehen sowie um den Anteil zwischen Brutto- und Nettoarbeitszeit (vgl. Schaubild 1.6 A, S. 54) zu reduzieren. Das daraus sich ergebende Stundenkontingent, verteilt nach den einrichtungsinternen Anforderungen auf die einzelnen Arbeitstage der Woche, ergibt in Abhängigkeit von der täglichen Dauer der intern geplanten Dienste die Regelbesetzung pro Tag (vgl. Schaubild 1.7 E, S. 70).

Diese Besetzung in der hier beschriebenen Form berücksichtigt die erforderlichen Erholungszeiten für die Mitarbeiter, welche zur Kompensation aus den arbeitsalltäglichen Anforderungen notwendig sind. Sehr häufig wird jedoch dieser Ansatz der

Fehlzeiten konstruktiv managen
© Vincentz Network GmbH & Co. KG, Hannover 2009; ISBN 978-3-86630-055-2

nettoverfügbaren Arbeitszeit als Grundlage der Dienst- und Einsatzplanung nicht beachtet und die Bruttoarbeitszeit verplant. Damit werden die Mitarbeiter nicht nur ihrer notwendigen Erholungsphasen beraubt, sondern es wird auch indirekt ihre arbeitsvertraglich vereinbarte Arbeitszeit aufgestockt. Das halten die Mitarbeiter in keinem Falle über einen längeren Zeitraum durch. Die Folgen davon sind immer die gleichen:

❦ kontinuierlicher Anstieg von Überstunden und

❦ kontinuierlicher Anstieg von Urlaubsbeständen, weil diese nicht mehr eingeplant werden können.

Beides mit der Folge steigender Fehlzeiten infolge von Krankheit, weil dieser Kreislauf langfristig nicht durchzuhalten ist.

Abweichungen von der Regelbesetzung
(Unterbesetzung/Personalengpass)

Abweichungen von der Regelbesetzung werden im alltäglichen Sprachgebrauch als Unterbesetzung oder Personalengpass bezeichnet. Für beide Begrifflichkeiten gibt es keine Legaldefinitionen. Auf die Besetzung der Dienste im Alltag wird deshalb an dieser Stelle eingegangen, weil die Anzahl der Mitarbeiter pro Dienst im Verhältnis zum Arbeitsanfall über den Dienstplan geregelt wird und somit ein direkter Bezug zwischen der Arbeitsbelastung der Mitarbeiter und der Arbeitsdichte hergestellt wird. Das hat wiederum unmittelbare Auswirkungen auf das Wohlbefinden und die Gesunderhaltung der Mitarbeiter. Ein dauerhaftes Unterschreiten der Regelbesetzung bzw. eine kontinuierliche Unterbesetzung wird langfristig eine negative Auswirkung auf Bewohner und Mitarbeiter haben. Dabei ist noch nichts über das Verschulden oder die möglichen Ursachen und Hintergründe ausgesagt. Gleichwohl ist das Feststellen einer Abweichung von der Regelbesetzung deswegen von zentraler Bedeutung, weil sich hier auch die Frage nach der vertragsgemäßen Leistungserbringung stellt. Die Unterbesetzung kann verschiedenste Ursachen haben und im Praxisalltag findet sich häufig eine ungünstige Konstellation mehrerer auslösender Faktoren wie zeitgleiche Kündigungen, Fortbildung und Urlaub. Dies kann dann in Kombination mit hohen Fehlzeiten eskalieren.

Bei Gesprächen zu den Themen Personalengpass und/oder Unterbesetzung sollten grundsätzlich neutrale Bewertungsmaßstäbe herangezogen werden. Die Meinung des Einzelnen mag interessant, aber im Praxisalltag von untergeordneter Bedeutung sein, weil sich diese Thematik in endlosen emotional geführten Diskussionen ergießt. Zielführend ist das keineswegs. Eine eindeutige Berechnungsgrundlage ist deswegen im Interesse von Mitarbeitern und Bewohnern, weil es darum geht, ob unter Bezugnahme auf die gesetzlichen und vertraglichen Kriterien eine Unterschreitung der Besetzung auftritt, welche von außenstehenden Stellen (Gesetzgeber, Pflegekassen etc.) bei sachgerecht vorgenommener Umsetzung als »angemessen« angesehen wird. In wie weit diese Besetzung ausreichend im Verständnis einer kundenorientierten Leistungserbringung ist, kann hier nicht Maßstab sein, sondern muss an anderer Stelle entschieden werden. Hier geht es um die objektiv messbare Arbeitsbelastung der Mitarbeiter. Dazu kommt, dass die Führungskraft neutrale Bewertungsmaßstäbe benötigt, um sich nicht von unterschiedlichen Interessengruppen einvernehmen zu lassen.

Von einer Unterbesetzung oder einem Personalengpass kann gesprochen werden, wenn eine (nicht nur kurzfristige) Unterschreitung der bereits beschriebenen nettoverfügbaren Arbeitszeit (= Regelbesetzung) eintritt. Dabei muss die Übereinstimmung der vorgesehenen dienstplanmäßigen Besetzung mit der rechnerisch zugrunde gelegten Belegung beachtet werden. Bezugsgrößen stellen dabei die vertraglich vereinbarten Pflegeschlüssel dar, in Abwesenheit dieser andere passende Vergleichswerte aus der Branche, das Budget oder andere vereinbarte Grundlagen zur Personalbesetzung/Leistungserbringung. Dabei ist zu bedenken, dass es Mitarbeiter gibt, welche den Personalengpass als ständige reale Situation des Alltags erleben. Gerade diese Mitarbeiter sollten auch über die Hintergründe der Personalplanung und Berechnung informiert werden. Viele Mitarbeiter haben in diesem Punkt das Gefühl, die tägliche Besetzung der Dienste sei mehr oder weniger willkürlich von den Vorgesetzten festgesetzt. Dem kann nur durch Aufklärung entgegengewirkt werden. Nicht alle Mitarbeiter werden das nachvollziehen können oder wollen, aber die meisten. Den Autoren bleibt die Rückmeldung eines Mitarbeiters in Erinnerung, der nach einer derartigen Informationsveranstaltung sagte: »Mit dem, was ich erfahren habe, bin ich in der Sache nicht zufrieden, aber ich habe es verstanden.« Dieser Aspekt ist für das Wohlbefinden des Mitarbeiters am Arbeitsplatz von zentral wichtiger Bedeutung, weil es hier um dessen subjektives Empfinden geht.

Eine nicht nur vorübergehende Unterbesetzung wird spätestens dann kritisch, wenn:

- ein längerer Zeitraum davon betroffen ist, in dessen Folge eine Leistungsminderung für die Kunden eintritt,
- planbare Fehlzeiten wie Urlaub nicht (mehr) aufgefangen werden können,
- tätigkeitsbezogene Defizite (Dekubiti etc.) infolge der Engpässe/Ausfälle zeitgleich auftreten ohne erkennbare andere Ursachen,
- eine nicht nur kurzfristige Nichterfüllung gesetzlicher »Dienstplanvorgaben« (= ArbZG, Nichteinhaltung von Ruhezeiten, Ersatzruhetage etc.) auftritt,
- eine Nichterfüllung vertraglicher Verpflichtungen auftritt (wie SGB V-Vorgaben; Fachkraftquote HeimPersVO),
- Vergleichszahlen aus der Branche unterschritten werden (= quantitativer Leistungsabfall),

◊ ein kontinuierliches Unterschreiten der nettoverfügbaren Arbeitszeit infolge auftritt.

Eine unregelmäßig vorkommende Unterbesetzung führt nicht automatisch zu einer defizitären Leistungserbringung i. S. d. § 115 SGB XI bzw. des § 5. HeimG, weil diese möglicherweise durch einen Mehreinsatz an Stunden aufgefangen wird. Das lässt sich im Dienstplan einfach nachprüfen. Dagegen muss eine Anhäufung diesbezüglicher Situationen zwingend eine Überprüfung der internen Arbeitsorganisationsstrukturen nach sich ziehen mit der Folge des ggf. notwendigen Einleitens von Korrekturmaßnahmen zur Vermeidung möglicher Wiederholungen in der Zukunft. Davon ausgenommen sind beispielsweise erkennbare und vorübergehende Einzelsituationen (z. B. Grippewelle, Norovirusinfektionsperioden).

Meistens werden Fehlzeiten beim Unterschreiten der nettoverfügbaren Arbeitszeit (= Regelbesetzung, diejenige Arbeitszeit, welche vertraglich zu erbringen ist) kompensiert und durch ergänzende Maßnahmen (Einsatz von Aushilfen, Überstunden etc.) aufgefangen. Das ist daran zu erkennen, dass zwar tatsächlich ein nachweisbarer Anstieg an Fehlzeiten da ist (vgl. Kap. 1.3), dieser jedoch durch eingeleitete Maßnahmen in Bezug auf den Bewohner und dessen Leistungserbringung kompensiert wurde. In der Außenwirkung darf dieser Punkt bei der Diskussion um die Höhe von Fehlzeiten als Korrektiv in Bezug auf die Verlässlichkeit der Leistungserbringung nicht vergessen werden.

Berücksichtigung der Abwesenheitstage von Bewohnern und Bettenleerstand
Eine hausinterne Statistik, welche die Belegungstage sorgfältig ermittelt, stellt ein weiteres wichtiges Merkmal dar. Ist die Regelbesetzung vereinzelt unterschritten, sollte geprüft werden, ob infolge von

◊ Abwesenheitstagen von Bewohnern,

◊ dem Aufbau von Überstunden oder

◊ durch Bettenleerstand

eine Kompensation stattgefunden hat. Alle hier genannten Sachverhalte stellen indirekte »arbeitsentlastende« Faktoren dar. Der Aufbau von Überstunden, welcher zunächst eine erhöhte Arbeitsbelastung für den betroffenen Mitarbeiter auslöst, entlastet insofern, dass durch einen erhöhten Tagesstundeneinsatz die Arbeitsbelastung gleichermaßen für alle diensthabenden Mitarbeiter sinkt. Infolge auch dadurch, weil der Mehreinsatz an Stunden wieder in Form von freien Tagen ausgeglichen wird.

Folglich stellt sowohl die Unterbesetzung als auch der sich möglicherweise darauf aufbauende Personalengpass zwar eine möglicherweise subjektiv empfundene, auf jeden Fall aber rechnerisch zu ermittelnde Größe dar. Die Mitarbeiter mit Führungsverantwortung sind gehalten darauf zu achten, dass dieser unter Einhaltung der oben genannten Maßnahmen nicht eintritt. Und das ist möglich. Unumgängliche Voraussetzung dafür stellt es immer dar, die Dienst- und Einsatzplanung auf Basis der Nettoarbeitszeit zu planen. Abweichungen davon müssen in der Tourenorganisation ambulanter Dienste gemacht werden, weil insbesondere bei kleinen ambulanten Diensten infolge von Nachfrageschwankungen eine nettobasierte Einsatzplanung wirtschaftlich nur begrenzt durchführbar ist. Somit gilt es hier ein besonderes Augenmerk auf die Erholungsphasen der Mitarbeiter zu richten.

Kein grundsätzlicher Bezug zwischen Arbeitsdichte und Fehlzeiten

Die Arbeitsdichte hat nicht zwingend einen Einfluss auf die Fehltage durch Krankheiten, sehr wohl aber die Frage der Dienst- und Einsatzplanung. Diese kann nachweislich ohne kontinuierliche Überstunden und verlässlich für die Mitarbeiter geplant werden (vgl. Kap. 2.6) – dies setzt aber einen differenzierten und sorgfältigen Umgang mit dieser enorm wichtigen Leitungsaufgabe voraus. Die weit verbreitete Aussage, dass eine hohe Arbeitsdichte zwangsläufig mit hohen Fehlzeiten infolge von Krankheit einhergeht, ist sachlich nicht richtig und es gibt keinen Beleg dafür. Das sollen zwei Beispiele verdeutlichen, welche unabhängig von ihrer Form nicht favorisiert werden, sondern lediglich der Darstellung dienen.

Sachverhalt 1: Ein Pflegeheimverbund bietet seinen Mitarbeitern sechs Monate lang Lohnfortzahlung im Krankheitsfall anstelle von sechs Wochen. Betrachtet man die Fehlzeiten infolge von Krankheit in diesem Verbund, fällt ein exorbitanter hoher Prozentsatz an Fehlzeiten auf. Die Vermutung liegt nahe – weil sich auch bei intensiver Nachforschung keine anderen Anhaltspunkte ergeben – dass dieses großzügige Vorgehen in Teilen ausgenutzt wird. Folge: es wird abgeschafft. Ergebnis: es werden diejenigen Mitarbeiter bestraft, für welche dieses aus gesundheitlichen Gründen eine gute Sache dargestellt hat und diejenigen, welche es ausgenutzt haben, sagen sich: »Schade, jetzt geht es nicht mehr. War eine echt gute Zeit.« Richtig wäre es gewesen, von Managementseite mit einem betrieblichen Fehlzeitenmanagement die Trittbrettfahrer genauer zu entlarven. Damit hätte man denjenigen geholfen, für die es von Vorteil war. Das Abschaffen ist die bequemste, aber keine Lösung, welche von Führungsqualitäten zeugt.

Sachverhalt 2: Ein Verband von Einrichtungen nutzt die Urlaubslösung. Jeder Mitarbeiter hat 36 Tage Urlaub. Pro drei Krankheitstagen reduziert sich der Urlaubsanspruch um einen Urlaubstag, unterschreitet aber nie die Grenze von 24 Urlaubstagen (= Bundesurlaubsgesetz). Ergebnis ist, dass eine Fehlzeitenquote vorliegt, die weit unter dem von uns als Anhaltswert propagierten Durchschnitt liegt (= durchschnittlich 5 Prozent).

Die diesbezüglich unterschiedlichen Möglichkeiten sind in Kap. 2.7 näher beschrieben. Hier geht es lediglich um den Kontext, dass Fehlzeiten bei weitem nicht immer krankheitsbedingt sind. Folglich bedarf es einer Bündelung von Maßnahmen, welche insgesamt das Fehlen erschweren.

Bei beiden beschriebenen Sachverhalten zur Reduktion von Fehlzeiten infolge von Krankheiten soll nicht das grundsätzliche Pro und Contra diskutiert werden, sondern sie sollen zeigen, was alle im Prinzip wissen, aber teilweise (hilflos) tolerieren: Fehlzeiten wegen Krankheit haben nicht immer etwas mit Kranksein, sondern nicht selten auch mit Absentismus zu tun (vgl. Kap. 1.2.2).

Bei einer vorliegend hohen Arbeitsdichte muss auch berücksichtigt werden, dass verschiedene Faktoren für geringe Fehlzeiten ausschlaggebend sein können. Zum einen kann es sein, dass Mitarbeiter aus Sorge vor zusätzlicher Arbeitsbelastung für die Kollegen sich nicht trauen zu fehlen, was bezogen auf die Gesunderhaltung der Mitarbeiter abträglich wäre. Zum anderen kann auch die Sorge um den Verlust des Arbeitsplatzes dazu führen, dass Mitarbeiter nicht fehlen. Dem stehen allerdings die langjährigen Erfahrungen in der Pflegebranche der Autoren gegenüber. Die teilweise hohen Fehlzeiten (= > 5 Prozent) sind nicht nur gesundheitlich bedingt oder Auswirkung mangelnder Führungsstärke bzw. -defizite, sondern in Teilen schlichtweg Desinteresse und auch Interesselosigkeit nach dem Prinzip »Mir kann hier doch nichts passieren. Bei unserem Wohlfahrtsverband ist noch nie einer wegen Krankheit gekündigt worden.« Auffallend waren auch hohe Fehlzeiten infolge von Krankheiten bei Trägern, deren Mitarbeiteranzahl über den regulär geltenden Pflegeschlüsseln lag.

Weitere Faktoren mit Einfluss auf die Arbeitsbelastung der Mitarbeiter

Anzahl aufeinanderfolgender Arbeitstage am Stück (vgl. Schaubild 1.7 B, S. 66)

Neben der unmittelbaren Arbeitsdichte spielt selbstverständlich die Anzahl der aufeinanderfolgenden Arbeitstage eine zentrale Rolle in Bezug auf die Erholungsmöglichkeiten für die Mitarbeiter. In Bezug auf die X-Tage-Woche ist dies in Kapitel 1.8 ausführlich beschrieben. Bezüglich der Anzahl aufeinanderfolgender Tage sind zwei wesentliche Sachverhalte zu berücksichtigen:

a. Die gesetzliche, tarifvertraglich zulässige Anzahl aufeinanderfolgender Tage

Eine Vielzahl von Tarifverträgen haben Sollvorgaben in Bezug auf die Anzahl dieser Tage. Es soll alle 14 Tage ein Wochenende frei sein. Das Arbeitszeitgesetz macht dazu gar keine Aussagen: Es besagt, dass 19 Sonntage im Jahr dienstfrei sein sollen. Freie Wochenenden kennt das Arbeitszeitgesetz überhaupt nicht. Dagegen spielt die Regelung in § 11 eine zentrale Rolle. Dieser Paragraf besagt, dass auf einen Dienst-Sonntag spätestens innerhalb von 14 Tagen ein freier Tag (Ruhetag) zu gewährleisten ist. Das bedeutet, dass rein rechnerisch – unter der Voraussetzung, dass die wöchentlich zulässige Höchstarbeitszeit von 60 Stunden nicht überschritten wird – 13 Tage am Stück gearbeitet werden dürfen. Was geschieht aber, wenn der Mitarbeiter nicht an einem Sonntag den hier beschriebenen Dienstturnus beginnt, sondern bereits am Montag zuvor (vgl. Schaubild 1.7 A)? Dann wären es 6 + 13 Arbeitstage = 19 Arbeitstage am Stück, welche somit unter der bereits genannten Berücksichtigung der wöchentlichen Höchstarbeits-

Schaubild 1.7 A

Mögliche Anzahl aufeinanderfolgender

Dienstplan_____ für Monat/Jahr

					Mi	Do	Fr	Sa	So	Mo	Di	Mi	Do
Vor- und Zunahme	wöch. AZ	Soll-AZ	Übertrag	Verfügbare									
Qualifikation	AZ %	Urlaub	Vormonat	Arbeitszeit	1	2	3	4	5	6	7	8	9
Michael	40,00				F	F	D	F	F	F	D	D	D	D
Wipp	1,00												
Pflegefachkarft													

6 Arbeitstage

Beispiel Umsetzung Arbeitszeitgesetz: Anzahl möglicher aufeinanderfolgender Arbeitstage unter Einbezug der Wochenhöchstarbeitszeit

Wöche

Zentrale Inhalte des Arbeitszeitgesetzes in Bezug auf d

- Ersatzruhetage: § 11
- Ausgleichszeiträume: §§ 3,
- Ruhezeiten: § 5
- Pausen: § 4
- Anzahl Sonntagsdienste: § 11

Anzahl der MA im Frühdienst
Anzahl der MA im Spätdienst
Fertigstellung am / von :
Unterschrift: Unterschrift:

zeit zulässig werden. Soweit die gesetzliche Regelung. Nicht selten steht allerdings der Einplanung freier Tage eine ungünstige Mitarbeiterstruktur entgegen (vgl. Kap. 1.8), die nicht mehr über den Dienstplan kompensiert werden kann.

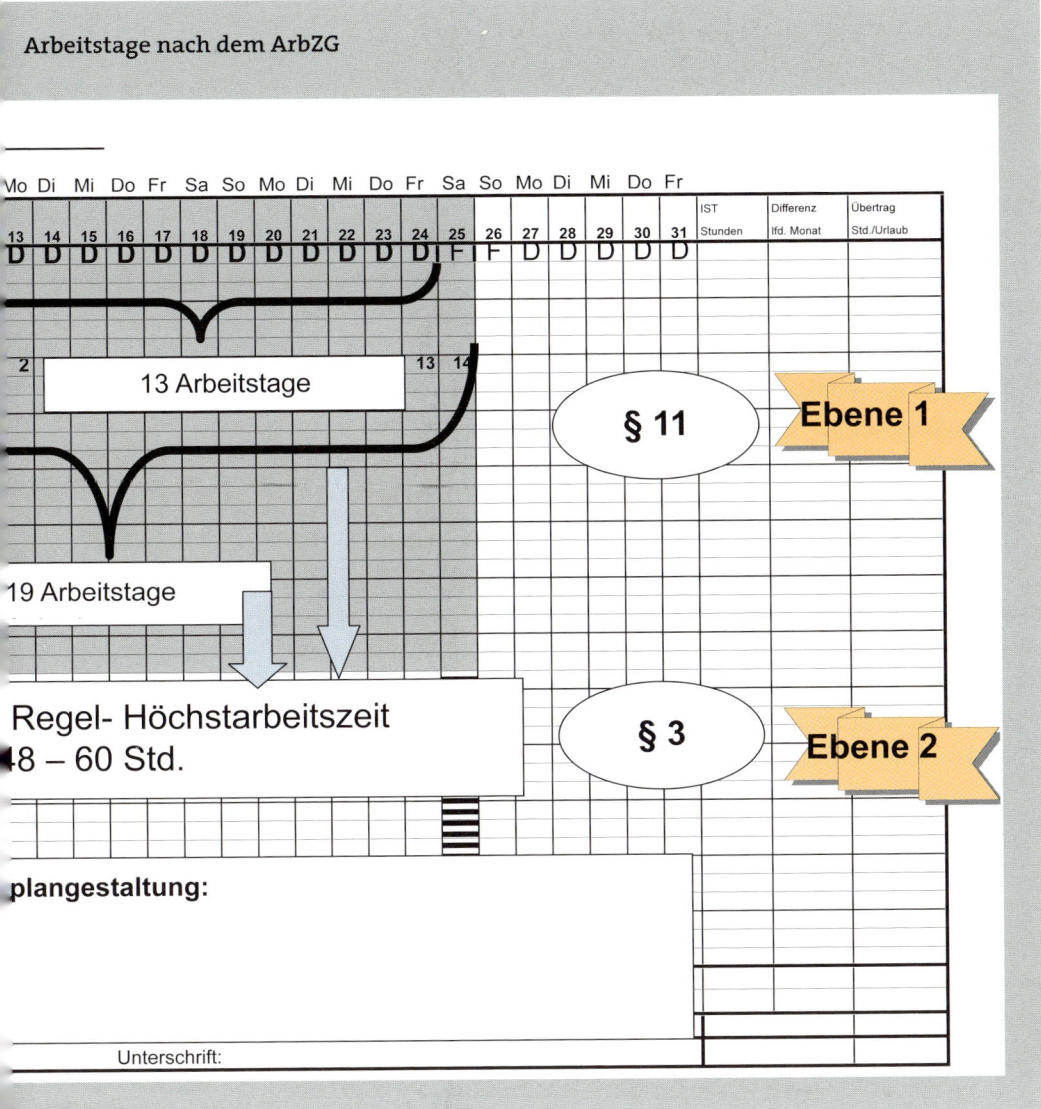

Arbeitstage nach dem ArbZG

b. Die individuell mögliche Arbeitsbelastung des einzelnen Mitarbeiters

An dieser Stelle beginnt die Fürsorgepflicht und damit nicht selten ein Streitpunkt mit dem Mitarbeiter. Wenn die Führungskraft sieht, dass ein Mitarbeiter körperlich dieser Belastung nicht gewachsen ist, muss sie im Rahmen ihrer Fürsorgepflicht einschreiten. Beispielsweise in der Form, dass sie einen freien Tag im Dienstplan

Schaubild 1.7 B

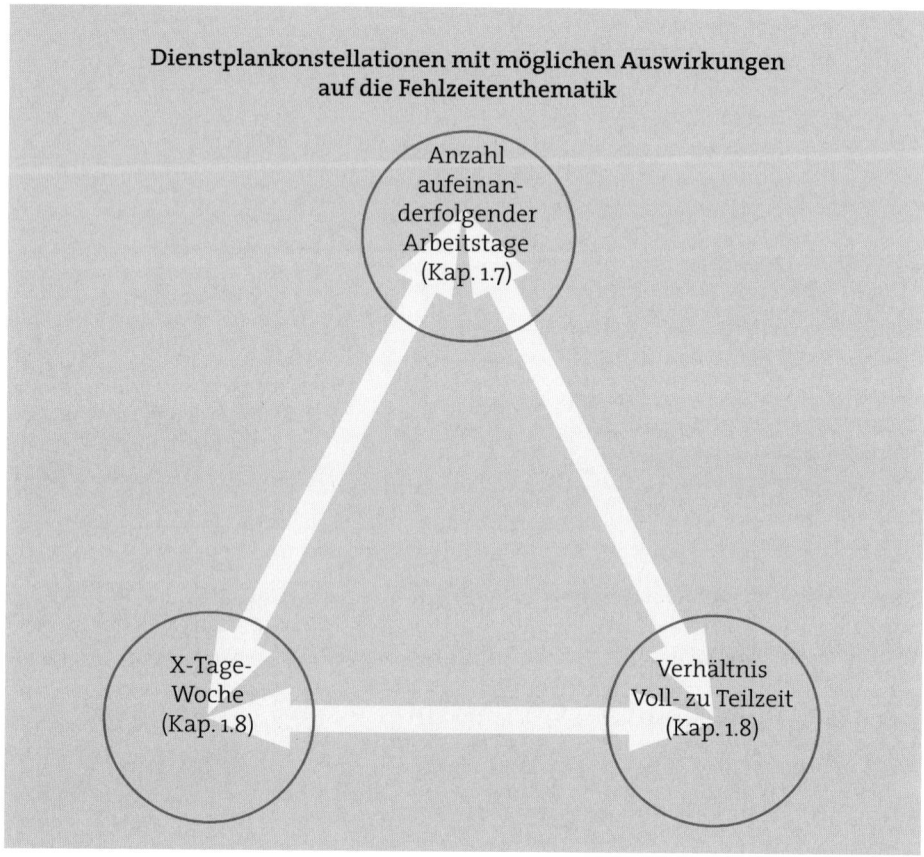

Dienstplankonstellationen mit möglichen Auswirkungen auf die Fehlzeitenthematik

Anzahl aufeinan- derfolgender Arbeitstage (Kap. 1.7)

X-Tage- Woche (Kap. 1.8)

Verhältnis Voll- zu Teilzeit (Kap. 1.8)

vorsieht, auch wenn der Mitarbeiter vorzugsweise einen längeren Zyklus arbeiten würde, um anschließend mehrere Tage am Stück frei zu haben. Arbeitsmedizinisch sind diese Kurzurlaube (= mehrere freie Tage am Stück) nicht unumstritten. Hintergrund ist der, dass diese Kurzurlaube derart mit Aktivitäten privater Art angefüllt werden, dass von einem Erholungseffekt nahezu keine Rede mehr sein kann. Für die Thematik der Gesunderhaltung der Mitarbeiter bedeutet dies, dass letztendlich die verantwortliche Führungskraft bezogen auf die individuelle Situation des Mitarbeiters über die machbare Anzahl der aufeinanderfolgenden Arbeitstage entscheiden muss. Kritisch wird dies an der Stelle, an welcher die Frage auftaucht, ob der Mitarbeiter überhaupt noch gesundheitlich in der Lage ist, seiner arbeitsvertraglichen Verpflichtung nachzukommen, weil im Umkehrschluss die Notwendigkeit der zur Regeneration einzuplanenden freien bzw. Erholungstage einer Erbringung der arbeitsvertraglichen Wochenarbeitszeit entgegensteht. (vgl. Kap. 3.3.9)

X-Tage-Woche (vgl. Kap. 1.8)

Auch die Form der X-Tage-Woche spielt eine nicht zu unterschätzende Rolle in Bezug auf die möglichen Auswirkungen auf Fehlzeiten. Die Auswirkungen der 5- und der 6-Tage-Woche als nach wie vor gängige Arbeitszeitformen werden ausführlich thematisiert.

Arbeitsbelastung – und Arbeitsentlastung durch Mitarbeiterstruktur (vgl. Kap. 1.8)

Mit der Mitarbeiterstruktur ist in diesem Fall ein ausgewogenes Verhältnis von Voll- zu Teilzeitmitarbeitern zu verstehen, um durch die arbeitsorganisatorische Berücksichtigung von Arbeitsspitzen sowie in Bezug auf die Häufigkeit von Wochenenddiensten, die Notwendigkeit von »Geteilten Diensten« und das Einspringen entsprechend flexibel und damit entlastend auf die Mitarbeiter reagieren zu können.

Das betriebliche Fehlzeitenmanagement	Ja	nein	Erfolgt später
greift auf eine Dienst- und Einsatzplanung zurück, welche auf Basis der verfügbaren Nettoarbeitszeiten aufgebaut ist.			
verfügt über Sicherungsmechanismen, welche das Auftreten einer Abweichung von der Regel- zur Unterbesetzung/Personalengpass erkennen lassen.			
greift auf eine Dienst- und Einsatzplanung zurück, welche die personelle Besetzung der Arbeitsbereiche im Zusammenhang mit der aktuellen Belegung (Kurzzeitpflegegästen), Abwesenheitszeiten von Bewohnern oder Bettenleerständen betrachtet.			
greift auf eine Dienst- und Einsatzplanung zurück, welche die freien Tage der Mitarbeiter dergestalt eingeplant, dass die erforderlichen Erholungsphasen sich an der individuellen Mitarbeiterbelastbarkeit orientieren.			

Schaubild 1.7 D

	Erhebungsdatum:					Einrichtung: Haus Sonnensch⋯ Arbeitsbereich: Wohnbereich ⋯ Verantwortliche/r Mitarbeiter/in:			
Anzahl	Schichtzeiten	Bez.	Arbeitszeit	Pause	Gesamt	06:00	07:00	08:00	09:⋯
Brutto	**Frühdienst**								
1	6.30 . 15.00 Uhr	F	8,00	0,50	8,50				
2	6.30 - 14.00 Uhr	F 1	7,00	0,50	7,50				
3	6.30 - 14.00 Uhr	F 1	7,00	0,50	7,50			**80 %**	
4	7.00 - 13.00 Uhr	F 2	5,50	0,50	6,00				
5	7.00 - 13.00 Uhr	F 2	5,50	0,50	6,00				
6	7.30 - 10.30 Uhr	F 3	3,00	0,00	3,00				
					36,00				
7	6.30 - 14.00 Uhr	F 1	7,00	0,50	7,50				

Anzahl	Schichtzeiten	Bez.	Arbeitszeit	Pause	Gesamt	06:00	07:00	08:00	09:⋯
	Spätdienst								
8	13.30 - 22.00 Uhr	S	8,00	0,50	8,50	Unrealistische Planung, weil ⋯			
9	13.30 - 21.00 Uhr	S 1	7,00	0,50	7,50	Berücksichtigung von Ausfallz⋯			
10	14.30 - 21.00 Uhr	S 2	6,00	0,50	6,50				
11	16.00 - 20.00 Uhr	S 3	4,00	0,00	4,00	**Nicht als REGELBESETZUN**⋯			
					25,00	möglich, höchstens zeitweis⋯			
12	13.30 - 21.00 Uhr	S 1	7,00	0,50	7,50				

Anzahl	Schichtzeiten	Bez.	Arbeitszeit	Pause	Gesamt	06:00	07:00	08:00	09:⋯
	Nachtdienst								
13	21.30 - 6.45 Uhr	N	**8,75**	0,50	9,25				
					69,75				

⋯darf aus Einsatzprofil:			**488.25**			kalkulatorische Gesamtausfallzei⋯

Lediglich ca . 80 % der gesamten brutto verfügbaren Arbeitszeiten stehen für

Mitarbeiterüberforderung

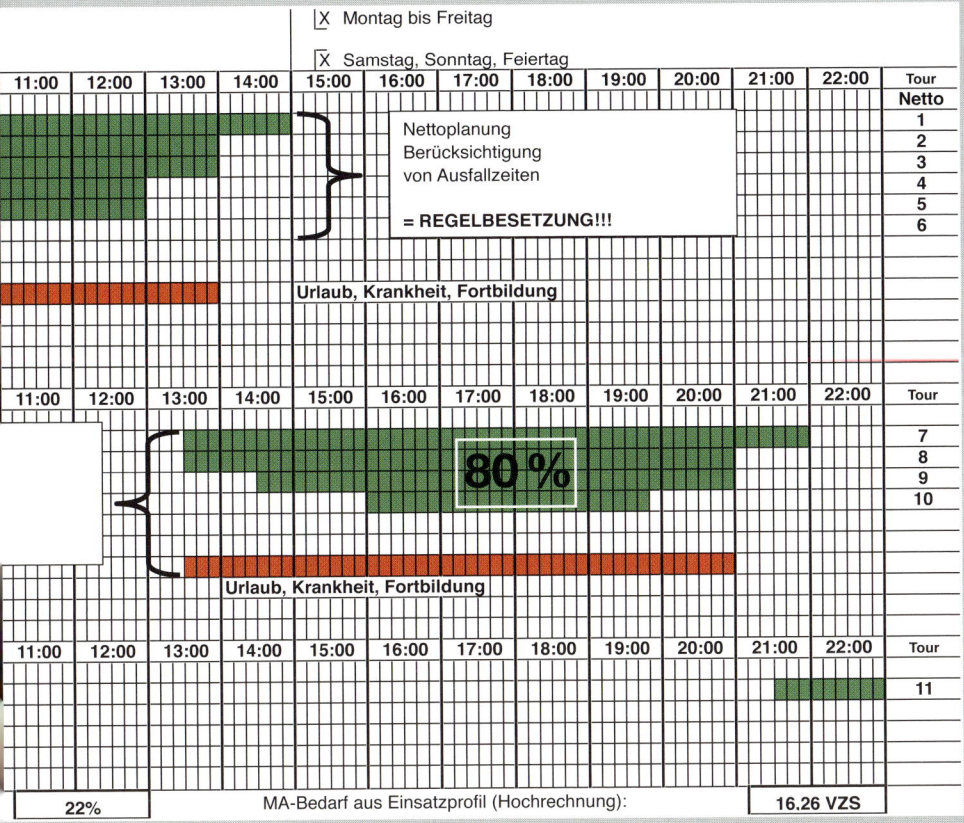

| X | Montag bis Freitag |
| X | Samstag, Sonntag, Feiertag |

Nettoplanung
Berücksichtigung
von Ausfallzeiten

= REGELBESETZUNG!!!

Urlaub, Krankheit, Fortbildung

80 %

Urlaub, Krankheit, Fortbildung

22%   MA-Bedarf aus Einsatzprofil (Hochrechnung):   16.26 VZS

die unmittelbare Arbeitsleistung zur Verfügung.

Schaubild 1.7 E

Definition der Regelbesetzung
Die Regelbesetzung errechnet sich aus der nettoverfügbaren Arbeitszeit aller
vertraglich vereinbarter Mitarbeiter in diesem Arbeitsbereich in Stunden aufgeteilt auf die
einzelnen Wochentage und in Abhängigkeit von der jeweils geplanten Dienstlänge.

Beispiel	30,80 Std./Woche x 9,75 VZK = 300,30 Std./Woche

Mo	**Di**	**Mi**	**Do**	**Fr**	**Sa**	**So**	Gesamt
43,00	43,00	46,00	43,00	43,00	38,00	38,00	294,00

294,00 Std./Woche	6,3 Std. Reserve

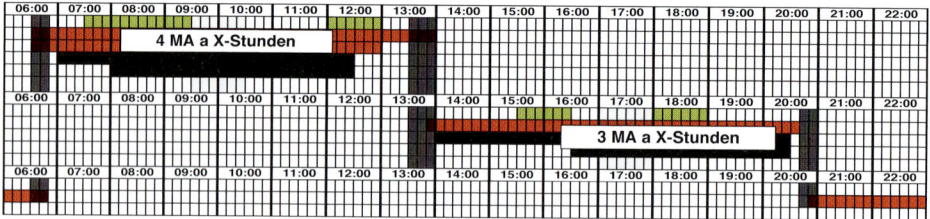

1.8 X-Tage-Woche

Arbeitstagewoche und Fehlzeiten

Häufig wird in der allgemeinen und unreflektierten Diskussion die 5-Tage-Woche mit
Wohlergehen und Mitarbeitergesundheit gleichgesetzt. Vor allem in der Pflegebranche hält sich dieser Gedanke seit den 70er Jahren. Inzwischen bröckelt er immer
mehr, weil nicht die Frage nach der 5-Tage-Woche, sondern dem, was darunter zu
verstehen ist, ein zentraler Ansatz aus Sicht einer für die Mitarbeiter verlässlichen
Dienst- und Einsatzplanung ist. Die zwei freien Tage im Durchschnitt pro Woche werden durch eine Reduzierung der täglichen Stärke der Schichtbesetzungen erkauft, was
zu erhöhter täglicher Arbeitsbelastung führt. Diese bereits erhöhte Arbeitsbelastung
wird noch verstärkt beim Auftreten von Fehlzeiten durch weitere Reduzierung der

Grundlagen

Fehlzeiten konstruktiv managen
© Vincentz Network GmbH & Co. KG, Hannover 2009; ISBN 978-3-86630-055-2

Stärke der Besetzung. Besteht dann noch eine Bruttoeinsatzplanung, handelt es sich um hochgradige Organisationsfehler in der Planung (vgl. Schaubild 1.8 B.2, S. 75).

Historische Entwicklung

Aus der ideologisch gefärbten Diskussion der späten 70er Jahre, die ihren Ursprung häufig in Kliniken hatte, hält sich bis heute das hartnäckige Gerücht, dass die 5-Tage-Woche im Pflegedienst für die Mitarbeiter besser sei als andere Formen der Arbeitszeitgestaltung. Diese allgemeine, unreflektierte und hoch gefährliche Betrachtungs-

Schaubild 1.8 A

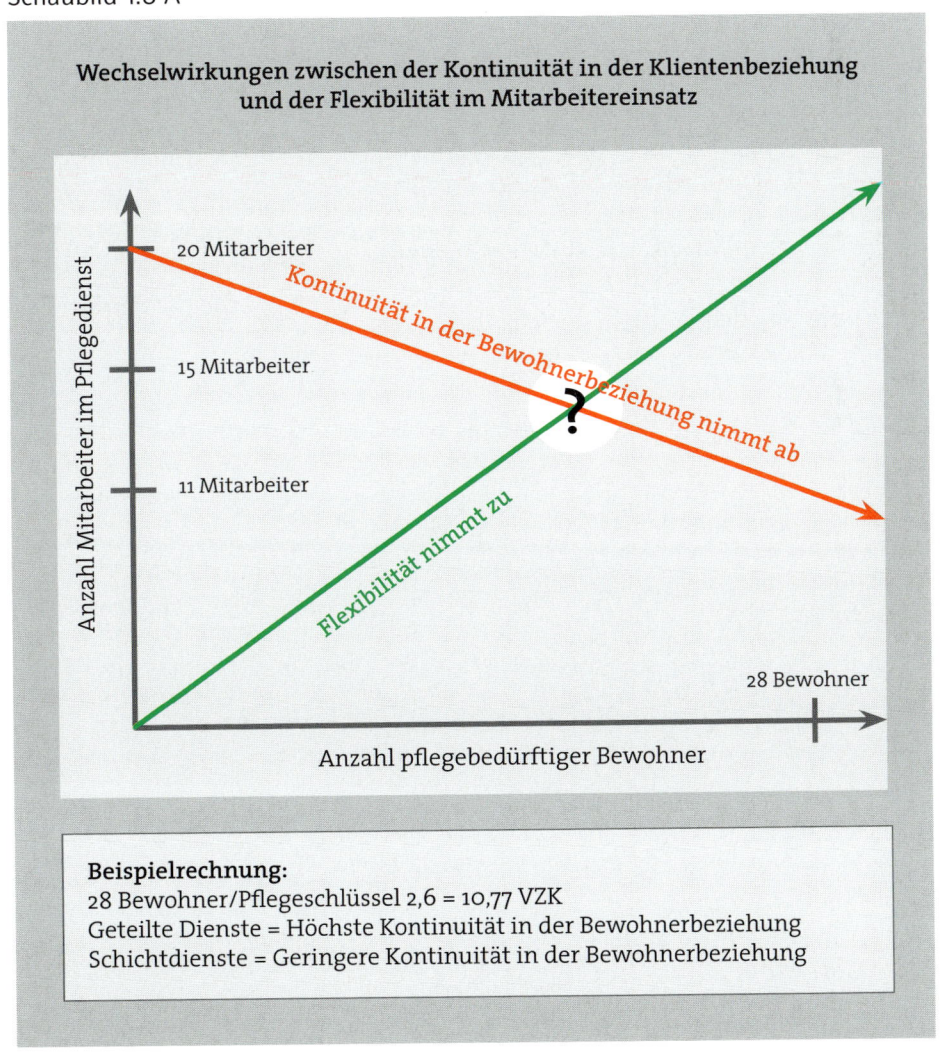

Wechselwirkungen zwischen der Kontinuität in der Klientenbeziehung und der Flexibilität im Mitarbeitereinsatz

Beispielrechnung:
28 Bewohner/Pflegeschlüssel 2,6 = 10,77 VZK
Geteilte Dienste = Höchste Kontinuität in der Bewohnerbeziehung
Schichtdienste = Geringere Kontinuität in der Bewohnerbeziehung

weise gaukelt eine scheinbare Idealsituation vor, welche bei näherer Betrachtung nicht einmal im Ansatz standhält. Der versierte Praktiker kann über eine derartig lebensfremde Aussage nur den Kopf schütteln; die Praxis belegt das Gegenteil. Die Gründe liegen auf der Hand und sind im Folgenden in ihren Auswirkungen nachzulesen.

Welche Auswirkungen dies haben kann, wird im Folgenden anhand konkreter Alltagssituationen dargestellt. Gerade die verantwortlichen Mitarbeiter müssen sich darüber im Klaren sein, welche Vor- und Nachteile mit der Entscheidung zu einer X-Tage-Woche verbunden sind und sich ernsthaft fragen, ob sie diese in Bezug auf ihre Auswirkungen auf die Interessenpartner hin in Kauf zu nehmen verantworten können bzw. überhaupt dürfen.

Gerade die 5-Tage-Woche ist oft geprägt von einem hohen Anteil an Vollzeitmitarbeitern, was zu einer enormen Steigerung der Arbeitsbelastung führt.

Rechnerisch ergibt sich die Form der Tage-Woche aus der individuellen Wochenarbeitszeit geteilt durch die für diesen Mitarbeiter im Wesentlichen einrichtungsintern geplanten Regeldienstlängen. Diese Form der 5-Tage-Woche ist immer machbar, hängt aber auch von der individuellen (wirtschaftlichen) Möglichkeit und dem Willen ab, in Teilzeit zu arbeiten. Bei dieser Betrachtung ist es einzig und allein die Entscheidung des Mitarbeiters, in einer 5-Tage-Woche zu arbeiten: er selbst bestimmt über seine dienstvertragliche Wochenarbeitszeit. Jeder kann somit letztendlich eine »5-Tage-Woche« haben, wenn ihm dies wichtig ist.

Eine 5-Tage-Woche in der Form, dass einfach nur die täglichen Dienste verlängert und somit Arbeitszeit verbraucht wird, mit der Zielssetzung zwei freie Tage pro Woche zu erzielen, kann der Hauptzielgruppe der Leistungserbringung – den Bewohnern – nicht zugemutet werden. Sie ist weder wirtschaftlich vertretbar (= wer bezahlt die Pflegeversicherung?) noch ist diese Arbeitsform wegen ihrer nachfolgend beschriebenen tageszeitlichen Problematik und der verringerten Stärke der Schichtbesetzungen weder Mitarbeiter- noch Klientenfreundlich.

Der Arbeitsform 5-Tage-Woche wird unterstellt, dass die Fehlzeiten geringer seien, was nicht belegt ist. Die zwei freien Tage im Durchschnitt pro Woche werden

- durch eine Reduzierung der täglichen Stärke der Schichtbesetzungen erkauft,
- mit der Folge permanent erhöhter täglicher Arbeitsbelastung.
- Diese bereits erhöhte Arbeitsbelastung wird weiter verstärkt beim Auftreten von Fehlzeiten und als Auswirkung daraus
- durch weitere Reduzierung der Stärke der Besetzung mit wiederum der Folge eines noch weiteren Anstiegs der Arbeitsbelastung.

Folge: eine gefährliche Spirale beginnt sich zu drehen.

Definition »5-Tage-Woche«

Grundsätzlich besteht bei der Diskussion um Pro und Contra der 5-Tage-Woche Klärungsbedarf dahin gehend, was darunter verstanden wird. Denn bereits hier gibt es unterschiedliche Sichtweisen:

Wird darunter verstanden, dass

a) ausschließlich mit Dienstlängen von 7,7 oder 8,00 Stunden gearbeitet wird oder

b) im Wochendurchschnitt zwei freie Tage zur Verfügung stehen oder

c) jedes Wochenende dienstfrei ist?

In den folgenden Ausführungen wird von a und b ausgegangen, weil diese Formen überwiegend die Diskussion prägen. Punkt c gleicht gemessen an den Anforderungen der Bewohner auch am Wochenende eher einer weltfremden Diskussion.

Es geht hier keinesfalls darum, ein Plädoyer für die eine oder die andere Form der X-Tage-Woche zu halten, sondern darum, dass sich jede Einrichtung aufgrund ihrer Zielsetzungen in der Bewohnerbetreuung über die Auswirkungen der von ihr gewählten Tage-Woche im Klaren sein muss. Vor diesem Hintergrund muss eine konstruktive Diskussion mit den Mitarbeitern geführt werden. Parolen für die eine oder andere Form sind nicht zielführend und schon gar nicht kundenorientiert. Den Mitarbeitern zu sagen, dass die 5-Tage-Woche im Pflegedienst der Nabel der Welt ist, ist schlichtweg in dieser vereinfachten Form der Darstellung unseriös und weder bewohner- noch mitarbeiterorientiert.

1.8.1 Auswirkungen der »5-Tage-Woche«

Im Folgenden werden die zentralen und am häufigsten diskutierten Auswirkungen der 5-Tage-Woche näher betrachtet.

1. Zwei freie Tage pro Woche

   Als herausragendes Merkmal der 5-Tage-Woche werden grundsätzlich die zwei freien Tage im Durchschnitt pro Woche angeführt.

2. Auswirkungen der langen Dienste auf die Arbeitszeitgestaltung

   Die 5-Tage-Woche geht in der Regel – mit »langen« Dienstschichten einher. Für Dienstlängen mit 7,7 oder 8 Stunden bestehen im Rahmen der Arbeitszeitgestaltung nur die nachfolgend aufgeführten Möglichkeiten der Umsetzung:

   a. Früher Dienstbeginn gegen 6.00 Uhr morgens. Das entspricht nicht den heutigen Erkenntnissen einer bewohnerorientierten Arbeitszeitgestaltung und Leistungserbringung.

   b. Lange Dienstüberlappungszeiten von Früh- zu Spätdiensten: hier stellt sich die Frage nach der effektiven Nutzung dieser massiven Ansammlung an Arbeitszeiten und der Frage nach deren wirtschaftlicher Vertretbarkeit.

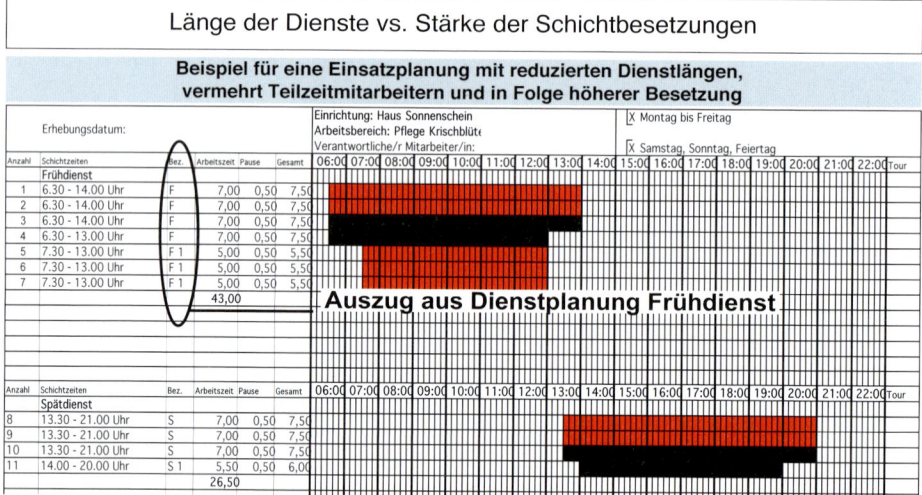

Länge der Dienste vs. Stärke der Schichtbesetzungen

Beispiel für eine Einsatzplanung mit reduzierten Dienstlängen, vermehrt Teilzeitmitarbeitern und in Folge höherer Besetzung

Einrichtung: Haus Sonnenschein
Arbeitsbereich: Pflege Krischblüte
Verantwortliche/r Mitarbeiter/in:
[X] Montag bis Freitag
[X] Samstag, Sonntag, Feiertag

Erhebungsdatum:

Frühdienst

Anzahl	Schichtzeiten	Bez.	Arbeitszeit	Pause	Gesamt
1	6.30 - 14.00 Uhr	F	7,00	0,50	7,50
2	6.30 - 14.00 Uhr	F	7,00	0,50	7,50
3	6.30 - 14.00 Uhr	F	7,00	0,50	7,50
4	6.30 - 13.00 Uhr	F	7,00	0,50	7,50
5	7.30 - 13.00 Uhr	F 1	5,00	0,50	5,50
6	7.30 - 13.00 Uhr	F 1	5,00	0,50	5,50
7	7.30 - 13.00 Uhr	F 1	5,00	0,50	5,50
			43,00		

Auszug aus Dienstplanung Frühdienst

Spätdienst

Anzahl	Schichtzeiten	Bez.	Arbeitszeit	Pause	Gesamt
8	13.30 - 21.00 Uhr	S	7,00	0,50	7,50
9	13.30 - 21.00 Uhr	S	7,00	0,50	7,50
10	13.30 - 21.00 Uhr	S	7,00	0,50	7,50
11	14.00 - 20.00 Uhr	S 1	5,50	0,50	6,00
			26,50		

- Verkürzte Dienstlängen erlauben in Verbindung mit den passenden Anstellungsverhältnissen einen stärkeren Abgleich mit den Arbeitsspitzen im Alltag des Arbeitsbereichs mit der Folge sinkender Arbeitsbelastung für den einzelnen Mitarbeiter während dieser Arbeitsphase.

- Ist die Wochenarbeitszeit – gemessen an den Dienstlängen – zu hoch – führt diese zwangsläufig zu vermehrten Arbeitstagen.

- Fazit: Es muss arbeitsbereichsbezogen sorgfältig abgewogen werden, ob die Mehrbelastung, die für vermehrt freie Tage zu erbringen ist, gerechtfertigt ist, die täglich erhöhte Arbeitsbelastung bei verringerter Besetzung pro Tag <u>und</u> zu Zeiten mit höchstem Arbeitsanfall in Kauf zu nehmen.

c. Ein spätes Dienstende zur Entzerrung der mittäglichen Überlappungszeiten käme bei sinnvoller Nutzung den Bewohnern zugute, ist aber häufig bei den Mitarbeitern sehr unbeliebt. Ein Dienstende gegen 22.00 Uhr oder 22.30 Uhr würde bedeuten, dass manche erst gegen 23.00 Uhr zu Hause sind.

d. Geteilte Dienste würden die langen 7,7 oder 8 Stunden Dienste unter den heutigen wirtschaftlichen Wettbewerbsbedingungen akzeptabel machen, sind aber auch im stationären Sektor weitgehend unbeliebt.; ambulant dagegen oft die einzig akzeptierte Möglichkeit zum Einsatz von Vollzeitkräften.

3. Auswirkungen langer Dienste auf die Stärke der Schichtbesetzungen

Eine erhebliche negative Auswirkung dieser langen Dienstschichten ist eindeutig darin zu sehen, dass sich die Stärke der tageszeitlichen Dienstbesetzungen zwangsläufig reduziert als Folge von Verlängerungen der einzelnen Dienste. Das gesamt verfügbare Stundenkontingent kann nur einmal verteilt werden. Das bedeutet: jede Verlängerung eines Dienstes führt automatisch zur anteiligen Reduktion eines anderen.

Das Resultat davon ist, dass es bei einer geringeren Anzahl an Mitarbeitern pro Dienst und einem hohen Anteil an Vollzeitmitarbeitern in Verbindung mit längeren

Schaubild 1.8 B2

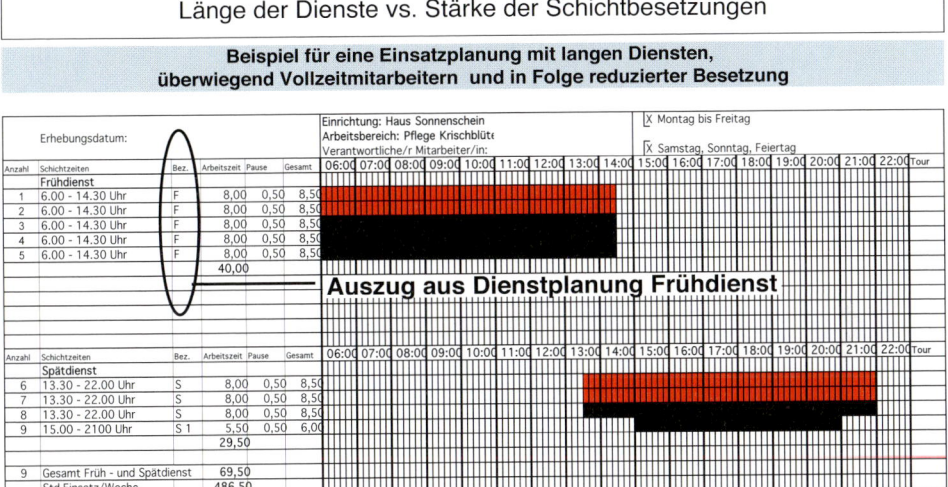

	Länge der Dienste vs. Stärke der Schichtbesetzungen

Beispiel für eine Einsatzplanung mit langen Diensten, überwiegend Vollzeitmitarbeitern und in Folge reduzierter Besetzung

Das Hauptproblem hier ist es, dass die im Alltag bereits ausgedünnte Besetzung – selbst wenn sie auf Basis der Nettoarbeitszeiten geplant ist – in Folge der verlängerten Dienste über wenig Reservekapazitäten verfügt, um Ausfälle welcher Art auch immer nachhaltig und ohne den ständigen Aufbau von Überstunden zu kompensieren.

Diensten automatisch zu einer höheren Arbeitsbelastung als Negativfolge einer geringen Stärke der Schichtbesetzungen für jeden einzelnen Mitarbeiter kommt. Aufgrund der Tatsache, dass sich Personalbemessungswerte nicht wegen einer veränderten Tage-Woche erhöhen, führt eine Arbeitszeitverteilung mit täglichen langen Schichten von 7,7 oder 8 Stunden automatisch zu einer Reduzierung der Besetzung in Form einer geringeren Anzahl der Mitarbeiter pro Schicht.

4. Reduzierte Möglichkeiten des Eingehens auf tageszeitbezogene Bewohnerbedürfnisse

Der Arbeitsanfall im Tagesverlauf – insbesondere der unmittelbar bewohnerbezogene Anteil – kann nur bedingt einer veränderten Lage der Arbeitszeit angepasst werden. Diese Verteilung hat jedoch dort ihre Grenzen, wo sie einem bewohner- und biografieorientiertem Handeln im Wege steht. Folglich können Arbeitsspitzen nicht einfach dadurch entzerrt werden, dass Arbeitsanteile zu einem früheren oder späteren Tageszeitpunkt erbracht werden. Dies gelingt maximal für administrative Arbeitsanteile.

5. Erhöhung der Anzahl an Wochenenddiensten

Die Anzahl der Wochenenddienste hängt immer von der Anzahl der Mitarbeiter ab. Das zu verteilende Stellenkontingent ist über Pflegeschlüssel noch in den Leistungs- und Qualitätsvereinbarungen geregelt. Wird das mögliche Stellenkontingent an Mitarbeitern, welches sich aus der Pflegestufenverteilung in Kombination mit dem Pflegeschlüssel ergibt, auf überwiegend Vollzeitmitarbeiter verteilt, steigt die Anzahl der Wochenenddienste als logische Konsequenz an.

Ein weiterer kritischer Punkt bei der 5-Tage-Woche ist darin zu sehen, dass eine geringere Anzahl an Mitarbeitern infolge eines hohen Anteils an Vollzeitmitarbeitern automatisch zu einer höheren Anzahl an Wochenenddiensten für den Einzelnen führt. Einrichtungen mit einer 5-Tage-Woche haben meist einen hohen Anteil an Vollzeitmitarbeitern und damit nachvollziehbar einen indirekten »Bedarf« zum »Verbrauch« langer Arbeitszeitstundenkontingente.

Um diese erheblich belastenden Auswirkungen für die Mitarbeiter in den Griff zu bekommen, bestehen hier grundsätzlich zwei Alternativen:

- Kompensation durch hohe Anzahl an geringfügig Beschäftigten.
  Vorsicht: Qualität der Dienstleistung, Kontinuität in der Bewohnerversorgung. (vgl. Schaubild 1.8 A, S. 71)

- Geteilte Dienste reduzieren automatisch die erforderliche Kopfzahl pro Wochenende mit der Folge von vermehrt freien Wochenenddiensten für die übrigen Mitarbeiter.

Geteilte Dienste haben im stationären Sektor häufig ein Negativimage. Die Häufigkeit von geteilten Diensten stellt ein automatisches Resultat einer Anstellungspolitik von überwiegend oder nahezu ausschließlich Vollzeitmitarbeitern dar und in der Regel nicht – wie häufig unterstellt – von Fehlern der Dienstplanersteller. Nicht selten wird letzteren unterstellt, sie seinen nicht in der Lage oder Willens, auf geteilte Dienste zu verzichten oder würden dies aus reiner Willkür machen. Eine derartige Aussage stellt schlichtweg eine Verkennung der Realität dar. Eine besondere Absurdität gipfelt in dem Vorgehen, geteilte Dienste per Betriebsvereinbarung auszuschließen. Vergleichbar könnte im Sommer der Regen vertraglich ausgeschlossen werden.

6. Erhöhte Anzahl an »geteilten Diensten«

Eine geringere Anzahl an Mitarbeitern infolge eines hohen Anteils an Vollzeitmitarbeitern führt automatisch zu einem höheren Bedarf an »geteilten Diensten«. Besteht die Zielsetzung, jedes zweite Wochenende dienstfrei zu geben, führt dies bei einem überwiegenden Anteil an Vollzeitmitarbeitern zwangsläufig zu »geteilten Diensten«.

Zur Kompensation dieser geteilten Dienste bestehen drei Alternativen:

- Kompensation durch eine hohe Anzahl an geringfügig Beschäftigten.

- Statt »geteilten Diensten« Dienst an drei Wochenenden pro Monat (= wirkliche Alternative?).

- Versetzte Wochenenddienste mit ebenfalls drei Wochenenden, wobei an einem davon nur Samstag oder nur Sonntag gearbeitet wird (Versetzt = Freitag/Samstag oder Sonntag/Montag). Aber auch diese Möglichkeit hängt wieder von der Aufteilung der Stellenkontingente über den Pflegeschlüssel ab.

7. Deutlich erhöhte Notwendigkeit zum »Einspringen«

Die 5-Tage-Woche führt in Verbindung mit einem hohen Anteil an Vollzeitmitarbeitern dazu, dass ein deutlich erhöhter Bedarf an Einspringen für den Einzelnen besteht. Die Rechnung ist einfach:

Die Häufigkeit des Einspringens wird entscheidend von der verfügbaren Anzahl der Mitarbeiter geprägt. Bei einem Mehr an Mitarbeitern reduziert sich die Anzahl des Einspringens allein durch eine Verteilung auf mehr Beteiligte. Umgekehrt erhöht sie sich bei einer geringeren Anzahl an Mitarbeitern. Gerade die 5-Tage-Woche ist oft geprägt von einem hohen Anteil an Vollzeitmitarbeitern, was genau diesen Konflikt verschärft. Mit jeder Erhöhung des Anteils an Vollzeitmitarbeitern erhöht sich der Bedarf an Einspringen, mit jeder Reduktion in Verbindung mit Erhöhung des Teilzeitanteils reduziert sich der Bedarf.

Um diese Konfliktsituation zu entzerren, bestehen zwei Alternativen:

- Kompensation durch eine hohe Anzahl an geringfügig Beschäftigten.
  Vorsicht: Qualität der Dienstleistung kann sich reduzieren mit einer Abnahme in der Kontinuität in der Bewohnerversorgung durch eine steigende Mitarbeiterzahl. (vgl. Schaubild 1.8 A, S. 71)

- Geteilte Dienste reduzieren automatisch die erforderliche Kopfzahl pro Wochenenden mit der Folge von vermehrt freien Wochenenddiensten für die anderen Mitarbeiter und die Abnahme der Häufigkeit des Einspringens.

8. Anzahl der Fahrten zum Arbeitsplatz

Als Vorteil der 5-Tage-Woche wird von vielen Mitarbeitern die geringere Anzahl der Fahrten zum Dienst gesehen. Bei näherer Betrachtung von Dienstplänen reduziert sich dieser scheinbare Vorteil jedoch massiv. Aufgrund der verringerten Anzahl an Mitarbeitern und dünnen Schichtbesetzungen als Konsequenz verlängerter Dienste mit 7,7 oder 8 Stunden steigt der Bedarf des Einspringens – und speziell bei Fehlzeiten verstärkt – zwangsweise an (weil die ohnehin reduzierte Besetzung Zusatzarbeiten nicht mehr auffangen kann) und zehrt damit wiederum mindestens einen der geplanten freien Tage häufig auf. Aus besagten Gründen kann aber auch der Wiederholungs-Frei-Tag nur schwer eingeplant werden und so steigen die Überstunden an und der scheinbare Vorteil tritt nicht ein.

Die gewonnenen 2 freien Tage pro Woche mit den dadurch zunächst zwei Tagen weniger Fahrten zum Dienst werden meist aufgefressen durch

- ein mehr an Wochenenddiensten,
- »geteilte Dienste« und durch
- häufigeres Einspringen.

Alle diese Faktoren erhöhen die Anzahl der Fahrten zum Dienst wieder.

Das betriebliche Fehlzeitenmanagement	ja	nein	Erfolgt später
• greift auf eine Dienst- und Einsatzplanung zurück, welche die erhöhte Arbeitsbelastung als Resultat aus der X-Tage-Woche mit strukturellen/arbeitsorganisatorischen Maßnahmen abfängt.			
• greift auf eine Dienst- und Einsatzplanung zurück, welche Regelungen zur strukturellen Zusammensetzung der Teams enthält, um Auswirkungen wie geteilte Dienste, häufiges Einspringen oder eine erhöhte Anzahl an Wochenenddiensten zu minimieren.			

1.9 Kompensationsmöglichkeiten

Im Folgenden wird eine Reihe möglicher Maßnahmen beschrieben, die zur Kompensation von Mitarbeiterausfällen durchgeführt werden können. Dabei handelt es sich sowohl um personelle als auch organisatorische Maßnahmen, weil Fehlzeiten in der Regel eine Veränderung der Personaleinsatzplanung nachsichziehen. Dabei ist zu bedenken, dass es nicht die passende Maßnahme als solche gibt, sondern deren Umsetzung immer im Einzelfall abgewogen werden muss. Dabei gibt es aber grundsätzliche Maßnahmen, welche immer umgesetzt werden sollten, weil diese im Fehlzeitenmanagement eine wichtige Rolle spielen. Sie dienen dem Schutz der Mitarbeiter vor Überforderung und stellen gleichzeitig Reserven an Arbeitszeit bei Personalausfällen infolge von Krankheit zur Verfügung. Andere Maßnahmen machen wiederum nur Sinn, wenn diese als so genannte Paketmaßnahmen umgesetzt werden. Die arbeitsrechtlichen Bewertungen der Maßnahmen finden sich in den Kap. 1.10; 2.3.3 und 3.3.

Die Basismaßnahmen untergliedern sich in personelle und organisatorische Maßnahmen. Darunter sind solche Maßnahmen zu verstehen, die grundsätzlich Fehlzei-

Fehlzeiten konstruktiv managen
© Vincentz Network GmbH & Co. KG, Hannover 2009; ISBN 978-3-86630-055-2

ten vorbeugen und gleichzeitig deren Kompensation ermöglichen. (vgl. Schaubild 1.9 A, s. unten).

Die direkten Kompensationsmaßnahmen untergliedern sich wiederum in solche, welche schichtbezogen abhängig von der jeweiligen Dienstform (= Früh-, Spät- oder Nachtdienst) sind und als Einzelmaßnahmen angewendet werden können oder nur als Paketmaßnahmen sinnvoll sind. Einzelmaßnahmen (E) können wie schon die Begrifflichkeit aussagt, als Einzelaktivität zum Einsatz kommen, während nicht alle Paketmaßnahmen (P) auch als Einzelmaßnahmen angewendet werden können. Bei solitärer Anwendung kann die Gefahr bestehen, andere Besetzungsdefizite aufzureißen (vgl. Schaubild 1.9 A).

Wichtig: Kompensatorische Maßnahmen sind mit äußerster Vorsicht zu betrachten, weil sie nur die Auswirkungen (= Symptome) von Fehlzeiten beseitigen, nicht aber deren Ursachen angehen. Beispielsweise ist die Bereitschaft von Mitarbeitern einen »geteilten Dienst« zu übernehmen oder einen aktuellen Nachtdienstturnus um eine weitere Nacht zu verlängern eine Maßnahme, welche aktuell eine Fehlzeit kompensiert und damit eine wichtige überbrückende Maßnahme. Eine ausschließlich symptomatische Vorgehensweise in der beschriebenen Art stellt einen gravierenden Managementfehler dar. Außerdem werden dadurch falsche Signale an diejenigen gesendet, welche sich zwischendurch gelegentlich einen »freien Tag« gönnen.

Schaubild 1.9 A

Grobstruktur Kompensationsmaßnahmen bei Mitarbeiterausfällen

Mögliche
Maßnahmen:

1.9.1 Basismaßnahmen zur Kompensation
    a. Personelle Maßnahmen
    b. Organisatorische Maßnahmen

1.9.2 Kompensationsmöglichkeiten
    Schichtbezogene Maßnahmen
    a. Nachtdienst f. Frühdienst
    b. Frühdienst f. Spätdienst
    c. Spätdienst f. Nachtdienst
    d. Spätdienst f. kommenden Frühdienst

    jeweils als
    • Einzel- und/oder
    • Paketmaßnahmen

1.9.1 Basismaßnahmen

Maßnahmen	Vorteile	Nachteile	Zu beachten	Prakti-kabilität
a. Personelle Maßnahmen				
1. »Hoher« Anteil an Mitarbeitern mit einem »deutlichen« Teilzeitmitarbeiteranteil am Gesamtstellenkontingent der Mitarbeiter.	Erhöhte »Kopfzahl« an dem insgesamt verfügbaren Stellenkontingent bietet mehr Flexibilität.	Erhöhter Mitarbeiterwechsel beim Bewohner; mögliche Defizitkompensation beispielsweise über Bezugspflegeorganisation.	Hoher Anteil bedeutet, dass die gesamte Mitarbeiteranzahl die geplante Wochenendbesetzung x 2 umfasst (Kap. 1.8 + 2.6).	☺
	Erhöhte Mitarbeiterzufriedenheit wg. erhöhter Verlässlichkeit bei der Freizeitplanung. Folgen: • Der einzelne Mitarbeiter muss deutlich weniger einspringen. Die Mitarbeiter müssen insgesamt an deutlich weniger Wochenenden arbeiten.	Die Verfügbarkeit an Vollzeitstellen für stellensuchende Mitarbeiter ist eingeschränkt.	Die mitarbeiterbezogene Wochenarbeitszeit auch deutliche Anteile < 75 Prozent hat.	
			Eine erhöhte Mitarbeiteranzahl reduziert die Häufigkeit des Einspringens für den Einzelnen. Eine erhöhte Mitarbeiteranzahl reduziert die Häufigkeit der Wochenenddienste für die Einzelnen.	
2. (Einige) Anstellungsverhältnisse von Mitarbeitern in Teilzeit (= < 30 Std. Wochenarbeitszeit) sind mit der Option auf »Mehrbeschäftigung« vereinbart (Erhöhung der Wochenarbeitszeit bis zu einer 100 Prozent Stelle).	Diese Mitarbeiter sind grundsätzlich daran interessiert mehr zu arbeiten, während Vollzeitmitarbeiter nicht zwingend dieses Bedürfnis verspüren.	Gefahr der Überziehung der zugrunde gelegten Kalkulation im Stellenkontingent.	Bei einem unreflektierten Umgang damit können wirtschaftliche (= Überziehung des Budgets) und mitarbeiterbezogene (= Überforderung durch zu häufigen Einsatz) Nachteile entstehen.	☺

	Maßnahmen	Vorteile	Nachteile	Zu beachten	Prakti-kabilität
3.	Gesamtmitarbeiterzahl erhöhen durch ZDL, FSJ, Azubis etc.	Junge Mitarbeiter erhöhen die »Kopfzahl« und damit die Gesamtmitarbeiteranzahl im Rahmen des vereinbarten Stellenkontingents.	Erhöhter Kontroll- und Beaufsichtigungsbedarf dieser Mitarbeitergruppe.	Vorsicht bzgl. der Verhältnismäßigkeit in Bezug auf die Qualität der zu erbringenden Dienstleistung.	☹
4.	Jobsharing = Teilzeitmitarbeiter.	Zwei Mitarbeiter auf einer Stelle = Flexibilität für (diese beiden) Mitarbeiter.	Für den Betrieb (möglicherweise) unklar, welcher Mitarbeiter zum Dienstantritt erscheint.		☺
5.	Arbeitszeitkonten mit Plus-/Minusstunden Korridoren.	Flexible Reaktion auf Schwankungen in der Arbeitsnachfrage möglich.	Gefahr des unbegründet erhöhten Einsatzes und als Folge Überstunden und wirtschaftlicher Schaden		☺
			Anfängliche Sorge bei den Mitarbeitern beim Auftreten von Minusstunden.		
b.	Organisatorische Maßnahmen				
1.	Die Einsatzplanung ist auf Basis der nettoverfügbaren Arbeitszeit erstellt (vgl. Kap. 1.7). Personalmix aus Vollzeit und unterschiedlichen Teilzeitformen ist vorhanden.	• Es bestehen Reservekapazitäten im Rahmen der einrichtungsintern zu berücksichtigten Ausfallzeiten (Differenz aus Brutto- u. Nettoarbeitszeiten). • Kontinuität in der Besetzung durch realistische Grundlagenplanung.	Akzeptanzprobleme bei Mitarbeitern während der Umstellungsphase wegen »Angst« vor Minusstunden.	Der Umfang der Spanne zwischen Netto- und Bruttoarbeitszeit sollte sich dabei am einrichtungsinternen Bedarf ausrichten (= Durchschnitt prozentuale Ausfallzeiten).	☺

Maßnahmen	Vorteile	Nachteile	Zu beachten	Praktikabilität
2. Keine regelmäßige Ausschöpfung der komplett verfügbaren monatlichen Sollarbeitszeiten (Reservekapazitäten aufbauen). Dieses Vorgehen ist identisch mit der Planung auf Basis der Nettoarbeitszeiten (Sollarbeitszeit entspricht der Bruttoarbeitszeit; Nettoarbeitszeit = Bruttoarbeitszeit minus Ausfallzeiten).	• Es bestehen Reservekapazitäten im Rahmen der einrichtungsintern zu berücksichtigten Ausfallzeiten. • Kontinuität in der Besetzung durch realistische Grundlagenplanung.		• Die tariflichen Regelungen erlauben Schwankungen in der wöchentlichen Dienstplanung. AVR/BAT – • Durchschnittliche Wochenarbeitszeit auf Basis v. 26 bzw. 52 Wochen. Es besteht keine Verpflichtung die wöchentliche Bruttoarbeitszeit im Dienstplan auszuschöpfen. Berücksichtigung Monatsschwankungen bei den Sollarbeitszeiten bei Monatsdienstplänen.	☺
	Sicherheit bezüglich der Kontinuität in der Leistungserbringung für den Bewohner.			
			Von Vorteil ist es eine Vereinbarung mit MAV/BR in Bezug auf die Ober- u. Untergrenzen von Plus- u. Minusstunden zu treffen.	
3. Einsatzplanung anhand eines fest definierten Einsatzprofils mit tages- und dienstbezogenen Besetzungsober- und untergrenzen. Das Vorgehen entspricht im Wesentlichen der Planung auf Basis der Nettoarbeitszeiten.		Kontinuierlicher Anpassungsbedarf bei Belegungs- und Abwesenheitsschwankungen von Bewohnern.	Obergrenze der Besetzung wäre die gesamt verfügbare Bruttoarbeitszeit. * Regelgrenze (= Untergrenze) der Besetzung wäre die gesamt verfügbare Nettoarbeitszeit.	☺

Grundlagen

	Maßnahmen	Vorteile	Nachteile	Zu beachten	Praktikabilität
4.	Konsequente Urlaubsplanung (Vermeidung von Maximalbelastungen als Folge verfehlter Urlaubsplanungen).	Kontinuität in der Bewohnerversorgung.	Nicht jedem Urlaubswunsch kann entsprochen werden.		☺
		Gleichbleibende Belastung der Mitarbeiter ohne Maximalspitzen durch zu viele abwesende Mitarbeiter.			
5.	Verantwortliche Schichtleitung prüft bei einem Mitarbeiterausfall, ob trotzdem die Versorgung sichergestellt ist (z. B. wegen Abwesenheit anderer Bewohner, Arbeitsplanung für diesen Tag etc.).	Kein Einspringen von Mitarbeitern erforderlich.	Möglicherweise Erhöhung der Arbeitsdichte während dieser Schicht.	Mögliche Auswirkungen auf Bewohner und Mitarbeiter müssen sorgfältig abgewogen werden. Entscheidung muss vertretbar sein.	☺
6.	Prüfen, ob durch (zeitweises) Aushelfen eines (benachbarten) Wohnbereichs mit Übernahme von Tätigkeiten mit eine Kompensation des Ausfalls erfolgen kann.	Kein Einspringen anderer Mitarbeiter erforderlich.			☺
7.	Mitarbeiter mit Dienstlängen entsprechend zu den Arbeitsspitzenzeiten einsetzen (= versetzte Dienste, unterschiedlich lange Dienste).	• Reduzierung der tageszeitbezogenen Spitzenbelastung. Reduzierung der individuellen Mitarbeiterbelastung.	Kurze Dienste häufig unattraktiv.		☺
8.	Geringfügig Beschäftigte – Mini-Jobs (»Aushilfen«) = Teilzeitmitarbeiter.	In der Regel schnelle und kurzfristige Verfügbarkeit.	Erhöhter Kontroll- und Beaufsichtigungsbedarf.		☺
		Schonen eigener Mitarbeiterressourcen.	Gefahr des Überziehens der zulässigen Einsatzstunden.		

Maßnahmen	Vorteile	Nachteile	Zu beachten	Prakti-kabilität
	Kein Aufbau von Überstunden beim festen Team.			
		Unsicherheit für Aushilfsmitarbeiter bezüglich deren Kontinuität im Einsatz.		
		Vorsicht wg. der Kalkulation im Stellenkontingent bzw. Budget.		
		Gefahr des Erwachsens des Anspruchs einer festen Anstellung.		
9. Mitarbeiter, die an diesem Tag für frei geplant sind, springen ein. Nachtdienst hat die Berechtigung diese Mitarbeiter zum Frühdienst einzubestellen.	Kurzfristig zu realisieren.	Erhöhung des möglichen Bestandes an Überstunden.		⊗
		Undankbare Aufgabe für den Verantwortlichen diese Mitarbeiter zum Einspringen anzurufen.		
		Demotivation bei zu häufigem Auftreten dieser Situation.		
		Ab einem gewissem Bestand an Überstunden wird es schwierig, diese wieder freizugeben/abzubauen.		

Maßnahmen	Vorteile	Nachteile	Zu beachten	Prakti-kabilität
10. Arbeit auf Abruf = Teilzeitmitarbeiter.	Fest angestellter Mitarbeiter, der einspringen muss, hat Klarheit über den kurzfristig zu realisierenden Freizeitausgleich wg. der Verfügbarkeit von Mitarbeitern auf Abruf.	Ggf. erforderliche Berücksichtigung von gesetzlichem Vorankündigungszeitraum von vier Tagen.		☺
		Vorsicht wg. der Kalkulation im Stellenkontingent		
	Kein Entstehen von Überstunden.			
	Sicherheit für Teilzeitmitarbeiter durch festes Anstellungsverhältnis.			
11. Hilfestellung erfolgt durch Mitarbeiter aus Trägerverbund anderer Einrichtungen.	Keine Kosten für Zeitarbeitsfirmen.	Einsatz nur begrenzt möglich wegen mangelnder Info zum Pflegebedarf der Bewohner bei kurzfristigem und einmaligem Einsatz.		☺
	Belegungs- und Auslastungsschwankungen zwischen den Einrichtungen können damit in Teilen kompensiert werden.			
		Regionale Entfernungen der Einrichtungen zueinander ist zu bedenken.	Arbeitsvertragsgestaltung der Mitarbeiter muss darauf ausgelegt sein.	

	Maßnahmen	Vorteile	Nachteile	Zu beachten	Prakti-kabilität
12.	Einsatz Mitarbeiter von Zeitarbeitsfirmen.	In der Regel schnelle und kurzfristige Verfügbarkeit.	Erhöhter Aufwand an Einarbeitung und Kontrolle (Qualität der Leistung).		☺
			Zwingende Kostenkontrolle erforderlich wegen Budgeteinhaltung.		
13.	Aufbau eines Mitarbeiter-Pools, welcher von vornherein am Gesamtkontingent der Stellen abgezogen ist und nach definierten Kriterien eingesetzt wird.	Verfügbare Mitarbeiter zum Einsatz bei kurzfristigen Mitarbeiterausfällen.	Anteilig reduzierte Besetzungen in den Abteilungen wegen Poolanteil.		☹
			Nicht immer stehen Mitarbeiter bei anderen Verbundeinrichtungen gerade zur Verfügung (Nähe/Region?)		
			Unbeliebt bei den meisten Mitarbeitern wg. erforderlicher Umorientierung, Reiseaufwand etc.		
	Nur für große Trägerverbünde machbar.		Gefahr der Ausnutzung der Pool-Regelung von einzelnen Bereichen nach dem Motto: »Kein Problem, wenn jemand fehlt, es ist Ersatz vorgeplant.«		

1.9.2 Schichtbezogene Maßnahmen

Bei den schichtbezogenen Maßnahmen zur Kompensation von Fehlzeiten handelt es sich um solche, die in Bezug auf die von Fehlzeiten betroffenen Früh-, Spät- oder Nachtdienste angewendet werden können, sich jedoch nicht gleichermaßen auf alle Dienste übertragen lassen.

a. Mögliche Maßnahmen bei Krankmeldung im Nachtdienst für Frühdienst

	Maßnahmen	Vorteile	Nachteile	Zu beachten	Prakti- kabilität
E.	**Einzelmaßnahmen**				
1.	Nachtdienst ver- längert den Dienst (z. B. um 2 Std.) und hilft noch bei den Pflegemaßnahmen im Frühdienst mit.	Keine Not- wendigkeit Mitarbeiter aus dem Frei holen zu müssen.	Reduzierte Beset- zung im Früh- dienst mit Folge (möglicherweise) reduzierter Pflege- tätigkeiten.	Das darf nur eine Notfallmaßnahme darstellen und muss im Einzelfall von den Möglich- keiten des Nacht- dienstmitarbeiters abhängig gemacht werden.	☺
		Veränderte Ablauforgani- sation für Früh- dienst kann in Teilen vom Nachtdienst schon vorberei- tet werden.			
2.	Tätigkeiten, welche nicht zeitlich gebun- den sind, werden in den Spätdienst verschoben.			Auflistung, welche Arbeiten sich grundsätzlich dazu eigenen, um mit morgendlichen Diskussionen zur Arbeitsorganisa- tion bei Dienstbe- ginn nicht weitere Zeit zu verlieren.	☺
3.	Dienstübergabe nur von PFK an Schicht- leitung (ohnehin inzwischen meist Standard)	Alle anderen nehmen unverzüglich die Arbeit auf (= Zeitgewinn).			☺

b. Mögliche Maßnahmen bei Krankmeldung im Frühdienst für Spätdienst

	Maßnahmen	Vorteile	Nachteile	Zu beachten	Prakti-kabilität
E.	**Einzelmaßnahmen**				
1.	Von begonnenem Frühdienst Wechsel am gleichen Tag statt Schicht – in Geteilten Dienst.	Kein Einspringen anderer Mitarbeiter erforderlich.	Unbeliebte, aber zum kurzfristigen Vorgehen sehr effektive Maßnahme wg. guter zeitlicher Abdeckung von Arbeitsspitzen.		☺
		Abdeckung des Spätdienstes ist in reduzierter Form sichergestellt.		Prüfen, ob damit die Bewohnerversorgung ausnahmsweise sichergestellt ist.	
P.	**Paketmaßnahmen**				
1.	Frühschicht verbleibt länger im Dienst, um Arbeiten aus dem Spätdienst durchzuführen (zeitliche Überlappung zum Spätdienst).	Kein Einspringen anderer Mitarbeiter erforderlich.		Prüfen, ob Bewohnerversorgung dadurch sichergestellt ist.	☺
	Spätdienst Mitarbeiter wird angerufen, um früher in den Dienst zu kommen.	Arbeitszeitlicher Mehraufwand hält sich in Grenzen.		Prüfen, ob Bewohnerversorgung dadurch sichergestellt ist.	

c. Mögliche Maßnahmen bei Krankmeldung im Spätdienst für Nachtdienst

	Maßnahmen	Vorteile	Nachteile	Zu beachten	Prakti-kabilität
E.	**Einzelmaßnahmen**				
1.	Nachtdienstmitarbeiter, welche gerade den Nachtdienstturnus beenden, verlängern um eine Nacht.*	• Organisationsaufwand hält sich in Grenzen.* Kontinuität für Bewohner, weil diese den Mitarbeiter kennen.	Mitarbeiter muss eine Nacht länger Nachtdienst machen.		☺
2.	Nachtdienstmitarbeiter, die eine Nacht später ihren Dienstturnus beginnen, um eine Nacht vorziehen.			Letzte Nacht des Turnus kürzen, um Gesamtdauer nicht zu erhöhen.	☺

	Maßnahmen	Vorteile	Nachteile	Zu beachten	Prakti-kabilität
3.	Nachtdienstmitarbeiter, die dienstfrei haben, zum Dienst einplanen.	Schonung diensthabender Mitarbeiter.	Mitarbeiter muss aus Erholungsphase einspringen.		☺
4.	Mitarbeiter sind im frei, verfügen aber über Nachtdiensterfahrung.	Kein Anleitungsaufwand und Einarbeitungsaufwand, insbesondere während kritischer Besetzungsphasen.	Mitarbeiter muss aus Erholungsphase einspringen.		☺
5.	Einsatz von Zeitarbeitsfirmen.	Kurzfristig in der Regel machbar.	Kostenkontrolle erforderlich wg. Budgetplanung.		☺
			Zeitarbeitsmitarbeiter kennt Arbeitssituation nicht.		
			Bewohner sind mit erhöhter Mitarbeiteranzahl konfrontiert.		
P.	**Paketmaßnahmen**				
1.	Nachtdienstmitarbeiter, die eine Nacht später ihren Dienstturnus beginnen, um eine Nacht vorziehen.*	• Organisationsaufwand hält sich in Grenzen. • Kontinuität für Bewohner, weil diese den Mitarbeiter kennen.			☺
	Letzte Nacht des Turnus kürzen, um Gesamtdauer nicht zu erhöhen.	Belastung des Mitarbeiters erhöht sich nicht wg. insgesamt gleichbleibender Anzahl an Dienstnächten.			

*) Belastung für Mitarbeiter hält sich in Grenzen

d. Mögliche Maßnahmen bei Krankmeldung im
Spätdienst für kommenden Frühdienst

	Maßnahmen	Vorteile	Nachteile	Zu beachten	Prakti-kabilität
E.	**Einzelmaßnahmen**				
1.	Nachtdienst verlängert den Dienst (z. B. 2 Std.) und hilft noch bei den Grundpflege-maßnahmen mit.	Keine Not-wendigkeit, Mitarbeiter aus der Freizeit zu holen.	Reduzierte Besetzung im F-Dienst mit Folge (möglicherweise) reduzierter Pflege-tätigkeiten.		☺
		Ablauforga-nisation für Frühdienst kann vom Nachtdienst schon vorberei-tet werden.			
2.	Geplanter Spät-dienstmitarbeiter für kommenden Tag übernimmt statt des-sen einen Geteilten Dienst	Kein Einsprin-gen anderer Mitarbeiter erforderlich.	Unbeliebte, aber zum kurzfristigen Vorgehen sehr effektive Maß-nahme wegen guter zeitlicher Abdeckung von Arbeitsspitzen.		☺
				Prüfen, ob die ent-stehende zeitliche Lücke zwischen den Anteilen des Geteilten Dienstes arbeitsplanerisch vertretbar ist.	
3.	Dienstübergabe von Nacht- an Frühdienst nur von PFK an Schichtleitung (ohne-hin meist Standard).	Alle anderen nehmen unverzüglich die Arbeit auf (= Zeitgewinn).			☺
4.	Tätigkeiten, welche nicht zeitlich gebun-den sind, werden in Spätdienst verscho-ben.			Auflistung, welche Arbeiten sich dazu eigenen, um mit morgendlichen Diskussionen zur Arbeitsorganisa-tion bei Dienstbe-ginn nicht weitere Zeit zu verlieren.	☺

	Maßnahmen	Vorteile	Nachteile	Zu beachten	Prakti-kabilität
5.	Geplanter Spätdienst-mitarbeiter kommt früher und über-nimmt Hilfestellung bei der Arbeitsspitze ab dem Mittagessen und Folgetätigkeiten.	Organisations-aufwand und Mitarbeiterbe-lastung halten sich in Grenzen.	Prüfen, ob Bewoh-nerversorgung dadurch sicherge-stellt ist.		☺
P.	Paketmaßnahmen				
1.	Nachtdienst verlän-gert den Dienst (z. B. 2 Std.) und hilft noch bei den Grundpflege-maßnahmen mit.	Keine Not-wendigkeit Mitarbeiter aus dem Frei holen zu müssen.	Reduzierte Beset-zung im Früh-dienst mit Folge (möglicherweise) reduzierter Pflege-tätigkeiten.		☺
	Geplanter Spätdienst-mitarbeiter kommt früher und über-nimmt Hilfestellung bei der Arbeitsspitze ab dem Mittagessen und Folgetätigkeiten.	Organisations-aufwand und Mitarbeiterbe-lastung halten sich in Grenzen.	Prüfen, ob Bewoh-nerversorgung dadurch sicherge-stellt ist.		
		Durch Kombi-nation beider Maßnahmen wird die entstandne zeitliche Lücke im Frühdienst verkürzt.			

Das betriebliche Fehlzeitenmanagement	ja	nein	Erfolgt später
• umfasst Maßnahmen zur grundsätzlichen Kom-pensation von Fehlzeiten wie beispielsweise der Dienstplanung auf Basis der Nettoarbeitszeiten.			
• verweist auf einen Maßnahmenplan, welcher den diensthabenden Mitarbeitern der einzelnen Dienste (Früh-, Spät- und Nachtdienst) konkret Wege aufzeigt, welche Maßnahmen beim Auftre-ten von Fehlzeiten zu ergreifen sind.			

Das betriebliche Fehlzeitenmanagement	ja	nein	Erfolgt später
• greift auf ein abgestimmtes Vorgehen zurück, dessen Maßnahmen nicht willkürlich in Abhängigkeit von der jeweils handelnden Person erfolgen, sondern sind intern abgestimmt.			

1.10 Juristische und arbeitsvertragliche Perspektiven

In der Praxis wird die Dienstplanung für den Folgemonat meistens Mitte des lfd. Monats für den kommenden Monat fertiggestellt. Dieses ist allein aus dem Grunde notwendig, dass die Mitarbeiter sich auf die Planung einstellen können und ggf. die Arbeitnehmervertretung bzgl. der Planung noch Einwände geltend machen kann. Treten nunmehr im Folgemonat unvorhersehbare Fehlzeiten auf, stellt sich die Frage, wie diese im Rahmen der Dienstplangestaltung kompensiert werden können. Dabei gibt es für den Dienstplanverantwortlichen im Wesentlichen drei Möglichkeiten, nämlich:

1. es werden von vornherein Ausfallzeiten in der Dienstsplanung dahingehend berücksichtigt, dass eine Personalreserve vorgehalten wird (vgl. Kap. 1.7; 1.9; 2.6);

2. die Lage der Arbeitszeit bzw. deren Verteilung auf die vorhandenen Beschäftigten wird geändert und die Dienste werden mit dem vorhandenen Mitarbeiterstamm im Wesentlichen durch die Anordnung von Über- und Mehrarbeit bewältigt (vgl. Kap. 1.7; 1.8; 2.3.3)

3. es werden zur Kompensation Leiharbeitnehmer(-innen) eingesetzt.

Personalreserve

Die wenigsten Einrichtungen halten für den Fall, dass beplante Mitarbeiter ausfallen, eine Personalreserve vor. Dieses liegt daran, dass den meisten Einrichtungen im Rahmen der Pflegesatzvereinbarungen weniger Personal zugestanden wird, als diese zur bedarfsgerechten Versorgung ihrer Bewohner eigentlich benötigen würden. Dabei wird jedoch übersehen, dass eine Personalreserve auch mit dem zugegebenermaßen engen Pflegeschlüssel vorgehalten werden kann. Dieses setzt jedoch voraus, dass die Arbeitsverhältnisse von vornherein unterschiedlich und damit flexibel ausgestaltet werden (vgl. Kap. 1.7 und 2.6). Hieran fehlt es, wenn die Einrichtung nahezu ausschließlich in Vollzeit tätige Pflegekräfte beschäftigt. Flexibilität kann nur dadurch hergestellt werden, dass sämtliche Möglichkeiten ausgeschöpft werden, die das Arbeitsrecht bereitstellt. Beispielsweise könnte mit den Mitarbeitern vertraglich vereinbart

Fehlzeiten konstruktiv managen
© Vincentz Network GmbH & Co. KG, Hannover 2009; ISBN 978-3-86630-055-2

werden, dass diese zur Ableistung von Nachtdiensten, Sonn- und Feiertagsarbeit, Mehr- und Überarbeit sowie Bereitschafts- und Rufbereitschaftsdiensten (Hintergrunddiensten) verpflichtet sind. Ohne ausdrückliche Vereinbarung im Arbeitsvertrag besteht nämlich grundsätzlich keine Verpflichtung der Pflegekraft solche Dienste zu leisten.

Beachte: Bereitschaftsdienst und Rufbereitschaft unterscheiden sich dadurch, dass die Pflegekraft sich bei ersterem an einer von der Einrichtung vorgegebenen Stelle innerhalb oder außerhalb der Einrichtung aufzuhalten hat, um bei Bedarf unverzüglich ihre volle Arbeitstätigkeit aufnehmen zu können. Im Rahmen der Rufbereitschaft kann sich die Pflegekraft an einem Ort ihrer Wahl aufhalten. Sie muss jedoch von diesem Ort aus dazu in der Lage sein, ihre Arbeit innerhalb einer bestimmten Zeitspanne (30 bis 60 min.) aufzunehmen. Im Hinblick auf die Bereitschaftsdienstverpflichtung ist darauf zu achten, dass Bereitschaftsdienst, nicht jedoch Rufbereitschaft, Arbeitszeit im Sinne des Arbeitszeitgesetzes ist. Das heißt, wird Bereitschaftsdienst zum Zwecke des Vorhaltens einer Personalreserve verplant, müssen die arbeitszeitrechtlichen Grenzen, die insbesondere durch die §§ 3, 5 und 6 ArbZG vorgegeben werden, eingehalten werden. Will man Kollisionen mit dem Arbeitszeitrecht vermeiden, bietet es sich daher an, im Bereitschaftsdienst Teilzeitkräfte und im Hintergrunddienst Vollzeitkräfte zu planen. Zu beachten ist weiterhin, dass sowohl Bereitschafts- wie auch Rufbereitschaftsdienst zu vergüten ist. Allerdings gibt es außerhalb von tarifvertraglichen Regelungen keine festen Sätze, in welcher Höhe die Vergütung zu erfolgen hat. Des Weiteren ist es zulässig, die Vergütung für beide Formen der Arbeit nach dem voraussichtlichen Umfang der Heranziehung zur Vollarbeit zu pauschalieren.

Weiterhin sollte darauf geachtet werden, dass in ausreichender Zahl Mitarbeiter in Teilzeit beschäftigt werden, um von vornherein Komplikationen mit den derzeit gültigen Bestimmungen des Arbeitszeitgesetzes zu vermeiden. Schließlich können mit einigen in Teilzeit tätigen Mitarbeitern innerhalb der Grenzen des § 12 TzBfG auch sog. Abrufarbeitsverhältnisse vereinbart werden (vgl. auch Kap. 2.3.3) Diesbezüglich können Einrichtung und Mitarbeiter gem. § 12 Abs. 1 S. 1 TzBfG vereinbaren, dass der Mitarbeiter seine Arbeitsleistung entsprechend dem Arbeitsanfall zu erbringen hat. Hier ist im Arbeitsvertrag eine bestimmte Dauer der wöchentlich und täglich zu erbringenden Arbeitszeit anzugeben. Wird die tägliche Arbeitszeit nicht vereinbart, gilt eine solche von mindestens drei aufeinander folgenden Stunden als vereinbart. Wird keine wöchentliche Dauer vereinbart, gilt eine solche von 10 Wochenstunden als vereinbart. Beachtenswert in diesem Zusammenhang ist ein Urteil des Bundesarbeitsgerichts. In seiner Entscheidung vom 7.12.2005 hat es das Bundesarbeitsgericht für ausdrücklich zulässig erachtet, dass bis zu 25 Prozent der Gesamtarbeitszeit als Abrufarbeit vereinbart werden können (BAG 7.12.2005 – 5 AZR 535/04, NZA 2006, 423). Die Vertragsparteien hatten in dem zugrundeliegenden Fall eine regelmäßige wöchentliche Arbeitszeit von 30 Wochenstunden vereinbart. Auf Abruf verpflichtete sich die Beschäftigte weiterhin dazu, bis zu 40 Wochenstunden abzuleisten. Tatsächlich leistete die Beschäftigte in der Folgezeit durchschnittlich 35 Wochenstunden. Dies hielt das BAG noch für zulässig.

Klauselbeispiel

> Der Mitarbeiter erbringt seine Arbeit grundsätzlich nach dem betrieblichen Bedarf und dem jeweiligen Arbeitsanfall. Die regelmäßige wöchentliche Arbeitszeit beträgt 20 Wochenstunden (Regelarbeitszeit). Beginn und Ende der täglichen Arbeit sowie die Pausenzeiten richten sich nach den individuellen Abreden der Parteien sowie der Betriebsüblichkeit.

> Durch den Arbeitgeber kann die Regelarbeitszeit je nach betrieblichem Bedarf auf die einzelnen Tage und Wochen ungleichmäßig verteilt werden und auch erhöht werden. Die wöchentliche Arbeitszeit darf hierbei jedoch höchstens 25 Wochenstunden betragen.

> Die Parteien sind sich darüber einig, dass der Mitarbeiter keinen Anspruch gegen den Arbeitgeber darauf hat, mehr als im Umfang der wöchentlichen Regelarbeitszeit beschäftigt zu werden. Ein solcher Anspruch entsteht auch nicht daraus, dass der Mitarbeiter mehrfach über die Regelarbeitszeit hinaus Arbeitsstunden abgeleistet hat.

Zu beachten ist schließlich bei Abrufarbeitsverhältnissen, dass der oder die Dienstplanverantwortliche für den Abruf der Arbeitsleistung eine Ankündigungsfrist von jeweils mindestens vier Tagen einzuhalten hat (§ 12 Abs. 2 TzBfG).

Über- und Mehrarbeit

Sofern in der Einrichtung die vorgenannten Flexibilisierungsmöglichkeiten nicht gegeben sind, weil etwa nahezu ausschließlich Pflegekräfte in unbefristeten Vollzeitstellen beschäftigt werden und der Einsatz von Leiharbeitnehmern nicht möglich ist, muss der Ausfall mit den vorhandenen Mitarbeitern kompensiert werden. Hier ist der Dienstplanverantwortliche in der Praxis meist folgenden Konfliktsituationen ausgesetzt. Er muss zunächst darauf achten, dass er die vorhandenen Mitarbeiter so einsetzt, dass er nicht mit tariflichen und gesetzlichen Arbeitszeitregelungen in Konflikt kommt. Des Weiteren kann ihn die Situation dazu zwingen gegenüber einzelnen Mitarbeitern Über- und Mehrarbeit anordnen zu müssen. In Notfällen kann es notwendig werden, Mitarbeitern Arbeit zuzuweisen, die eigentlich frei haben. Um sich in diesem Konfliktfeld bewegen zu können, bedarf es Kenntnisse der arbeitszeitrechtlichen Rahmenbedingungen.

a. Grenzen des Arbeitszeit- und Tarifrechts

Das Arbeitszeitgesetz (ArbZG) sieht zum Schutze der Mitarbeiter Höchstgrenzen der Arbeitszeit vor, deren Überschreitung empfindliche Geldstrafen für die Einrichtung zur Folge haben können. Darüber hinaus sind die Mitarbeiter auch nicht verpflichtet, Arbeitsanweisungen Folge zu leisten, die im Widerspruch zum geltenden Arbeitszeitrecht stehen. Schließlich wird auch der Betriebsrat oder die sonst in der Einrichtung vorhandene Arbeitnehmervertretung (Personalrat oder Mitarbeitervertretung) kaum einer Dienstplanung ihre Zustimmung erteilen, die im Widerspruch zu arbeitszeitrechtlichen Vorgaben steht.

Im ArbZG wird als Arbeitszeit die Zeit vom Beginn bis zum Ende der Arbeit ohne die Ruhepausen (§ 2 Abs. 1 ArbZG) definiert. Die werktägliche Arbeitszeit beträgt gemäß § 3 ArbZG 8 Stunden pro Tag. Das bedeutet unter Einbeziehung des Samstags als Werktag gilt eine Wochenarbeitszeit von 48 Stunden als arbeitszeitrechtlich zulässig. Darüber hinaus lässt das ArbZG die Verlängerung der täglichen Arbeitszeit auf 10 Stunden zu, sofern innerhalb eines Ausgleichszeitraums von 6 Monaten oder 24 Wochen die durchschnittliche tägliche Arbeitszeit 8 Stunden beträgt. Bei einem Ausgleichszeitraum von 24 Wochen beträgt somit die maximal zu verteilende gesetzlich zulässige Gesamtarbeitszeit 1.152 Stunden (24 Wochen × 8 Stunden am Tag × 6-Wochen-Arbeitstage), wobei eine Obergrenze von 60 Wochenarbeitsstunden und 10 Tagesarbeitsstunden zu beachten ist. Was die Anzahl der hintereinander abzuleistenden Arbeitstage betrifft, enthält das ArbZG grundsätzlich keinerlei Begrenzungen. Diese ergeben sich lediglich indirekt daraus, dass eine Wochenarbeitszeit von 60 Stunden nicht überschritten werden darf und gem. § 11 Abs. 3 ArbZG Mitarbeitern, die an einem Sonntag beschäftigt wurden, innerhalb eines den Beschäftigungstag einschließenden Zeitraums von zwei Wochen ein Ersatzruhetag zu gewähren ist.

Beispiel: Der Mitarbeiter nimmt an einem Montag die Arbeit auf und arbeitet jeden Tag 8 Stunden. Bis zu dem auf den Montag folgenden Sonntag hat er einschließlich des Sonntags sieben Tage gearbeitet. Unter Einschluss des Sonntags ist ihm nunmehr innerhalb von zwei Wochen ein Ersatzruhetag zu gewähren. Insgesamt kann der Mitarbeiter somit 19 Tage am Stück arbeiten, ohne dass hierdurch gegen das Arbeitszeitgesetz verstoßen würde. Auch die Grenzen der wöchentlichen Arbeitszeit werden in diesem Extrembeispiel nicht überschritten, denn der Mitarbeiter kommt auf eine wöchentliche Arbeitszeit von 56 Stunden (vgl. Schaubild 1.7 A).

Innerhalb der vorgenannten Grenzen sind nicht tarifgebundene Einrichtungen in der Gestaltung der Arbeitszeit frei. Für Nachtarbeitnehmer verkürzt sich der Ausgleichszeitraum auf vier Wochen oder einen Kalendermonat (§ 6 Abs. 2 ArbZG). Nachtarbeit liegt vor, sofern der Mitarbeiter in der Zeit von 23:00 Uhr bis 6:00 Uhr mehr als zwei Stunden ununterbrochen arbeitet (§ 2 Abs. 3, 4 ArbZG). In tarifgebundenen Einrichtungen ist darauf zu achten, dass häufig ein kürzerer Ausgleichsrahmen für Überschreitungen der Höchstarbeitszeit festgelegt ist.

Für die Dienstplanung maßgeblich ist weiterhin die Ruhezeit, die zwischen zwei Diensten liegen muss. Diese hat grundsätzlich elf Stunden zu betragen, wobei in Einrichtungen zur Pflege und Betreuung von Personen eine Verkürzung der Ruhezeit um bis zu eine Stunde möglich ist, sofern innerhalb eines Zeitraums von vier Wochen oder einem Kalendermonat die Verkürzung durch Verlängerung einer anderen Ruhezeit auf mindestens zwölf Stunden ausgeglichen wird (§ 5 Abs. 2 ArbZG). Darüber hinaus enthält das Arbeitszeitgesetz für solche Einrichtungen noch weitere Ausnahmen, sofern eine Verkürzung der Ruhezeit durch Inanspruchnahme während der Rufbereitschaft erfolgt (§ 5 Abs. 3 ArbZG).

Schließlich sind auch noch die Pausen in der Dienstplanung zu beachten. Mitarbeitern, die nicht mehr als sechs Stunden täglich arbeiten, muss keine Pause gewährt werden. Nach § 4 ArbZG sind bei einer täglichen Arbeitszeit von mehr als sechs bis zu neun Stunden von vorneherein Pausenzeiten von mindestens 30 Minuten; bei einer Arbeitszeit von mehr als neun Stunden solche von 45 Minuten zu planen. Die vorgenannten Pausenzeiten können in Zeitabschnitte von jeweils mindestens 15 Minuten aufgeteilt werden.

b. Dauer und Lage der Arbeitszeit

Weiterhin ist zwischen der Dauer und der Lage der Arbeitszeit zu unterscheiden. Die Dauer der Arbeitszeit, die entweder im Arbeitsvertrag oder im Tarifvertrag festgelegt ist, kann selbst dann nicht von der Einrichtung einseitig verändert werden, wenn sie sich dieses Recht vertraglich vorbehalten hat. Etwas anderes kann gelten, wenn tarifliche Regelungen eine einseitige Veränderung der Arbeitszeitdauer legitimieren.

Sofern die Lage der Arbeitszeit nicht festgelegt worden ist, kann die Einrichtung diese im Rahmen ihres Direktionsrechts in den Grenzen billigen Ermessens einseitig bestimmen. Das heißt, selbst dann, wenn der Mitarbeiter über einen längeren Zeitraum immer die gleichen Arbeitszeiten hatte, kann die Einrichtung die Lage der Arbeitszeit unter Beachtung billigen Ermessens grundsätzlich jederzeit frei verändern. Denn eine Konkretisierung durch betriebliche Übung wird von der Rechtsprechung bei der Bestimmung der Lage der Arbeitszeit nur in begrenzten Ausnahmefällen anerkannt. So hat die Rechtsprechung etwa entschieden, dass auch der jahrelange Einsatz im Nachtdienst nicht das Recht begründet, auch in der Zukunft Nachtdienst in gleichem Umfang zugewiesen zu bekommen. Auch gibt es keinen Rechtsanspruch darauf, täglich immer die gleichen Arbeitszeiten zu haben oder keine Schichtarbeit leisten zu müssen.

c. Anordnung von Überstunden und Mehrarbeit

In der Praxis stellt sich häufig die Frage, unter welchen Voraussetzungen Überstunden und Mehrarbeit einseitig von der Einrichtung angeordnet werden können. Als Überstunden wird im Allgemeinen die Überschreitung der durch Arbeitsvertrag, Tarifvertrag oder Betriebsvereinbarung festgelegten regelmäßigen Arbeitszeit bezeichnet.

Unter Mehrarbeit wird die über die gesetzlich zulässige Arbeitszeit hinausgehende Arbeitsleistung verstanden.

Entgegen einer weit verbreiteten Auffassung sind Mitarbeiter gerade nicht dazu verpflichtet Über- und Mehrarbeit zu leisten, denn der Umfang der Arbeitspflicht unterliegt nicht dem Direktionsrecht der Einrichtung gem. § 106 GewO. Fehlt es an einer entsprechenden Abrede, müssen Beschäftigte Mehr- und Überarbeit nur in außergewöhnlichen Fällen (vgl. § 14 ArbZG) und in Notfällen ableisten. Ein solcher Notfall liegt regelmäßig jedoch nicht schon dann vor, wenn andere Mitarbeiter (auch kurzfristig) erkranken. Es ist somit generell darauf zu achten, dass das Recht Über- und Mehrarbeit anzuordnen, möglichst bereits bei Begründung des Arbeitsverhältnisses im Arbeitsvertrag niedergelegt wird. Umgekehrt begründet auch die vergangene regelmäßige Anordnung von Überstunden keinen Anspruch des Beschäftigten auch in Zukunft Überstunden in gleicher oder ähnlicher Anzahl ableisten zu können.

Beachte: Möglich ist es auch, die Verpflichtung zur Ableistung von Über- und Mehrarbeit in einer betrieblichen Einheitsregelung oder einer Betriebsvereinbarung niederzulegen.

Ist eine solche Abrede getroffen worden, kann die Einrichtung grundsätzlich im Rahmen des ihr zustehenden Direktionsrechts Überstunden innerhalb der Grenzen des Arbeitszeitrechts anordnen. Das Arbeitszeitgesetz selbst enthält dabei keinerlei Begrenzung der Überstunden. Solange somit die allgemeinen Grenzen des Arbeitszeitgesetzes eingehalten werden, sind Überstunden unbegrenzt möglich. Bei der Anordnung hat die Einrichtung jedoch die Grundsätze billigen Ermessens zu beachten. Die Interessen der Vertragsparteien sind dabei gegeneinander abzuwägen und in ein angemessenes Verhältnis zu bringen. Die Anordnung der Überstunden muss aus überwiegenden betrieblichen Interessen erforderlich sein und Personensorgeverpflichtungen des Mitarbeiters sind angemessen zu berücksichtigen. Nicht erforderlich ist es jedoch zwischen mehreren infrage kommenden Mitarbeitern eine Sozialauswahl durchzuführen. Gewisse Ankündigungsfristen sollten gewahrt werden, wobei eine Frist von drei Tagen ausreichend ist. Werden Überstunden kurzfristig notwendig, können die Ankündigungsfristen selbstverständlich auch kürzer sein, sofern etwa die bedarfsgerechte Versorgung der Bewohner dies erforderlich macht.

d. Mitbestimmungsrechte

In Arbeitszeitfragen hat der Betriebsrat umfangreiche Mitbestimmungsrechte, die im Wesentlichen in den §§ 87 Abs. 1 Nr. 2 und 3 BetrVG niedergelegt sind.

Beachte: Sowohl im Personalvertretungs- als auch im Mitarbeitervertretungsrecht existieren ähnliche Bestimmungen bezüglich der Gestaltung der Arbeitszeit, so dass davon ausgegangen werden kann, dass die nachfolgenden Hinweise auch von staatlichen und kirchlichen Trägern zu berücksichtigen sind.

Mitbestimmung heißt, dass die Einrichtung Arbeitszeitänderungen nur dann umsetzen kann, wenn der Betriebsrat zuvor seine Zustimmung gegeben oder die Einigungsstelle eine verbindliche Entscheidung getroffen hat. Die Ausübung des Mitbestimmungsrechts erfolgt durch einen ordnungsgemäß gefassten Beschluss des Betriebsrats. Sie ist grundsätzlich an keine Frist gebunden. Allein das Schweigen des Betriebsrats kann regelmäßig nicht als Zustimmung zu der von der Einrichtung beabsichtigten Maßnahme gewertet werden. Dies gilt auch dann, wenn die Einrichtung dem Betriebsrat eine bestimmte Frist zur Stellungnahme mit dem Hinweis gesetzt hat, dass sie nach Ablauf der Frist von der Zustimmung ausgehe. Das Mitbestimmungsrecht des Betriebsrats wird auch in Eilfällen nicht eingeschränkt. Eilfälle sind Situationen, in denen eine Regelung möglichst schnell und umgehend erfolgen muss. Auch bei Vorliegen eines Eilfalles kann die Einrichtung nicht einseitig vorläufige Maßnahmen durchführen. Verstößt die Einrichtung durch einseitige Maßnahmen gegen Mitbestimmungsrechte des Betriebsrats, sind diese grundsätzlich unwirksam. Daneben steht dem Betriebsrat bei Missachtung eines zwingenden Mitbestimmungsrechts durch die Einrichtung ein gerichtlich durchsetzbarer Unterlassungsanspruch zu. Auch eine nachträgliche Zustimmung des Betriebsrats kann die Unwirksamkeitsfolge nicht beseitigen. Soweit einzelne Mitarbeiter durch mitbestimmungswidrige Maßnahmen begünstigt werden, bleiben sie ihnen gegenüber aber wirksam, da sich nur der Betriebsrat, nicht aber die Einrichtung auf betriebsverfassungsrechtliche Pflichtverletzungen berufen kann.

§ 87 Abs. 1 Nr. 2 BetrVG betrifft die Lage, nicht jedoch die Dauer der wöchentlichen Arbeitszeit. Das heißt, jede Änderung der Lage der Arbeitszeit bedarf der vorherigen Zustimmung des Betriebsrats. Das Mitbestimmungsrecht bezieht sich in gleicher Weise auf vollzeit- und teilzeitbeschäftigte Mitarbeiter. Mitbestimmungspflichtige Arbeitszeit ist auch der Bereitschaftsdienst und die Rufbereitschaft. Bei der Aufstellung eines Rufbereitschaftsplans besteht ein Mitbestimmungsrecht des Betriebsrats.

§ 87 Abs. 1 Nr. 3 BetrVG behandelt die vorübergehende (nicht auf Dauer angelegte) Verkürzung oder Verlängerung der betriebsüblichen Arbeitszeit. Hierher gehören Anordnungen oder Vereinbarungen hinsichtlich Überstunden und Kurzarbeit, wobei die Duldung von Überstunden der Anordnung gleichsteht. Diesbezüglich hat der Betriebsrat sowohl beim »Ob« als auch beim »Wie« der Anordnung von Überstunden und Kurzarbeit ein Mitbestimmungsrecht. Kommt es zu einer vorübergehenden Verkürzung oder Verlängerung der betriebsüblichen Arbeitszeit, hat der Betriebsrat gem. § 87 Abs. 1 Nr. 3 BetrVG mitzubestimmen (auch bei Teilzeitbeschäftigten). Mit der betriebsüblichen Arbeitszeit ist die jeweils vom einzelnen Arbeitnehmer geschuldete Arbeitszeit gemeint.

Der Einsatz von Leiharbeitnehmern

Das Leiharbeitsverhältnis ist dadurch gekennzeichnet, dass der entliehene Mitarbeiter Arbeitnehmer des Verleihers bleibt. Das heißt, die wesentlichen Arbeitgeberpflichten, wie etwa die Entgeltfortzahlung oder die Urlaubsgewährung verbleiben beim

Verleiher. Der Mitarbeiter wird lediglich auf der Grundlage eines sog. Arbeitnehmerüberlassungsvertrages, der zwischen dem Verleiher und dem Entleiher geschlossen wird, für die Einrichtung tätig. Ein Arbeitsvertrag besteht nur zwischen Entleiher und Mitarbeiter. Dieses ändert jedoch nichts daran, dass für den Zeitraum, in dem der Leiharbeitnehmer in der Einrichtung tätig wird, dieser das arbeitgeberseitige Direktionsrecht im Hinblick auf Zeit, Ort und Inhalt der Arbeitspflicht zusteht. Begrenzt wird das Direktionsrecht lediglich durch den Inhalt des Arbeitsvertrages zwischen dem Leiharbeitnehmer und dem Verleiher sowie dem Arbeitnehmerüberlassungsvertrag zwischen dem Verleiher und der Einrichtung. Auf die Gestaltung und den Inhalt des Arbeitnehmerüberlassungsvertrages ist somit besonders zu achten. So darf der Entleiher den Leiharbeitnehmer nicht für eine andere Tätigkeit oder eine längere Dauer der Tätigkeit heranziehen als im Arbeitnehmerüberlassungsvertrag vereinbart wurde. Will die Einrichtung auch die rechtliche Befugnis erhalten, Mehrarbeit anordnen zu können, bedarf es auch hierfür einer ausdrücklichen Regelung im Überlassungsvertrag. Schließlich sollte von Seiten der Einrichtung darauf geachtet werden, dass im Überlassungsvertrag eine Regelung enthalten ist, die es ihr möglichst weitgehend ermöglicht, den Austausch von Mitarbeitern beanspruchen zu können. Letztlich sollte vereinbart werden, für den Fall der Erkrankung des Leiharbeitnehmers unverzüglich eine Ersatzkraft beanspruchen zu können.

1.11 Auswirkungen von Fehlzeiten

1.11.1 Die Wahrnehmung von außen

Im Arbeitsalltag von Pflegeeinrichtungen gibt es bestimmte Sachverhalte, welche beim Zusammentreffen verschiedener planbarer (Urlaub, Fortbildungen) und nicht planbarer Konstellationen (erhöhtes Auftreten von Krankheitstagen, Anstieg der Belegung durch erhebliche Zunahme von Kurzzeitpflegegästen) in ihrer Summe für einen rapiden Anstieg der Arbeitsbelastung (mit) verantwortlich sein können. Gleichzeitig reagieren Interessenpartner unterschiedlich sensibel auf Fehlzeiten infolge von Krankheiten mit zum Teil plakativen Vorwürfen. Denen kann sich die betroffene Einrichtung und deren verantwortliche Mitarbeiter nicht einfach entziehen. Umso wichtiger erscheint es, sich damit auseinanderzusetzen – im Interesse aller Beteiligter, weil derartige Vorwürfe dann schnell verfliegen oder möglicherweise sogar Anlass zu weiteren internen Nachforschungen geben können. Infolge soll eine strukturierte Auseinandersetzung mit den hauptsächlich eingebrachten »Regelvorwürfen« erfolgen, welche im Zusammenhang mit einem gehäuften Auftreten von Fehlzeiten wiederholt vorgebracht werden, und Vorschläge für eine konstruktive Auseinandersetzung geliefert werden. Zu beachten ist dabei, dass keineswegs gemeint ist, derartige Vorwürfe

Fehlzeiten konstruktiv managen
© Vincentz Network GmbH & Co. KG, Hannover 2009; ISBN 978-3-86630-055-2

als unsinnig abzutun, sondern jede Einrichtung gut beraten ist, die Sachverhalte sorgfältig zu prüfen.

Die Bedeutung der Kenntnis von Branchenvergleichswerten zieht sich wie ein roter Faden durch das gesamte betriebliche Fehlzeitenmanagement. Im Kundenumgang stellen diese ein nicht zu unterschätzendes Korrektiv dar; gleichwohl interessiert den Kunden zunächst vor allem die Verlässlichkeit der Dienstleistung und er darf erwarten, dass Sachverhalte wie Fehlzeiten von den verantwortlichen Mitarbeitern im Betrieb bewältigt werden müssen. Gegenüber Aufsichtsbehörden und vor allem als Grundlage zum eigenständigen Tätigwerden ist eine diesbezügliche Kenntnis eine unabdingbare Voraussetzung. Nicht nach dem Motto: »Bei uns fehlen viele, bei andern auch.« Das zeugt eher von Führungsdefiziten. Die Aussage ist, wie verhalten sich unsere Fehlzeiten infolge von Krankheit zu anderen Einrichtungen, wo treten diese wann und bei welchen Mitarbeitern gehäuft auf (vgl. Kap. 1.3/Schaubild 1.4 D, S. 45)?

Die Auseinandersetzung mit den Vorwürfen dient nicht nur der eigenen Absicherung in Bezug auf das Erkennen möglicher Schwachstellen in der eigenen Einrichtung insbesondere zu Zeiten mit erhöhtem Auftreten von Fehlzeiten. Sie dient auch dazu, den Vorwürfen systematisch und kompetent entgegenzutreten. Damit sind diese in aller Regel ganz schnell wieder vom Tisch. Kann allerdings nicht adäquat darauf reagiert werden, wird der unterschwellige Vorwurf bestehen bleiben, dass wohl doch etwas daran ist. Betrachtet man die »Regelvorwürfe« infolge, ist zu sehen, dass sich mit immer wiederkehrenden Belegen und Nachweisen der Sachverhalt schnell klären lässt. Dabei geht es nicht um die Frage, sich verteidigen zu müssen, sondern eher um die selbstkritische Prüfung im Verständnis einer kontinuierlichen Verbesserung im Interesse aller Beteiligten, ob nicht doch möglicherweise Defizite vorliegen, die es anzugehen gilt.

Vorwurf

»Bei den hohen Fehlzeiten muss die pflegerische Versorgung der Bewohner in der Einrichtung ja schlecht sein«.

Zu überprüfende Sachverhalte

- Sind zeitgleich mit dem erhöhten Auftreten von Fehlzeiten tatsächlich pflegerische Defizite aufgetreten (Dekubitus, Ernährungsdefizite, psychosoziale Defizite etc.)?
- Besteht eine klare Abgrenzung in der Erfassung bezüglich des Auftretens einrichtungsintern und extern entstandener »Defizite« einschließlich des Entstehungszeitraums?
- Sind Angebote für die Bewohner aufgrund der Fehlzeiten eingeschränkt worden? Wenn ja, welche mit welchen möglichen Auswirkungen?

Mögliche Belege und Nachweise

- Maßnahmen des Qualitätsmanagements wie Pflegevisiten, Pflegedokumentation,
- Ort und Zeitraum der Entstehung potenziell pflegerischer »Defizite«,
- Führen eines einrichtungsinternen Risikomanagements (Rip©),
- Einhaltung bzw. Einschränkung des Regelleistungsangebots.

Vorwurf

Die Einrichtung hat immer zu wenig Personal und damit zu wenig Zeit. Deswegen werden die Mitarbeiter krank.

Zu überprüfende Sachverhalte

- Wird ein kontinuierlicher Abgleich zwischen vertraglich vorzuhaltender Soll-Mitarbeiterzahl und den Ist-Stellen geführt?
- Sind die Angehörigen über die Thematik der Personalbedarfsberechnung und deren Grundlagen (Pflegeschlüssel etc.) in einfacher und verständlicher Form z. B. im Rahmen eines Angehörigenabends/Hauszeitung informiert?
- Sind aus den Leistungsnachweisen der Pflegedokumentation Lücken erkennbar, welche darauf schließen lassen, dass die vertraglich vereinbarten Leistungen nicht (vollständig) erbracht worden sind (regelmäßiges Baden, Teilnahme Angebote der Ergotherapie)?
- Verfügt die Einrichtung über Vergleichszahlen zum Personaleinsatz aus anderen Einrichtungen, um zu zeigen, dass die eigene Mitarbeiterzahl mindestens derjenigen von vergleichbaren Einrichtungen entspricht?

Mögliche Belege und Nachweise

- Personal Soll/Ist-Abgleich,
- Durchführung offensiver Information,
- Leistungsnachweise der Pflegedokumentation,
- Vorhalten von Branchenvergleichszahlen (Pflegeschlüssel etc.).

Vorwurf

»Die Leistungen für die Patienten im ambulanten Bereich werden wegen hoher Fehlzeiten bei den Mitarbeitern nicht vertragsgemäß erbracht.«

Zu überprüfende Sachverhalte

- Bestehen Abweichungen zwischen den vereinbarten Leistungen aus dem Pflegevertrag, den Leistungsnachweisen und den Absprachen bezüglich der tageszeitlichen Tourenplanung?

Mögliche Belege und Nachweise

- Leistungsnachweise (quantitativ und tageszeitlich),
- Einhaltung Leistungszeiten aus Pflegevertrag/Tourenplanung,
- Abgleich Fehlzeitenstand infolge von Krankheit aus eigener Einrichtung mit Vergleichseinrichtungen.

Vorwurf

»Die Mitarbeiter sind infolge ständiger Fehlzeiten körperlich überlastet.«

Zu überprüfende Sachverhalte

- Bestehen Anhaltspunkte dafür, dass die vertraglich vereinbarte Mitarbeiteranzahl infolge von Mitarbeiteraustritten, Fehlzeiten etc. nicht eingehalten werden kann und keine Kompensation z. B. durch den Einsatz geringfügig Beschäftigter oder Zeitarbeitsfirmen stattgefunden hat?
- Wie verhält sich der Anteil an Fehlzeiten in der eigenen Einrichtung im Vergleich zu anderen Einrichtungen und zur Branche?
- Werden Maßnahmen/Angebote durchgeführt zur Gesunderhaltung der Mitarbeiter?
- Bestehen Anhaltspunkte dafür, dass die Turnuslänge eines Diensteinsatzes an fortlaufenden Tagen am Stück die individuellen Möglichkeiten des Mitarbeiters übersteigen, ohne deswegen Gesetze wie das Arbeitszeitgesetz zu verletzen?

Mögliche Belege und Nachweise

- Kenntnis der eigenen einrichtungsinternen Fehlzeiten (vgl. Schaubild 1.6 D, S. 53),
- Kenntnis der branchenüblichen Fehlzeiten (vgl. Kap. 1.6),
- Maßnahmenpaket zur Gesunderhaltung der Mitarbeiter,
- sporadische Dienstplankontrollen durch verantwortliche Mitarbeiter.

Vorwurf

»Wegen hoher Fehlzeiten besteht keine Kontinuität in der Leitungserbringung beim Bewohner/Patienten.«

Zu überprüfende Sachverhalte

- Bestehen Anhaltspunkte dafür, dass die bewohnerbezogene Kontinuität in der Leistungserbringung defizitär ist?

Mögliche Belege und Nachweise

- Vergleichswert: Neutrale »Definition« zu Kontinuität aus der »MDK-Anleitung zur Prüfung der Qualität in der Pflege« aus 11/2005; Pkt. 14.16,
- die im Pflegekonzept beschriebene Bezugspflegeorganisation wird nachweislich umgesetzt (Stichproben über Handzeichen in Leistungsnachweisen),
- Leistungsnachweise Pflegedokumentation über Wechsel der Handzeichen,
- Kundenbefragungen zur Kontinuität in der Kundenbeziehung.

Vorwurf

»In dieser Einrichtung wird an allem gespart – deswegen sind die Mitarbeiter überlastet und krank.«

Zu überprüfende Sachverhalte

- Bestehen Anhaltspunkte dafür, dass weniger als das vertraglich vereinbarte Personal eingesetzt wird?
- Bestehen Anhaltspunkte dafür, dass erforderliche Hilfsmittel fehlen und deswegen ursächlich Krankzeiten verstärkt auftreten (vgl. Kap. 1.3)?

Belege und Nachweise

- Dienstplan mit tagesbezogener Besetzung,
- Kenntnis über Ursachen und Hintergründe zu Fehlzeiten (vgl. Kap. 1.3),
- Gegenüberstellung von vertraglich vereinbarten Pflegeschlüsseln und Ist-Mitarbeiterzahl,
- Gegenüberstellung Auswertungen zum Arbeitsaufwand und zur Tourenplanung,
- Verfügbarkeit von Branchen-Vergleichszahlen.

Vorwurf

Mitarbeiteräußerung »Ich bin überlastet.«

Zu überprüfende Sachverhalte

- Prüfen, ob möglicherweise die vereinbarte Besetzung im Dienstplan – nicht nur kurzfristig – nicht eingehalten wurde?
- Sind die Mitarbeiter darüber informiert, wie sich die Mitarbeiteranzahl im Verhältnis zu dem Arbeitsanfall nach Pflegestufen zusammensetzt und sind dabei Vergleiche mit anderen Einrichtungen transparent gemacht worden (»Die anderen Pflegeheime haben mehr Mitarbeiter als wir«)?

- Wurde sorgfältig geprüft, ob andere Ursachen möglicherweise vorliegen, welche zu dem Gefühl der Überlastung führen (vgl. Kap. 1.3)?

Mögliche Belege und Nachweise
- Dienstplan mit tagesbezogener Besetzung,
- Gegenüberstellung von Pflegeschlüsseln und Mitarbeiterzahl,
- Gegenüberstellung Auswertungen zum Arbeitsaufwand und zur Tourenplanung,
- Verfügbarkeit von Branchen Vergleichszahlen,
- Ergebnisse aus Rückkehrgesprächen.

Vorwurf

»Es fehlen viele Mitarbeiter wegen einer verfehlten Urlaubsplanung mit Folge der Überforderung der arbeitenden Mitarbeiter.«

Zu überprüfende Sachverhalte
- Liegt ein Konzept zur Urlaubsplanung in Bezug auf eine Jahresplanung vor, welches eine geplante Mindestbesetzung zur Sicherstellung einer fachgerechten Pflegearbeit niemals unterschreitet?
- Bestehen klare Vorgaben zur Genehmigung von Urlaub in Bezug auf die Anzahl derjenigen Mitarbeiter, welche gleichzeitig in Urlaub gehen dürfen?

Mögliche Belege und Nachweise
- Konzept zur Urlaubsplanung gilt als Dienstanweisung,
- erforderliche Besetzung zur Leistungserbringung wird auch zu Urlaubszeiten nicht unterschritten,
- aktuelle Urlaubsplanung liegt vor,
- Dienstplan mit tagesbezogener Besetzung,
- jahresbezogene Urlaubsplanung unter Bezugnahme auf schwankende monatliche Sollarbeitszeiten (gilt nicht bei einer ausschließlichen 4-Wochen Dienstplanung).

Vorwurf

»Durch eine unerwartete Zunahme an Pflegebedürftigen kommt es zur Überlastung der Mitarbeiter.«

Zu überprüfende Sachverhalte
- Sind von den verantwortlichen Mitarbeitern Maßnahmen geplant, wie mit derartigen Situationen umzugehen ist? Mögliche Maßnahmen könnten sein:

- vorübergehende, kurzfristige Erhöhung des Stellenanteils von Teilzeitmitarbeitern,
- Einsatz von geringfügig Beschäftigten,
- Einsatz von Mitarbeitern aus Zeitarbeitsfirmen,
- Aktivierung von Minusstundenpotenzialen im Rahmen gesetzlicher Höchstarbeitszeitgrenzen.

⚡ Besteht eine Übereinstimmung zwischen erhöhten Arbeitsanforderungen und dem dazu erforderlichem Mitarbeitereinsatz (vgl. Kap. 2.5)?

Mögliche Belege und Nachweise

⚡ Übereinstimmung tagesbezogener Besetzung im Dienstplan in Verbindung mit Bewohneranzahl (= Erhöhung bzw. Reduzierung der Besetzung),

⚡ ausgewogene Mitarbeiterstruktur (= Verhältnis von Vollzeitanstellungen zu unterschiedlichen Teilzeitformen),

⚡ Arbeitsverträge (Flexibilität Arbeitszeitgestaltung).

Das betriebliche Fehlzeitenmanagement	ja	nein	Erfolgt später
• betreibt agierend einen offensiv konstruktiven Umgang mit den möglichen Regelvorwürfen bei einem Auftreten erhöhter Fehlzeiten infolge von Krankheiten.			
• kann jederzeit auf haus-/trägerinterne Daten zurückgreifen, um den beschriebenen Vorwürfen fundiert und sachlich entgegentreten zu können.			
• führt eine Analyse und kontinuierliche Beobachtung durch, ob hinter den Vorwürfen nicht strukturbedingte Ursachen stehen, welche möglicherweise beseitigt werden könnten.			
• verfolgt eine klare Positionierung dahingehend, dass es strukturelle Vorgaben gibt, deren erforderliche Änderung nicht im Rahmen der Möglichkeiten der Einrichtung liegen (Mitarbeiteranzahl, Pflegesatzvorgaben etc.).			

1.11.2 Die wirtschaftlichen Auswirkungen

»Krankheitstage kosten 65 Milliarden Euro im Jahr«
(Bundesanstalt für Arbeitsschutz und Arbeitsmedizin)

»Krankheiten und Unfälle von Arbeitnehmern verursachen jährlich insgesamt 400 Millionen Fehltage und wirtschaftliche Ausfälle und Schäden von hochgerechnet 65 Milliarden Euro«. Das geht aus dem Bericht »Sicherheit und Gesundheit bei der Arbeit 2006« der Bundesanstalt für Arbeitsschutz und Arbeitsmedizin hervor.

Um sich über die wirtschaftlichen Folgen von Fehlzeiten in Folge von Krankheit im Klaren zu sein, die für eine durchschnittlich große Pflegeeinrichtung entstehen, soll folgendes Rechenbeispiel dienen. Der Einfachheit halber bezieht dies nur den Pflegedienst mit ein, kann aber um alle Bereiche rechnerisch mühelos ergänzt werden.

Die nachfolgend zugrunde gelegten Zahlen beziehen sich auf Angaben der »Bundesanstalt für Arbeitsschutz und Arbeitsmedizin« – basierend auf dem Jahr 2005 – und gehen von einem durchschnittlichen Jahresgehalt von 32.800* Euro und 12,2 Fehltagen pro Mitarbeiter aus. Das entspricht durchschnittlich 90 € Kosten pro Fehltag ohne die Berücksichtigung von:

- Lohnnebenkosten,
- Kosten für mögliche Ersatzbeschaffung (Leiharbeit),
- Kosten für Überstunden (Einsatz eines einspringenden Mitarbeiters),
- organisatorischem Aufwand, um den Ausfall zu beheben.

Bei einer Einrichtung mit 80 Bewohnern und 30 Mitarbeitern im Pflegedienst entspricht dies 32.940 € pro Jahr (= 30 Mitarbeiter × 12,2 Fehltage pro Jahr × 90 € = 32.940 €/Jahr). Die Senkung der Anzahl der Fehltage zahlt sich unmittelbar in barer Münze aus.

Beispielrechnung mit folgenden Grundannahmen:

- Durchschnittliches jährliches Arbeitnehmerentgelt: 32.800 €
- 32.800 € : 365 Tage × 12,2 Fehltage = 1096,33 € Kosten Fehlzeiten/Mitarbeiter/ Jahr
- 1096,33 € : 12,2 Fehltage/Jahr = 89,86 € Kosten pro Krankheitstag

Krankheitstage/ Mitarbeiter und Jahr	Krankheitstage insgesamt bei 30 Mitarbeitern	Krankheitstage in Prozent	Fehlzeitenkosten für 30 Mitarbeiter*
20	600	9,17	54.000
15	450	6,88	40.500
12,2	366	5,60	32.940
10	300	4,59	27.000
5	150	2,30	13.500

*ohne die oben genannten Zusatzkosten/Kalkulation bei 90 €/Tag

Wie sich die Senkung der Fehlzeiten rein betriebswirtschaftlich für das Unternehmen rechnet, macht die Tabelle deutlich. Diese Zahlen berücksichtigen noch nicht die gesamten weiteren Kosten, welche mit dem Auftreten von Fehlzeiten einhergehen. Ebenso sind nicht alle weiteren Arbeitgeberkosten pro Mitarbeiter berücksichtigt.

2. Fehlzeiten vermeiden

2.1 Beteiligung der Mitarbeiter

Das Organisationsklima beeinflusst die Mitarbeiterzufriedenheit. Es hat Bedeutung für die Art und Weise, wie das organisationale Lernen stattfindet. Wie es gelingt, das intellektuelle und emotionale Potenzial – sowohl des Einzelnen als auch der Teams – auf allen Ebenen zu erschließen, hängt ebenfalls zu einem großen Teil vom Betriebsklima ab.

Das Organisationsklima ist daher ein wichtiges Thema, wenn es um den Fehlzeitenstand infolge von Krankheit einer Einrichtung geht.

Informelle Kommunikationsformen sorgen für gutes Klima

Unter Organisationsklima verstehen wir die Wahrnehmung und Beurteilung des Miteinanders in einer Organisation.

- Das Organisationsklima ist durch die Art und Weise geprägt, wie die Organisation auf ihre spezifischen Rahmenbedingungen, ihre Ziele und das gelebte Führungshandeln reagiert.

- Das Organisationsklima beeinflusst das Wohlbefinden der Organisationsangehörigen im Alltag, das Vertrauen, das sie in ihre Organisation setzen und die Zuversicht, mit der sie erforderliche Veränderungsprozesse (mit-) gestalten.

- Wirkliches Lernen und Entwickeln wird möglich, wenn die einzelne Person erfährt, dass sie gefragt und beteiligt ist und dass Ziele angestrebt werden, die zukunftsorientiert, ethisch vertretbar und an den Bedarfen der Praxis orientiert sind.

Führungskräfte sollten nicht-hierarchisierte, informelle Kommunikationsformen pflegen: Die Wohnbereichsleitungen besprechen direkt miteinander die Zuständigkeiten der Pflegefachkräfte beispielsweise für den Wochenenddienst; Informationen über das Sommerfest laufen zwischen Mitarbeitergruppen kreuz und quer; Auskünfte gibt jeder und Vorschläge werden dort gemacht, wo sie nützlich sind.

Der Dienstweg ist wichtig – ohne die informelle Kommunikation jedoch wäre keine Organisation leistungsfähig. Sie hat eine Funktion wie Fahrradöl, hält die »Übertragungskette« gleitfähig. Gerade in Zeiten raschen Wandels müssen Organisationskultur und -klima stimmen.

Lean Management begünstigt informelle Kommunikation

Immer anspruchsvollere Dienstleistungsangebote müssen zu einem marktfähigen Preis erbracht werden. Der Organisationsansatz »Lean Management« hat sich hier bewährt.

Fehlzeiten konstruktiv managen
© Vincentz Network GmbH & Co. KG, Hannover 2009; ISBN 978-3-86630-055-2

Lean Management bedeutet »schlanke Organisation« und zielt darauf ab, unnötige Aufgabenzergliederungen zu reduzieren und Mitarbeitende und Führungskräfte stärker in die umfassende Prozessverantwortung einzubinden. Dienstwege sollen verkürzt werden. Die Verbindung zwischen Entscheiden, Ausführen und Verantwortung soll gestärkt werden.

Die zentralen Aspekte des Lean Managements im Überblick

Merkmale	Prinzip	Praxisbeispiele
Kundenorientierung	• Genau die Lösung anbieten, die der Kunde braucht	• Individuelle Pflegeprozessgestaltung
Unverwechselbarkeit	• Dienstleistungsprofil anbieten, das der eigenen Stärke und dem Bedarf der Bewohner entspricht	• Differenzierte Lebenswelten für Menschen mit Demenz mit unterschiedlichem Begleitungsbedarf
Konzentration auf das Wesentliche	• Kundenzufriedenheit • Leistungssicherheit	• Kontinuität der Pflegebeziehung
Systematisches Arbeiten an der Qualität ist Aufgabe aller Mitarbeitenden	• Klare Qualitätsziele, orientiert am Leitbild • Qualitätsentwicklung und einheitliches Qualitätsverständnis • Sensibilität für Abweichungen	• Qualitätsziele definiert und transparent • Qualitätsprozesse sind klar gegliedert und verbindlich • Qualitätszirkel bringen brauchbare Ergebnisse
Prozessorientiertes, zuverlässiges »Hand-in-Hand«-Arbeiten aller Bereiche	• Jeder ist Kunde und Lieferant zugleich	• Zielorientierte Zusammenarbeit in bereichsübergreifenden Qualitätszirkeln/Arbeitsgruppen (z. B. Ernährung)
Möglichst flache Hierarchie	• Klare Zuständigkeiten • Kurze (Dienst-)Wege • Hohe Beteiligung an Entscheidungen	• Wegfall der stellvertretenden WBLs • Vergrößerung der Wohnbereiche bei gleichzeitiger Bezugspflegestruktur
Führungskonzept schafft Kompetenz und Sicherheit	• Führungskraft ist Dienstleister, Vorbild und Coach der Mitarbeitenden	• Klarer Handlungsrahmen • Regelmäßige Mitarbeiter- und Zielvereinbarungsgespräche

Merkmale	Prinzip	Praxisbeispiele
Teilautonome Teams	• Die Verantwortung für Planung, Durchführung und Qualität der Prozesse soll bei den zuständigen Teams liegen. Sie beinhaltet neben der Erfüllung der Leistungen und Kundenbedürfnisse auch die Verantwortung für Qualität und Wirtschaftlichkeit im abgestimmten Rahmen	• Bezugspflegeteams
Dezentrale Prozesssteuerung	• Angemessene Entscheidungs- und Gestaltungsräume bei entsprechender Verantwortung und realistischen Vorgaben	• Budgetverantwortung WBLs • Bezugspflegefachkraft/ Verantwortliche Fachkraft steuern den individuellen Pflegeprozess
Angemessene Informationsprozesse	• Gezielt, zeitnah und handlungsrelevant	• Transparente Kosten- und Leistungsstruktur • Systematische Dienstübergabe
Konsequente Befähigungsstrategie	• Am Leitbild orientiert • Individuell auf der Basis von Zielvereinbarungsgesprächen • Ziel- und lösungsorientiert	• Regelmäßige fachliche Supervision/Fallbesprechungen • Unterstützung und Training • Regelmäßige Rückmeldungen

Lean Management ist ein anspruchsvoller Prozess, der dem Einzelnen mehr Verantwortung überträgt. Dabei kommt es darauf an, dass das Maß stimmt und jeder bei seinem individuellen beruflichen Entwicklungsstand »abgeholt« wird. Je sorgfältiger das individuelle Profil berücksichtigt wird, umso positiver sind die Effekte des Lean Managements. Bei erfolgreicher Umsetzung hebt es das Selbstwertgefühl der Mitarbeitenden und motiviert sie. Allerdings müssen die Elemente des Lean Managements kontinuierlich und aufeinander aufbauend umgesetzt werden. Ist dies nicht der Fall, sind Mitarbeitende schnell überfordert.

Befähigungsstrategie als Kernpunkt

Der Umsetzung der konsequenten Befähigungsstrategie in der Personalentwicklung kommt eine herausragende Bedeutung zu. Von ihr hängt in hohem Maße ab, wie und in welchem Umfang Mitarbeitende und Teams den Wandel gesund verkraften:

Werden nur Führungsstellen gekürzt und Aufgabenbereiche vergrößert, können Überforderungsprobleme, steigende Krankenstände sowie Leistungs- und Qualitätseinbußen die Folge sein.

Linienorganisation und partizipative Ansätze

Ein Ziel moderner Organisationsentwicklung im Sinne des Lean Managements ist es, Teilhabe und dezentrale Verantwortungsübernahme in die Aufbauorganisation einzubringen und tendenziell Hierarchien zu »verflachen«. Das bedeutet: Die Trennung von Zielentwicklung, Aufgabenstellung und Ausführung ist zu verringern.

Einen möglichen Ansatz zur Verbesserung der horizontalen Verknüpfung von Idee, Ziel und Umsetzung entwickelte Likert (Ministerium für Arbeit, Gesundheit, Familie und Frauen, Baden-Württemberg 1991). Dabei werden die traditionellen Linienstrukturen durch ein System überlappender Gruppen und Teams ergänzt.

Als Bindeglieder zwischen den Gruppen dienen die jeweiligen Koordinatoren. Sie sind Angehörige von zwei Gruppen.

Beispiel: Der Leiter im Wohnbereich I hat Koordinatorenfunktion für die Gruppe C und ist gleichzeitig Mitglied der Gruppe B.

Ziele der Arbeit überlappender Gruppen:

- Verbesserung der Kommunikation und Kooperation verschiedener Leitungsebenen, indem Problemlösungen gemeinsam entwickelt werden.

- Verbesserung der Kommunikation und Problemlösungsfähigkeiten innerhalb einer Ebene, da spezielle Fragestellungen in der eigenen Gruppe erörtert werden können. Gleichzeitig ist über die Leitung der Gruppe die Transparenz zu den anderen Leitungsebenen gegeben.

Wie arbeiten traditionelle Strukturen und überlappende Gruppen zusammen?

Die alltäglichen Aufgaben werden innerhalb der traditionellen Linienstruktur bewältigt. Die überlappenden Gruppen beschäftigen sich mit konzeptueller Arbeit, der Entwicklung von Zielen und grundsätzlichen Projektplanungen.

Beispiele:

- Wegen Erkrankung mehrerer Mitarbeitender wird der Dienstplan für das Wochenende für Wohnbereich 1 zwischen der Pflegeleitung und der Wohnbereichsleitung neu gestaltet (Kooperation von zwei Ebenen im traditionellen Einliniensystem).

- Strategien zur Verbesserung des Empfangs und der Begleitung neu eingezogener älterer Menschen (Heimeinzugskonzept) werden in den überlappenden Gruppen entwickelt (verbindliche Entwicklungs- und Konzeptarbeit).

Selbstorganisierte Teams

Die klassischen Organisationsstrukturen mit Schichtleitung, Bereichsleitung, Pflege-dienstleitung und Heimleitung sind immer seltener anzutreffen. Die Einrichtungen müssen sich darauf einstellen, zukünftig mit weniger Leitungspersonen gleiche bzw. höhere Qualität zu erbringen.

Eine einfache Umverteilung der Aufgaben auf die einzelnen Mitarbeitenden wäre sicher die schlechteste Lösung. Ein funktionierendes Konzept dagegen könnte die Bildung selbstorganisierter Teams sein. Es geht darum, in einem begleiteten Entwick-lungsprozess jedem einzelnen Teammitglied und jedem Team systematisch mehr Verantwortung für sein Aufgabenfeld und Arbeitsergebnis zu übertragen, ohne auf ein wirksames Ergebniscontrolling zu verzichten.

Die Wahrscheinlichkeit, dass sich dieser zukunftsorientierte Ansatz mittel- bis lang-fristig in einer Einrichtung umsetzen lässt, ist umso höher:

- je offener Leitungspersonen für Veränderungen sind,
- je fördernder sie mit ihren Mitarbeitenden umgehen,
- je konsequenter sie Absprachen einhalten und auf Einhaltung achten,
- je klarer und entwicklungsorientierter Führung ist,
- je aufmerksamer Leitungskräfte eingeleitete Veränderungsprozesse begleiten.

Merkmale selbstorganisierter Teams

- Die Mitarbeitenden akzeptieren ihre Leitung, schätzen deren Vertrauen und sehen Kontrollen als Teil der Feedback-Kultur.
- Es gibt Regeln, mithilfe derer 80 Prozent aller Klärungs- und Organisationsfragen intern geregelt werden können.
- Mitarbeitende entwickeln unter Mitwirkung der Leitung Ziele, liefern Ideen und Verbesserungsvorschläge.
- Veränderungen werden als Anreiz und Herausforderung gesehen.
- Kontrollmechanismen funktionieren auch bei weniger attraktiven Aufgaben.
- Jedes Teammitglied ist über die Kennzahlen (Qualität und Wirtschaftlichkeit), die für seine Tätigkeit wichtig sind, informiert und berücksichtigt diese.

Die Basis für diese Arbeitsweise wird gebildet durch:

- ein angepasstes, transparentes Führungskonzept,
- ein aussagefähiges Berichtswesen,
- ein effektives Leistungscontrolling, z. B. durch Pflegevisiten,
- messbare Ziele,

/ Zielvereinbarungen auf Teamebene,

/ Feedbackgespräche unter vier Augen.

Das Vorgehen bei der Umsetzung:

/ Analyse, Zieldefinition, Planung des Veränderungsprozesses und Information der Mitarbeitenden,

/ Instrumentenentwicklung, Controlling,

/ Zielvereinbarungen,

/ Evaluation und Weiterentwicklung.

Funktionsdiagramme und Leistungsprofile

Um die komplexen Verflechtungen und Zusammenhänge übersichtlicher zu gestalten, kommen Funktionsdiagramme und -profile zum Einsatz. Funktionsprofile beschreiben, wer was, in welcher Intensität und welcher Verantwortung betreibt.

Einen ähnlichen Zweck erfüllen Leistungsprofile. Sie beinhalten eine systematische Darstellung, Zuordnung und Verschränkung der jeweiligen Verantwortungsbereiche.

Beispielhaft, weil alltagstauglich, ist das Leistungsprofil von Elisabeth Beikirch und Jan Herfs. Sie entwickelten es für die Sozialholding der Stadt Mönchengladbach im Rahmen der Einführung des EFQM-Modells zur Qualitätsentwicklung in den Altenheimen (Beikirch/Herfs o. J.).

Delegation und Koordination

Richtige Delegation stärkt die Mitarbeitenden und fördert ihre Arbeitszufriedenheit und -motivation. Sie entlastet Leitungspersonen so, dass sie sich verstärkt originären Management- und Leitungsaufgaben zuwenden können. Sie dient auch dazu, Überlastung und Burn-out zu vermeiden. Führungskräfte, die Aufgaben delegieren, fördern die Entwicklung der Mitarbeitenden: Selbstständiges Handeln wird ermöglicht, Entscheidungsspielraum vergrößert.

Delegieren bedeutet, Aufgabenbereiche, (Teil-)Verantwortung und dazu erforderliche Kompetenzen auf Mitarbeitende (nachgeordnete Stellen) zu übertragen.

Die zuständige Leitungsperson vereinbart mit den Mitarbeitenden Teilziele, die erreicht werden sollen.

Sie gibt alle erforderlichen Informationen und stimmt ab:

WAS — soll getan werden?

WOZU — soll es führen?

WANN — ist der Zeitpunkt der Erledigung?

WER — bzw. welche Person(engruppe) mit welcher Qualifikation ist erforderlich?

Die Verantwortung der Leitungsperson bei der Delegation

Verantwortliche Delegation beinhaltet

- Anleitung, Begleitung und Kontrolle der Mitarbeitenden,
- Vorhandensein notwendiger Fachkenntnisse bei den Mitarbeitenden, denen Aufgaben übertragen werden sollen,
- gute Beobachtung, um Überforderungssymptome und die Gefahr des Kompetenzmissbrauchs rechtzeitig zu erkennen,

Die Leitungsperson behält die Gesamt- und Überwachungsverantwortung.

Die Überwachungsaufgabe wird erleichtert durch

- die Einrichtung regelmäßiger Berichterstattungen,
- standardisierte Feedback-Verfahren,
- regelmäßige Besprechungen.

Das betriebliche Fehlzeitenmanagement	ja	nein	Erfolgt später
• ist geprägt von schlanken Prozessen			
• ist geprägt von klaren Zuständigkeiten, die Kompetenzen fördern			
• kann auf eine konsequente Mitarbeiterbefähigung verweisen, die motiviert			

2.2 Führungsverhalten

Die Altenpflege steckt im tiefgreifendsten Veränderungsprozess seit den 50er Jahren: Neue Wettbewerbsstrukturen, steigende fachliche Anforderungen und Arbeitsdichte, neue Vertragsstrukturen und zum Teil Absenkungen der Gehälter und Löhne sorgen für Irritationen. Gerade in diesen Zeiten des Wandels ist ein konsistentes, zuverlässiges und auf Vertrauen abzielendes Führungsverhalten wichtig. Die Führungskräfte sehen sich mit folgender Situation konfrontiert:

1. Der Rationalisierungsdruck führt zu zunehmend flachen Hierarchien mit großen Verantwortungsspannen, die nur in hoher Selbstverantwortung und -steuerung aller Beteiligten sicher zu bewältigen sind. Viele Mitarbeitende sind darauf nicht angemessen vorbereitet.

2. Die Komplexität der fachlichen Anforderungen erfordert Abwägungsprozesse, Prioritätensetzungen und nachvollziehbare Lösungsstrategien. Mitarbeitende sehnen

Fehlzeiten konstruktiv managen
© Vincentz Network GmbH & Co. KG, Hannover 2009; ISBN 978-3-86630-055-2

sich nach klaren Strukturen und möchten so wenig Verantwortung wie möglich übernehmen.

3. Um die Kundenzufriedenheit nachhaltig zu sichern, ist eine flexibel an den Bedürfnissen orientierte Dienstleistungsplanung, die effizient organisiert ist, gefragt: Das Erfordernis, permanent umzudenken und sich situativ auszurichten, führt bei Mitarbeitenden teilweise zu Starre und Rückzug, da sie zu wenig entsprechend ausgerichtete Leistungsprozesse und -strukturen erfahren. Es fehlt an Orientierung und Halt (Verbindlichkeit/Klarheit) in den Veränderungsprozessen.

Bei allen drei Beispielen liegt auf der Hand, dass der Weg zur Steigerung krankheitsbedingter Fehlzeiten nicht weit ist.

Eine Führungskraft, die ihre Teams durch unsichere Zeiten steuert, muss vorausschauend, kleinschrittig, zuverlässig, konsequent und transparent vorgehen.

Ein zentrales Element ist Vertrauen.

Vertrauen ist eine grundlegende Kategorie menschlichen Zusammenlebens. Menschen sind für Ihr Wohlbefinden auf ein Mindestmaß an sozialer Wärme am Arbeitsplatz angewiesen. Ohne Vertrauen ist Teamarbeit nicht möglich. Vertrauen kann nicht verordnet werden, aber unter günstigen Bedingungen wächst es wie von selbst. Meistens steht eine systematische Strategie dahinter.

Vertrauen beschreibt ein Bündel von Werten, das sich beispielsweise aus den Aspekten Glaubwürdigkeit, Loyalität, Wahrhaftigkeit, Zuverlässigkeit, Unbestechlichkeit und Geborgenheit in einer verstehbaren Ordnung zusammensetzt. Angst und Verunsicherung werden in einem solchen Umfeld weitgehend vermieden oder – soweit es geht – in Gemeinschaftsarbeit aufgelöst. Die Problemlösungsfähigkeit von Mitarbeitenden und Teams bleibt auch unter stressigen Bedingungen weiterhin erhalten.

Die Basis stimmt.

Immer wieder werden Führungskräfte in Situationen geraten, in denen diese Basis Risse bekommt, in denen die Abläufe nicht ‚rund laufen' und auch die Fehlzeiten ansteigen.

Es ergeben sich dann im Wesentlichen vier Schlüsselfragen:

1. Was konkret hat die Krise ausgelöst?
2. Kann ich das Vertrauen der Mitarbeitenden gewinnen bzw. zurückgewinnen?
3. Wie kann das Vertrauen in den Beziehungen untereinander gestärkt werden?
4. Was ist zu tun, um eine tragfähige und dauerhafte Vertrauensbasis – trotz schwieriger werdender Rahmenbedingungen – zu schaffen?

Engagement erhalten und fördern

Die überwiegende Zahl der Mitarbeitenden in der Altenhilfe zeichnet sich durch ein hohes Engagement aus. Um dieses Engagement zu erhalten, bietet es sich an, einige praktische Regeln zu beachten:

1. Immer wieder in Prozessen die Orientierung am Leitbild, an den Zielen und Werten des Unternehmens erfahrbar machen. Unglaubwürdigkeit demotiviert engagierte Menschen!

2. Wichtiger als leidenschaftliche Motivationsaktionen ist das Vermeiden von Demotivation. Demotivation entsteht beispielsweise oft, wenn Prozesse nicht sorgfältig genug geplant waren und Mitarbeitende plötzlich ein »Stopp!« ihrer Aktivitäten erfahren oder wenn unnötige Bürokratie und Formalismus Kreativität und Eigeninitiative blockieren.

3. Ehrliche Anerkennung, zeitnahe positive Rückmeldung und Dank unterstützen Engagement.

4. Erreichbare, messbare, anspruchsvolle, miteinander vereinbarte Ziele wirken motivierend und leistungssteigernd, wenn sie zuverlässig überwacht werden!

5. Als Führungskraft selbst Vorbild sein – auch mal selbst in einer stressigen Personalsituation »tapfer durchlächeln«, tatkräftig unterstützen und präsent sein.

6. Führungskräfte, die sich Zeit und Raum für Führung nehmen, stützen das Engagement stärker als solche, die in erster Linie aus der Fachlichkeit herausführen.

7. Erfolge und Entwicklungsschritte immer wieder dem Team vor Augen führen – das hilft über ,Formtiefs' hinweg.

8. Nichts motiviert so, wie ein Erfolg in einer Sache, die als »richtig« empfunden wird – und sei er auch noch so klein!

9. Gruppeneffekte und Erfolgssog nutzen, um auch schwierige Mitarbeitende in die Verantwortung zu bringen!

Rollenklarheit und Verfahrensgerechtigkeit – ein Weg
zur Akzeptanz auch unliebsamer Maßnahmen

Führungskräfte, die neue Funktionen übernommen haben, oder ihre Rolle in der Abgrenzung zu ihren Mitarbeitern noch nicht gefunden haben, bemerken recht schnell in ihrer neuen Verantwortung, dass sie nicht mehr unmittelbar im Team stehen, sondern eine herausragende Position einnehmen. Dass es ihre Aufgabe ist, den Teams in den Prozessen voranzugehen, sie zu steuern und sinnvoll zu strukturieren. Die Rollenunklarheit ist besonders ausgeprägt, wenn sie innerhalb der Einrichtung und insbesondere aus diesem Team heraus in die Rolle hineingewachsen sind. Eine Form der Konfliktregelung besteht darin, »verlorenes« Terrain und Nähe dadurch zurückzugewinnen, dass das Führungsverhalten mit Gefälligkeitsverhalten der Führungskraft auf Akzeptanz und »gute Stimmung« ausgerichtet ist. Notwendige Entscheidungen unterbleiben, zukunftssichernde Strukturen ebenfalls. Ein Zeichen für diese Strategie ist das Duzen mit den Teammitgliedern. Es wird eine Pseudovertraulichkeit hergestellt, die nicht belastungsfähig ist und keiner Bewährungsprobe standhält. Dabei kann eine Führungskraft kollegial, gerecht und gleichermaßen zielorientiert mit ihrem Team arbeiten, akzeptiert und ernst genommen werden, ohne alle zu duzen.

Insbesondere die Wohnbereichsleitungen haben einen schwierigen Part in der Führungsriege einer Einrichtung wahrzunehmen. Sie stehen an der Schnittstelle zwischen Führungsaufgabe und Mitarbeitern (»Jetzt sei doch mal nicht so«), zwischen Vorgesetztem und Kollegen (»Sie haben das umzusetzen«), zwischen Leitungsvorgaben und Einforderung. Dieser Herausforderung sieht sich keine »weiter oben« in der Hierarchie stehende Führungskraft mehr ausgesetzt. Dazu kommt, dass gerade die Wohnbereichsleitungen häufig auf der ersten Stufe ihrer Führungskarriere stehen. Betrachtet man diesen Hintergrund – Anfängerlernen und genannte Herausforderungen –, kann man erahnen, mit welchen gefühlsmäßigen Wechselbädern sich viele von ihnen tagtäglich konfrontiert sehen. Deswegen ist – insbesondere beim Aufbau des betrieblichen Fehlzeitenmanagements – genau abzuwägen, inwieweit Wohnbereichsleitungen eingebunden werden können, dies erweist sich möglicherweise schnell als Bumerang für die gesamte Leistung.

In Bezug auf die Thematik des Buches erwartet niemand, dass eine Führungskraft an jeder Stelle problemlos »funktioniert« und auf alles sofort eine Antwort weiß. Das Team muss aber das Gefühl haben, dass diese Person den richtigen Weg findet, auch in schwierigen Konstellationen. In Zeiten mit hohen Krankenständen hilft es nicht im Geringsten, wenn die Führungskraft mitteilt, dass

- alles sowieso so schlimm ist,
- die Pflege zu den belastendsten Berufen zählt,
- hier im Haus schon immer viele gefehlt haben, und dass
- dies auch in anderen Häusern der Fall ist.

Mitjammern bedeutet, dass die Führungskraft auf das Team hilflos wirkt. Dadurch verbaut sie sich letzlich die Anerkennung, die sie sich wünscht. An dieser Stelle sagen sich Mitarbeiter: »Warum soll ich einspringen und Dienste übernehmen, wenn unsere Leitung sich nicht in der Lage sieht, konsequent zu sein?«. Frustration und Enttäuschung entstehen. Erwartet wird eine Führungskraft, die die Situation keineswegs beschönigt, aber in der Lage ist, Wege aufzuzeigen. Es ist kein »Kuschelkurs« gefragt, sondern eine konsequente Unterstützung der Mitarbeiter. Fehlende Konsequenz der Wohnbereichsleitung und fehlendes Profil erweisen sich deshalb als großer Irrtum. Sie sind meist auf mangelnde Führungserfahrung zurückzuführen.

Im Umgang mit Fehlzeiten sind Führungskräfte in der Altenhilfe gefordert. Jede/r an ihrem/seinem Platz und in ihrer/seiner Rolle:

Geschäftsführungen, Einrichtungs- und Dienstleitungen sind verantwortlich dafür, das Thema angemessen unter Berücksichtigung der Werte und Normen vorausschauend zu kommunizieren. Sie prägen Ziele, Verfahren und Stil.

In den Aufgabenbereich der Pflegedienstleitung fallen alle Controllingleistungen, die Überwachung der Dokumentation und die Analyse der Fehlzeiten. Hier sind auch primär die Krankenrückkehrgespräche verortet, da die Wohnbereichsleitung als direkte Vorgesetzte im Teamkontakt mit dieser Aufgabe in zu starke Konflikte gedrängt würde. Außerdem gewährleistet die PDL die statistische Erfassung der Ausfallzeiten.

Die Wohnbereichsleitung ist im Wesentlichen zuständig für Transparenz und Kommunikation der Prozesse. Sie leistet insbesondere ihren Beitrag in der Förderung des Engagements, in der Unterstützung der Verfahrensklarheit und in der Erfassung und Weiterleitung der entsprechenden Daten. Klar ist: Die Wohnbereichsleitung hat es mit dem konsequenten Vorgehen in punkto Fehlzeiten am schwersten, weil sie am nächsten an den Mitarbeitenden, ihren Arbeitssituationen und ihren individuellen Problemlagen ist. Gerade deshalb benötigt sie die Unterstützung der PDL, um ihren Part zielführend ausfüllen zu können.

Verfahrensgerechtigkeit

Bei der Konzeptionierung und Umsetzung von Maßnahmen zur Reduzierung von krankheitsbedingten Ausfallzeiten handelt es sich zum Teil um Maßnahmen, die von den Mitarbeitenden als restriktiv empfunden werden. Ob solche Maßnahmen von ihnen trotzdem als notwendig und sinnvoll eingeschätzt und akzeptiert werden, hängt zum großen Teil davon ab, ob sie als »gerecht« erlebt werden. Das bedeutet insbesondere, dass das Thema so im Unternehmen von den Führungskräften kommuniziert werden muss, dass es sich um eine Strategie zum Wohle aller – der Einrichtung, der Bewohner und der Mitarbeitenden – handelt, die konform mit Leitbild und Werten ist. Deutlich werden muss außerdem, dass es nicht um die Diskreditierung von Kranken oder die Stigmatisierung von Kranksein geht.

Für einen gelingenden Einführungsprozess ist darauf zu achten, dass das Thema losgelöst von aktuellen Konflikten mit einzelnen Teams und Mitarbeitenden (»Das Ganze wird nur hochgekocht, weil der Wohnbereich 3 gerade verrückt spielt«) aufgegriffen wird.

Wie können Führungskräften so Einfluss ausüben, dass Mitarbeitende (vgl. Weber, Petra. 2005) ein für sie negatives Ereignis akzeptieren?

Die Begründung liegt in der Unterscheidung zwischen dem Verfahren – wie eine als unbequem, unliebsam oder möglicherweise auch als negativ empfundene Entscheidung zustande kommt – und dem Ergebnis. Menschen messen der Art, wie eine Konsequenz zustande kommt (Verfahrensgerechtigkeit), nicht selten eine ähnlich hohe Bedeutung bei wie dem Ergebnis (Verteilungsgerechtigkeit). Entscheidend ist dabei nicht, ob die Geschäftsführung und das restliche Management dieses Verfahren als gerecht erleben, sondern ob die Mitarbeitenden selbst das so sehen. Und die haben natürlich ihren eigenen Blick auf die Dinge!

Definition des gerechten Verfahrens

Weil es um subjektiv (Weber. 2005) erlebte Gerechtigkeit geht, können keine objektiven, allgemein ungültigen Kriterien definiert werden, bei deren Erfüllung sich jeder Mensch fair behandelt fühlen würde. Es sind nach Müller (1998) sechs formale, oft als

»gerecht« erlebte Merkmale und fünf Merkmale für die zwischenmenschliche Beziehung definiert, die von vielen Menschen als »gerecht« und fair akzeptiert werden.

Die sechs formalen Merkmale eines »fairen« Verfahrens sind:

1. Beteiligung

   Die Mitarbeitenden und ihre Vertretung sind in den Prozess aktiv eingebunden, sie werden mit ihrer Sicht der Dinge angehört und – soweit möglich – in die Ziel- und Maßnahmenplanung eingebunden.

2. Konsistenz

   Der Prozess wird mit größtmöglicher Objektivität und Transparenz primär unabhängig von bestimmten Personen in einer systematischen Ziel- und Zeitplanung durchgeführt.

3. Unvoreingenommenheit

   Die Entscheidungsverantwortlichen besitzen primär kein persönliches Interesse (eigene Finanzen, Macht, Ränkespiel) am Ergebnis und verhalten sich den betroffenen Personengruppen gegenüber so unparteiisch, wie nur möglich (schon aus diesem Grund sollte man sich »flammende Reden« in diesem Kontext vorher gut überlegen!).

4. Genauigkeit

   Je mehr nachvollziehbare und glaubwürdige Informationen transparent in die Entscheidungsprozesse einfließen, desto besser.

5. Entsprechend gültige ethische Prinzipien

   Das Verfahren entspricht den ethischen Werten und dem Leitbild. Die Privatsphäre der betroffenen Personen und ihre Würde bleiben unangetastet, Taktiken wie List oder Täuschung kommen nicht zum Einsatz.

6. Verfahrenstransparenz

   Allen ist das Vorgehen in seinen Schritten bekannt.

Interpersonale Merkmale des Verfahrens – das »Wie« (n. Müller, G. 1998)

1. Berücksichtigung

   Die Entscheidungsverantwortlichen gehen auf individuelle Bedürfnisse der Betroffenen – soweit möglich – ein. Die ganze Handhabung des Verfahrens geschieht in einer wertschätzenden Art.

2. Kommunikative Integrität

   Die Verantwortlichen vermitteln glaubwürdig, dass sie alle subjektiven Fehlerquellen ausschalten wollen. Es wird deutlich, dass keine Oberflächlichkeit oder Voreingenommenheit im Spiel ist.

3. Angemessene Behandlung der Betroffenen

Die Betroffenen werden mit ihrer gesamten Situation gewürdigt und berücksichtigt.

4. Rasche Rückmeldung

Zwischenergebnisse des Verfahrens erfolgen zeitnah.

5. Aufklärung

Gerade bei negativen Ergebnissen und Sanktionen informieren die Verantwortlichen über alle Gründe, die zum Ergebnis geführt haben.

Bedeutung der Verfahrensgerechtigkeit für den Gesamtprozess
»Senkung krankheitsbezogener Ausfallzeiten«

Trägerverantwortliche und Führungskräfte sollten die erforderlichen Maßnahmen wohlüberlegt, gut geplant und in nachvollziehbarem Procedere, insbesondere unter Einhaltung der Kriterien von Verfahrensgerechtigkeit und deren Kommunikation, ergreifen.

Ist dies aus zwingenden Gründen nicht möglich, ist unter Umständen mit starkem Widerstand und Emotionen zu rechnen.

Auch in diesem Fall sollte sich der Umgang mit den Kriterien an obengenannten Kriterien messen lassen (hierzu auch: Ethik in Organisationen. Blickle, G. 1998).

Es muss sichergestellt sein, dass die Führungskraft innerhalb des Leitungsteams ihre Sorgen und Probleme besprechen kann. Dieser Rückhalt muss da sein, um gegenüber den Mitarbeitern Kompetenz zu signalisieren. Dabei geht es keineswegs um Schauspielerei oder unechtes Auftreten. Jeder muss der Rolle gerecht werden, die er angenommen hat. Dass dies oft sehr schwierig ist, muss nicht in Einzelheiten beschrieben werden. Es gehört zur Führungsaufgabe, auch schwierige Situationen zu lösen.

Das betriebliche Fehlzeitenmanagement	ja	nein	Erfolgt später
• baut auf ein reflektiertes Verständnis von Führung,			
• benötigt kontinuierliche Arbeit an der Vertrauenskultur,			
• erfordert ein Konzept zum Umgang mit Fehlzeiten, das Verfahrensgerechtigkeit sicherstellt.			

2.3 Vorbeugende Maßnahmen

Die Mitarbeitenden sind das wichtigste Kapital von Einrichtungen und Diensten. Ihre Gesundheit und Leistungsfähigkeit zu erhalten und ihr Potenzial auszuschöpfen, ist demnach zentrales betriebliches Anliegen. Führungskräfte, die diese Aussage ernst nehmen und entsprechend handeln, tragen automatisch zur Senkung von Fehlzeiten bei.

Bei den vorbeugenden Maßnahmen geht es darum, alle gesetzlichen, organisatorischen und administrativen Möglichkeiten auszuschöpfen, um Fehlzeiten infolge von Krankheit grundsätzlich vorzubeugen. Sie sind Teil des gesamten betrieblichen Fehlzeitenmanagements.

2.3.1 Betriebliche Gesundheitsförderung

Betriebliche Gesundheitsförderung ist eine moderne Unternehmensstrategie, die darauf abzielt, Krankheiten am Arbeitsplatz vorzubeugen, Gesundheitspotenziale zu stärken und das Wohlbefinden am Arbeitsplatz zu verbessern.

Der Staat unterstützt die betriebliche Gesundheitsförderung mit folgenden Gesetzen und Verordnungen:

* Sozialgesetzbuch, Fünftes Buch, § 20: Betriebliche Gesundheitsförderung, Primärprävention und Selbsthilfe durch die gesetzlichen Krankenkassen,

* Sozialgesetzbuch, Siebtes Buch, § 1 und § 14: Prävention arbeitsbedingter Gesundheitsgefahren durch die gesetzliche Unfallversicherung,

* Sozialgesetzbuch, Neuntes Buch, § 84: Betriebliches Eingliederungsmanagement,

* Arbeitsschutzgesetz: Gesetz über die Durchführung von Maßnahmen des Arbeitsschutzes zur Verbesserung der Sicherheit und des Gesundheitsschutzes der Beschäftigten bei der Arbeit – regelt die Pflichten der Arbeitgeber sowie Pflichten und Rechte der Arbeitnehmer,

* Arbeitssicherheitsgesetz: Gesetz über Betriebsärzte, Sicherheitsingenieure und andere Fachkräfte für Arbeitssicherheit,

* Arbeitszeitgesetz: regelt Arbeits-, Pausen- und Erholungszeiten zum Schutz der Gesundheit und zur Flexibilisierung der Arbeitszeit,

* Arbeitsstättenverordnung: sicherheitstechnische, arbeitsmedizinische Regeln sowie Hygiene-Regeln für die Einrichtung und den Betrieb von Arbeitsstätten, auch Nichtraucherschutz am Arbeitsplatz, Schutzimpfungen,

* Bildschirmarbeitsverordnung,

* Beschäftigtenschutzgesetz: Gesetz zum Schutz der Beschäftigten vor sexueller Belästigung am Arbeitsplatz.

Fehlzeiten konstruktiv managen
© Vincentz Network GmbH & Co. KG, Hannover 2009; ISBN 978-3-86630-055-2

Betriebliche Gesunderhaltung

Auf der Konzeptebene

Hier wird im Wesentlichen von gesundheiterhaltenden Komponenten gesprochen. Fitnesszustand, Gesundheitswissen, Lebensweise und soziale Einbindung gehören dazu. Ergänzt werden sie durch das sogenannte Kohärenzgefühl (das Gefühl, dass mein Leben einen Sinn hat, und dass ich mein Leben steuern kann). So verstanden fördern Management und Organisation durch die Möglichkeiten der Mitgestaltung des Arbeitsalltags die Gesundheit der Mitarbeiter.

Für eine strategische Umsetzung betrieblicher Gesundheitsförderung empfiehlt es sich, externe Unterstützung zu holen. Krankenkassen und Berufsgenossenschaften unterbreiten Angebote mit unterschiedlichen Schwerpunkten. Konzepte der betrieblichen Gesundheitsförderung wie das praxiserprobte von uns entwickelte LifeCare-Konzept, das wir hier vorstellen, bieten systematische Orientierungshilfe.

Gestaltung der betrieblichen Gesundheitsförderung

Ein betriebliches Gesundheitskonzept ist auf alle Organisationsbereiche einer Einrichtung ausgerichtet und bezieht alle Mitarbeitenden mit ein.

Die Maßnahmen sollten auf einer sorgfältigen IST-Analyse basieren, die sich auf gesundheitsrelevante Informationen stützt, wie Arbeitsbelastung, subjektiv wahrgenommene Beschwerden, Risikofaktoren, Berufskrankheiten und krankheitsbedingte Fehlzeiten.

Die ersten Schritte auf dem Weg zur betrieblichen Gesundheits- und Bewegungsförderung:

a. Zusammenarbeit mit den Berufsgenossenschaften

Die Berufsgenossenschaft für Gesundheitsdienst und Wohlfahrtspflege bietet eine ganze Reihe von Maßnahmen und Angeboten für Betriebe zur Gesundherhaltung der Mitarbeiter. Mit der Initiative »Aufbruch Pflege« wird eine Vielzahl an Anregungen geboten. Diese sollten fester Bestandteil des betrieblichen Fehlzeitenmanagements werden. Von Beratungs- und Seminarangeboten bis hin zu Schriften sind vielfältige Angebote über die Präventionsdienste der BGW abrufbar.

b. Kooperation mit den Krankenkassen

Um den Mitarbeitenden den Einstieg in die Prophylaxe zu erleichtern, bieten die Krankenkassen verschiedene Vorsorgemaßnahmen an, die direkt vor Ort in den Betrieben durchgeführt werden können. Es gibt verschiedene Möglichkeiten einer Bezuschussung solcher Maßnahmen durch die Krankenkassen (vor allem durch die gesetzlichen Krankenkassen). Auf Wunsch können sie durch verschiedene Analyseinstrumente ergänzt werden (z. B. Auswertung der Krankendaten). In Bezug auf die Umsetzung des betrieblichen Eingliederungsmanagements nach SGB IX bieten sich Kooperationsverträge zwischen Einrichtung und Krankenkasse an.

c. Kinästhetik, rückengerechte Transfers und Rückenschule

Ein besonderer Schwerpunkt der Mitarbeiterfortbildung in der Pflege liegt auf entlastenden Transfers, Kinästhetik und Rückenschule.

d. Einführung eines betrieblichen Gesundheitsmanagements

Im Zusammenhang mit betrieblichem Gesundheitsmanagement spricht man von Verhaltens- und Verhältnisprävention, die in der Praxis in Abstimmung miteinander eingeführt werden sollen. Verhältnisprävention umfasst die Organisation und ihre Strukturen. Eine Verhaltensprävention ohne eine vorhergehende Analyse der betrieblichen Strukturen erreicht meist keine langfristig wirkenden Effekte.

Gesundheitsförderung aus einem Guss – integriert in die Entwicklung der jeweiligen Organisation und aus einer ganzheitlichen Perspektive heraus – bietet das KK LifeCare-Konzept. Es berücksichtigt die Dimensionen des EFQM und ist in jedes Qualitätsmanagementsystem integrierbar.

Schaubild 2.3 A

Qualitätskriterien von KK LifeCare

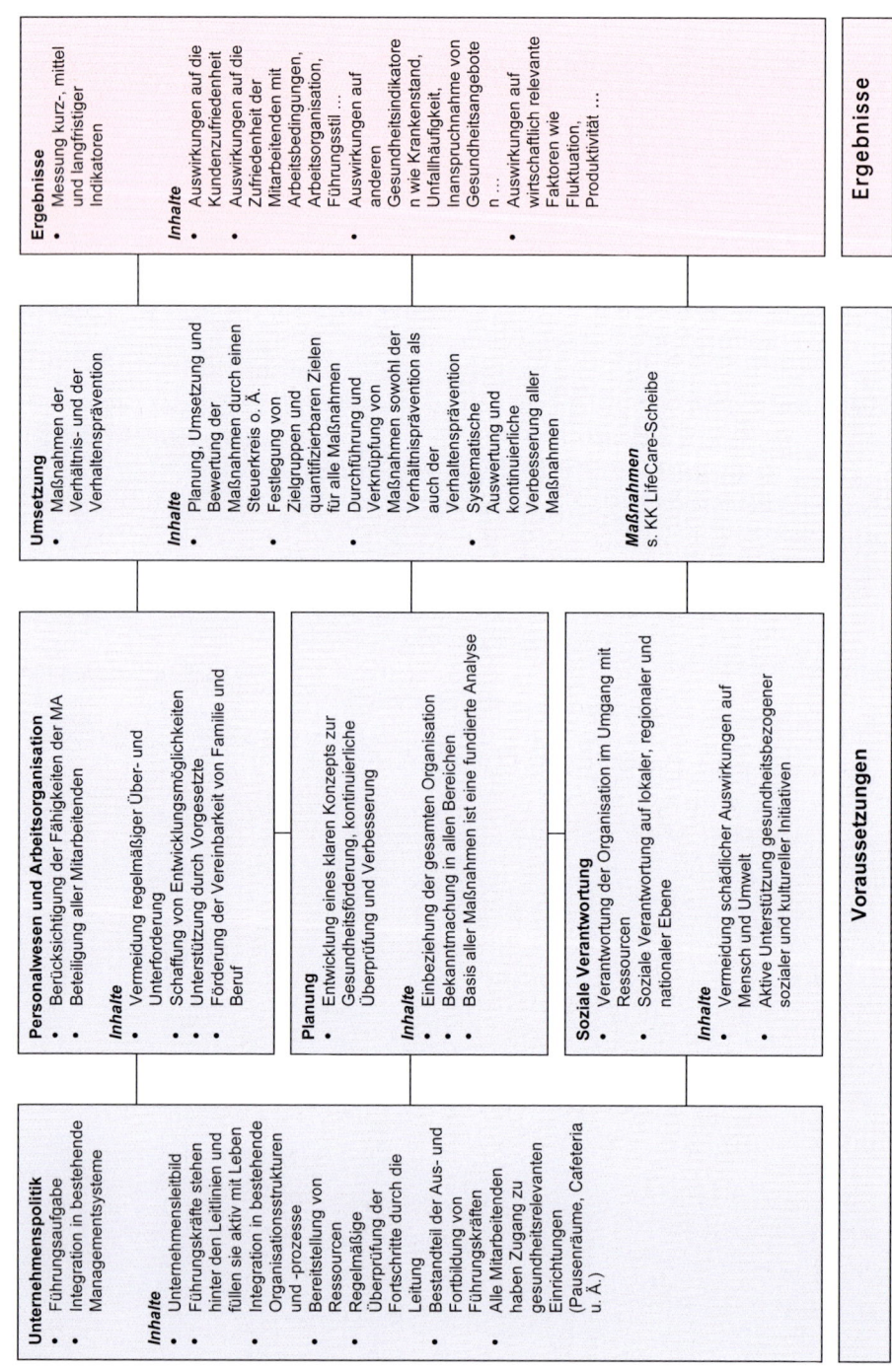

Voraussetzungen

Unternehmenspolitik
- Führungsaufgabe
- Integration in bestehende Managementsysteme

Inhalte
- Unternehmensleitbild
- Führungskräfte stehen hinter den Leitlinien und füllen sie aktiv mit Leben
- Integration in bestehende Organisationsstrukturen und -prozesse
- Bereitstellung von Ressourcen
- Regelmäßige Überprüfung der Fortschritte durch die Leitung
- Bestandteil der Aus- und Fortbildung von Führungskräften
- Alle Mitarbeitenden haben Zugang zu gesundheitsrelevanten Einrichtungen (Pausenräume, Cafeteria u. Ä.)

Personalwesen und Arbeitsorganisation
- Berücksichtigung der Fähigkeiten der MA
- Beteiligung aller Mitarbeitenden

Inhalte
- Vermeidung regelmäßiger Über- und Unterforderung
- Schaffung von Entwicklungsmöglichkeiten
- Unterstützung durch Vorgesetzte
- Förderung der Vereinbarkeit von Familie und Beruf

Planung
- Entwicklung eines klaren Konzepts zur Gesundheitsförderung, kontinuierliche Überprüfung und Verbesserung

Inhalte
- Einbeziehung der gesamten Organisation
- Bekanntmachung in allen Bereichen
- Basis aller Maßnahmen ist eine fundierte Analyse

Soziale Verantwortung
- Verantwortung der Organisation im Umgang mit Ressourcen
- Soziale Verantwortung auf lokaler, regionaler und nationaler Ebene

Inhalte
- Vermeidung schädlicher Auswirkungen auf Mensch und Umwelt
- Aktive Unterstützung gesundheitsbezogener sozialer und kultureller Initiativen

Umsetzung
- Maßnahmen der Verhältnis- und der Verhaltensprävention

Inhalte
- Planung, Umsetzung und Bewertung der Maßnahmen durch einen Steuerkreis o. Ä.
- Festlegung von Zielgruppen und quantifizierbaren Zielen für alle Maßnahmen
- Durchführung und Verknüpfung von Maßnahmen sowohl der Verhältnisprävention als auch der Verhaltensprävention
- Systematische Auswertung und kontinuierliche Verbesserung aller Maßnahmen

Maßnahmen
s. KK LifeCare-Scheibe

Ergebnisse
- Messung kurz-, mittel und langfristiger Indikatoren

Inhalte
- Auswirkungen auf die Kundenzufriedenheit
- Auswirkungen auf die Zufriedenheit der Mitarbeitenden mit Arbeitsbedingungen, Arbeitsorganisation, Führungsstil ...
- Auswirkungen auf anderen Gesundheitsindikatoren wie Krankenstand, Unfallhäufigkeit, Inanspruchnahme von Gesundheitsangeboten ...
- Auswirkungen auf wirtschaftlich relevante Faktoren wie Fluktuation, Produktivität ...

Fehlzeiten vermeiden

Praktische Beispiele von Maßnahmen der betrieblichen Gesundheitsförderung

Körperbezogen	Psychosozial
Arbeitsplatzgestaltung, geregelte Dienstzeiten, Angebot zur entlastenden Körperarbeit, Hilfsmitteleinsatz Massageangebote, Betriebssport, Pausenkultur, Minipausen, Ruheräume sowie gesundheitsförderndes Ernährungsangebot und Gesundheitszirkel	Organisations- und Teamkultur, Konfliktkultur, Stresskultur, Arbeitsumfeldgestaltung, Systematische Suchtprophylaxe sowie Kreativität fördern

Gesundheitliche Aspekte der Mitarbeiter der 40-plus-Generation

Der demografische Wandel macht vor den Teams der Altenpflege nicht halt. Immer mehr Einrichtungen und Dienste verfügen über eine immer größer werdende Zahl von Mitarbeitenden der Generation »40 plus«.

Sie bringen wertvolle Kompetenzen in die Teams ein, z. B. eine hohe Identifikation, eine starke Bereitschaft zur emotionalen Zuwendung und eine ausgeprägte Loyalität gegenüber den Leitungskräften. Ältere Pflegekräfte können den Burn-out-Gefährdungen mehr entgegensetzen als ihre jüngeren Kollegen.

Wird ihre Fähigkeit, ihre Arbeit zu bewältigen, durch geeignete Maßnahmen erhalten, können sie ihre Kompetenzen bis ans Ende ihrer Lebensarbeitszeit einbringen. Gelingt dies nicht, ist ihre Arbeitsfähigkeit von Verschleiß bedroht.

Ältere Mitarbeitende sind nicht häufiger krank als jüngere, wenn sie aber krank werden, dann mit längeren Ausfallzeiten.

Wichtigste Prophylaxe: Die Arbeitsplätze in der Altenpflege sind an die Bedürfnisse einer älter werdenden Belegschaft anzupassen.

Geeignete Maßnahmen sind z. B.

- systematischer Belastungswechsel,
- systematischer Wechsel zwischen ausführenden und indirekten Tätigkeiten (Job rotation),
- Bereicherung der Arbeit durch Lernanreize und Lernangebote,
- Arbeiten in altersgemischten Gruppen und Teams,
- Anpassung der Arbeitszeiten an die Bedürfnisse älterer Mitarbeiter,
- Nutzen ihrer Erfahrung durch Übertragen einer Mentorenfunktion.

Lesenswert und hilfreich für die Praxis sind in diesem Zusammenhang die Ergebnisse des EQUAL-Projektes »Dritt-Sektor Qualifizierung in der Altenhilfe«, insbesondere die Dokumentationen – »Alter(n)sgerechte Arbeitsplätze in der Altenpflege. Wege zur Stärkung der Arbeits(bewältigungs)fähigkeit (nicht nur) der älteren Mitarbeiter/innen« (Berger et al. 2004 und 2005).

Bezugsadresse: http://www.equal-altenhilfe.de/?produkte_downloadbereich.

Der Projektbericht zur Arbeitsbewältigungsfähigkeit, die EQUAL-Handreichung und die Checklisten beziehen sich auf die vier Handlungsfelder

- Arbeitsorganisation/-gestaltung,
- Gesundheit,
- Qualifikation,
- Führung und Personalmanagement.

Aktuelle Studie zeigt, was wirkt

In der Zeitung CAREkonkret vom 16.05.2008 werden aktuelle Ergebnisse einer Studie zur Wirksamkeit von Maßnahmen (www.iga-info.de) dargestellt, die von der Initiative Gesundheit und Arbeit im Auftrag führender Krankenhäuser auf der Basis einer umfassenden wissenschaftlichen Literaturanalyse von mehr als 1000 Studien erhoben wurde. Als besonders wirksam erweisen sich demzufolge folgende Angebote:

- Mehrkomponenten-Programme: Sie führen verschiedene präventive Maßnahmen zusammen und berücksichtigen so mehrere Risikofaktoren. Kern ist die Kombination aus Verhaltens- und Verhältnisänderung, mit der nachhaltig Effekte erzielt werden. Zur Vorbeugung von Muskel-Skelett-Erkrankungen werden Übungsprogramme mit »klassischen« ergonomischen Interventionen, wie technischen Hilfsmitteln oder arbeitsorganisatorischen Veränderungen, angeboten. Positiv wirken sich außerdem die aktive Beteiligung der Beschäftigten und vorab eine Bestimmung des individuellen Risikos aus.

- Bewegungsprogramme, wie z. B. »Betriebssportangebote«, steigern die körperliche Aktivität und fördern die psychische Gesundheit. Muskel-Skelett-Erkrankungen nehmen ab, der Krankenstand geht zurück.

- Überraschend wirksam und zudem kostengünstig ist die kontinuierliche Motivation. Hinweise (z. B. Schilder am Aufzug zur Ermutigung der Treppennutzung oder Aktionen im Betrieb, mal wieder mit dem Fahrrad zur Arbeit zu fahren bzw. Aktionen zu gemeinsamen Walking- oder Fahrradaktivitäten) steigern beispielsweise nachweislich die körperliche Aktivität.

- Bei der Tabakentwöhnung erreichen Gruppenkurse und eine intensive Individualberatung Erfolge.

An Belegen für eine positive Wirkung mangelt es dagegen bei folgenden Maßnahmen:

- Klassische Rückenschule in Unterrichtsform, die auf reine Wissensvermittlung zielt.

- Schulungen mit ergonomischen Inhalten (Arbeitsweisen, -techniken, Körpermechanik, Einsatz von Hilfsmitteln), die nicht mit weiteren Maßnahmen wie Training verknüpft sind (vgl. CAREkonkret vom 16.05.2008, Vincentz Network).

2.3.2 Mitarbeiterauswahlverfahren

In der Vergangenheit wurden unter dem Eindruck des quantitativen und qualitativen Personalmangels des öfteren Mitarbeitende eingestellt, die für die anstehenden Aufgaben nicht ausreichend geeignet waren. Einrichtungs- und Pflegedienstleitungen sahen ihre Pflicht vorrangig darin, Stellen zu besetzen, Lücken – gerade im Fachkraftbereich – zu füllen und den nach Hilfe rufenden Teams »Hände« zur Verfügung zu stellen.

Kennzeichnend für diese Phase waren die folgenden Punkte:

- Die Probezeit wurde nicht als Chance gesehen, geeignete Mitarbeitende auszuwählen.

- Betriebliche Förder- und Regulationsverfahren fehlten oder waren unzureichend, um Mitarbeitende mit geringerer Motivation und/oder geringerem Leistungsvermögen gezielt zu beeinflussen.

- Das Leitungshandeln insgesamt war weniger von wertegeleitetem, systematischem Managementhandeln mit Zielen, Anforderungen und systematischer Personalarbeit geprägt als von Erfahrungen, Gemeinschaftssinn und falsch verstandener sozialer Verantwortung.

- Die fachlichen und selbstorganisatorischen Ansprüche an die Aufgabenerfüllung der einzelnen Mitarbeitenden waren nicht so hoch wie sie es heute sind und zukünftig sein werden.

- Die Konsequenzen mangelnden Leistungsvermögens und fehlender Arbeitsmoral für das Arbeitsklima wurden in der Einstellungspraxis nicht beachtet oder unterschätzt.

Wir alle wissen, dass sich diese Praxis inzwischen bitter rächt. Die Folge sind Fehleinstellungen und Fehlplatzierungen wie

- Überforderung,

- mangelnde Kundenorientierung und defizitäre Kundenkommunikation,

- Rückzug,

- Erstarrung,

- steigende Fehlerhäufigkeit,

- steigender Krankenstand.

Vor dem Hintergrund dieser drängenden Problematik geht es in einem ersten Schritt darum, die eigene Einstellungspraxis den Anforderungen des Arbeitsfeldes entsprechend zu gestalten und Fehlentwicklungen vorzubeugen.

Personalauswahl

Es gilt, klare Anforderungsprofile für die zu besetzenden Stellen zu definieren. Sie umfassen die konkreten Voraussetzungen – als »Muss«-Kriterien der fachlichen, qualifikatorischen und persönlichen Eignung – und die zentralen Erwartungen an den zukünftigen Stelleninhaber.

Die Voraussetzungen sind formal durch die Art der Stelle definiert, z. B. »Pflegefachkraft«. Wichtig ist, sich durch Stellen- und Funktionsbeschreibungen klar vor Augen zu führen, was vom Bewerber in seiner Position erwartet wird. Kommunizieren Sie das mit allen am Einstellungsprozess beteiligten Personen, und fixieren Sie es schriftlich.

Als effektiv haben sich hier gewichtete Punktetabellen mit Kriterien erwiesen, die Diskussion und Entscheidung strukturieren helfen.

Schenken sie dem Bereich der Erwartungen besondere Aufmerksamkeit. Mit Erwartungen sind alle Anforderungen gemeint, die sich aus dem speziellen Profil des zukünftigen Arbeitsfeldes ergeben:

- Bewohnerstruktur,
- spezielle Anforderungen des Bereiches im Rahmen der Öffentlichkeitsarbeit,
- spezielle Anforderungen aus der Organisationshistorie.

Im Bereich der Erwartungen kommen Kriterien zum Einsatz, die weniger nummerisch eingeschätzt werden können, sondern eher in Dimensionen wie:

- nicht erfüllt
- in Teilen erfüllt
- erfüllt und
- in hohem Maße erfüllt.

Auch wenn es hier schwerer ist, Fakten zu »greifen«, sollte eine möglichst konkrete Definition der SOLL-Kriterien und ein differenzierter Austausch in den Bereichen über das durch den Bewerber erzielte Ergebnis erfolgen. Schon an dieser Stelle können die von Patricia Benner entwickelten Stufen der Pflegekompetenz mit ihren Beschreibungen helfen, Erwartungen an die Ausführung der Stellenanforderungen mit der Kompetenzentwicklungsstufe des Bewerbers abzugleichen. Hilfreich sind im Bereich der Mitarbeiterauswahl auch sogenannte Assessmentcenter.

Manchmal gelingt es, einen Bewerber zu gewinnen, der den Anforderungsprofilen in allen Bereichen entspricht. In vielen Fällen ist jedoch von notwendigen Kompromissen auszugehen. Damit diese Kompromisse nicht zu Organisationsfallen werden, sollten die im Auswahlverfahren erhobenen Eindrücke und Fragen festgehalten werden und gezielt in die Einarbeitungsphase einfließen.

Einarbeitung

Die Einarbeitung neuer Mitarbeitender ist immer noch ein vernachlässigtes Thema. Zwar gibt es inzwischen in den meisten Einrichtungen und Diensten Einarbeitungskonzepte, doch müssen diese in Hinblick auf die qualitative Eignung/Befähigung eines Mitarbeitenden oftmals fachspezifisch konkretisiert und ergänzt werden.

Für den Pflegebereich bietet sich die Nutzung von Patricia Benners Konzept »Stufen zur Pflegekompetenz« an. Pflegepersonen werden nach definierten Kriterien unterschiedlichen Entwicklungsstufen zugeordnet (vom Anfänger zum Experten). Je nach Entwicklungsstufe benötigt die Pflegeperson spezifische Impulse und Angebote zur Weiterentwicklung. Systematisch angewendet vermeidet das Vorgehen nach Benner blockierende Über- und Unterforderungen und erleichtert es den Berufsangehörigen, Schritt für Schritt in die Anforderungen hineinzuwachsen.

Ziel ist es, rasch das für die Alltagsbewältigung erforderliche praktische Wissen aufzubauen.

In Kapitel 2.5 »Mitarbeiterstruktur und Arbeitsanforderungen« ist das Benner-Modell ausführlich beschrieben.

2.3.3 Probezeit und Befristungen

Befristete Verträge

Der Gesetzgeber ermöglicht es, bei Neuanstellung von Mitarbeitern unter Berücksichtigung der im Gesetz genannten Grundlagen Arbeitsverträge auf eine Gesamtdauer von bis zu 2 Jahren insgesamt viermal zu befristen (vgl. Kap. 2.3.3). Der Vorteil in Bezug auf Fehlzeiten liegt auf der Hand: Treten innerhalb dieses Zeitraums Fehlzeiten auf, die sich nicht zufriedenstellend erklären lassen, kann der Anstellungsvertrag wieder beendet werden. Das bedeutet, dass bei jeder anstehenden Vertragsverlängerung innerhalb des Zweijahres-Zeitraums die Fehlzeitenentwicklung ein zentraler Beurteilungsfaktor ist. Das bedeutet nicht, dass dieser Faktor die einzig ausschlaggebende Rolle spielt, sondern in jedem Einzelfall der individuellen Betrachtung bedarf.

Beispiel: Ein neuer Mitarbeiter im Nachtdienst antwortet auf die berechtigte Frage der verantwortlichen Pflegefachkraft, warum er innerhalb seiner ersten 4 Arbeitswochen 14 Tage krank war, mit »Wenn ich krank bin, bin ich eben krank«. Folgerichtige Entscheidung (wenn in diesem Arbeitnehmerverhalten eine falsche Arbeitshaltung gesehen wird): Das Arbeitsvertragsverhältnis wurde unmittelbar im Rahmen der vertraglich vereinbarten Regelungen beendet.

Probezeit

Die gesetzliche Probezeit von 6 Monaten sollte unbedingt dazu genutzt werden, Tendenzen bei Fehlzeiten zu beobachten. Auch hier ist es von erheblicher Bedeutung, die kalendarische Lage von Fehltagen und vor allem die Ursachen und Hintergründe im Gespräch mit dem Mitarbeitenden zu eruieren. Der Mitarbeitende muss darüber informiert werden, wenn diese Fehlzeiten Anlass geben könnten, eine Beendigung des Arbeitsverhältnisses noch während der Probezeit in Betracht zu ziehen. Treten innerhalb der Probezeit bereits unerklärlich lange Fehlzeiten auf und lassen sich diese im Gespräch nicht hinreichend erklären, sollte im Interesse der übrigen Mitarbeiter eine zeitnahe Beendigung des Arbeitsverhältnisses erwogen werden. Jedes Hinausschieben, das nicht auf eine Verhaltensänderung abzielt, belastet nur das Team und ist keineswegs zielführend.

Wie bereits in den Kapiteln 1.9; 1.10 dargestellt, stehen die Dienstplanverantwortlichen vor dem Problem, die Fehlzeiten innerhalb ihrer Arbeitsbereiche kompensieren zu müssen. Darüber hinaus hat jede Einrichtung auch natürliche Belegungsschwankungen. Am ehesten lassen sich Schwankungen in der Personalverfügbarkeit dadurch auffangen, dass die Einrichtungen in Bezug auf zu vereinbarende Arbeitsverhältnisse von den verschiedenen Gestaltungsmöglichkeiten Gebrauch machen, in denen Arbeitsverhältnisse vereinbart werden können. Hier sind die Chancen und Grenzen zu beachten, die das Teilzeit- und Befristungsgesetz eröffnet.

Die Zulässigkeit der Befristung von Arbeitsverhältnissen beurteilt sich im Wesentlichen nach dem seit dem 01.01.2001 geltenden Teilzeit- und Befristungsgesetz (TzBfG). Neben dem TzBfG sind weitere Befristungsmöglichkeiten in verschiedenen Spezialgesetzen und Tarifverträgen enthalten. Darüber hinaus sind Besonderheiten im Bereich von Diakonie und Caritas in den jeweils geltenden AVR zu beachten.

Das befristete Arbeitsverhältnis unterscheidet sich vom unbefristeten dadurch, dass von vornherein ein Zeitpunkt festgelegt wird, zu dem das Arbeitsverhältnis endet. Das TzBfG unterscheidet Zeit- und Zweckbefristungen und so genannte auflösende Bedingungen voneinander.

Bei einer Zeitbefristung legen die Parteien von vornherein kalendermäßig fest, wann das Arbeitsverhältnis enden soll.

Klauselbeispiel

Der Mitarbeiter wird ab dem 01.01.2008 bis zum 30.06.2008 auf der Grundlage des Teilzeit- und Befristungsgesetzes befristet eingestellt.

Mit Ablauf des 30.06.2008 endet das Arbeitsverhältnis, ohne dass es einer Kündigung bedarf.

Bei der Zweckbefristung wird das Befristungsdatum nicht von vornherein kalendermäßig festgelegt. Es ergibt sich vielmehr aus Art, Zweck und Beschaffenheit der Befristungsabrede.

Klauselbeispiel

Die Mitarbeiterin wird beginnend mit dem ... zur Vertretung für die Zeit der schwangerschaftsbedingten Abwesenheit der Mitarbeiterin B eingestellt.

Wie man hieraus ersehen kann, ist bei der Zweckbefristung zwar der Zeitpunkt des Eintritts der Zweckerreichung ungewiss, nicht jedoch die Zweckerreichung als solche (Ende der schwangerschaftsbedingten Abwesenheit). Hierdurch unterscheidet sich die auflösende Bedingung von der Zweckbefristung, denn bei dieser ist auch ungewiss, ob das Ereignis als solches überhaupt eintritt (vgl. auch § 21 TzBfG).

Klauselbeispiel

> Das Arbeitsverhältnis des C endet mit Ablauf des Monats, in dem der Bescheid eines Rentenversicherungsträgers (Rentenbescheid) zugestellt wird, wonach die/der Beschäftigte voll oder teilweise erwerbsgemindert ist.
>
> Die/Der Beschäftigte hat den Arbeitgeber von der Zustellung des Rentenbescheids unverzüglich zu unterrichten. Beginnt die Rente erst nach der Zustellung des Rentenbescheids, endet das Arbeitsverhältnis mit Ablauf des dem Rentenbeginn vorangehenden Tages. Liegt im Zeitpunkt der Beendigung des Arbeitsverhältnisses eine nach § 92 SGB IX erforderliche Zustimmung des Integrationsamtes noch nicht vor, endet das Arbeitsverhältnis mit Ablauf des Tages der Zustellung des Zustimmungsbescheids des Integrationsamtes.
>
> Das Arbeitsverhältnis endet nicht, wenn nach dem Bescheid des Rentenversicherungsträgers eine Rente auf Zeit gewährt wird. In diesem Fall ruht das Arbeitsverhältnis für den Zeitraum, für den eine Rente auf Zeit gewährt wird.

Ob der C jemals teilweise oder voll erwerbsgemindert sein wird, ist vollkommen ungewiss. Zweckbefristungen und auflösende Bedingungen sind häufig schwer voneinander abzugrenzen, so dass sie von der Rechtsprechung im Wesentlichen gleich behandelt werden. Bei Zweckbefristungen ist von der Einrichtung insbesondere der § 15 TzBfG zu beachten. Gem. § 15 Abs. 2 TzBfG enden zweckbefristete Arbeitsverträge frühestens zwei Wochen nach Zugang der schriftlichen Unterrichtung des Mitarbeiters über den Zeitpunkt der Zweckerreichung. Unterbleibt die Unterrichtung trotz Zweckerreichung und holt die Einrichtung die schriftliche Mitteilung nicht unverzüglich nach, während der Mitarbeiter seine Arbeitsleitung über den Zeitpunkt der Zweckerreichung hinaus erbringt, gilt das Arbeitsverhältnis als auf unbestimmte Zeit geschlossen (§ 15 Abs.5 TzBfG). Unverzüglich heißt ohne schuldhaftes Zögern. Hierunter ist im Regelfall ein Zeitraum von längstens einer Woche beginnend mit der Kenntnis der Einrichtung von der Weiterarbeit des Mitarbeiters zu verstehen.

Beachte: Befristete Arbeitsverhältnisse sind gem. § 15 Abs. 3 TzBfG vor Fristablauf nur dann ordentlich kündbar, wenn die ordentliche Kündigungsmöglichkeit im Arbeitsvertrag vereinbart worden ist.

Rechtlich möglich ist es auch, eine Zeit- mit einer Zweckbefristung zu kombinieren.

Klauselbeispiel

> Das Arbeitsverhältnis beginnt am 01.01.2008. Der Mitarbeiter wird befristet für die Dauer der krankheitsbedingten Abwesenheit des C eingestellt, längstens jedoch bis zum 31.12.2008.

Bei sämtlichen Befristungsabreden zusätzlich zu beachten ist der § 14 Abs. 4 TzBfG. Danach bedarf die Befristung eines Arbeitsvertrages und die Verlängerung eines befristeten Arbeitsvertrages der Schriftform. Das heißt, vor Beginn des befristeten Arbeitsverhältnisses muss der Vertrag grundsätzlich von beiden Seiten unterschrieben worden sein. Im Vertragstext ist weiterhin das Befristungsende oder der zu erreichende Zweck schriftlich niederzulegen. Der für die Zeitbefristung maßgebliche Befristungsgrund (dazu unten) muss im Vertragstext hingegen nicht schriftlich niedergelegt werden. Wird die Schriftform nicht eingehalten, führt dies dazu, dass ein von vornherein unbefristetes Arbeitsverhältnis entsteht (vgl. § 16 Satz 2 TzBfG).

Befristung ohne Sachgrund

Gem. § 14 Abs. 2 TzBfG kann ein Arbeitsverhältnis ohne sachlichen Grund befristet werden, längstens für die Dauer von zwei Jahren. Sachgrundlose Verträge können jedoch nur mit solchen Mitarbeitern abgeschlossen werden, mit denen die Einrichtung zuvor noch zu keinem Zeitpunkt ein Arbeitsverhältnis begründet hatte.

Beispiel: Die Hauswirtschaftskraft A war bis zum 01.10.1998 bei der Seniorenresidenz B GmbH in Hamburg Volksdorf beschäftigt. Im Jahre 2005 werden die GmbH-Anteile von einem bundesweit tätigen Betreiber von Altenheimen, der C Altenheim GmbH erworben. Am 01.01.2008 wird die A auf der Basis eines sachgrundlos befristeten Vertrages bei der B-GmbH eingestellt.

Der sachgrundlos befristete Vertrag mit der A ist gem. § 14 Abs. 2 S. 2 TzBfG unwirksam, denn diese hat bereits zuvor in einem Arbeitsverhältnis zur B-Altenheim GmbH gestanden. Rechtsfolge ist, dass von Anfang an ein unbefristetes Arbeitsverhältnis zur A besteht. Dass das Arbeitsverhältnis bereits vor 10 Jahren geendet hat, ist dabei unerheblich, denn das Gesetz kennt diesbezüglich keinerlei zeitliche Beschränkungen. Unerheblich ist auch, dass der Eigentümer der GmbH gewechselt hat, denn maßgeblich ist die Identität des Arbeitgebers. An der Identität des Arbeitgebers hat sich jedoch durch die Veräußerung der Gesellschaftsanteile nichts geändert, denn dieser ist nach wie vor die B-Altenheim GmbH.

Innerhalb des Zweijahreszeitraums ist die dreimalige Verlängerung des Arbeitsvertrags möglich, wobei darauf zu achten ist, dass der Verlängerungsvertrag jeweils vor Ablauf der Vorbefristung unterschrieben wird.

Beachte: *Mit einem neuen Mitarbeiter können somit insgesamt vier befristete Verträge über die Gesamtdauer von höchstens 2 Jahren abgeschlossen werde, ohne dass hierfür eine sachliche Begründung notwendig wäre.*

Des Weiteren liegt nach der Rechtsprechung eine Verlängerung auch nur dann vor, wenn sämtliche Arbeitsbedingungen (insbes. Arbeitszeit und Vergütung) unverändert bleiben.

Beispiel: Die Küchenhilfe A fängt am 01.01.2008 auf der Grundlage eines zunächst bis zum 30.06.2008 zeitbefristeten Vertrages bei der B-Altenheim GmbH an. An den ersten Vertrag schließen sich in der Folgezeit zwei weitere befristete Verträge, jeweils mit einer Laufzeit von 6 Monaten, an. Die Vertragsbedingungen entsprechen denen des Ursprungsvertrages. Kurz vor Ablauf des dritten befristeten Vertrages werden sich die Arbeitsvertragsparteien darüber einig, den Vertrag noch einmal um 6 Monate zu verlängern. Gleichzeitig vereinbaren sie im Verlängerungsvertrag, dass die Arbeitszeit von A von 30 auf 38 Stunden angehoben wird. Die Vergütung wird der erhöhten Arbeitszeit angepasst.

Hier wurden im letzten Verlängerungsvertrag die Arbeitsbedingungen geändert mit der Folge, dass die Rechtsprechung hierin keine Verlängerung, sondern den Neuabschluss eines befristeten Vertrages ohne Sachgrund sieht. Der Neuabschluss eines sachgrundlos befristeten Vertrages war jedoch mit der B-Altenheim GmbH nicht mehr möglich, da bereits zuvor ein Arbeitsverhältnis bestanden hatte. Dadurch, dass im Verlängerungsvertrag somit die Arbeitsbedingungen geändert wurden, steht die A in einem unbefristeten Arbeitsverhältnis zur B-Altenheim GmbH.

Sonderfälle der sachgrundlosen Befristung sind in § 14 Abs. 2 a und 3 TzBfG normiert. Nach § 14 Abs. 2 a TzBfG ist die sachgrundlose kalendermäßige Befristung eines Arbeitsverhältnisses bis zu einer Gesamtdauer von vier Jahren in den ersten vier Jahren nach der Gründung eines Unternehmens zulässig. In dieser Gesamtzeit kann der befristete Arbeitsvertrag mehrfach verlängert werden. Nach § 14 Abs. 2 a Satz 4 TzBfG gilt § 14 Abs. 2 Satz 2 bis 4 TzBfG für diese befristeten Arbeitsverträge nach Abs. 2 a entsprechend. Daher ist also auch hier eine Befristung nicht zulässig, wenn mit demselben Arbeitgeber bereits zuvor ein befristetes oder unbefristetes Arbeitsverhältnis bestanden hat. »Neu gegründete« Unternehmen, die aus Umstrukturierungsmaßnahmen von Unternehmen oder Konzernen hervorgehen, sind nach § 14 Abs. 2 a Satz 2 TzBfG nicht privilegiert.

Einen weiteren Sonderfall der Befristung ohne Sachgrund enthält § 14 Abs. 3 TzBfG. Danach können mit Mitarbeitern, die das 52. Lebensjahr vollendet haben und unmittelbar vor Beginn des befristeten Arbeitsverhältnisses mindestens vier Monate beschäftigungslos im Sinne des § 119 Abs. 1 Nr. 1 SGB III gewesen sind, Transferkurzarbeitergeld bezogen oder an einer öffentlich geförderten Beschäftigungsmaßnahme nach dem SGB II oder III teilgenommen haben, kalendermäßig sachgrundlos befristete Arbeitsverträge bis zu einer Dauer von 5 Jahren geschlossen werden. In diesem Fall ist bis zu der Gesamtdauer von 5 Jahren auch die mehrfache Verlängerung des Arbeitsvertrags zulässig. Die Vorschrift ist zuletzt am 01.05.2007 geändert worden, nachdem der EuGH die ursprüngliche Gesetzesfassung in der Mangold-Entscheidung für europarechtswidrig erklärt hatte (EuGH 22.11.2005 – C 144/04). In der ursprünglichen Fassung des § 14 Abs. 3 TzBfG war keine Begrenzung der sachgrundlosen Befristungsmöglichkeiten von Arbeitsverhältnissen mit älteren Arbeitnehmern vorgesehen, was als Verstoß gegen das Verbot der Altersdiskriminierung gewertet wurde.

Beachte: Es ist höchst umstritten, ob die jetzige Regelung erneut gegen das Verbot der Altersdiskriminierung verstößt. Insofern ist Einrichtungen zum jetzigen Zeitpunkt eher davon abzuraten, von der Befristungsmöglichkeit des § 14 Abs. 3 TzBfG Gebrauch zu machen.

Befristung mit Sachgrund

Während die Befristung ohne Sachgrund lediglich für die Gesamtdauer von 2 Jahren zulässig ist, können mit Sachgrund befristete Verträge für einen längeren Zeitraum vereinbart werden. Des Weiteren ist es unerheblich, ob der Mitarbeiter zuvor bereits in einem Arbeitsverhältnis zur Einrichtung gestanden hat. Für die Verlängerung befristeter Verträge mit Sachgrund gelten anders als bei sachgrundlosen Befristungen keine Beschränkungen. Schließlich können im Anschluss an sachgrundlos befristete Verträge Befristungen mit Sachgrund vereinbart werden und ein Wechsel zwischen den Sachgründen ist möglich.

Beispiel: Die Wohnbereichsleiterin A wird zunächst auf der Grundlage eines auf zwei Jahre befristeten Vertrages (01.01.2008 – 31.12.2010) ohne Sachgrund bei der B-Altenheim GmbH eingestellt. Kurz vor Ablauf der zwei Jahre hat eine weitere Wohnbereichsleiterin(B) einen Unfall, aufgrund dessen sie voraussichtlich für ein Jahr ausfallen wird. Darauf hin schließen die Einrichtung und A noch vor Ablauf des 31.12.2010 einen zweckbefristeten Arbeitsvertrag zur Vertretung von B. Am 01.09.2011 teilt die Einrichtung A mit, dass B am 01.10.2011 ihren Dienst wieder aufnehmen wird (Zweckerreichung). Eine weitere Wohnbereichsleiterin(C) hat der Einrichtung kurz zuvor mitgeteilt, dass sie in der Zeit vom 1.10.2011 bis zum 31.03.2012 zur Pflege ihres erkrankten Mannes Pflegezeit nach dem neuen Pflegezeitgesetz in Anspruch nehmen wolle. Am 28.09.2011 schließen daraufhin die Einrichtung und die Wohnbereichsleiterin A einen weiteren – bis zum 31.03.2012 zeitbefristeten – Arbeitsvertrag, zur Vertretung der Wohnbereichsleiterin C.

Sämtliche Befristungen in dem vorgenannten Beispiel sind wirksam. Es ist zunächst unerheblich, dass das Arbeitsverhältnis der A zuvor bereits ohne Sachgrund befristet wurde. Des Weiteren ist als Sachgrund sowohl die Befristung zur Vertretung erkrankter Arbeitskollegen als auch solcher, die in Pflegezeit gehen rechtlich nicht zu beanstanden. Ohne dass es einer Kündigung bedarf, endet somit das Arbeitsverhältnis der A am 30.09.2012.

Beachte: Die Befristung des Arbeitsvertrags aufgrund der Vertretung von Beschäftigten, die sich in Elternzeit befinden, ist in § 21 Abs. 1 BEEG spezialgesetzlich geregelt. Die Vertretung von Mitarbeitern, die nach dem Pflegezeitgesetz kranke Angehörige pflegen, ist in § 6 Abs. 3 PflegeZG spezialgesetzlich geregelt (dazu unten).

§ 14 Abs. 1 Satz 2 Nr.1 bis 8 TzBfG nennt ausdrücklich Beispiele, die die Befristung eines Arbeitsverhältnisses sachlich rechtfertigen können. Bei den dort genannten Sachgründen handelt es sich jedoch lediglich um Regelbeispiele. Das heißt, die dort genannten Beispiele sind nicht abschließend. Für Einrichtungen der Altenpflege sind insbesondere folgende Regelbeispiele in der Praxis von Relevanz:

a. Die Befristung im Anschluss an die Ausbildung
   oder ein Studium (§ 14 Abs. 1 S. 2 Nr. 2)

Hierdurch soll die Anschlussbeschäftigung nach Ausbildung oder Studium erleichtert werden, wobei es nicht erforderlich ist, dass die Beschäftigung direkt nach der Beendigung der Ausbildung aufgenommen wird. Maßgeblich ist lediglich, dass es sich um die erste Beschäftigung auf der Grundlage eines Arbeitsvertrags nach Abschluss der Ausbildung handelt.

b. Die Befristung zur Vertretung (§ 14 Abs. 1 S. 2 Nr. 3).

Die Vertretung eines anderen Mitarbeiters ist der wohl häufigste Befristungsgrund. Ein Vertretungsfall liegt nach der Gesetzesbegründung vor, wenn durch den zeitweiligen Ausfall eines Mitarbeiters ein vorübergehender Beschäftigungsmehrbedarf entsteht (Beispiele: längerfristige Erkrankungen, Schwangerschaft etc.).

Nicht notwendig ist, dass der zur Vertretung eingestellte Mitarbeiter genau die Tätigkeiten wahrnimmt, die zuvor von dem zu vertretenden Mitarbeiter wahrgenommen worden sind. Vielmehr ist die Einrichtung frei darin, wem sie welche Tätigkeiten zuweist. Die Einrichtung muss den Vertreter auch nicht für den gesamten Zeitraum einstellen, in welchem der zu Vertretende fehlt. Sie kann den Vertreter somit auch zunächst einmal nur für einen bestimmten Zeitraum einstellen und sich die Entscheidung offen halten, ob zu einem späteren Zeitpunkt ein Beschäftigungsmehrbedarf überhaupt noch gegeben ist. Genauso kann sie auch, wenn ungewiss ist, wann der Vertretene wiederkehrt, eine zeitliche Höchstdauer festlegen, zu der das Arbeitsverhältnis endet.

Klauselbeispiel: Der Mitarbeiter A wird zur Vertretung des erkrankten Mitarbeiters B beginnend ab dem 01.01.2008 befristet eingestellt. Das Arbeitsverhältnis endet mit Ablauf des 31.12.2008; bei früherer Wiederaufnahme der Tätigkeit des B an diesem Tag.

Letztlich kann die Einrichtung das Arbeitsverhältnis auch insoweit befristen, als dass die Befristung schon zu dem Zeitpunkt endet, zu dem der Vertretene die Arbeit auch nur teilweise wieder aufnimmt. Problematisch sind die Fälle, in denen die Einrichtung das Arbeitsverhältnis auf einen Zeitraum befristet, und der zu Vertretende entgegen der ursprünglichen Prognose überhaupt nicht zurückkehrt, etwa weil er endgültig erwerbsunfähig wird. In diesen Fällen hat das BAG entschieden, dass das Arbeitsverhältnis mit dem Vertreter nicht endet, sondern sich in ein unbefristetes umwandelt. Dies gilt nach dem BAG selbst dann, wenn im Vertrag eine Klausel Aufnahme gefunden hat, nach der das Arbeitsverhältnis bei Rückkehr oder Ausscheiden des zu Vertretenden enden soll. Um diese Konstellation zu vermeiden, sollte somit das vorgenannte Klauselbeispiel verwendet werden

c. Die Befristung zur Erprobung (§ 14 Abs. 1 S. 2 Nr. 5)

Probezeitbefristungen sollen es der Einrichtung möglich machen, die fachliche und persönliche Eignung des Mitarbeiters zu prüfen. Abzugrenzen ist die Befristung zur Erprobung von der Vereinbarung einer Probezeit im Rahmen eines von Anfang an unbefristeten Arbeitsverhältnisses. Bei der Befristung zur Erprobung endet das Arbeitsverhältnis mit Ablauf der vereinbarten Probezeit, die in der Regel 6 Monate nicht überschreiten darf, ohne dass es einer weiteren Erklärung der Einrichtung bedarf. Bei der Probezeitvereinbarung im Rahmen eines unbefristeten Arbeitsverhältnisses muss demgegenüber eine Kündigung ausgesprochen werden.

Ob ein Sachgrund tatsächlich vorgelegen hat, ist durch die Gerichte jederzeit voll nachprüfbar. Der Mitarbeiter muss innerhalb von drei Wochen nach dem vereinbarten Ende des Arbeitsvertrages Klage vor dem Arbeitsgericht auf Feststellung erheben, dass das Arbeitsverhältnis aufgrund der Befristung nicht beendet ist (vgl. § 17 S. 1 TzBfG). Diese so genannte Entfristungsklage kann von Arbeitnehmern im Übrigen in Bezug auf sämtliche in diesem Kapitel wiedergegebenen Mängel der Befristung erhoben werden. Lag der Befristungsgrund tatsächlich nicht vor, oder war die Befristung aus sonstigen Gründen rechtsunwirksam, so gilt der befristete Vertrag als auf unbestimmte Zeit geschlossen (vgl. § 16 S. 1 TzBfG).

2.3.4. Formen von Teilzeitarbeitsverhältnissen

Allgemeines

Das Teilzeitarbeitsverhältnis ist in § 2 Abs. 1 TzBfG gesetzlich definiert. Danach ist derjenige Mitarbeiter teilzeitbeschäftigt, dessen regelmäßige wöchentliche Arbeitszeit kürzer ist als die eines vergleichbar vollzeitbeschäftigten Mitarbeiters. Lässt sich eine regelmäßige Wochenarbeitszeit nicht ermitteln, wird auf die durchschnittliche Arbeitszeit abgestellt, bezogen auf einen Zeitraum von bis zu einem Jahr. Gem. § 2 Abs. 2 TzBfG sind auch geringfügig Beschäftigte Teilzeitbeschäftigte. Mitarbeiter können jederzeit nebeneinander mehrere Teilzeitbeschäftigungen ausüben. Zu beachten sind dabei lediglich die Bestimmungen des Arbeitszeitgesetzes. Teilzeitbeschäftigte Mitarbeiter haben die gleichen Rechte und Pflichten wie vergleichbar vollzeitbeschäftigte Mitarbeiter. Sie haben also Anspruch auf Urlaub, Entgeltfortzahlung im Krankheitsfall und sie können Kündigungsschutz für sich geltend machen. Ein teilzeitbeschäftigter Mitarbeiter darf wegen der Teilzeitarbeit ebenso wie ein befristet beschäftigter Mitarbeiter aufgrund der Befristung nicht diskriminiert werden (§ 4 TzBfG). § 4 Abs. 1 Satz 2 TzBfG stellt klar, dass Teilzeitarbeitnehmer insbesondere auch in Hinblick auf die Vergütung Vollzeitarbeitnehmern gleichzustellen sind. Teilzeitarbeitnehmer dürfen etwa von betrieblichen Pensionsregelungen oder Sonderzuwendungen nicht wegen der Teilzeit ausgeschlossen werden.

Beispiel: Der Bundesangestelltentarifvertrag sah in § 39 Abs. 1 vor, dass Arbeitnehmer bei einer 25-jährigen Dienstzeit einen Anspruch auf eine Jubiläumszuwendung in Höhe von einmalig DM 600 haben sollten. Teilzeitarbeitnehmer sollten diese Zuwendung anteilig entsprechend ihrer Arbeitszeit am Tag der Vollendung ihrer Jubiläumsdienstzeit erhalten. Die Klägerin, die lediglich 63 Prozent der Arbeitszeit eines vergleichbaren Vollzeitbeschäftigten leistete, erhielt nach 25 Jahren Betriebszugehörigkeit eine anteilige Zuwendung in Höhe von DM 375. Sie erhob daraufhin Klage vor dem Arbeitsgericht und begehrte die volle Zahlung der Jubiläumszuwendung in Höhe von DM 600. Das BAG gab ihr im Ergebnis Recht. Das Gericht verneinte das Vorliegen eines sachlichen Grunds für die Ungleichbehandlung. Mit der Jubiläumszuwendung solle einzig erwiesene und zurückgelegte Treue zum Arbeitgeber des öffentlichen Dienstes honoriert werden, nicht jedoch Art, Wertigkeit oder Umfang der geleisteten Dienste. Diese Treue erbrächten Teilzeitkräfte in gleicher Weise wie Vollzeitkräfte (BAG 22.0.1996 EzA Nr.45 zu § 2 BeschFG 1985).

Das Beispiel zeigt, dass eine Ungleichbehandlung nur dann gerechtfertigt ist, wenn diese durch einen sachlichen Grund legitimiert ist. Als sachliche Gründe erkennt die Rechtsprechung z. B. unterschiedliche Arbeitsleistung, Berufsqualifikationen, Anforderungen an den Arbeitsplatz oder Berufserfahrungen an.

Beispiel: Eine Teilzeitbeschäftigte, deren wöchentliche Arbeitszeit 19,25 Std. betrug, arbeitete immer Montag bis Donnerstag von 7:30 Uhr bis 11:30 Uhr und am Freitag von 7:30 Uhr bis 10:45 Uhr. Die Arbeitgeberin gab sämtlichen Beschäftigten an den Tagen vor Neujahr, Ostersonntag, Pfingstsonntag, dem ersten Weihnachtstag, Weiberfastnacht und Karnevalsdienstag bei vollem Lohnausgleich ab 12 Uhr frei. Die Teilzeitbeschäftigte sah darin eine Ungleichbehandlung. Aufgrund ihrer Teilzeit käme sie nie in den Genuss dieser Regelungen. Sofern sie den ganzen Tag frei haben wolle, müsse sie einen ganzen Tag Urlaub nehmen, während Vollzeitbeschäftigte nur einen halben Tag opfern müssten. Das BAG sah in der Praxis der Arbeitgeberin keine ungerechtfertigte Ungleichbehandlung. Eine Ungleichbehandlung liegt nach Auffassung des BAG nämlich immer nur dann vor, wenn die Dauer der Arbeitszeit das Kriterium für die Ungleichbehandlung darstellt, nicht jedoch wenn die Differenzierung an die Lage der Arbeitszeit anknüpft. Wessen Sollarbeitszeit spätestens um 12 Uhr endet, kommt nicht in den Genuss der Freistellung. Dieses kann jedoch sowohl Vollzeit- als auch Teilzeitbeschäftigte treffen (BAG NZA 1994, 413).

Einige besondere Arten der Arbeit in Teilzeit, die für die Praxis bedeutsam sind, sollen nachfolgend etwas näher beleuchtet werden.

a. Arbeit auf Abruf

Die Arbeit in der Form eines Abrufarbeitsverhältnisses ist gesetzlich in § 12 Abs. 1 und 2 TzBfG geregelt. Im Rahmen eines Abrufarbeitsverhältnisses wird lediglich ein bestimmtes Zeitdeputat vertraglich vereinbart, ohne näher zu bestimmen, wann genau der Mitarbeiter seine Arbeit zu erbringen hat. Die Einrichtung kann somit bei einem Abrufarbeitsverhältnis einseitig festlegen, an welchen Tagen und zu welchen Tageszeiten der Mitarbeiter seine Arbeitszeit zu erbringen hat.

Klauselbeispiel:

Die wöchentliche Arbeitszeit beträgt 10 Stunden. Der Mitarbeiter erbringt seine Arbeitsleistung entsprechend dem Arbeitsanfall.

Die Arbeitsleistung wird auf Abruf der Einrichtung erbracht. Die Einrichtung entscheidet darüber, wann und in welchem Umfang der Arbeitsanfall den Einsatz des Mitarbeiters erforderlich macht. Der Mitarbeiter kann seine Arbeitsleistung nur nach Abruf der Einrichtung erbringen.

Die Einrichtung bestimmt Beginn und Ende der täglichen Arbeitszeit und an welchen Tagen der Mitarbeiter die Arbeitsleistung zu erbringen hat. Sie wird dem Mitarbeiter seinen Arbeitseinsatz jeweils mindestens vier Tage im Voraus mitteilen. Die Bestimmung des Arbeitseinsatzes kann telefonisch, mündlich oder in anderer geeigneter Weise erfolgen.

Wie sich aus dem vorstehenden Klauselbeispiel ersehen lässt, hat die Einrichtung dem Mitarbeiter mindestens vier Tage im Voraus anzuzeigen, wann sie ihn abrufen möchte (§ 12 Abs. 2 TzBfG). Unterlässt die Einrichtung die rechtzeitige Anzeige, dann ist der Mitarbeiter zur Arbeitsleistung nicht verpflichtet. Ruft die Einrichtung den Mitarbeiter nicht ab, dann bleibt sie darüber hinaus verpflichtet, die Vergütung für das vereinbarte Zeitdeputat zu entrichten.

Ist keine bestimmte Arbeitszeitdauer vertraglich vereinbart worden, fingiert das Gesetz ein wöchentliches Arbeitszeitdeputat von 10 Stunden. In der Vereinbarung der wöchentlichen Arbeitszeitdauer sind die Parteien im Übrigen frei. Das heißt, es können weniger aber auch mehr als 10 Stunden vereinbart werden. Haben die Parteien eine tägliche Dauer nicht vereinbart, dann ist die Einrichtung verpflichtet, den Mitarbeiter für mindestens drei aufeinanderfolgende Stunden abzurufen.

b. Arbeitszeitteilung (Job-Sharing)

Gem. § 13 Abs. 1 TzBfG können die Vertragsparteien vereinbaren, dass mehrere Arbeitnehmer sich die Arbeitszeit an einem Arbeitsplatz teilen. Kennzeichnend für die Arbeitsplatzteilung ist, dass die Job-Sharer die Arbeitszeit selbstbestimmt festlegen können und ihre Arbeit im Wesentlichen frei von Weisungen ihrer Dienstvorgesetzten erledigen. Die Mitarbeiter entscheiden eigenständig, wie sie die Aufgaben des Arbeitsplatzes zeitlich und meist auch inhaltlich erledigen wollen. Im Extremfall können die Arbeitsplatzpartner auch vereinbaren, dass der eine die Arbeit in der ersten und der zweite in der zweiten Jahreshälfte erledigt.

Beispiel: Im Wohnbereich der Einrichtung teilen sich die Mitarbeiter A und B einen Vollzeitarbeitsplatz von 40 Stunden mit einer vertraglich vereinbarten Wochenstundenzahl in Höhe von 20 Stunden. A und B erstellen jeweils am Monatsanfang eigenständig Dienstpläne, in denen sie die Arbeit neu verteilen. In einem Monat könnten sie festlegen, dass A in den ersten beiden Wochen des Monats und B in den zweiten beiden Wochen des Monats je 40 Stunden tätig ist. Im Folgemonat könnten sie sich dafür entscheiden, dass die tägliche Arbeitszeit so aufgeteilt wird, dass die A im Frühdienst von 6:00 Uhr bis 10:00 Uhr und die B danach von 10:00 Uhr bis 14:00 Uhr tätig ist.

Problematisch an der Arbeitsplatzteilung sind die Fälle, in denen einer der Mitarbeiter erkrankt, denn grundsätzlich ist der verbleibende Mitarbeiter zur Vertretung nicht verpflichtet. Würde somit in dem vorgenannten Beispiel B erkranken, müsste A nicht den Dienst von 10:00 Uhr bis 14:00 Uhr übernehmen. Es ist daher dringend zu empfehlen, im Arbeitsvertrag eine Klausel aufzunehmen, nach welcher in dringenden Fällen die Mitarbeiter zur gegenseitigen Vertretung verpflichtet werden. Jedoch gewährleistet auch eine solche Klausel nicht umfassend die gegenseitige Vertretung, denn der Mitarbeiter ist auch bei Vorliegen dringender betrieblicher Gründe nur dann zur Vertretung verpflichtet, wenn die Vertretung im Einzelfall zumutbar ist. Die Vereinbarung von Job-Sharing-Verträgen bietet sich damit nur für solche Mitarbeiter an, deren Verlässlichkeit seit langem erprobt ist. Dieses auch deshalb, weil das Ausscheiden eines der Mitglieder der Gruppe das Arbeitsverhältnis des oder der anderen Mitglieder unberührt lässt.

c. Altersteilzeit

Im Rahmen der sog. Altersteilzeit soll älteren Mitarbeitern ein gleitender Übergang in den Ruhestand ermöglicht werden. Die Bundesagentur fördert unter den Voraussetzungen des Altersteilzeitgesetzes (ATG) durch Leistungen die Teilzeitarbeit älterer Mitarbeiter, die ihre Arbeitszeit ab Vollendung des 55. Lebensjahres spätestens ab dem

31.12.2009 vermindern und damit die Einstellung eines sonst arbeitslosen Arbeitnehmers ermöglichen (§ 1 ATG). Die Einrichtung muss das Nettogehalt sowie die Rentenversicherungsbeiträge, die der Mitarbeiter aus der reduzierten Arbeitszeit erhält, um
gesetzlich vorgesehene Anteile aufstocken, wobei die Aufstockungsleistungen unter
den näheren Voraussetzungen des ATG von der Bundesagentur für Arbeit erstattet
werden. Aufzustocken sind zusätzlich auch die Rentenversicherungsbeiträge. Die Ver-
ringerung und Verteilung der Arbeitszeit kann in verschiedenen Modellen erfolgen:

Im Kontinuitätsmodell vermindert sich die bisherige Arbeitszeit, es wird aber weiter bis zum Ende der Altersteilzeitvereinbarung gearbeitet. Im Blockmodell arbeitet
der Mitarbeiter weiter wie bisher, erhält indes schon das verminderte Entgelt, das ihm
dann im zweiten Block, der Freistellungsphase, weiterhin gewährt wird. Das im ersten
Block durch das verminderte Entgelt angesparte Wertguthaben muss gegen den Fall
der Insolvenz des Arbeitgebers gesichert werden.

d. Arbeitszeitkonto

In fast sämtlichen Einrichtungen wird mittlerweile mit Arbeitszeitkonten gearbeitet,
meistens in Form des so genannten Freischichtenmodells. Das heißt, die Mitarbeiter
erhalten stetiges Entgelt und die Plus- sowie Minusstunden werden über das Arbeitszeitkonto erfasst und gegebenenfalls durch Freizeit ausgeglichen. Ein nicht ausgegli-
chenes Arbeitszeitkonto weist je nach Stand Vorleistungen zur einen oder zur anderen
Seite aus. Ein über den regelmäßigen Abrechnungszeitraum hinaus beibehaltenes
Zeitguthaben beinhaltet eine Vorleistung des Mitarbeiters, denn grundsätzlich wird
die Arbeitsvergütung gem. § 614 BGB nach Leistung der Dienste sofort fällig. Der
Mitarbeiter gewährt der Einrichtung mithin ein Darlehen, indem er die an sich wegen
der bereits abgeleisteten Arbeit fällige Vergütung nicht beansprucht. Folgerichtig ist
ein negatives Zeitkonto des Mitarbeiters der Sache nach auch nichts anderes als ein
Lohn- oder Gehaltsvorschuss der Einrichtung.

Unter Zugrundelegung dieser rechtlichen Qualifizierung von Arbeitszeitkonten-
Vereinbarungen geht die Rechtsprechung weiterhin davon aus, dass, sofern nichts
Abweichendes vereinbart worden ist, in der einvernehmlichen Einrichtung eines
Arbeitszeitkontos grundsätzlich die schlüssige Abrede enthalten ist, dass das Konto
spätestens mit Beendigung des Arbeitsverhältnisses auszugleichen ist. Gelingt es
nicht, einen Negativsaldo vor Beendigung des Arbeitsverhältnisses durch entsprechende Mehrarbeit auszugleichen, kann die Einrichtung unter Berücksichtigung der
Pfändungsfreigrenzen eine Verrechnung der Negativstunden mit dem Gehalt vorneh-
men. Entsprechend hat der Mitarbeiter selbstverständlich auch einen Anspruch auf
finanziellen Ausgleich seines positiven Saldos, sofern dieses nicht mehr durch Freizeit
ausgeglichen werden kann. Arbeitszeitkonten sind damit im Ergebnis nichts anderes
als eine hinsichtlich der Fälligkeit hinausgeschobene Wiedergabe von Vergütungs-
ansprüchen. Bei der Dienstplangestaltung hat der Personalverantwortliche deshalb
durch entsprechende Verteilung stets darauf zu achten, dass der Saldo des Arbeits-

zeitkontos ausgeglichen ist oder nur geringfügige Plus- oder Minusstunden aufweist, da Arbeitszeitkonten wegen ihres oben beschriebenen Vergütungscharakters unmittelbaren Einfluss auf die wirtschaftliche Situation der Einrichtung haben.

Beachte: Sofern ein Arbeitszeitkonto eingerichtet werden soll, ist den Parteien dringend anzuraten, in einer schriftlichen Vereinbarung niederzulegen, wie mit etwaigen Plus- und Minusstunden im Falle der Beendigung des Arbeitsverhältnisses, der Insolvenz der Einrichtung sowie dem Tod des Mitarbeiters zu verfahren ist. Weiterhin sollte festgelegt werden, wie viele Plus- und Minusstunden überhaupt angesammelt werden dürfen (Ampelkontensystem) und wann das Arbeitszeitkonto spätestens auszugleichen ist. Sinnvoll ist auch eine Regelung, wie mit dem Arbeitszeitkonto bei Krankheit und im Urlaub des Mitarbeiters umgegangen werden soll.

Geringfügige Beschäftigung

Entgegen einer weit verbreiteten Auffassung sind auch geringfügig Beschäftigte Teilzeitarbeitnehmer mit allen Rechten und Pflichten (Urlaub, Entgeltfortzahlung etc.). Sie werden aufgrund ihrer geringfügigen Arbeitszeiten sozialversicherungs- und steuerrechtlich lediglich anders behandelt als andere Teil- und Vollzeitarbeitnehmer. Die geringfügige Beschäftigung ist in den §§ 8, 8a SGB IV geregelt. Man unterscheidet drei Arten von geringfügiger Beschäftigung:

- Entgeltgeringfügigkeit,
- Kurzfristbeschäftigung,
- Beschäftigung in Privathaushalten.

Eine geringfügige Beschäftigung wegen Entgeltgeringfügigkeit liegt vor, wenn das Arbeitsentgelt aus dieser Beschäftigung regelmäßig im Monat 400 Euro nicht übersteigt. Sofern die Entgeltgrenze nicht überschritten wird, ist es für die Anerkennung als geringfügige Beschäftigung unerheblich, wie viele Arbeitsstunden der Mitarbeiter wöchentlich ableistet.

Beachte: Bei der Berechnung der monatlichen Entgeltgrenze von € 400,00 sind Einmalzahlungen wie z.B. das Weihnachtsgeld grundsätzlich anteilig zu berücksichtigen (§ 14 Abs.1 SGB IV).

Eine Kurzfristbeschäftigung liegt vor, wenn die Beschäftigung innerhalb eines Kalenderjahres auf 50 Arbeitstage oder 2 Monate ohne Rücksicht auf das dabei erzielte Einkommen beschränkt ist und nur gelegentlich und unregelmäßig ausgeübt wird.

Eine geringfügige Beschäftigung in Privathaushalten liegt vor, wenn diese durch einen privaten Haushalt begründet ist und die Tätigkeit sonst gewöhnlich durch Mitglieder des privaten Haushalts erledigt wird (Gärtner, Kinderbetreuung etc.).

Beachte: Der Vorteil einer geringfügigen Beschäftigung besteht in seiner sozial- und steuerrechtlichen Behandlung. Für geringfügig Beschäftigte sind vom Arbeitgeber 15 Prozent des Arbeitslohns zur Rentenversicherung (§ 172 Abs.3 SGB VI) und 13 Prozent (5 Prozent bei Beschäftigung im Privathaushalt) zur Krankenversicherung (§ 249b SGB V) pauschal abzuführen. Darüber hinaus werden lediglich 2 Prozent des Entgelts versteuert und eine Zusammenrechnung mit anderen Einkommen wurde durch die Gesetzesreform vom 01.04.2003 abgeschafft. Zudem hat der geringfügig Beschäftigte die Möglichkeit, seinen Beitrag zur gesetzlichen Rentenversicherung auf den gewöhnlichen Beitragssatz von derzeit 19,5 Prozent freiwillig aufzustocken.

2.4 Betriebsklimaanalyse

Eine Betriebsklimaanalyse steht im engen Zusammenhang mit Mitarbeiterbefragungen. Sie dient dazu herauszufinden, wie die gegenwärtige Atmosphäre im Unternehmen wahrgenommen wird, und welche Änderungen des Betriebsklimas notwendig sind, um den Unternehmenserfolg nach innen und außen fördern. Ein wichtiges Ziel der Betriebsklimaanalyse ist es, Faktoren zu untersuchen, die die Leistungsfähigkeit der Mitarbeiter beeinträchtigen.

Dazu zählen insbesondere Aspekte der Mitarbeiterführung, der im Unternehmen gelebten Führungsstile, der Arbeitsbedingungen, möglicher Teamkonflikte, aber auch zu prüfender Aspekte von Unter- und Überforderung im Rahmen der Berufseignung und Gesunderhaltung.

Ein schlechtes Betriebsklima beeinträchtigt die Motivation und Arbeitsfreude und korreliert mit hohem Krankenstand, mangelnder Prozesssicherheit und steigenden Risiken.

Mit der Betriebsklimaanalyse werden Schwachstellen aufgedeckt. Insbesondere können Gruppen mit hoher Neigung zur inneren Kündigung identifiziert werden.

Aus den Analyseergebnissen werden Hinweise für die Gestaltung eines kreativen und stabilen Leistungsklimas in Unternehmen erarbeitet. Hierbei sollten Betroffene zu Beteiligten gemacht werden.

Bei der Durchführung einer Betriebsklimaanalyse handelt es sich um einen komplexen, anspruchsvollen und fehlergeneigten Prozess. Es empfiehlt sich in jedem Fall, sich professionell beraten und die Umfrage durch ein Beratungsinstitut durchführen zu lassen, das über Befragungs- und Feldkompetenz verfügt.

Um Kosten und Aufwand zu minimieren und den Erfolg der Analyse zu sichern, lohnt es sich, schon im Voraus einige Punkte abzuklären:

Fehlzeiten konstruktiv managen
© Vincentz Network GmbH & Co. KG, Hannover 2009; ISBN 978-3-86630-055-2

1. Ziele der Analyse konkretisieren und definieren

Dieser Schritt ist der wichtigste bei der Planung einer Umfrage. Es muss genau geklärt werden, welchem Zweck die Befragung dienen soll und welche Erwartungen an die Ergebnisse gestellt werden.

Welche aktuellen Fragen sollen beantwortet werden?

2. Vorbereitung des Fragebogens

Bevor man sich mit dem Fragebogen auseinandersetzt, müssen einige Entscheidungen getroffen werden, die sich auf Inhalt, Umfang, Ablauf und Teilnehmerkreis der Betriebsklimaanalyse beziehen.

Inhalt:

Die Inhalte leiten sich aus den Zielen ab. Sie können auf drei Arten gewonnen werden:

① ... aus bestehenden Fragebögen Themengebiete oder komplette Fragen übernehmen,

② ... in der Fachliteratur, z. B. zum Thema Arbeitszufriedenheit, recherchieren,

③ ... in der Expertendiskussion Fragestellungen erarbeiten, die für die aktuelle Situation der Einrichtung und zum Thema passen.

Achtung: Fragen sollten nur dann übernommen werden, wenn ihr Zweck eindeutig geklärt ist.

Umfang:

Der Umfang einer Befragung hängt von ihren Zielen ab. Als Faustregel gilt: So kurz wie möglich! Das erhöht die Akzeptanz.

Ablauf und zeitlicher Rahmen:

Inhalt, Umfang und Akzeptanz einer Befragung werden durch die zur Verfügung stehende Zeit beeinflusst. Es sollte daher rechtzeitig geklärt werden, wie die Befragung durchgeführt wird – beispielsweise in einer Interviewtechnik oder als reine Fragebogenerhebung –, und wie viel Zeit zur Verfügung steht.

Der Zeitpunkt der Befragung ist wichtig und sollte sorgfältig geplant sein.

Teilnehmerkreis und Zielgruppe:

Teilnehmer einer Analyse sollten diejenigen sein, die Auskunft geben können.

Bei einer Betriebsklimaanalyse wäre es ideal, alle Mitarbeitenden (ggf. auch die in letzter Zeit ausgeschiedenen) zu befragen. Wenn nicht alle Personen befragt werden können, wird eine zufällige Stichprobe untersucht. Es ist wichtig, dass diese repräsentativ für die Mitarbeiterschaft ist, d. h. sie sollte der Gruppe in den wichtigsten Merkmalen entsprechen.

3. Gestaltung des Fragebogens

In diesem Punkt sind grundsätzliche Gütekriterien einzuhalten, einige sind hier im Überblick zusammengestellt.

Sortierung/Reihenfolge:

① Vom Allgemeinen zum Konkreten

② Vom Einfachen zum Abstrakten.

Fragenformulierung:

Es kommen direkte und vorformulierte Feststellungen in Frage. Direkte Fragen sind geeignet für die Ermittlung von Fakten und Wünschen. Vorformulierte Feststellungen eignen sich für die Ermittlung von Haltungen und Einstellungen sowie Meinungen. Wichtig ist, dass die Fragen klar definiert sind.

Inhaltliche Relevanz:

Jede Frage muss

– auf jeden Befragten zutreffen,

– angemessen sein in Hinblick auf den Informationsstand aller Befragten,

– sich auf einen erinnerbaren Zeitraum beziehen,

– einfach zu beantworten sein.

Fragetypen:

Hier kommen offene und geschlossene Fragen zum Einsatz.

Darstellungsformen der Fragen:

Fragen können in verschiedenen Formen visualisiert werden, beispielsweise als Tabelle, als gegensätzliche Aussage zum Entscheiden, als Tangliste mit Hierarchie, als grafische Skala oder mit Antwortvorgaben zum Ankreuzen.

Antwortvorgaben:

Hier kommt es auf eine klare Formulierung der Fragen und die Anzahl und Art der Kategorien an.

Antworttendenzen:

Menschen haben die Tendenz, auf Fragen eines Tests, unabhängig vom Inhalt, gleich zu reagieren. Die Effekte durch Antworttendenzen sollten durch einen entsprechenden Frageaufbau minimiert werden.

Plausibilitätsprüfung:

Die Plausibilitätsprüfung deckt unklare/widersprüchliche Antworten auf und dient der Bereinigung.

Ein Fragebogen sollte ein Feld für frei zu formulierende Kommentare enthalten und vor Verwendung getestet werden.

4. Ansprache der Teilnehmenden

Neben der Qualität der Befragung entscheiden auch Vorbereitung, Information und möglichst klare Anweisungen für die Teilnehmer über die Qualität der Ergebnisse.

Informationen, die sorgfältig kommuniziert werden sollten, sind:

① Zweck der Befragung,

② Veranstalter der Befragung/Verantwortliche und durchführendes Institut,

③ Zeitschiene und Abfolge der Schritte,

④ Zeitaufwand für Interview bzw. Fragebogenerhebung,

⑤ Ansprechpartner für Rückfragen mit E-Mail-Adresse,

⑥ Information darüber, wie Anonymität bzw. Vertraulichkeit gewahrt werden.

5. Begleitschreiben/Einladungs-E-Mail

Fragebögen können in Papierform oder per EDV ausgefüllt werden.

In letzterem Fall wird der Fragebogen mit Zugangsdaten versendet. Eine hohe Bedeutung hat hier das Begleitschreiben.

Es sollte folgende Kriterien erfüllen:

① Persönliche Ansprache des Teilnehmenden,

② Information zu Zweck und Nutzen,

③ Ansprechpartner mit Kontaktdaten,

④ Hinweis zum praktischen Handling des Bogens,

⑤ Anonymität,

⑥ Hinweis zur weiteren Verarbeitung,

⑦ Dank für Teilnahme.

6. Feedback an die Teilnehmer

Üblich ist es, den Teilnehmenden der Befragung zu danken.

7. Auswertung der Betriebsklimaanalyse

Art und Aufwand der Auswertung hängen von der Art des Fragebogens/der Interviewtechnik ab.

8. Veröffentlichung der Ergebnisse

Die Ergebnisse einer Betriebsklimaanalyse sind zu veröffentlichen, auch wenn das Ergebnis nicht den Erwartungen entspricht.

Für die Präsentation müssen die Ergebnisse in sinnvoller Weise verdichtet werden. Bei einer professionell durchgeführten Betriebsklimaanalyse gehört dieser Schritt dazu.

9. Planung von Maßnahmen

Nach der Auswertung erfolgt eine sorgfältige Analyse der Ergebnisse. Auch hier ist professionelle Unterstützung ratsam. Auf Basis der Analyse werden die Maßnahmenpläne erstellt. Die Planung der Maßnahmen sollte unter Einbezug der unterschiedlichen Mitarbeitergruppen passieren.

10. Umsetzung der Maßnahmen

Bei der Umsetzung der geplanten Maßnahmen stehen den Einrichtungen und Diensten die verschiedenen hierarchieübergreifenden Gruppenarbeitsformen zur Verfügung. Wichtig sind hier klare Zielsetzungen und Aufgabenverteilungen. Die Gruppen sollten durch speziell qualifizierte interne oder externe Moderatoren geleitet werden. Ein klarer und realistischer Zeitplan für die Verbesserungsmaßnahmen ist obligat.

11. Ergebniskontrolle

Betriebsklimaanalysen – bzw. Teilbereiche aus ihnen – sollten regelmäßig wiederholt werden, um die Entwicklung zu überprüfen.

Selbsteinschätzung im kleineren Maßstab

Wenn Zeit und finanzielle Ressourcen für eine professionelle Analyse fehlen, muss trotzdem nicht auf Analyseschritte verzichtet werden.

Wichtige Teilbereiche können z. B. in Selbstreflexion innerhalb von Qualitätszirkeln mit der Vertrauensampel abgefragt werden.

Vertrauensampel – Woran kann ich feststellen, ob Vertrauen im Betrieb fehlt?		
Grün =	**Gelb =**	**Rot =**
• Informationen fließen	• Mitarbeitende weichen Verantwortung aus	• Team leistet nur noch das Notwendigste
• Offenheit und Zuhören	• Neuerungen werden argwöhnisch betrachtet	• Niemand übernimmt Verantwortung
• Absprachen werden eingehalten	• Jedes kleine Problem landet bei der Mitarbeitervertretung	• Mobbing
• Es ist legitim, Fehler zu machen	• Fehlzeiten sind erhöht	• Keine Lernbereitschaft
• Gerüchte finden keine Interessenten		• Hohe Fluktuation

Das betriebliche Fehlzeitenmanagement	ja	nein	Erfolgt später
• kann basierend auf einer (regelmäßigen) Analyse des Betriebsklimas Inhalte konsequent aufgreifen.			
• fördert gezielt Reflexionen zum Thema Mitarbeiterzufriedenheit, um Erkenntnisse (selbstkritisch) zu hinterfragen und möglicherweise Maßnahmen einzuleiten.			
• benötigt gezieltes Arbeiten an der Stabilisierung von Arbeitszufriedenheit.			

2.5 Mitarbeiterstruktur und Arbeitsanforderungen

Die heutigen Rahmenbedingungen von Finanzierung und Fachlichkeit fordern von den Pflegeeinrichtungen eine viel höhere Kompetenz im Personaleinsatz als dies noch vor wenigen Jahren der Fall war. Beispielsweise hat sich die Verweildauer der BewohnerInnen von 56 auf 41 Monate verkürzt (vgl. Wahl/Schneekloth 2007, S. 10). Dazu kommt ein massiver Anstieg des Anteils an Kurzzeitpflege am Gesamtkontingent der Klienten. Die Verschiebungen im Kliniksektor mit der Verlagerung krankenhauspflichtiger Patienten in den ambulanten und stationären Sektor mit der Folge hochkomplexer medizinisch-pflegerischer Anforderungen verschärft die beschriebene Situation. Nicht zu vergessen der hohe Anteil demenziell erkrankter Klienten und die Erscheinungsformen dieses Krankheitsbildes mit ihren Auswirkungen auf die zu Pflegenden. Letztlich führt dies alles zu erheblichem organisatorischen Mehraufwand, zum Teil zu instabilen Auslastungsquoten und andererseits extremen Arbeits- und Belastungsspitzen verbunden mit der Notwendigkeit flexiblerer Personalplanung sowie einer Vielfalt an zeitlichen Einsatzmodellen.

Bei nahezu gleichbleibendem Personalbestand (vgl. Wahl/Schneekloth 2007, S. 11 f.) ist der Pflegebedarf in den letzten zehn Jahren deutlich gewachsen, und es gibt erhebliche Lücken bei der Fachkraftquote. Es ist nicht immer einfach, die notwendige Personalpräsenz – gerade in Ein- und Umzugssituationen – ohne eine Überplanung des Stellenplans zu gewährleisten, gerade wenn ungünstige Rahmenbedingungen aus dem Arbeitsvertragsrecht, der Zusammenarbeit mit den Betriebs- und Personalräten und der Personalstruktur dem entgegenstehen. Wenn es nicht gelingt, z. B. über eine entsprechende Poolbildung zu einem variablen und ergänzenden Mitarbeiterstab zu gelangen, sind Umplanungen und häufigeres Einspringen die Folge. Hier führt dann ein gefährlicher Kreislauf aus wechselndem Bedarf an Personalein-

Fehlzeiten konstruktiv managen
© Vincentz Network GmbH & Co. KG, Hannover 2009; ISBN 978-3-86630-055-2

satz und häufigem Einspringen mit verkürzten Erholungszeiten dazu, dass sich der Krankenstand zumindest mittelfristig erhöht (vgl. Kap. 2.6).

Auch wenn es nicht immer sofort einen Weg aus diesem Besetzungsdilemma gibt, sollten Pflegedienstleitungen das Thema Poolbildung und flexiblere Einsatzstrukturen mutig auf den Weg bringen. Um die Angemessenheit des aktuellen Personaleinsatzes zu sichern, sollte mit den Führungskräften der Bereiche kontinuierlich eine Reflexion stattfinden, und zwar nicht nur aus quantitativer, sondern auch aus qualitativer Sicht.

Aus qualitativer Sicht haben drei Aspekte grundlegende Bedeutung:

① Sicherstellung der notwendigen Fachlichkeit im Tagesablauf über die Personaleinsatzplanung,

② Gewährleistung einer größtmöglichen Kontinuität in der Pflegebeziehung, (Bezugspflege)

③ Angemessenheit der Qualifikation.

① Sicherstellung der notwendigen Fachlichkeit im Tagesablauf über die Personaleinsatzplanung

Es liegt in der Verantwortung der Pflegedienstleitung, den Personaleinsatz so zu gewährleisten, dass zu jedem Zeitpunkt des Tages und der Nacht eine fachlich angemessene Begleitung der Bewohner gewährleistet ist. Die Angemessenheit bezieht sich insbesondere auf die angemessene Abdeckung des praktischen Hilfe- und Pflegebedarfes der Pflegekunden und auf den sicheren Umgang mit den Risiken unter Einbezug der Vorgaben aus den Landesheimgesetzen.

Sind diese beiden Aspekte nicht ausreichend im Blick, kann es zu unnötigen Arbeitsverdichtungen sowie Stress- und Risikosituationen mit Überforderung und steigenden Krankenständen kommen.

Datengewinnung

Der Hilfe- und Pflegebedarf sowie die Risikopotenziale der Pflegekunden sollten monatlich erfasst und ausgewertet werden. Hierzu bietet sich beispielsweise die Risikopotenzialanalyse (RiP®) im Rahmen des RiP®-Managementsystems an. Bezugspflegefachkräfte, Wohnbereichsleitungen und PDL erhalten in Minutenschnelle einen Überblick über Art und Grad der Risikoausprägung bezogen auf die einzelnen Pflegekunden. Empfehlungen zu den erforderlichen Zielen, Schwerpunkten und Maßnahmen sind direkt einer pflegeprozessbezogenen Steuerungshilfe zu entnehmen (vgl. Strunk-Richter 2007, S. 391).

Die Verteilung der fachlichen Anforderungen im tages- und wochenzeitlichen Verlauf sollte regelmäßig – z. B. über Ablaufanalysen im Selbsterhebungsverfahren – ermittelt und tagesgenau gesteuert und überwacht werden. Hierbei hat sich das Arbeiten mit Plantafeln und Steckkarten – bzw. eine z. B. PC-gestützte Tourenplanung

– bewährt. Beides führt zur Verbesserung der Abläufe, einer optimierten Zeitplanung und reduziert Arbeitsdruck und Stresserleben bei den Mitarbeitenden.

② Gewährleistung einer größtmöglichen Kontinuität in der Pflegebeziehung (Bezugspflege)

Pflegeeinrichtungen sind dazu verpflichtet, die Kontinuität des Pflegeprozesses sicherzustellen. Dies betrifft sowohl die pflegerische Handlung selbst als auch deren fachliche Steuerung. Durch die Zunahme von Menschen mit Demenz wird die Kontinuität der Pflegebeziehung selbst immer wichtiger.

Diese drei Qualitätsmerkmale lassen sich am besten erreichen, wenn man dezentrale und personenbezogene Organisationsformen umsetzt, z. B. Primary Nursing und Bezugspflege.

Auch wenn die Einführung dieser beiden Organisationsformen eine zusätzliche Anforderung an die Dienstplangestaltung darstellt, ist sie sinnvoll.

Die personale Zuordnung und die damit verbundenen geklärten und überschaubaren Aufgabenbereiche führen in allen Anwendungsbereichen schon mittelfristig zu guten Werten: Die Zufriedenheit der Pflegekunden und Mitarbeitenden steigt, krankheitsbedingte Ausfallzeiten verringern sich, Mitarbeitende in Pflege und Begleitung erfahren eine gesteigerte Wertschätzung.

③ Angemessenheit der Qualifikation

Sollen Mitarbeiterstruktur und Pflegeanforderungen übereinstimmen, sind vor allem die Art der jeweiligen Einrichtung und ihre Bewohnerstruktur zu beachten. Diese beiden Faktoren bestimmen die erforderliche Qualifikation der Mitarbeitenden auf der Basis der Benner-Analyse zu den Stufen der Pflegekompetenz.

Der Aufgabenbereich in Hausgemeinschaften ist zum z. B. vollkommen anders gelagert als der in segregativen Wohnbereichen. Die Ansprüche der Bewohner an fachliche Pflege, Organisation und soziale Kompetenz unterscheiden sich erheblich. Hier bietet die Analyse eine optimale Planungsgrundlage.

Qualifikationsmerkmale für Mitarbeitende in unterschiedlichen Wohnformen (vgl. Strunk-Richter 2007, S. 392):

- Hausgemeinschaft: Kompetenz in Hauswirtschaft, Beziehungs- und Alltagsgestaltung, Fähigkeit Pflegekunden zu motivieren.
- Wohngruppen: Unterschiedliches Wissen, je nach Ausrichtung.
- Beschützende Abteilung: Fachwissen in gerontopsychiatrischer Pflege, kompetenter Umgang mit herausfordernden Situationen und Verhaltensweisen.
- Integrativer Wohnbereich: Kompetenz hinsichtlich körperlichem und gerontopsychiatrischem Hilfebedarf sowie in der Alltagsgestaltung für Menschen mit und ohne Demenz; vermittelnde und ausgleichende Fähigkeiten.

*' Segregativer Wohnbereich: Unterschiedliche Qualifikationen je nach Spezialisierung.

Angemessene Qualifikation durch angemessene Qualifizierung

Bedarfsgerechter Mitarbeitereinsatz kann nur gelingen, wenn die entsprechenden Qualifikationen im Mitarbeiterpool vorhanden sind und Mitarbeitende effektiv und effizient eingesetzt werden können.

Hier liegt eine zentrale Steuerungsaufgabe für die personalverantwortlichen Führungskräfte in der Altenpflege. Personalauswahl und -entwicklung sind die Dreh- und Angelpunkte einer erfolgreichen Einsatzplanung.

Die Kriterien und Verfahren der Mitarbeiterauswahl sind in Kapitel 2.3.2 beschrieben.

Auf wichtige Aspekte der Personalentwicklung, die sowohl die Anforderungen der Einrichtung als auch den unterschiedlichen Entwicklungsbedarf der Mitarbeitenden berücksichtigt, gehen wir im Folgenden ein.

Anforderungen ermitteln

1. Verfahren wie die Risikopotenzialanalyse (RiP®) ermöglichen es, die häufigsten Risiken in der Pflege alter Menschen systematisch einzuschätzen und die zentralen Risiken in einer gestuften Tabelle darzustellen. Sie bietet eine solide und praktische Grundlage um zu ermitteln, welche Kompetenzen und welches Wissen in welcher Quantität benötigt werden.

2. Auswertungen von Assessmentinstrumenten wie Minimental Test (MMSE) oder Cohen-Mansfield (CMAI) helfen Ihnen, den Unterstützungsbedarf der Pflegekunden festzustellen.

3. Anforderungen, die von außen gestellt werden, sind zu beachten: neue oder geänderte Gesetzgebung, Fachwissen aktualisieren, neue Prüfkriterien des MDK etc.

Potenzial entdecken

1. Vier-Felder-Analyse: Dieses Verfahren bietet Pflegeleitungen die Möglichkeit, bestehende Stärken festzustellen, Potenziale, die zu echten Stärken ausgebildet werden können, zu erkennen, den erforderlichen Hilfebedarf zu benennen und Ressourcen, die der Mitarbeitende mitbringt, zu eruieren.

Stärken	Ressourcen
Potenziale	Hilfebedarf

2. Material für diese Analyse bieten u. a. strukturierte Personalentwicklungs- und andere Mitarbeitergespräche und die Pflegevisite.

Fortbildungen planen und Rahmenbedingungen schaffen

1. Die Pflegeleitung initiiert und begleitet den Fortbildungsprozess ihrer Mitarbeitenden und sichert die Nachhaltigkeit durch entsprechende Rahmenbedingungen.

2. Bildungsinhalte, Fortbildungsart und die Auswahl der Mitarbeitenden müssen mit den Zielen der Einrichtung übereinstimmen.

3. Bei der Auswahl einer angemessenen Qualifizierungsmaßnahme empfiehlt es sich, das Stufenmodell von Patricia Benner (vgl. Benner 1997) anzuwenden. Es handelt sich um ein kontextabhängiges und situatives Modell, bei dem praktisches Wissen und Handlungsfähigkeit von Pflegenden eine große Rolle spielen. Wir stellen es im Folgenden näher vor.

Im Rahmen einer Analyse wird festgestellt, welchen fachlichen Entwicklungsstand die Pflegeperson hat. Hierbei kommen als Kategorien zum Einsatz:

- Neulinge, die keine oder nicht-reflektierte Erfahrungen in das Handlungsfeld einbringen.

- Fortgeschrittene Anfänger, die Erfahrungen haben, jedoch noch nicht über ausreichende Vernetzung des Wissens verfügen.

- Kompetente Pflegende, d.h. versierte und reflektierte Pflegende mit praktischem Schwerpunkt.

- Erfahrene Pflegende, deren intuitive Fähigkeiten, im richtigen Einschätzen und Bearbeiten von Situationen schon sehr gut ausgebildet sind und die mit »schlafwandlerischer« Sicherheit, ohne zu überlegen, die angemessenen Lösungen finden.

- Pflegeexperten, die nicht nur intuitiv richtig vor ihrem reflektierten Erfahrungshintergrund einschätzen und handeln, sondern auch über profunde theoretische Kenntnisse im Fachbereich verfügen.

Die einzelnen Stufen sind in der Tabelle auf S. 154 detailliert dargestellt und mit den Konsequenzen für die Weiterbildung, Zielstellung und allgemeine Personalentwicklung verknüpft.

Damit das Modell der Vernetzung von Theorie und Praxis Rechnung trägt, unterscheidet Patricia Benner zwei Ebenen des Kompetenzerwerbs:

a. Ebene, die durch schulisch vermittelbare Grundsätze und Theorien erreicht wird (z. B. Konzepte, wie Palliativ Care, Kinästhetik, Basale Stimulation).

b. Ebene, auf der die Fähigkeit zu kontextabhängigem Handeln erworben wird. Dies ist nur in realen Situationen möglich (Verknüpfung der Theoriekonzepte mit der praktischen Handlungs- und Anwendungsebene incl. fachpraktischer Weiterentwicklung durch Reflexion).

Drei Aspekte der Leistungsfähigkeit

Beim Durchlaufen der Kompetenzstufen (s. Tabelle 154-155) werden drei Aspekte der Leistungsfähigkeit sichtbar:

- Man bewegt sich vom Befolgen abstrakter Grundsätze weg und hin zum paradigmatischen (im Sinne von als Muster dienend) Rückgriff auf konkrete Erfahrungen.
- Die Wahrnehmung verändert sich. Situationen werden weniger als Summe gleich wichtiger Einzelheiten gesehen, sondern immer mehr als vollständiges Ganzes, in dem bestimmte Teile wichtig sind und entsprechende Prioritäten sinnvoll gesetzt werden können.
- Die Entwicklung führt vom unbeteiligten Beobachter zum engagierten Handelnden. Das heißt: Aus einer eher konsumierender Lernhaltung findet eine Entwicklung zum teilhabenden, professionell agierenden Berufsangehörigen in seiner jeweiligen Fachlichkeit statt.

Sechs Aspekte des praktischen Wissens

Die Kompetenzstufen beziehen sich auf das praktische Wissen und die Handlungsfähigkeit von Pflegenden in den ihnen gestellten Anforderungssituationen.

Benner unterscheidet hier sechs Aspekte:

1. Sensibilität für feine qualitative Unterschiede
(Entwickelte Beobachtungsfähigkeit)

Die Sensibilität beruht auf menschlicher Wahrnehmungsfähigkeit und ist nicht auf zusammenhangsfreie oder analytische, quantitative Messungen reduzierbar. Das bedeutet, dass feine Veränderungen frühzeitig erkannt werden und durch den früheren und den momentanen Zustand eines Bewohners eine spezielle Bedeutung gewinnen.

2. Ein gemeinsames Verständnis (Entwickeltes professionelles Denken)

Es kann beispielsweise ein gemeinsames Verständnis darüber geben, was in bestimmten Situationen hilfreich, heilsam und förderlich ist. Hierbei handelt es sich um das für selbstverständlich erachtete Hintergrundwissen. Es ermöglicht eine direkte Kommunikation, ohne dass es einer Interpretation oder Übersetzung bedarf.

3. Annahmen, Erwartungen und Einstellungen
(Entwickelte professionelle Haltung)

Sie entwickeln sich in der Praxis und werden durch Erfahrungen geprägt. Sie nehmen Einfluss auf die Art und Weise mit einer Situation umzugehen.

4. Paradigmatische Fälle und persönliches Wissen
(Entwickelte Fähigkeit zur angewandten Analyse)

Paradigmatische Fälle sind spezielle Ereignisse, die zu einer Veränderung des klinischen Wissens führen. Laut Benner sind Erfahrungen nur dann Erfahrungen, wenn sie das Vorwissen verfeinern, erweitern oder verwerfen. Diese Erfahrungen leiten PflegeexpertInnen in ihrer Wahrnehmung und in ihrem Handeln. Sie er-möglichen ein schnelles Erfassen einer Situation. Unter persönlichem Wissen werden die eigene Geschichte, die intellektuellen Möglichkeiten und die persönliche Lernbereitschaft verstanden. Diese Aspekte fließen in das spezielle klinische Wissen ein.

5. Maximen (Entwickelter professioneller Handlungsrahmen)

Maximen sind Grundsätze, die eine Regel oder einen Handlungsgrundsatz be-zeichnen. Solche Maximen werden in Teams häufig implizit oder explizit gelebt und Handlungen nach ihnen ausgerichtet. Für die Entwicklung einer positiven Kultur in einem Pflegeteam sind positive Maximen eine Richtschnur, die handlungsweisend sind und Orientierung bieten können.

6. Nicht vorgesehene Aufgaben (Entwickeltes Krisenbewältigungsverhalten)

Hierzu gehören all jene Tätigkeiten, welche von anderen Berufsgruppen an die Pflege delegiert werden, z. B. die Überwachung neuer diagnostischer oder therapeutischer Verfahren.

Zu Beginn der Berufstätigkeit ist ausschließlich theoretisches Wissen vorhanden. Durch die Konfrontation mit realen Situationen kommen Erfahrungen dazu und es baut sich langsam praktisches Wissen und Kompetenz auf. Daran wird deutlich, wie wichtig eine qualitativ gute Ausbildung, aber auch Fortbildung, ist. PflegeexpertInnen vereinen theoretisches mit praktischem Wissen und leisten den Transfer von theoretischem Wissen auf die Handlungsebene

Die folgende Tabelle »Stufen zur Pflegekompetenz und deren Bedeutung« fasst die beschriebenen Prinzipien und Auswirkungen des Benner-Modells anschaulich zusammen.

Stufen zur Pflegekompetenz und deren Bedeutung (Strunk-Richter 2007, S. 389)

	Neulinge	Fortgeschrittene Anfänger	Kompetente Pflegende	Erfahrene Pflegende	Pflegeexperten
Definition	• haben keine Erfahrung mit realen Pflegesituationen • arbeiten regelgeleitet	• verfügen über Erfahrungen • erkennen wiederkehrende, bedeutsame Aspekte	• handeln zielgerichtet • planen bewusst und überlegt • setzen Prioritäten • betrachten abstrakt und analytisch Probleme	• nehmen Situationen intuitiv als Ganzes auf • planen auf längerfristige Ziele hin • nehmen Nuancen von Veränderungen wahr • begreifen Situationen spontan und stoßen zum Kern des Problems vor • handeln nach Maximen	• erfassen Situationen intuitiv • stoßen direkt zum Kern des Problems vor • handeln auf der Grundlage eines umfassenden Verständnisses der Gesamtsituation • verfügen über eine hohe Sicherheit im Wahrnehmen von Nuancen • haben den Blick fürs »Machbare«
Konsequenz für die Weiterbildung	brauchen: • angeleitete Analyse von einfachen Praxisbeispielen • Vermittlung von Fakten / Inhalten • Unterweisung	können: • unterschiedliche Aspekte einer Situation aufzeigen • Prioritäten festlegen	• üben im Planen und Koordinieren von vielschichtigen Situationen mit Entscheidungs- und Handlungsbedarf: • mittels Plan- oder Rollenspielen • anhand von Fallbeispielen	• lernen an komplexen, herausfordernden Fallbeispielen aus der eigenen Praxis • positive als auch negative Beispiele	• tauschen vergleichbaren Beobachtungen aus • halten kritische, bedeutsame Ereignisse schriftlich fest • entwickeln eine gemeinsame Sprache

	Neulinge	Fortgeschrittene Anfänger	Kompetente Pflegende	Erfahrene Pflegende	Pflegeexperten
Bedeutung für die Einrichtung	• erlernen den Einsatz von: – Checklisten – Standards – Verfahrensanweisungen • können keine Führungsverantwortung übernehmen • brauchen Begleitung bei der Erstellung einer Pflegeplanung	• erhalten Begleitung durch Praxisanleiter oder Mentor • erlernen den Einsatz von Richtlinien	• arbeiten in Qualitätszirkeln mit • übernehmen z. B. die Schichtleitung und • selbstständiges Erarbeiten einer Pflegeplanung	• übernehmen Anleitung von Auszubildenden und Kollegen sowie • Durchführen von hausinternen, themenspezifischen Fortbildungen	• übernehmen Beratung von Kollegen
Ziel	• benötigen Hilfe beim Sammeln von Erfahrung in und mit realen Situationen • bauen praktisches Wissen auf	• sammeln Erfahrungen • erkennen immer mehr Aspekte einer Situation, Rangfolge / Priorität • bauen praktisches Wissen auf	• beherrschen sicheres Festlegen von Prioritäten • erkennen Handlungsbedarf • treffen Entscheidungen • erweitern ständig ihr praktisches Wissen	• generieren neue Wissensbestände und leiten daraus Handlungsanweisungen für die Praxis ab	• beschreiben die eigene »Pflegekunst«, damit kompetente Pflegende die Chance erhalten, eine Stufe weiterzukommen

2.6 Verlässliche Dienstplanung

Eine Verlässlichkeit und Kontinuität in der Dienst- und Einsatzplanung stellt für die Mitarbeiter einen zentralen Aspekt zur Planung ihres Privatlebens und damit für Gesundheit und Wohlbefinden dar. Vor diesem Hintergrund kommt den beiden genannten Faktoren in Bezug auf die Fehlzeiten durch Krankheit eine erhebliche Bedeutung zu. Nicht die planbaren Fehlzeiten wie Urlaub oder Fortbildungen, sondern ständige Änderungen am Dienstplan führen zu Frust und längerfristig dazu, dass keine Bereitschaft mehr besteht, in Krisensituationen für die Einrichtung zur Verfügung zu stehen. Dabei gibt es viele Faktoren, die Auslöser für häufiges Einspringen sind. Diese sind jedoch keineswegs naturgegeben oder branchenbedingt notwendig.

Fallen Mitarbeiter kurzfristig zur Erbringung der Leistungen im stationären Bereich aus, wird die Arbeit in der Regel auf die Anwesenden verteilt. Dem ist als erste und kurzfristige Maßnahme zur Sicherstellung der pflegerischen Versorgung nicht immer anders zu begegnen. Die grundsätzliche Frage ist aber, ob die Dienst- und Einsatzplanung auf verlässlichen Strukturen aufgebaut ist oder nicht eher utopische Vorstellungen an Dienstbesetzungen bestehen, die gar nicht eingehalten werden können.

Ambulant ist die beschriebene Vorgehensweise der Arbeitsaufteilung bei Mitarbeiterausfall meist nicht möglich, weil die Touren in der Regel so eng geplant sind, dass diese nur ganz begrenzt umgestellt und/oder auf die übrigen Touren mit verteilt werden können. Hier muss normalerweise immer ein anderer Mitarbeiter für den Fehlenden einspringen. Ebenso ist ambulant zu bedenken, dass es in Folge erheblicher Schwankungen in der Leistungsnachfrage durchaus erforderlich sein kann, zu Zeiten hoher Leistungsnachfrage die Bruttoarbeitszeiten gezielt einzuplanen, weil es auch völlig gegenteilige Phasen gibt, in denen der erforderliche Freizeitausgleich wieder hergestellt werden kann. In den letzten Jahren werden auch zunehmend die stationären Einrichtungen mit der Notwendigkeit konfrontiert, die Dienst- und Einsatzplanung an unterschiedlich stark wechselnden Belegungssituationen ausrichten zu müssen (vgl. Kap. 1.7 und 1.8). Mit dieser Entwicklung – verbunden mit einem zunehmenden Wettbewerb der Einrichtungen untereinander – wird die Verlässlichkeit und Kontinuität in der Dienstplanung zunehmend anspruchsvoller und schwieriger in ihrer Gestaltung.

Verlässlichkeit und Kontinuität in Bezug auf die Dienstplanbesetzung

Konkret tritt eine Überforderung der Mitarbeiter immer dann ein, wenn eine unrealistische Planung auf Basis der Bruttoarbeitszeiten durchgeführt wird. Das ist zum Beispiel dann der Fall, wenn die komplette arbeitsvertragliche Wochenarbeitszeit zur Leistungserbringung eingesetzt wird (vgl. Schaubild 1.6 A, S. 54). Das bedeutet, dass die Anteile an den Wochenarbeitszeiten für Urlaub und Fortbildung und für den kalkulatorischen Anteil für Krankheiten etc. nicht berücksichtigt – sprich gedanklich nicht auf einem Arbeitszeitsparkonto geparkt, sondern als einsetzbare Arbeitszeit betrach-

Fehlzeiten konstruktiv managen
© Vincentz Network GmbH & Co. KG, Hannover 2009; ISBN 978-3-86630-055-2

tet werden. Die enorme Gefahr dabei ist, dass eine komplette Überforderung der Mitarbeiter entsteht, weil der Versuch einer Besetzung der Dienste oberhalb vertraglicher und gesetzlicher Grundlagen versucht wird. Hier beginnt sich eine enorm gefährliche Spirale in Gang zu setzen wegen unverhältnismäßig »hoher« Besetzung der Dienste (= Bruttoansatz) mit möglichen Folgen:

- Gehäufte Notwendigkeit des Einspringens von Mitarbeitern, um diesen (überhöhten) Ansatz zu halten (vgl. Kap. 1.7).

- Reduzierung der mitarbeiterbezogenen Erholungsphasen durch erneutes Einspringen bei Ausfall anderer Mitarbeiter.

- Reduzierung geplanter Urlaubstage, weil die überhöht geplante Besetzung keine Abwesenheiten (mehr) zulässt.

- Durch den überhöhten Arbeitseinsatz möglicherweise erneutes Auftreten von Fehlzeiten wegen (dienstplanmäßiger) Überforderung.

- Mit erneutem Bedarf des Einspringens als Ersatz für ausfallenden Mitarbeiter.

- Dazu wird es notwendig, auch die letzten der geplanten freien oder Urlaubstage zu streichen mit der Folge weitere Erholungszeiten zu reduzieren.

- Reicht auch dieses nicht mehr aus, wird der geteilte Dienst zu Regeldienst mit der Reduzierung der tagesbezogenen Erholungsphasen.

Die Tabelle zeigt, wie sich ein Negativkreislauf zum Selbstläufer mit zunehmender Explosionstendenz entwickelt.

Damit kann von Verlässlichkeit und Kontinuität in der Dienstplanung keine Rede mehr sein. Fehlen verlässliche Strukturen zur Kontinuität in der Einsatzplanung führt dies dazu, dass Mitarbeiter überfordert werden können (Erholungsphasen reduzieren sich aufgrund des gehäuften Einsatzes (Mehr an Diensten) oder durch »Geteilte Dienste«).

Das zum 1. Juli 2008 in Kraft getretene Pflege-Weiterentwicklungsgesetz gibt in § 84 Abs. 6 (ehemals Inhalt LQV) folgenden Inhalt vor: »Der Träger der Einrichtung ist verpflichtet, mit der vereinbarten personellen Ausstattung die Versorgung der Pflegebedürftigen jederzeit sicherzustellen. Er hat bei Personalengpässen oder -ausfällen durch geeignete Maßnahmen sicherzustellen, dass die Versorgung der Pflegebedürftigen nicht beeinträchtigt wird ...« Jeder, der bereits Dienstpläne erstellt hat, weiß, was dieser lapidare Satz im Praxistransfer bedeutet. Eine Dienst- und Einsatzplanung, die ihre planerischen Grundlagen in einer bruttobasierten Einsatzplanung hat, wird nicht im Ansatz eine Chance haben, dem vertraglich geforderten Ansatz gerecht werden zu können.

Schaubild 2.6 B, S. 163 zeigt die Auswirkungen an einem konkreten Dienstplanbeispiel. In dem Zeitraum vom 1. – 4. des Monats sind im Frühdienst 4 und im Spätdienst 2 Mitarbeiter eingeplant. Im unteren Bildabschnitt ist zu sehen, dass 2 Mitarbeiter entweder in Urlaub, auf Fortbildung oder krank sind. An der Besetzung 4 zu 2 der nettobasierten Dienstplanung ändert sich dadurch nichts. Am 3. des Monats ist einmalig der Frühdienst aus besonderem Anlass um einen Mitarbeiter verstärkt besetzt worden, ohne dass daraus eine Regelsituation wird. Das ändert sich jedoch: Ab dem 5. des Monats wird jetzt der Frühdienst – bei gleichbleibender Mitarbeitzahl – täglich um einen Dienst auf 5 Mitarbeiter erhöht. Als unmittelbares Resultat daraus ist im unteren Abschnitt der Grafik zu erkennen, dass sich die Möglichkeit der Urlaubs- und Fortbildungszeit bzw. der kalkulatorischen Krankentage um 50 Prozent reduziert hat. Ab dem 7. des Monats wird ebenfalls eine Erhöhung der Besetzung im Spätdienst von 2 auf 3 Mitarbeiter durchgeführt. Damit sind de facto alle Erholungsphasen gestrichen; die Mitarbeiterüberforderung beginnt jetzt, gnadenlos ihren Lauf zunehmen. Am 11. des Monats kollabiert das System der Dienstplanung: Es wird einer der 5 eingesetzten Mitarbeiter aus dem Frühdienst krank und es ist niemand mehr da, um die überhöhte Besetzung auszugleichen. Ab jetzt ist die völlig verfehlte Einsatzplanung höchstens noch kurze Zeit über »geteilte Dienste« zu retten. Der endgültige Absturz steht unmittelbar bevor.

Bevor an dieser Stelle dann die emotional getriebene Geschichte von den sowieso zu wenigen Mitarbeitern als Entschuldigung angeführt wird, ist eines zu sagen: der hier beschriebene Hintergrund hat seine Ursache ausschließlich in einer verfehlten Dienstplanung. Denn wenn die Besetzung nicht ausreicht, kann das nicht über den Dienstplan kompensiert werden. Wenn das möglich wäre, würden das alle ambulanten und stationären Dienste in Deutschland sofort übernehmen.

Wie kann aber eine entsprechende Dienstplanung umgesetzt werden? Das nachfolgende Beispiel soll zeigen, wie eine Dienstplanung sichergestellt werden kann, die keine Überforderung der Mitarbeiter auslöst. In diesem Beispiel handelt es sich um einen Arbeitsbereich mit Früh-, Spät- und Nachtdienst. Insgesamt steht über den Pflegeschlüssel/LQV der hier beschriebenen stationären Teil-Einrichtung ein Stellenkontingent von 17,5 Stellen zur Verfügung; arbeitsvertragliche Basis bezüglich der Wochenarbeitszeit ist die 40 Stunden-Woche.

Ermittlung der verfügbaren Wochenstunden

17,5 Stellen × 32 Netto-Wochen-Stunden (= 40 Std. minus pauschal 20 Prozent für Urlaub, Fortbildung und Krankheit) = 560 Stunden/7 Wochentage = durchschnittlich 80 Std./Tag

Ermittlung der daraus resultierenden Regelbesetzung

80 Stunden/Tag minus 10 Std./Nachtdienst = 70 Std./durchschnittliche Dienstlänge von 7 Std. = 10 Dienste = 6 Früh- und 4 Spätdienste.

Es handelt sich hier um eine Grobdarstellung, weil das vorliegende Buch nicht seinen Schwerpunkt in der Dienst.- und Einsatzplanung hat. Gleichwohl müssen jedoch diejenigen Anteile aus der Dienstplanung herausgegriffen werden, die möglicherweise negative Auswirkungen auf die Gesunderhaltung und das Wohlbefinden der Mitarbeiter am Arbeitsplatz haben. Bezogen auf das Rechenbeispiel zur Ermittlung der nettoverfügbaren Arbeitszeit pro Woche bleibt es natürlich unbenommen, ob an einzelnen Tagen mehr und an anderen weniger Mitarbeiter im Dienst sind, soweit dies den wochentagsbezogen wechselnden Arbeitsanfall berücksichtigt (vgl. Schaubild 1.7 E). Das gleiche gilt für die Länge der Dienste. Die 7 Stunden im Beispiel dienen nur der Darstellung und können längere und/oder kürzere Dienste umfassen, sofern diese in ihrer Summe die gesamte verfügbare Wochennettoarbeitszeit nicht überschreiten.

Verlässlichkeit und Kontinuität in Bezug auf die Häufigkeit von Wochenenddiensten

Für die Verlässlichkeit und Kontinuität in der Dienst- und Einsatzplanung genießt das regelmäßig freie Wochenende einen hohen Stellenwert – auch unter den sich wandelnden gesellschaftlichen Betrachtungsweisen zum Stellenwert des Wochenendes. Gleichwohl ist es nicht eine Frage der Dienstplanung, ob Mitarbeiter regelmäßig jedes zweite Wochenende frei haben, sondern hängt im Wesentlichen von den nachfolgend beschriebenen Parametern ab:

a. Mitarbeiterstruktur

In den Kap. 1.7 und 1.8 ist dazu bereits Grundlagenwissen nachzulesen. Entscheidend für die Anzahl der freien Wochenenden ist schlichtweg die Mitarbeiterstruktur. Ein erhöhter Anteil an verschiedenen Formen von Teilzeitwochenarbeitszeiten erhöht die Mitarbeiteranzahl und führt damit automatisch zu mehr freien Wochenenden (vgl. Schaubilder 2.6 D.1 + D.2, S. 165-166). Was sich so einfach sagt, steht zumindest in den Ballungsräumen in Verbindung mit einem hohen Anteil alleinstehender Personen und zunehmendem Fachkräftebedarf diametral dem Wunsch bzw. der Notwendigkeit aus Sicht der Mitarbeiter nach Vollzeitstellen gegenüber. Ein erhöhter Anteil an Vollzeitmitarbeitern führt zwangsläufig zu der Frage,

- ob und in welchem Umfang an den Wochenenden »geteilte Dienste« durchgeführt werden oder
- ob mehr als jedes zweite Wochenende gearbeitet werden muss oder
- ob das »dritte Wochenende« zumindest ein versetztes Dienstwochenende ist (= Freitag/Samstag oder Sonntag/Montag).

Falsch ist die Aussage, die oft mangels fachlichen Hintergrundwissens getätigt wird, dass dies an den Mitarbeitern liegt, die den Dienstplan erstellen. Die Auswirkungen der Mitarbeiterstruktur machen sich als Konsequenz – im negativen wie im positiven Sinn – über den Dienstplan bemerkbar. Die Möglichkeit, diese Auswirkungen zu mildern, liegt in Teilen in den Händen derer, die für die Anstellungsverhältnisse der Mitarbeiter verantwortlich sind. Zumindest muss ihnen klar sein, welche Auswirkungen eine bestimmte Anzahl von Anstellungsverhältnissen auf die Erholungsphasen der Mitarbeiter hat und im Vorfeld ist zu prüfen, mit welchen Maßnahmen dem entgegengewirkt werden kann.

Richtgröße zum »idealen« Verhältnis aus Vollzeitarbeitsverhältnissen zu verschiedenen Teilzeitformen:

Faustregel: Wochenendbesetzung x 2 »Plus«
(Plus = prozentualer Ausfallzeitanteil)

Grenze beachten, wo Flexibilität in der Dienst- und Einsatzplanung zum Nachteil der Bewohner gereichen kann und die Bezugspflegeorganisation gefährdet wird (vgl. Schaubild 1.8 A, S. 71)!

b. Geplante Wochenendbesetzung unter Bezugnahme auf die Einrichtungszielsetzungen

Um den Mitarbeitern regelmäßig 14-tägig die Wochenenden freizugeben, wird nicht selten die Wochenendbesetzung in »vertretbarem Maße« abgesenkt. Das vertretbare Maß kann nicht allgemein definiert werden, sondern hängt von der einrichtungsinternen Leistungsstruktur ab und den sich daraus ergebenden Möglichkeiten, Leistungen am Wochenende nicht durchführen zu müssen. Außerdem muss gerade aufgrund der Wettbewerbssituation bedacht werden, dass sich die Einrichtung zu einem Zeitpunkt mit einer reduzierten Mitarbeiterbesetzung präsentiert, zu der die meisten Besucher im Haus sind. Gleichwohl wird dieser Aspekt auch argwöhnisch von Heimaufsicht und Medizinischem Dienst der Pflegekassen betrachtet.

Eindeutige Regelungen im Fehlzeitenmanagement

Die Praxis sieht nicht selten so aus, dass irgendwann der Ärger über die Fehlzeiten infolge von Krankheit bei den Verantwortlichen die Geduld übersteigt und dann trifft es auch Mitarbeiter, die selten fehlen. Deswegen muss auch beim Thema »Umgang mit Fehlzeiten« Verlässlichkeit für die Mitarbeiter gewährleistet sein. Jeder muss wissen, was infolge von Fehlzeiten auf ihn zukommt (= Sicherheit in Bezug auf Reaktionen und dennoch Aufbau von Hürden gegen »schnell mal einen Tag fehlen«). Mit einem zielgerichteten und inhaltlich definierten Fehlzeitenmanagement entkräftet sich jeder Vorwurf eines Mobbings.

Zielsetzung eines betrieblichen Fehlzeitenmanagements (vgl. Kap. 1.1) ist es, vor allem den Mitarbeitern zu helfen, die aufgrund ihrer Erkrankung Probleme in der Erfüllung ihrer arbeitsvertraglichen Verpflichtungen haben. Gleichermaßen ist es aber genau vor diesem Hintergrund notwendig, denen massiv auf die Füße zu treten, die durch wiederkehrende unbegründete Fehlzeiten (vgl. Kap. 1.2.2) die Grauzone von Fehlzeiten infolge von Krankheit ausnutzen. Jede Einrichtung muss und kann es begrenzt verkraften, Mitarbeiter mit zu tragen, die krank sind und der vorübergehenden Schonung bedürfen. Sie verkraftet es keineswegs, zusätzlich dazu auch noch diejenigen mit zu tragen, die keinerlei Skrupel haben, auf Kosten der anderen zu leben. Der konstruktive Umgang mit Fehlzeiten stellt keine einfache Führungsaufgabe dar. Der Negativtouch von Rückkehrgesprächen schwindet jedoch mit dem Maße der Akzeptanz bei den Mitarbeitern, wenn Maßnahmen eines betrieblichen Fehlzeitenmanagements greifen. Das zeigt sich beispielsweise darin, dass unpopuläre Kompensationsmaßnahmen abnehmen (»Ersatzbeschaffung« bei Dienstplanausfällen mit Anrufen der Mitarbeiter zu Hause) und daraus resultierend gleichermaßen Kontinuität in der Bewohner-/Patientenversorgung eintritt. Es ist keineswegs die Zielsetzung, Fehlzeiten infolge von Krankheit gegen Null Prozent zu bringen, sondern es soll erreicht werden, dass diese in einem Umfang auftreten, der betrieblich vertretbar ist und deren Ursachen und Hintergründe bekannt sind.

Nicht Rückkehrgespräche stellen ein betriebliches Fehlzeitenmanagement dar, sondern sie sind vielmehr eine – wenngleich auch zentrale Maßnahme – zur Ermittlung von Hintergründen und Ursachen innerhalb des Fehlzeitenmanagements. Die Rückkehrgespräche müssen zwingend in ein Gesamtkonzept zum Fehlzeitenmanagement integriert sein. Betrachtet man das gesamte betriebliche Fehlzeitenmanagement ist also nicht die einzelne Maßnahme die ideale, sondern das Gesamtpaket als zielgerichtetes und strukturiertes Vorgehen. In der Alltagspraxis vieler Einrichtungen diktiert die Reaktion auf Fehlzeiten das Handeln. Zielsetzung dieses Fachbuchs ist es, genau das ins Gegenteil umzukehren. Nicht reagieren, sondern agieren. Sich nicht das Handeln durch die Fehlenden aufzwingen lassen, sondern handeln, bevor es dazu kommt. Das konkrete und auf die jeweilige Situation abgestimmte Handeln erfolgt auf Basis der Festlegungen aus dem betrieblichen Fehlzeitenmanagement. Jeder Mitarbeiter weiß, was auf ihn zukommt.

Häufig werden die Mitarbeiter zum Einspringen herangezogen, die in der Regel dazu bereit sind. Eine potenzielle Auseinandersetzung mit den anderen Mitarbeitern wird eher vermieden. Erleben Mitarbeiter, dass ihre diesbezügliche Bereitschaft von anderen Kollegen durch deren Fehlzeiten ausgenutzt wird, gerät das System in eine gefährliche Schieflage. Jedes Team kennt diejenigen, die bei jeder von der Boulevard-presse gemeldeten Viruserkrankung einen »freien Tag« einplanen. Erfolgt hier keine abgestufte Reaktion seitens der Verantwortlichen, entwickelt sich ein gefährlicher Kreislauf aus möglichen Trittbrettfahrern (»die anderen fehlen doch auch ständig«) und verärgerten Mitarbeitern, die ständig einspringen (»ja bin ich denn der Depp hier?«). Die Bereitschaft Letzterer, loyal zum Betrieb zu stehen, schwindet in dem Maß, wie Führungskräfte durch tatenloses Zusehen dieses Vorgehen indirekt tole-rieren. Um das zu verhindern, müssen »Hürden« aufgebaut werden, die Fehlzeiten erschweren und beispielsweise die Meldung an die Einrichtung bezüglich des anste-henden Krankseins als (massiv) lästig anmutende Maßnahme wirken lassen. Allein die Vorstellung, sich nach jeder Krankheit bei der PDL zurückmelden zu müssen (und nicht telefonisch bei der – ausgewählten – Kollegin mit dem zu erwartenden gerings-ten Rückfragewiderstand), darf in seiner Wirkung nicht unterschätzt werden.

Das betriebliche Fehlzeitenmanagement	ja	nein	Erfolgt später
• beinhaltet Regelungen, wie man sich beim Auftreten von Fehlzeiten zu verhalten hat. Diese Regelungen sind den Mitarbeitern bekannt.			
• beinhaltet Regelungen, wer sich wann und wo beim Auftreten von Krankheit unter Vorlage welcher Unterlagen zu melden hat.			
• beinhaltet die Verpflichtung des jeweils Vorge-setzten, dass diese Spielregeln kontinuierlich eingehalten werden.			

Das betriebliche Fehlzeitenmanagement	ja	nein	Erfolgt später
• greift auf eine Dienst- und Einsatzplanung zurück, die den arbeitsvertraglichen Arbeitszeitanteil, der für Urlaub, Fortbildung und anteilig Krankheit vorgesehen ist, nicht für Regeldienste verplant (= Basis der nettoverfügbaren Wochenarbeitszeit).			
• berücksichtigt bei der Neuanstellung von Mitarbeitern und der Ausgestaltung der Arbeitsverhältnisse, dass sich die erforderliche Mitarbeiteranzahl pro Arbeitsbereich an der Richtgröße der »doppelten« Wochenendbesetzung orientiert.			

Schaubild 2.6 B

Dienstplanauswirkungen einer bruttoarbeitszeitbasierten Planung auf die Mitarbeiter

		MA-Anzahl	1.	2.	3.	4.	5.	6.	7.	8.	9.	10.	11.	12.
Netto AZ	Frühdienst	1	F	F	F	F	F	F	F	F	F	F	F	
		2	F	F	F	F	F	F	F	F	F	F	F	
		3	F	F	F	F	F	F	F	F	F	F	F	
		4	F	F	F	F	F	F	F	F	F	F	F	
		5					F	F	F	F	F	F	K	
		6											F	
Netto AZ	Spät-dienst	7	S	S	S	S	S	S	S	S	S	S	S	
		8	S	S	S	S	S	S	S	S	S	S	S	
		9							S	S	S	S	S	
Brutto-Anteile		Urlaub, Fortbildung, Krankzeiten	♟	♟	♟	♟	♟	♟	×	×	×	×	×	
			♟	♟	♟	♟	×	×	×	×	×	×	×	

Schaubild 2.6 A

Auswirkungen auf die Erholungsphasen von Mitarbeitern bei einer brutto- und einer nettobasierten Dienstplanung

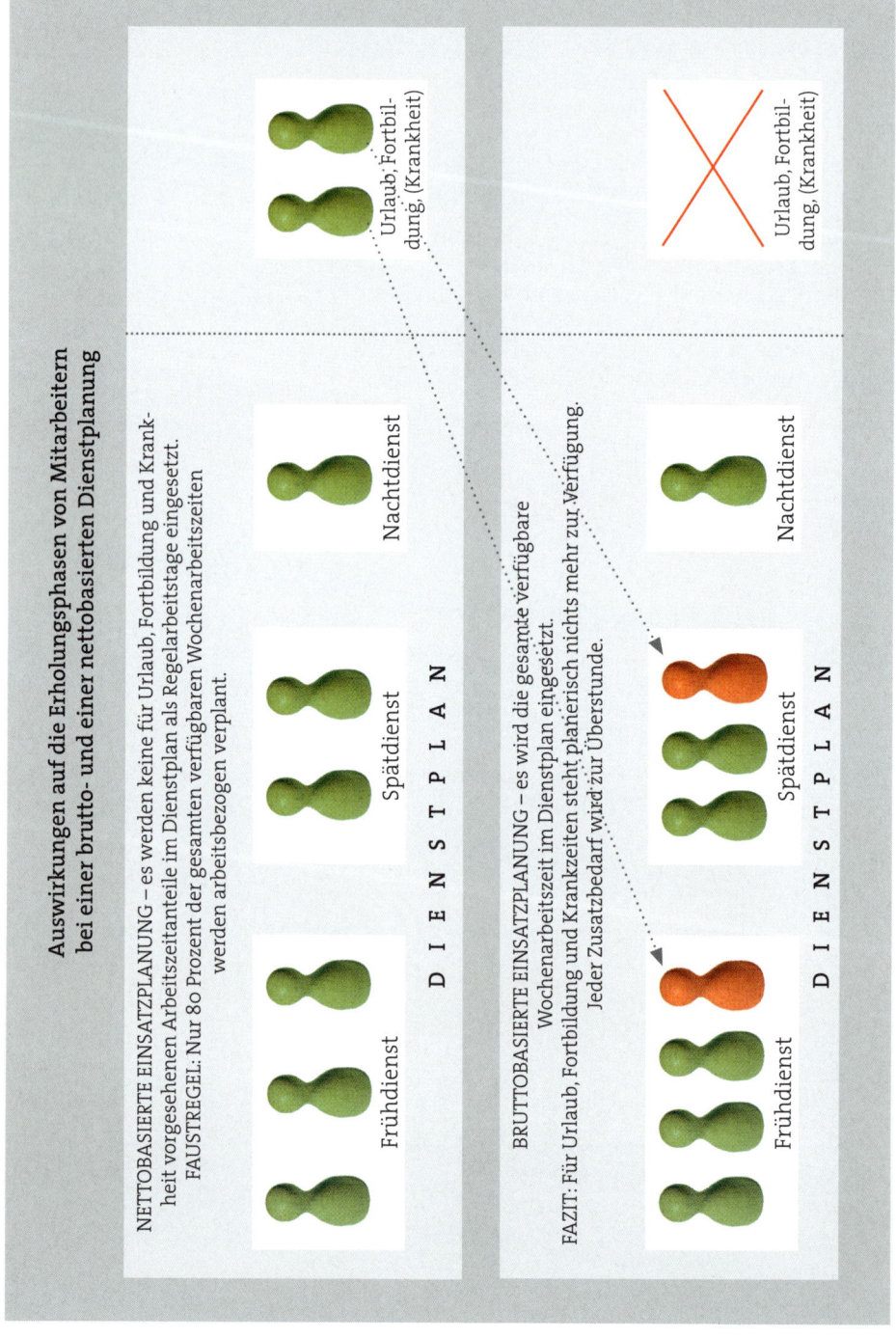

NETTOBASIERTE EINSATZPLANUNG – es werden keine für Urlaub, Fortbildung und Krankheit vorgesehenen Arbeitszeitanteile im Dienstplan als Regelarbeitstage eingesetzt.
FAUSTREGEL: Nur 80 Prozent der gesamten verfügbaren Wochenarbeitszeiten werden arbeitsbezogen verplant.

DIENSTPLAN

Frühdienst   Spätdienst   Nachtdienst

Urlaub, Fortbildung, (Krankheit)

BRUTTOBASIERTE EINSATZPLANUNG – es wird die gesamte verfügbare Wochenarbeitszeit im Dienstplan eingesetzt.
FAZIT: Für Urlaub, Fortbildung und Krankzeiten steht planerisch nichts mehr zur Verfügung. Jeder Zusatzbedarf wird zur Überstunde.

DIENSTPLAN

Frühdienst   Spätdienst   Nachtdienst

Urlaub, Fortbildung, (Krankheit)

Häufigkeit von Wochenenddiensten in Abhängigkeit von der Mitarbeiterstruktur

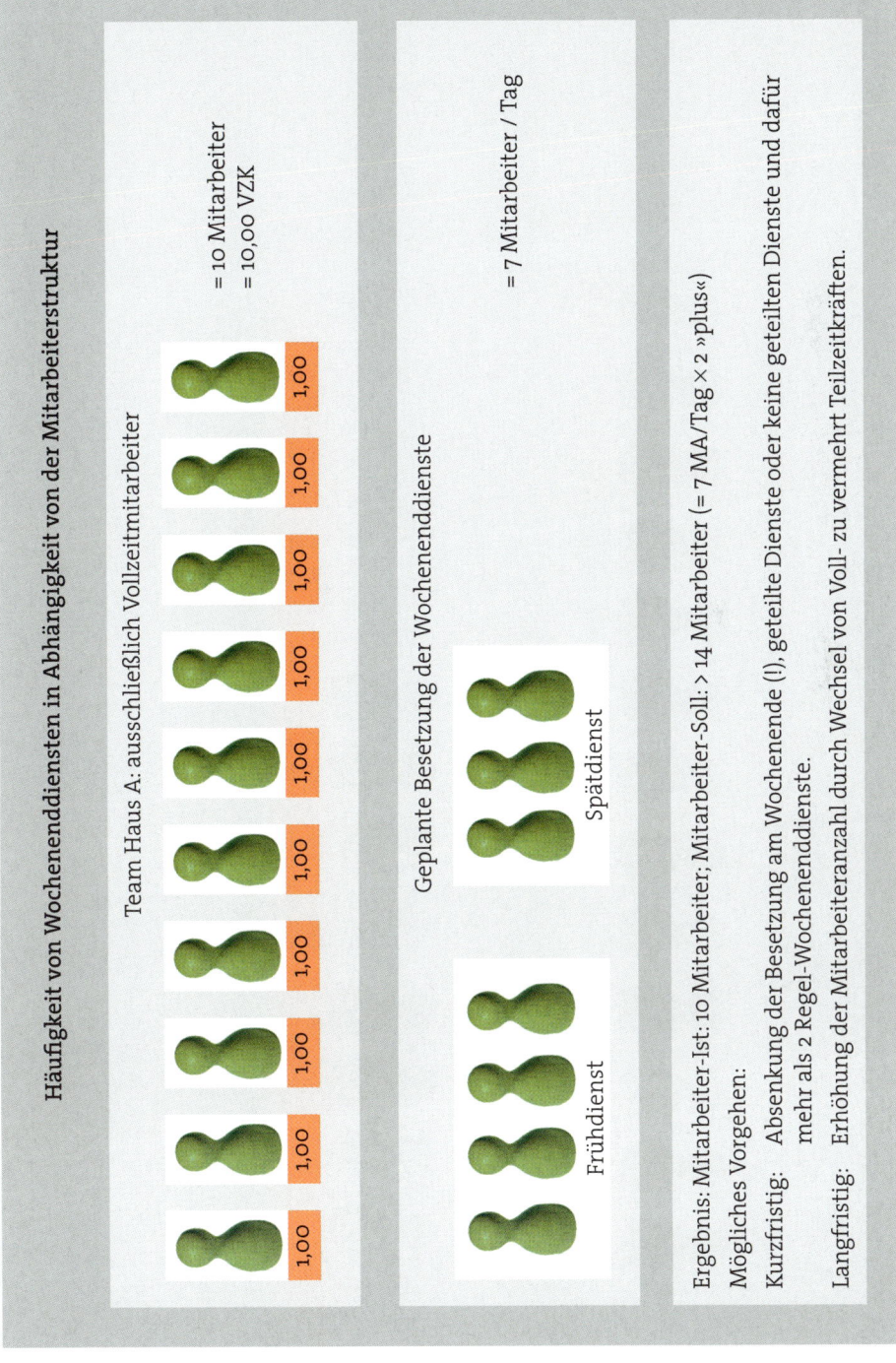

Team Haus A: ausschließlich Vollzeitmitarbeiter

| 1,00 | 1,00 | 1,00 | 1,00 | 1,00 | 1,00 | 1,00 | 1,00 | 1,00 | 1,00 |

= 10 Mitarbeiter
= 10,00 VZK

Geplante Besetzung der Wochenenddienste

Frühdienst

Spätdienst

= 7 Mitarbeiter / Tag

Ergebnis: Mitarbeiter-Ist: 10 Mitarbeiter; Mitarbeiter-Soll: > 14 Mitarbeiter (= 7 MA/Tag × 2 »plus«)

Mögliches Vorgehen:

Kurzfristig: Absenkung der Besetzung am Wochenende (!), geteilte Dienste oder keine geteilten Dienste und dafür mehr als 2 Regel-Wochenenddienste.

Langfristig: Erhöhung der Mitarbeiteranzahl durch Wechsel von Voll- zu vermehrt Teilzeitkräften.

Schaubild 2.6 D.2

Häufigkeit von Wochenenddiensten in Abhängigkeit von der Mitarbeiterstruktur

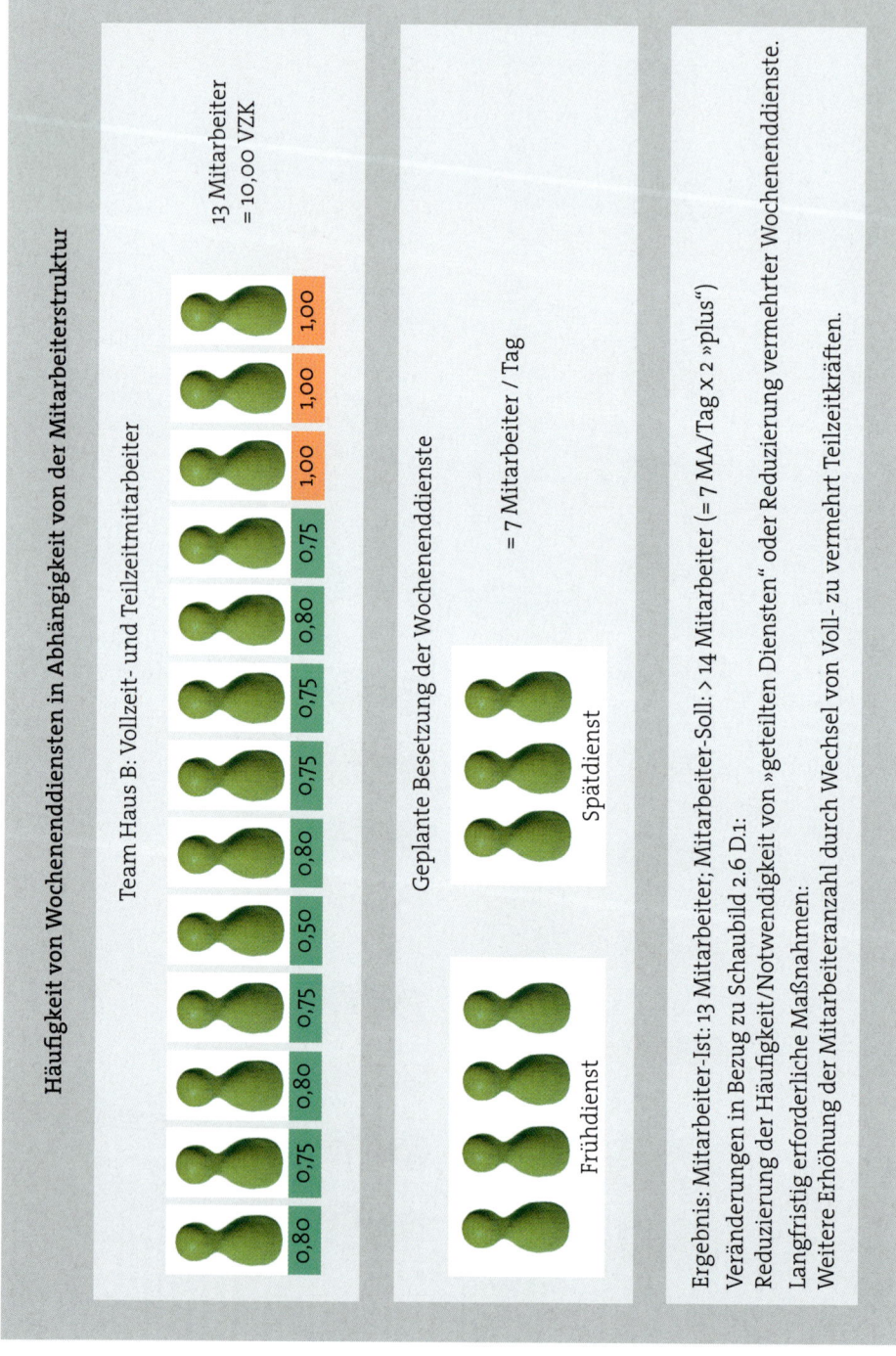

Team Haus B: Vollzeit- und Teilzeitmitarbeiter

| 0,80 | 0,75 | 0,80 | 0,75 | 0,50 | 0,80 | 0,75 | 0,75 | 0,80 | 0,75 | 1,00 | 1,00 | 1,00 |

13 Mitarbeiter = 10,00 VZK

Geplante Besetzung der Wochenenddienste

= 7 Mitarbeiter / Tag

Frühdienst

Spätdienst

Ergebnis: Mitarbeiter-Ist: 13 Mitarbeiter; Mitarbeiter-Soll: > 14 Mitarbeiter (= 7 MA/Tag x 2 »plus«)
Veränderungen in Bezug zu Schaubild 2.6 D.1:
Reduzierung der Häufigkeit/Notwendigkeit von »geteilten Diensten« oder Reduzierung vermehrter Wochenenddienste.
Langfristig erforderliche Maßnahmen:
Weitere Erhöhung der Mitarbeiteranzahl durch Wechsel von Voll- zu vermehrt Teilzeitkräften.

Fehlzeiten vermeiden

2.7 Arbeitsvertragsgestaltung

1. Entgeltanreize zur Reduzierung von Fehlzeiten

Zur Reduzierung von Fehlzeiten kann es sich anbieten, Vergütungsbestandteile in ihrer Höhe davon abhängig zu machen, ob der Mitarbeiter möglichst wenige Fehlzeiten aufweist. Solche Entgeltanreize werden in der Praxis entweder in der Form sog. Anwesenheitsprämien oder als Kriterium einer entgeltlichen Zielvereinbarung verabredet.

I. Anwesenheitsprämien

Die Zusage einer Anwesenheitsprämie dient dem Zweck, Anreize für den Mitarbeiter zu schaffen, damit dieser seine Fehlzeiten möglichst gering hält. Es wird eine über das Jahr gleichmäßige Leistung des Mitarbeiters ohne Unterbrechungen durch Fehlzeiten erstrebt. Im Hinblick auf Anwesenheitsprämien ist zunächst zwischen entgeltfortzahlungspflichtigen und nicht entgeltfortzahlungspflichtigen Fehlzeiten zu unterscheiden. Weiterhin kann differenziert werden zwischen berechtigten und unberechtigten Fehlzeiten (unentschuldigtes Fernbleiben von der Arbeit, Zuspätkommen). Bei entgeltfortzahlungspflichtigen Fehlzeiten ist bei der Vereinbarung von Anwesenheitsprämien grundsätzlich § 4a EFZG zu beachten.

§ 4a EFZG stellt zunächst klar, dass eine Kürzung von Sondervergütungen auch wegen entgeltfortzahlungspflichtiger Abwesenheitszeiten zulässig ist. Andere Vergütungsbestandteile können in rechtlich zulässiger Weise nicht aufgrund krankheitsbedingter Abwesenheitszeiten gekürzt werden. Sofern Teile der »Vergütung« somit von Fehlzeiten abhängig gemacht werden sollen, bedarf es bereits beim Arbeitsvertragsschluss einer genauen Festlegung, wie hoch der Anteil der Sondervergütung an der Gesamtvergütung sein soll. Unter Sondervergütungen sind sämtliche Leistungen zu verstehen, die die Einrichtung gegenüber dem Mitarbeiter ohne Bezug zur Arbeitsleistung innerhalb einer Abrechnungsperiode erbringt. In der Regel wird es sich dabei um Einmalzahlungen handeln (Weihnachts- und Urlaubsgeld, Gratifikation, Erfolgsprämie etc.). Umfasst werden jedoch auch Prämien und Boni, die einem anderen Zahlungsmodus unterliegen. So hatte in einem vom Bundesarbeitsgericht zu entscheidenden Fall ein Arbeitgeber mit seinen Mitarbeitern eine freiwillige Sonderprämie von vierteljährlich 250 € vereinbart, die am Quartalsende zu zahlen war, sofern die Mitarbeiter keine unentschuldigten Abwesenheitszeiten oder krankheitsbedingten Arbeitsunfähigkeitszeiten innerhalb dieses Zeitraums aufwiesen. Das Bundesarbeitsgericht führte in dieser Entscheidung zunächst aus, dass eine solche Kürzungsvereinbarung dem Grunde nach zulässig sei. Allerdings sei auch eine solche Vereinbarung an § 4a EFZG zu messen. Diesbezüglich könne es keinen Unterschied machen, ob der Arbeitgeber eine einmalige jährliche Prämie von 1000 € zahle und für jedes Quartal, in dem ein Fehltag auftrat, 250 € abzog oder ob wie vorliegend pro Quartal 250 € gezahlt würden, sofern keine Fehltage vorkämen. Da somit vorlie-

Fehlzeiten konstruktiv managen
© Vincentz Network GmbH & Co. KG, Hannover 2009; ISBN 978-3-86630-055-2

gend § 4a EFZG Anwendung fand, war die Vereinbarung über die Anwesenheitsprämie unwirksam, da die Begrenzungen des § 4a S. 2 EFZG nicht eingehalten wurden. Danach darf die Kürzung für jeden Tag der Arbeitsunfähigkeit infolge von Krankheit ein Viertel des Arbeitentgelts, das im Jahresdurchschnitt auf einen Arbeitstag entfällt, nicht überschreiten.

Beispiel: Ein Mitarbeiter verdient einschließlich der Anwesenheitsprämie 32.800,00 € brutto im Jahr. Davon ausgehend, dass ein Jahr 260 Arbeitstage hat (Berechnungsgrundlage 5-Tage-Woche), errechnet sich der Höchstbetrag für die Kürzung wie folgt: 32.800,00:260=126,15; 126,15:4=31,53. Pro Abwesenheitstag infolge krankheitsbedingter Arbeitsunfähigkeit dürfte somit ein Betrag von € 31,53 abgezogen werden.

Anwesenheitsprämien, die sich nicht auf entgeltfortzahlungspflichtige Fehlzeiten beziehen, sind nicht an der Kürzungsregelung des § 4a S. 2 EFZG zu messen.

Es kann sich folgende Musterformulierung im Arbeitsvertrag anbieten:

Klauselbeispiel (jährliche Auszahlung)

Es wird eine Anwesenheitsprämie in Höhe von € ... zum Ende eines jeden Jahres gezahlt. Für krankheitsbedingte und etwaige unentschuldigte Fehlzeiten erfolgt ein Abzug in Höhe von 1/60 der Prämie pro Ausfalltag. Bei Arbeitsunfähigkeit infolge Krankheit ist die Kürzung der Höhe nach beschränkt auf ein Viertel des Arbeitsentgelts, das im Jahresdurchschnitt auf einen Arbeitstag entfällt. Für jeden vollen Kalendermonat, in welchem noch kein Arbeitsverhältnis bestand oder das Arbeitsverhältnis im zurückliegenden Jahr geruht hat, erfolgt ein Abzug in Höhe von 1/12. Diese Anwesenheitsprämie kann mit Wirkung für das folgende Jahre widerrufen werden).

Die Erfahrung zeigt schließlich, dass viele Mitarbeiter eher dadurch zu motivieren sind, dass sie entsprechende Prämien monatlich erhalten. Es bietet sich dann an, die Klausel entsprechend auf eine monatliche Zahlung anzupassen.

Klauselbeispiel (monatliche Auszahlung)

Es wird eine Anwesenheitsprämie in Höhe von € ... zum Ende eines jeden Monats gezahlt. Für krankheitsbedingte und etwaige unentschuldigte Fehlzeiten erfolgt monatlich ein Abzug innerhalb der Grenzen des § 4a EFZG.

II. Urlaub

Darüber hinaus können Anwesenheitsprämien auch in der Form bezahlten Urlaubs gewährt werden. Demzufolge sieht das Bundesurlaubsgesetz (BUrlG) lediglich einen gesetzlichen Mindesturlaub vor. Dieser beträgt in der 6-Tage-Woche 24 Werktage. Wird an weniger Tagen in der Woche gearbeitet, reduziert sich der Mindesturlaub auf 20 Urlaubstage (5-Tage-Woche), 16 Urlaubstage (4-Tage-Woche), 12 Urlaubstage 3-Tage-Woche usw. Alles, was über den gesetzlichen Mindesturlaub hinausgeht, ist dispositiv. Daraus folgt, dass die Einrichtung die Gewährung des über den gesetzlichen Mindesturlaub hinausgehenden Urlaubs davon abhängig machen kann, ob der Mitarbeiter keine oder nur eine bestimmte Anzahl von Fehlzeiten infolge von Krankheit aufweist. Für einen Mitarbeiter, der in der 5-Tage-Woche tätig ist, kann sich etwa folgende Formulierung anbieten:

Klauselbeispiel (Urlaubskürzung bei Fehlzeiten)

Der Mitarbeiter hat einen Urlaubsanspruch von 20 Arbeitstagen pro Kalenderjahr. Sofern der Mitarbeiter weniger als 7 Arbeitstage im Kalenderjahr aufgrund unverschuldeter Arbeitsunfähigkeit infolge von Krankheit fehlt, erhält er im Folgejahr 5 Urlaubstage zusätzlich (Zusatzurlaub).

Fehlt der Mitarbeiter an mehr als 7 Arbeitstagen, verkürzt sich sein Zusatzurlaub mit jedem weiteren Fehltag um einen Urlaubstag. Weist der Mitarbeiter mithin mehr als 12 Fehltage im Jahr infolge von Krankheit auf, erhält er im Folgejahr keinerlei Zusatzurlaub.

2. Zielvereinbarungen

Allgemeines

Weiterhin kann es sich als sinnvoll erweisen, die Verminderung von Fehlzeiten zu einem Kriterium qualifizierter Zielvereinbarungen zu machen.

Zielvereinbarungen spielen als Führungsinstrument, auch in der Pflege eine immer größere Rolle in der Praxis. Unterschieden werden dabei sog. einfache und qualifizierte Zielvereinbarungen. Von einfachen Zielvereinbarungen wird dann gesprochen, wenn keine Verknüpfung der Zielerreichung mit dem Entgelt erfolgt. Die Funktion einer solchen Abrede liegt darin, dem Einzelnen seinen Beitrag zur »unternehmerischen Gesamtleistung« deutlich zu machen und zugleich eine Beurteilungsgrundlage für den Arbeitgeber zu schaffen. Unter qualifizierten Zielvereinbarungen sind Abreden zu verstehen, in denen ein Zusammenhang zwischen der Erreichung bestimmter Ziele und der Höhe der Vergütung hergestellt wird. Da in der Praxis weitestgehend qualifizierte Zielvereinbarungen üblich sind, beziehen sich die nachfolgenden Ausführungen im Wesentlichen auf diese.

Qualifizierte Zielvereinbarungen beschränken sich nicht mehr nur darauf, zusätzliche Anreize für Führungskräfte von Einrichtungen wie Heimleitung und PDL zu schaffen, sondern sie werden in zunehmendem Maße als Vergütungsbestandteile für sämtliche Mitarbeiter der Einrichtung verwendet. Dabei ist es durchaus üblich, zwischen 5 Prozent und 25 Prozent der Gesamtvergütung von der Erreichung bestimmter Ziele abhängig zu machen.

Es gibt auch überhaupt keine Veranlassung, Zielvereinbarungen nur für bestimmte Mitarbeitergruppen zu verwenden, denn prinzipiell gibt es für Zielvereinbarungen so viele Anknüpfungspunkte wie es Aufgaben für Mitarbeiter gibt. Die Vorteile von Zielvereinbarungen liegen auf der Hand. Die individuellen Ziele der Mitarbeiter werden mit den Unternehmenszielen weitestgehend in Einklang gebracht, was automatisch zu einer höheren Effizienz der Einrichtung führt. Der individuelle Leistungsstand des einzelnen Mitarbeiters kann mit dem Mittel der Zielvereinbarung beobachtet und beeinflusst werden. Darüber hinaus sorgt der Erfolgsbezug der Zielvereinbarung dafür, dass das Wirtschaftsrisiko nicht mehr vollumfänglich die Einrichtung trifft. Vielmehr ermöglichen Zielvereinbarungen eine (partielle) Aufhebung der traditionellen Abgrenzung von Individual- und Unternehmensrisiken, von Individuallohn und Unternehmensgewinn. Legen die Parteien etwa zum Anfang des Jahres fest, dass ein Teil der Vergütung gezahlt wird, sofern sich die Durchschnittsbelegung der Einrichtung um 10 Prozent steigert, tragen beide Seiten zu gleichen Teilen das Risiko der Unterbelegung der Einrichtung.

Rechtliche Einordnung

Zielvereinbarungen sind rechtlich als Abreden zwischen Arbeitgebern und Arbeitnehmern über die Erreichung von Leistungszielen in einem bestimmten Zeitraum, in der Regel einem Geschäftsjahr, zu qualifizieren. Empfehlenswert ist es, die Zielvereinbarung nicht vollständig im Arbeitsvertrag niederzulegen. Vielmehr hat es sich in der Praxis als sachgerecht herausgestellt, als Anlage zum Arbeitsvertrag eine Rahmenregelung zu treffen, die jährlich wiederkehrend durch konkrete schriftliche Zielvereinbarungen ergänzt wird. Diese Gestaltung hat für beide Seiten Vorteile. Der Mitarbeiter hat Gewissheit über die Zusammensetzung seiner Vergütung und die Heimleitung hat die Möglichkeit, durch die jährliche Zielfestlegung Anpassungen an die aktuellen Unternehmensbedürfnisse vorzunehmen, ohne jährlich wiederkehrend sämtliche Vertragsbestandteile neu aushandeln zu müssen. Die Einführung sowie die Gestaltung insbesondere der Rahmenvereinbarung wirft dabei eine Vielzahl arbeitsrechtlicher Fragestellungen auf, die nachfolgend näher beleuchtet werden sollen.

Einführung der Zielvereinbarung

a.) Einführung gegen den Willen der Mitarbeiter

Es stellt sich zunächst die Frage, ob Zielvereinbarungssysteme auch gegen den Willen der Mitarbeiter eingeführt werden können. Hier ist zu unterscheiden zwischen Zielvorgaben und Zielvereinbarungen. Selbstverständlich kann die Heimleitung jederzeit im Hinblick auf bestimmte Arbeitsaufgaben im Rahmen ihres Direktionsrechts einseitig Ziele vorgeben. Sie kann die Zielerreichung aber nicht kraft arbeitsvertraglicher Weisungsbefugnis mit dem – für die Zielvereinbarung typischen – (auch) negativen Vergütungsanreiz unterlegen, sondern allenfalls mit einem positiven Anreiz. Denn werden Vergütungsbestandteile berührt, wird in den Kernbestand des Arbeitsverhältnisses eingegriffen. Eingriffe in den Kernbestand sind einseitig nur mittels Ausspruchs einer Änderungskündigung möglich. Die Einrichtung könnte somit nur mittels Änderungskündigung auf die Einführung einer zielgebundenen Vergütung dringen. Zum einen dürfte eine solche Änderungskündigung rechtlich kaum durchsetzbar sein, denn die Rechtsprechung verlangt bei Änderungskündigungen zur Entgeltabsenkung die Vorlage eines Sanierungsplanes, aus welchem hervorgeht, dass es keine anderen Sanierungsmittel gibt und ohne Ausspruch der Änderungskündigungen Beendigungskündigungen unabwendbar seien. Des Weiteren dürfte die motivierende Wirkung einseitig vorgegebener Zielvorstellungen auch nur bedingt gegeben sein. Die Heimleitung sollte somit darauf achten, Zielvereinbarungen im gegenseitigen Konsens mit den jeweiligen Mitarbeitergruppen zu vereinbaren.

b) Mitbestimmungsrechte beachten

Hat die Einrichtung einen Betriebsrat, können durch die Änderung wie auch durch die Einführung von Zielvereinbarungen Mitbestimmungsrechte des Betriebsrats berührt werden. Das heißt, der Betriebsrat muss von Beginn an von Geschäftsführung und/ oder Heimleitung hinreichend informiert und an der Implementierung der Zielvereinbarungen beteiligt werden. Welche Mitbestimmungsrechte im Einzelnen berührt werden, ist eine Frage der Ausgestaltung der Zielvereinbarungen. Gem. § 87 Abs. 1 Nr. 6 BetrVG hat der Betriebsrat zum Beispiel ein Mitbestimmungsrecht bei der Einführung und Anwendung technischer Überwachungseinrichtungen. Der Begriff der technischen Überwachungsvorrichtung meint, dass das Mitbestimmungsrecht schon dann als berührt gilt, wenn auf nicht technischem Wege erhobene mitarbeiterbezogene Daten in ein elektronisches Datenverarbeitungs- oder Informationssystem eingegeben werden, soweit hierdurch Aussagen über das Verhalten oder die Leistung einzelner Mitarbeiter gewonnen werden können. Sofern die Zielvereinbarungen somit über entsprechend entwickelte Computerprogramme gesteuert werden, werden damit Mitbestimmungsrechte des Betriebsrats gem. § 87 Abs. 1 Nr. 6 berührt. Bezogen auf das Mitbestimmungsrecht gem. § 87 Abs. 1 Nr. 11 BetrVG kommt es darauf an, welche Ziele vereinbart werden. Werden ausschließlich »weiche Ziele« vereinbart (Bewohnerzufriedenheit, soziale Kompetenz, Führungsqualitäten etc.), wird das Mitbestimmungsrecht regelmäßig nicht berührt. Werden jedoch »harte Ziele« vereinbart (Anzahl der Bewohnerbeschwerden, Belegung der Station, Krankheitsquote etc.), ist nach überwiegender Auffassung auch das Mitbestimmungsrecht gem. § 87 Abs. 1 Nr. 11 tangiert.

Aus dem Umstand, dass regelmäßig bei der Einführung und Änderung von Zielvereinbarungen Mitbestimmungsrechte berührt werden, folgt noch nicht, dass der Betriebsrat umfassend mitzubestimmen hat. Vielmehr kann die Einrichtung frei darüber entscheiden, ob sie überhaupt Zielvereinbarungen einführen möchte, welche Zwecke mit diesen verfolgt werden sollen und welcher Dotierungsrahmen festgelegt werden soll. Darüber hinaus kann die Einrichtung auch mitbestimmungsfrei darüber entscheiden, für welchen – nach abstrakten Kriterien bestimmten – Personenkreis sie Zielvereinbarungen einführen möchte. Erst dann, wenn die Zielvereinbarungen konkret ausgestaltet werden, greifen Mitbestimmungsrechte des Betriebsrats. Die Einrichtung kann somit nicht vom Betriebsrat dazu gezwungen werden, Zielvereinbarungen für bestimmte Mitarbeiter einzuführen. Im Gegensatz hierzu kann die Einrichtung jedoch Zielvereinbarungen auch nicht ohne Zustimmung des Betriebsrats inhaltlich ausgestalten. Verweigert der Betriebsrat seine Zustimmung, muss die Heimleitung somit den Weg über die Einigungsstelle gehen. Die Praxis zeigt, dass spätestens in der Einigungsstelle unter Moderation des Vorsitzenden ein Kompromiss gefunden werden kann.

Inhaltliche Ausgestaltung

Bei der inhaltlichen Ausgestaltung von Zielvereinbarungen sind zunächst einige allgemeine rechtliche Grundsätze zu beachten. Die Rahmenzielvereinbarung wird in der Praxis üblicherweise einmal entworfen und findet dann als vorformuliertes Vertragsformular in einer Vielzahl von Fällen Verwendung. Vorformulierte Vertragsbedingungen unterliegen als allgemeine Geschäftsbedingungen auch im Arbeitsrecht einer Inhaltskontrolle nach den § 305 ff. BGB. Daraus folgt, dass Unklarheiten in der Formulierung zu Lasten der Einrichtung gehen (vgl. § 305c Abs. 2 BGB). Es ist somit bei der Erstellung der Zielvereinbarungen möglichst darauf zu achten, dass die Regelungen für den Mitarbeiter transparent und bestimmt genug sind. Darüber hinaus sind überraschende Klauseln zu vermeiden. Schließlich gelten allgemeine Auslegungsregelungen. Das heißt, bei Unklarheiten ist immer danach zu fragen, wie ein verständiger Durchschnittsadressat die streitige Regelung verstanden hätte.

Weiterhin gibt es bestimmte Regelungsgegenstände, die zwingend in jeder Zielvereinbarung enthalten sein sollten. Von ganz erheblicher Bedeutung ist dabei die Festlegung der Ziele. Besonders hier spielt das Transparenzgebot eine erhebliche Rolle. Je weicher die Ziele formuliert werden, desto schwerer ist es am Ende des Berechnungszeitraums, den Grad der Zielerreichung festzulegen. Soweit möglich, sollte die Heimleitung mit dem Mitarbeiter harte Ziele vereinbaren, bei denen der Grad der Zielerreichung anhand von objektiv messbaren Kriterien ermittelt werden kann. Der Berechnungszeitraum ist dispositiv, wobei üblicherweise insbesondere aus Effektivitätsgesichtspunkten an das Geschäfts- oder Kalenderjahr angeknüpft werden sollte. Kürzere Zielbeurteilungszeiträume sind grundsätzlich nicht zu empfehlen, denn es bedarf regelmäßig eines nicht unerheblichen Aufwandes, die Ziele und den Grad ihrer Erreichung zu bestimmen. Es ist weiterhin üblich, dass ein Bonus nicht nur bei hundertprozentiger Zielerfüllung gezahlt wird, sondern eine Staffelzahlung vereinbart wird. Wird eine Staffelung vereinbart, sollte eine Mindestzielgröße vorgesehen werden, deren Erreichung Voraussetzung dafür ist, dass überhaupt ein (anteiliger) Bonus gezahlt wird.

Die Zielvereinbarung sollte außerdem Regelungen für die Fälle enthalten, in denen die Mitarbeiter ihre Arbeitsleistung überhaupt nicht erbringen, sei es, weil das Arbeitsverhältnis für einen längeren Zeitraum ruht (Elternzeit, Erziehungsurlaub etc.) oder weil der Mitarbeiter aus krankheitsbedingten Gründen seine Arbeitsleistung nicht erbringen kann. Für die Fälle des Ruhens des Arbeitsverhältnisses kann etwa eine anteilige Kürzung für den Ruhenszeitraum vorgesehen werden. Bei krankheitsbedingten Fehlzeiten ist sachgerecht zwischen entgeltfortzahlungspflichtigen und sonstigen krankheitsbedingten Fehlzeiten zu differenzieren. Jedenfalls für die nicht entgeltfortzahlungspflichtigen krankheitsbedingten Fehlzeiten kann auch eine anteilige Kürzung vorgesehen werden.

In diesem Zusammenhang regelungsbedürftig ist weiterhin die Frage, wie mit Mitarbeitern umgegangen werden soll, die unterjährig ihre Beschäftigung in der Einrichtung beginnen, beenden oder von der Arbeitsleitung unterjährig freigestellt werden. Auch hier erscheint es sachgerecht, eine anteilige Kürzung des Bonus in der Rahmenvereinbarung vorzusehen. Schließlich sollte die Heimleitung darauf achten, dass in der Zielvereinbarung ein sog. Änderungs- und Widerrufsvorbehalt enthalten ist. Dieser ermöglicht es, Zielvereinbarungen an eine möglicherweise negative wirtschaftliche Entwicklung der Einrichtung anzupassen. Unzulässig ist es, in Zielvereinbarungen einen Freiwilligkeitsvorbehalt aufzunehmen, da dieser bei arbeitsleistungsbezogenen Zahlungen überwiegend als unwirksam angesehen wird. Zulässig ist jedoch Widerrufsvorbehalt, für den Fall, dass sachliche Gründe den Widerruf für die Zukunft rechtfertigen. Als sachliche Gründe kommen etwa eine Unterbelegung der Einrichtung oder eine besonders schlechte wirtschaftliche Lage der Einrichtung in Betracht.

Darüber hinaus gibt es selbstverständlich auch noch weitere Gegenstände, die zwingend in einer Rahmenzielvereinbarung geregelt werden sollten. Beispielhaft seien einige erwähnt: Regelungen zur Fälligkeit etwaiger Bonuszahlungen, das Verfahren zur Feststellung der Zielerreichung, der Zeitpunkt der Festlegung der Ziele sowie Schriftform und Salvatorische Klauseln.

2.8 Fehlzeitenmanagement als feste betriebliche Maßnahme

Aufbau und Inhalte

Betriebliches Eingliederungsmanagement nach § 84 SGB IX stellt einen Teil des gesamten betrieblichen Fehlzeitenmanagements dar. Umgekehrt gesagt könnte das betriebliche Eingliederungsmanagement als die »Basisversion« eines umfassenden betrieblichen Fehlzeitenmanagements verstanden werden (vgl. Kap. 3.4) Das Fehlzeitenmanagement entspricht also gleichermaßen den Anforderungen des betrieblichen Eingliederungsmanagements (BEM) nach § 84 SGB IX, wenn es mindestens die nachfolgend genannten Maßnahmen beinhaltet.

1. Vorbereitende Maßnahmen zum Aufbau eines betrieblichen Fehlzeitenmanagements

a. Besprechung des geplanten Vorgehens innerhalb der obersten Leitungsebene (Zielsetzungen, mögl. Auswirkungen etc.);

b. Beschreibung der mit der Einführung eines betrieblichen Fehlzeitenmanagements verbundenen Zielsetzungen (vgl. Kap. 1.1);

c. Besprechung des geplanten Vorgehens mit Betriebsrat, Personal- oder Mitarbeitervertretung und leitenden Mitarbeitern des Unternehmens, ggf. Schwerbehindertenvertretung; Darstellung der Zielsetzungen;

d. Erarbeitung der Rahmenstruktur eines betrieblichen Fehlzeitenmanagements mit konkreter Darstellung der einzelnen Maßnahmen (wer hat wann welche Aufgaben) in einem kontinuierlichen Abstimmungsprozess mit den verantwortlichen Mitarbeitern und den Personalvertretungsorganen über eine Arbeitsgruppe; Zielsetzung: Fertigstellung eines betriebliches Fehlzeitenmanagements im Sinne einer Betriebs- oder Dienstvereinbarung;

e. Information aller Mitarbeiter über Sinn und Zweck des betrieblichen Fehlzeitenmanagements sowie der konkreten Maßnahmen (Staffelung der Maßnahmen innerhalb der Rückkehrgespräche bis hin zur möglichen Kündigung (vgl. Kap. 3.3).

2. Mögliche Inhalte eines betrieblichen Fehlzeitenmanagements

In der nachfolgend beispielhaften Zusammenstellung kommt es bei den einzelnen Maßnahmen zu Überschneidungen. Beispielsweise entspricht die Zusammenarbeit mit der Krankenkasse bei der Umsetzung des betrieblichen Eingliederungsmanagements (vgl. Kap. 3.4) sowohl gesetzlichen als auch gesundheitlichen Maßnahmen. Die Gliederung dient beim Aufbau lediglich der Strukturierung des Vorgehens, um die mit dem Fehlzeitenmanagement einrichtungsintern gesetzten Ziele auf Einbezug in den Maßnahmenkatalog überprüfen zu können (= Zielsetzung und Maßnahme).

Fehlzeiten konstruktiv managen
© Vincentz Network GmbH & Co. KG, Hannover 2009; ISBN 978-3-86630-055-2

2.1. Basismaßnahmen

Maßnahmen/Aktivitäten	Verantwortlich f. Umsetzung	Einbezug Dokumente
• Umsetzung der Regelung zum Prozessverlauf des AUB-Eingangs bis zur Ablage		
• Sorgfältige Beobachtung der Fehlzeitenentwicklung innerhalb der Probezeiten		
• Anstellungsverhältnisse über die gesetzliche Probezeit von 6 Monaten hinaus im Rahmen der gesetzlichen Möglichkeiten bis zu max. 2 Jahren befristen		
• Führen einer Fehlzeitenstatistik (kalendarischer Verlauf) bezogen auf Mitarbeiter und Arbeitsbereich		
• Arbeitsvertragliche Regelungen müssen mit den Anforderungen aus dem Betrieblichen Fehlzeitenmanagement übereinstimmen		

2.2. Begleitende Maßnahmen

Maßnahmen/Aktivitäten	Verantwortlich für Umsetzung	Einbezug Dokumente
• Dienst- und Einsatzplanung auf Basis der nettoverfügbaren Arbeitszeiten umsetzen		
• Ausgewogenes Verhältnis von Vollzeit- zu Teilzeitmitarbeitern		
• Kontinuierliche Beobachtung von arbeitsbereichsbezogenen besonderen Arbeitsbelastungen.		
• Begleitende Einarbeitung neuer Mitarbeiter		
• Angebot einrichtungsinterner Aufstiegs- und Weiterbildungsmöglichkeiten		

2.3. Administrative Maßnahmen

Maßnahmen/Aktivitäten	Verant-wortlich für Umsetzung	Einbezug Dokumente
• Regelungen zum konkreten Verhalten beim Auftreten von Krankheit (Meldung bis wann an wen etc.?)		
• Konsequente Umsetzung der Inhalte des betrieblichen Fehlzeitenmanagements mit standardisierter Ursachenanalyse über Rückkehrgespräche		
• Festlegungen, ab wann, zu welchem Zeitpunkt und durch wen Rückkehrgespräche geführt werden (vgl. Kap. 3.1)		
• Erstellung eines Maßnahmenkatalogs an internen Reaktionsmöglichkeiten, welche innerhalb des Rückkehrgesprächs als betriebliche Alternativen zum Ansatz gebracht werden können		
• Festlegung von Maßnahmen, welche innerhalb von Rückkehrgesprächen thematisiert werden (vgl. Kap. 3.4)		

2.4. Führungsmaßnahmen

Maßnahmen/Aktivitäten	Verant-wortlich f. Umsetzung	Einbezug Dokumente
• Schulung des Führungsverhaltens		
• Beobachtung von Führungsauswirkungen auf die individuelle Teamsituation		
• Regelmäßige Auswertung von Erkenntnissen aus dem betrieblichen Fehlzeitenmanagement auf der Führungsebene		

2.5. Gesundheitliche Maßnahmen

Maßnahmen/Aktivitäten	Verant- wortlich f. Umsetzung	Einbezug Dokumente
• Angebot von gesundheitsfördernden Maßnah- men (vgl. Kap. 2.3)		
• Angebote und Zusammenarbeit bei innerbetrieb- lichen gesundheitsfördernden Maßnahmen mit den Berufsgenossenschaften		
• Zusammenarbeit mit den Krankenkassen im Rahmen des betrieblichen Eingliederungsma- nagements nach § 84 SGB IX		
• Einbindung einrichtungsinterner Dienste für Mitarbeiter; Integrationsbeauftragte bei großen Trägern		
• Einbindung von Sicherheitsbeauftragten in die Auswertungsgespräche (Umgang mit Arbeitsmit- teln, Einsatz technischer Hilfen etc.)		

2.6. Einbindung gesetzlicher Möglichkeiten

Maßnahmen/Aktivitäten	Verant- wortlich f. Umsetzung	Einbezug Dokumente
• Betriebliches Eingliederungsmanagement nach § 84 SGB IX		
• Wiedereingliederung nach § 28 SGB V		
• Untersuchungen über Medizinischen Dienst		
• Einbezug von Berufsgenossenschaften (Umschu- lungsmaßnahmen/Suche nach möglichen Alter- nativen)		
• Einbezug von Arbeitsagenturen (Umschulungsmaßnahmen/Suche nach mögli- chen Alternativen)		
• Arbeitsvertragliche Änderungen		
• Beendigungskündigung		

3. Auf Fehlzeiten reagieren

3.1 Rückkehrgespräche

Rückkehrgespräche sind ein wesentliches Element des Fehlzeitenmanagements. Sie sind Ausdruck der Verantwortung der Führungskraft gegenüber dem erkrankten Mitarbeiter einerseits und dem Team andererseits.

Rückkehrgespräche sollten grundsätzlich mit jedem Mitarbeiter und nach jeder Fehlzeit geführt werden. Sie sind wirksam und reduzieren nachweislich krankheitsbedingte Fehlzeiten. Eine Selektion kann schnell dazu führen, dass Mitarbeiter unterstellen, nur bestimmte von ihnen würden zum Rückkehrgespräch einbestellt (= klassischer Mobbingvorwurf, als Vorwand sich Gesprächen entziehen zu wollen).

Rückkehrgespräche – richtig durchgeführt – bieten die Chance, gemeinsam mit dem betroffenen Mitarbeitenden den Ursachen des Fehlens auf den Grund zu gehen und ggf. erforderliche Maßnahmen auf den Weg zu bringen.

Nur durch dieses analytische Herangehen wird letztlich auch das Abstellen betriebsbedingter Risikofaktoren für erhöhte Fehlzeiten (z. B. Teamkonflikte, Desorganisation) möglich.

Auf diese Weise können Fehlentwicklungen aufgespürt und korrigiert werden, bevor sie gravierende Folgen haben.

Setzt man den Zeitaufwand bei der konsequenten Anwendung von Rückkehrgesprächen in Relation zu der zeit- und geldaufwändigen »Ersatzschaffung« von Mitarbeitern, erkennt man schnell den Vorteil dieser Maßnahme – zumal die Ersatzbeschaffung lediglich Symptome kuriert, aber nicht zu den Ursachen führt. Viel gefährlicher ist dabei, dass unterschwellig die Botschaft signalisiert wird, dass Fehlen kein Problem darstellt, nach dem Motto: »Die Leitung kümmert sich schon um Ersatz für mich.«

Grundsätzlich muss der Nutzen abgewogen werden, insbesondere in kleinen Arbeitseinheiten, diese Gespräche von der unmittelbar Vorgesetzten führen zu lassen, weil diese u. U. in eine Interessenskollision gebracht werden kann (wegen der unmittelbaren Nähe zu den Mitarbeitern), welche der Sache nicht unbedingt förderlich ist, (s. Kap. 2.2). Darüber hinaus darf auch im Zusammenhang mit Rückkehrgesprächen – abgesehen von der Zielsetzung des einzelnen Gesprächs – die Breitenwirkung, welche das Vorgehen insgesamt auf die Mitarbeiterschaft ausübt, in seiner Wirkung nicht unterschätzt werden.

Konsequentes betriebliches Fehlzeitenmanagement kommt ohne Rückkehrgespräche nicht aus. Die folgende Checkliste stellt die Rahmenbedingungen dar.

Rückkehrgespräche haben folgende Funktionen:

1. Früherkennung,

2. Rückmeldung und Beobachtung,

3. Lösungssuche unter Beteiligung des Mitarbeiters.

Fehlzeiten konstruktiv managen
© Vincentz Network GmbH & Co. KG, Hannover 2009; ISBN 978-3-86630-055-2

Piorr et al (2000) in: Brandenburg, U./Nieder, P. (2003), S.113, führen einige Schwachstellen zum Rückkehrgespräch an:

- Motivationale Faktoren, die bei Fehlzeiten gerade eine wichtige Rolle spielen, dürften gegenüber dem Vorgesetzten kaum angesprochen werden.

- Das Klagen über zu hohe psychische Belastungen ist problematisch, weil es mit mangelnder Belastbarkeit und Leistungsfähigkeit gleichgesetzt werden könnte.

- Das Führungsverhalten des direkten Vorgesetzten als Krankheitsursache wird völlig ausgeblendet.

1. Gefahr erkannt, Gefahr gebannt? Die Früherkennung

Führungskräfte, die ihre Fürsorgepflicht gegenüber dem einzelnen Teammitglied ernst nehmen, führen Rückkehrgespräche bereits im Bereich der Früherkennung. Sie helfen damit gefährdeten Mitarbeitenden, ihre Gefährdung frühzeitig zu erkennen. Außerdem erhalten Sie angemessene Impulse zur Verhaltenskorrektur.

Zur Risikogruppe mit »tendenziell erhöhten Fehlzeiten« zählen gemäß statistischen Auswertungen in unserer Beratungsarbeit (vgl. Schaubild 1.2.2 B, S. 24):

- Mitarbeitende mit niedriger Qualifikation,

- Mitarbeitende mit niedrigem sozialen Status und prekären Familiensituationen,

- Mitarbeitende der Generation 50 plus (durch langwierige Erkrankungen, wenn sie erkranken),

- Mitarbeitende mit häufigen Kurzerkrankungen (z. B. Dienstwochenende und Brückentage),

- Mitarbeitende mit kurzer Firmenzugehörigkeit.

Rückkehrgespräche zielen darauf ab, schleichende Verabschiedungsprozesse frühzeitig zu erkennen. Symptome sind: Dis-Engagement, Instabilität der Stimmung und nachlassende Leistung und Zuverlässigkeit.

Die Führungskraft kann anhand von Referenzpersonen unter Umständen bestehende Überforderungssituationen früh erkennen und ggf. gegensteuern.

Das betroffene Team fühlt sich mit seiner Belastung durch ständiges ‚Einspringen‘, unregelmäßige Dienst- und Freizeiten und zusätzliche Arbeitsübernahmen ernst genommen.

2. Rückmeldung als Wertschätzung/Beobachtung signalisieren

Durch das Gespräch erhalten Mitarbeitende Rückmeldung. Rückmeldung darüber, dass sie im Unternehmen wahrgenommen werden, dass man sich für sie interessiert, ihr Fehlen bemerkt und sie vermisst. Das ist gerade für die Mitarbeitenden wichtig, die jahrelang zuverlässig Tag für Tag ihre Arbeit leisten und dann krank werden. Sie erleben das Rückkehrgespräch als Ausdruck von Aufmerksamkeit und Fürsorge.

Eine sachliche Rückmeldung ist aber auch für die anfälligen Mitarbeitenden wichtig, die z. B. durch ihre angespannte familiäre Situation rasch mit Krankheit reagieren oder die eine eher gering ausgeprägte Verpflichtung gegenüber dem Team haben und sich im Zweifel bei Bagatellerkrankungen für das Zuhausebleiben entscheiden (vgl. Kap. 2.1).

Nicht zu sprechen von den zum Glück sehr selten vorkommenden Personen in der Pflege, die bei ungeliebten Dienstzeiten mit einem Krankenschein reagieren.

Sie alle haben ein Recht auf die Rückmeldung ihrer Führungskräfte als Zeichen des Ernstnehmens, des Mitfühlens sowie ggf. als Voraussetzung für eine weitere Chance. Rückkehrgespräche müssen beides deutlich machen:

- Mitarbeitende, die krank sind, müssen kein schlechtes Gewissen haben, wenn sie zu Hause bleiben.
- Teammitglieder, bei denen sich die Fehlzeiten häufen und der Verdacht des Absentismus nicht von der Hand zu weisen ist, müssen mit den entsprechenden Konsequenzen rechnen.

3. Lösungssuche

Ist das Rückkehrgespräch eine feste Institution nach jeder krankheitsbedingten Fehlzeit, wird das Gespräch in den meisten Fällen unkompliziert sein und mit den besten Wünschen für die Gesundheit enden. Möglicherweise sind Aspekte zur Sprache gekommen, die für das Fehlzeitenmanagement oder die Personalführung von Bedeutung und weiter zu verfolgen sind.

In der Regel sind Mitarbeitende, bei denen sich krankheitsbedingt erhöhte Fehlzeiten ergeben haben und die sich ihrem Team verpflichtet fühlen, gerne bereit, im Rahmen ihrer Möglichkeiten an einer Lösungsfindung mitzuwirken. Nicht selten sind das Mitarbeitende, die engagiert für die Einrichtung einstehen, jedoch durch Verschleißerscheinungen oder familiäre Konstellationen krank werden und unterstützende Begleitung brauchen. Rückkehrgespräche geben der vorgesetzten Führungskraft die Gelegenheit, das zu erkennen.

Im Gespräch ist von zentraler Bedeutung, dass die gesprächsführende Leitungsperson nicht als Erste ihre Vorstellungen einer Lösung zu dem Sachverhalt darlegt, sondern das betreffende Teammitglied. Es muss sich in der Pflicht sehen, sich persönlich mit der aktuellen Fehlzeitensituation auseinanderzusetzen und seinen Beitrag zu einer möglichen Veränderung zu leisten.

Rückkehrgespräche situationsadäquat gestalten

Die Haltung zum Mitarbeiter ist in allen Gesprächen grundsätzlich durch Wertschätzung, Sicherheit und Klarheit geprägt. Bei jedem Gespräch wird ein Rückkehrgesprächsprotokoll geführt. Die Strategie des Rückkehrgespräches ist dabei in Art und Ausprägung der krankheitsbedingten Fehlzeit anzupassen.

Zu beachten ist: Veränderung erfolgt durch Akzeptanz und Konfrontation.

Formel: V = A + K

Achtung: Der zum Rückkehrgespräch eingeladene Mitarbeitende wird im Voraus darüber informiert, dass er zur Mitarbeit im Problemlösungsprozess verpflichtet ist, und dass er selbst Vorschläge zur Lösung beitragen soll.

Wir unterscheiden drei Formen von Rückkehrgesprächen nach dem Schwierigkeitsgrad der Gesprächsführung.

Kategorie ›Eindeutig leicht‹: – grün –	Krankenrückkehrgespräch mit einem bewährten Mitarbeiter
Vorgehen:	siehe Gesprächsleitfaden
Atmosphäre:	Dank für das Geleistete soll zum Ausdruck kommen und das Interesse an Person und Gesundheitssituation soll deutlich werden.
Kategorie ›Schwieriger‹: – gelb –	Krankenrückkehrgespräch mit einem chronisch kranken Mitarbeiter und steigenden Ausfallzeiten
Vorgehen:	siehe Gesprächsleitfaden
Atmosphäre:	loyal/besorgt/mitfühlend – klar auf das Ziel Problemlösung bezogen
Lösungsorientierung:	• Diese Option ist ausgeschlossen: ‚Alles bleibt, wie es ist‘ – jede andere Lösungsmöglichkeit ist diskussionsfähig. • Problematik und Perspektive transparent machen. • Nach einem gemeinsamen Weg suchen, der das individuelle und das betriebliche Wohl im Auge hat. • Win-win-Situation herstellen. • Unterstützung des z. B. chronisch kranken Mitarbeitenden in der Bewältigung seiner Situation (Maßnahmenplan), siehe Gesprächsleitfaden.
Kategorie ›Eindeutig schwierig‹: – rot –	Krankenrückkehrgespräch bei stetig wachsenden Fehlzeiten mit Leistungsabfall, u. U. mit häufigen Kurzerkrankungen und Verdacht des Absentismus
Vorgehen:	siehe Gesprächsleitfaden
Atmosphäre:	sachlich
Lösungsorientierung:	• Interesse an Gesundheitssituation. • V = A + K. • Perspektiven und Konsequenzen aufzeigen. • Suche nach gemeinsamem Weg. • Auflagen.

Im Folgenden soll es um die Führung von schwierigen und eindeutig schwierigen Gesprächen gehen.

Vermeidungsstrategien helfen nicht weiter

Gespräche fallen uns schwer oder werden als ‚schwierig‘ erlebt, wenn unangenehme Botschaften und Sachverhalte vermittelt werden müssen, die unter Umständen Negativfolgen beinhalten und beim Gesprächspartner unkalkulierbare oder voraussehbar negative Reaktionen auslösen.

Rückkehrgespräche der Kategorie ‚schwierig‘ und ‚eindeutig schwierig‘ beinhalten:

⸰ das Umgehen mit verschiedenen Interessen bzw. mit Interessen, die sich eindeutig widersprechen,

⸰ Elemente des Entscheidungsdrucks: Am Ende des Gesprächs sollte – notfalls gegen den Willen eines/einer Beteiligten – ein Ergebnis (z. B. Auflage) festgestellt werden,

⸰ das Ansprechen von Fehlverhalten,

⸰ das Aufzeigen von Konsequenzen.

Diese Inhalte sind emotional belastend und widersprechen dem Bedürfnis vieler Führungskräfte nach Harmonie und Anerkennung. Niemand ist deshalb von Vermeidungsverhalten völlig frei.

Beliebte Strategien, diese Gespräche zu umgehen, sind:

⸰ Gute Gründe finden, warum Rückkehrgespräche a) keinen Sinn machen, b) im eigenen Betrieb nicht durchzuführen sind.

⸰ ‚Rabattmarken kleben‘: unangenehme Botschaften werden solange gesammelt, bis das ‚Heft‘ voll ist und die Führungskraft im Gespräch buchstäblich ‚platzt‘.

⸰ Beschönigung: Das Gespräch findet statt, aber die Nachteile der Nachricht werden verharmlost.

⸰ ‚Hände in Unschuld waschen‘: Der Mitteilende versucht, die Verantwortung für das Gespräch und Maßnahmen auf Dritte zu verschieben.

⸰ Die Verantwortung gegenüber dem Team (Einspringen, Steigerung der Arbeitsbelastung) wird nicht übernommen.

Bitte überprüfen Sie sich regelmäßig selbstkritisch, ob diese Fluchtstrategien auch bei Ihnen vorkommen – wenn ja: konsequent abstellen! – Sie schaden sonst sich selbst und ihren Mitarbeitern.

Sieben Schritte der zielführenden Gesprächsführung:

1. Transaktionsanalyse einsetzen
2. Mit heftigen emotionalen Reaktionen angemessen umgehen
3. Verfahrensgerechtigkeit gewährleisten
4. Ich-Botschaften senden
5. Aktives Zuhören einsetzen
6. Zielführend sprechen
7. Zum Abschluss kommen

Schritt 1: Transaktionsanalyse einsetzen

Die Transaktionsanalyse ist ein Modell aus der humanistischen Psychologie zur Erklärung menschlichen Verhaltens. Sein Begründer ist Eric Berne. Das Modell ist anschaulich, praktikabel und praxiserprobt. Die Transaktionsanalyse untersucht den wechselseitigen Austausch von Informationen.

Das Menschenbild der Transaktionsanalyse ist geprägt von den Überzeugungen, dass jeder Mensch über ein gutes Potenzial verfügt, denken kann, über sein Schicksal mitentscheiden sowie sein Verhalten ändern kann (Vgl. Weber 2005, S. 24).

Sehr bekannt ist das ICH-Zustands-Modell, bestehend aus:

Eltern-ICH, Erwachsenen-ICH und Kind-ICH. Menschen sind in der Lage, die ICH-Zustände zu wechseln und daraus zu kommunizieren (Vgl. Weber 2005, S. 28 ff.).

Im Arbeitsleben kommunizieren wir häufig aus dem Erwachsenen-ICH und unser Gegenüber antwortet entsprechend daraus. Der Kommunikationsweg ist komplementär oder parallel.

In schwierigen Gesprächen kommt es oft zu gekreuzten Transaktionen. Das heißt: Unser Gegenüber antwortet uns überraschend aus dem Kind-ICH heraus. Hier ein Beispiel:

Die Führungskraft: *»Bis wann haben Sie sich voraussichtlich bei der Beratungsstelle gemeldet?«*

Mitarbeiter: *»Jetzt lassen Sie mich doch einfach mal in Ruhe! Je häufiger Sie fragen, desto länger dauert es!«*

Der Kommunikationsfluss ist unterbrochen. Nun hat die Führungskraft mehrere Möglichkeiten:

1. Sie kann ebenfalls im Kind-ICH antworten.

   Beispiel: *»Ich habe auch keine Lust auf diesen Quatsch!«*

2. Sie kann ins Eltern-ICH wechseln (was das Gegenüber mit seiner Antwort intendiert hat) und trösten oder schimpfen.

3. Sie bleibt konsequent in der Erwachsenen-Rolle, was für das erfolgreiche Führen eines schwierigen Gespräches am besten wäre.

Die Transaktionsanalyse hilft dem Gesprächsführenden dabei, die eigenen Gefühle zu beobachten, konsequent im Erwachsenen-ICH zu verbleiben. Dem Gesprächspartner wird es durch die gelassene Reaktion auf eine gekreuzte Transaktion erleichtert, wieder ins Erwachsenen-ICH zurückzukehren.

Schritt 2: Mit heftigen emotionalen Reaktionen angemessen umgehen

Kritik- und Schlechte-Nachrichten-Gespräche sind für Vorgesetzte auch deshalb unangenehm, weil die Reaktionen der betroffenen Person nicht genau vorhersehbar sind. Emotionen entstehen hier als Reaktion des/der Betroffenen auf das Ereignis.
   Die Reaktion der Person hängt ab von

- der Bedeutung, die der Mitarbeitende dem Gespräch und seinem Inhalt gibt,
- dem situativen Kontext, d. h. dem Umfeld/Rahmen des Gespräches,
- der aktuellen Verfassung der Person,
- der emotionalen Struktur der Person selbst.

Vielfältige Reaktionsweisen können infrage kommen:

Aggression: Der Überbringer wird mit der Nachricht identifiziert und verbal angegriffen (»Sie wollen mich fertig machen«).

Verweigerung: Die Nachricht wird nicht geglaubt (»Ich habe bisher doch kaum Fehlzeiten montags und freitags«).

Regression: Die betroffene Person zieht sich in kindliches Verhalten zurück (Lachen, Weinen, Jammern).

Aus dem Feld gehen: Der Mitarbeiter verlässt türknallend den Raum.

Es ist nicht Aufgabe der Führungskraft, emotionale Reaktionen zu verhindern! Aber es muss Ziel sein, durch die Gestaltung des Gesprächsrahmens und die Berücksichtigung der aktuellen Situation der Person die Reaktion nicht noch zu verschlimmern.

Schritt 3: Verfahrensgerechtigkeit gewährleisten

Wie in Kap. 2.2 zum Führungsverhalten bereits beschrieben, erleichtert die Gestaltung des Prozesses und Gespräches nach den Kriterien des gerechten Verfahrens deutlich die Akzeptanz des Gesprächsinhaltes.

Schritt 4: ICH-Botschaften senden

Mit ICH-Botschaften bezeichnen wir Äußerungen, die eigene Beobachtungen, Meinungen und Gefühle wiedergeben. Sie sind ein Mittel der Deeskalation, weil sie das Annehmen problematischer Gesprächsinhalte erleichtern.

Wenn eine Führungskraft mit einem Mitarbeiter ein Rückkehrgespräch führt, dann tut sie das, weil sie Probleme durch den Ausfall hat: Sie macht sich Sorgen um die Zukunft des Mitarbeiters, Dienste können nicht angemessen abgedeckt werden, ständiges Einspringen wird erforderlich usw.

Genau das greift die ICH-Botschaft auf: Sie drückt ein Problem aus, wie es sich für den Sender (hier Führungskraft) darstellt.

Mit ICH-Botschaften übernimmt der Sprecher die Verantwortung für seine Sicht der Dinge.

DU-Botschaften hingegen – beispielsweise: *»Sie sind nicht belastungsfähig!«* – reizen den Empfänger zu Widerstand und erschweren den Gesprächsverlauf.

Schritt 5: Aktives Zuhören einsetzen

Das aktive Zuhören basiert auf dem Konzept der klientenzentrierten Gesprächsführung von Carl Rogers und auf dem Effekt des konzentrierten Verstehen-Wollens. Der Empfänger wiederholt dabei mit eigenen Worten das vom anderen Gesagte und fasst es mit seinen Worten zusammen.

Auf diese Weise kann die Führungskraft prüfen, ob sie den Mitarbeiter richtig verstanden hat. Wenn das Gegenüber viel spricht, wird immer nach etwas Wichtigem der Inhalt zusammengefasst und rückgemeldet.

Diese Form des Gespräches nennt sich kontrollierter Dialog und eignet sich besonders in kritischen Gesprächen dazu, eine möglichst hohe Übereinstimmung zu erzielen (Vgl. Weber 2005, S. 67).

Schritt 6: Zielführend sprechen

Aufbauend auf den bisherigen Schritten sollte nun der Idealzustand definiert und erreichbare Teilziele abgestimmt werden.

Dazu beschreibt der Mitarbeiter möglichst zuerst, wie die Situation in Zukunft sein sollte. Als Führungskraft zeigen Sie die Konsequenzen auf und arbeiten mögliche Konsens- und Kompromissoptionen durch.

Schritt 7: Zum Abschluss kommen

In dieser Phase wird das Gesprächsergebnis gesichtet. Am besten ist es, wenn der Mitarbeiter es selbst zusammenfasst. Die Führungskraft dokumentiert die Vereinbarung.

Ein schwieriges Gespräch ist gelungen, wenn seine Ziele in Abstimmung mit allen erreicht wurden.

Ablauf des Rückkehrgesprächs

Funktion

Das Rückkehrgespräch ist ein Beratungsgespräch bei Arbeitsaufnahme eines Mitarbeitenden nach Krankheit. Nach Krankheit stehen psychologische Unterstützungsmaßnahmen zur Reflexion und zur weiterführenden Planung im Vordergrund. Sie können nach längerer Abwesenheit regelrecht als Verständigungsbrücke zwischen Mitarbeitendem/Arbeitskontext und Team gesehen werden.

Vorbereitung

- Durchführung möglichst am ersten Arbeitstag/in der ersten Arbeitswoche.
- Ca. 5 bis 30 Minuten Zeit einplanen; in Abhängigkeit von den bisherigen Gesprächen.
- Ruhiger Raum, ungestörte Gesprächsumgebung, (Kaffee und Gebäck, je nach Eskalationsstufe).
- Ziel des Gespräches soll vorher mit dem Mitarbeitenden geklärt sein; Mitarbeiter soll sich vorbereiten können, um selbst unmittelbare Lösungsvorschläge einzubringen.
- Statistisches Material zur Abwesenheit, z. B. kalendarische Entwicklung der Krankheitstage, spezielle Häufungen, Jahreszeiten, Wochentage/Rahmendaten, Vereinbarungen bzw. Zielsetzungen aus früheren Gesprächen (hinzuziehen vorheriger Gesprächsprotokolle).
- Prüfen der Notwendigkeit bzw. in Abhängigkeit von der »Eskalationsstufe« die Einbindung weiterer Personen wie Betriebsrat, zur Absicherung etc. (vgl. Kap. 3.1.1 und 3.1.2).
- Aktuelle Rahmenbedingungen/Situation des Bereiches vorab mit zuständiger Führungskraft in den Blick nehmen (vgl. Kap. 1.3) unter Berücksichtigung von:

  > Fluktuation,
  >
  > Teamsituation (Arbeitsbelastung/neue Anforderungen (spezielle Bewohnersituationen/RiP®(-Auswertung),
  >
  > speziellen Einschränkungen/Belastungen (soweit bekannt: Familie, Partnerschaft).

Durchführung

- Zugewandter, freundlicher Empfang an der Tür.
- Zum Besprechungstisch geleiten, Sitzplatz und Getränk anbieten.
- Zeitkorridor transparent gestalten, Ruhe ausstrahlen.
- Geben Sie dem Mitarbeitenden die Gelegenheit, von sich und seiner Situation zu berichten.

- Hören Sie aufmerksam zu, achten Sie auf Untertöne, »Nicht-Gesagtes« über seine Situation und Arbeit.

- Erkundigen Sie sich nach seiner aktuellen Situation/Befindlichkeit/noch bestehenden Gesundheitsproblemen.

- Interessieren Sie sich für seine Erfahrungen und ggf. neue Erkenntnisse (je nach Abwesenheitsgrund differenzieren).

- Signalisieren Sie, dass Sie sich freuen, dass er wieder da ist.

- Knüpfen Sie an die Zeit vor der Krankheit/Abwesenheit an, und gehen Sie mit den Informationen seiner Führungskraft sensibel um. Kleiden Sie sie am besten in Fragen.

- Besprechen Sie mit ihm Dauer und besondere Aspekte seiner Abwesenheit.

- Fragen Sie ihn, wie er seine Leistungsfähigkeit selbst einschätzt.

- Sprechen Sie offen mit dem Mitarbeitenden, was er sich zutraut, vereinbaren Sie eine schrittweise Steigerung der Belastung. Richten Sie sich dabei nach Ihrem Gefühl und den Angaben des Mitarbeitenden. Dadurch bauen Sie eine Vertrauensbasis auf.

- Lassen Sie Ihren Mitarbeitenden Vorschläge machen, wie er seinen Wiedereinstieg sieht. Überprüfen Sie in Ruhe, welche Vorschläge Sie annehmen können.

- Treffen Sie ggf. Zielvereinbarungen.

- Unterstützen Sie alle Aktivitäten, um Ihren Mitarbeitenden leistungsfähig zu machen. Fördern Sie seine Eigeninitiative und beziehen Sie seine veränderte Ausgangsposition mit ein.

- Äußern Sie am Ende des Gesprächs noch einmal ihre Freude über den Neuanfang Ihres Mitarbeitenden. Sie stärken so sein Selbstvertrauen und fördern seine Motivation.

- Terminieren Sie ggf. unmittelbar ein erneutes Gespräch.

- Gesprächsinhalte werden im Rückkehrgesprächsprotokoll dokumentiert (Schaubild 3.1 A) und von den Gesprächsbeteiligten unterschrieben.

- Nachbereitung.

- Rückkehrgesprächsprotokoll auf Wiedervorlage legen (Frist gemäß Zielsetzung).

- Umsetzung vereinbarter Inhalte.

- Überprüfung der gesteckten Ziele.

Schaubild 3.1 A

Rückkehrgesprächsprotokoll

Ergänzende Materialien:

- **Übersicht zur kalendarischen Entwicklung der Fehlzeiten**

  (vgl. Schaubild 1.4 D, S. 45)

- **Übersicht zu den bisherigen Gesprächen und den dort getroffenen Vereinbarungen**

- **Stellungnahme des Mitarbeiters zu seinen bisherigen Prognosen**

Name _____ Vorname _____

Abteilung

Anlass des Gespräches: Bisherige Fehltage wegen Erkrankung in 2006 - 2008
(siehe Anlage/Ausdruck aus EDV-Programm; kalendarische Darstellung)
Die Rückmeldung zum Arbeitsantritt nach Beendigung des Krankheitszeitraums erfolgte nach betrieblicher Regelung □ ja □ nein

Konkrete Anzahl an Fehltagen in Folge von Krankheit im gesamten Zeitraum _____

a. Einschätzung des Mitarbeiters zur Situation und zur voraussichtlichen Prognose

b. Mögliche Maßnahmen seitens der Einrichtung zur Vermeidung von Fehlzeiten

• Ergonomische Optimierung d. Arbeitsplatzes	• Techn. Lösungen wie Hebelhilfen etc.	• Wiedereingliederungsmaßnahmen nach § 28 SGB IX
• Änderung der Arbeitsaufgaben	• Versetzung/Umsetzung in andere Arbeitsbereiche	• Medizinische Rehabilitationsleistungen
• Umqualifizierungen	• Reduzierung der Arbeitszeit (Teilzeit, Altersteilzeit)	•
•	•	

c. Besprechungsergebnis (Lösungsmöglichkeiten/Zielvereinbarungen)

Einbezug weiterer Personen/Stellen:

□ Medizinischer Dienst □ Krankenkasse BEM □ Sonstige
□ Arbeitsagentur □ Betriebs-/Personalrat □ Hausarzt/Betriebsarzt
□ Schwerbehindertenvertretung

Notizen

Erneuter Gesprächstermin/Maßnahmenbesprechung am: ....

Datum/Unterschrift Mitarbeiter

Datum/Unterschrift Haus – oder Pflegedienstleitung

Anlagen: Aufstellung Abwesenheitszeiten und Übersicht bisherige Rückkehrgespräche
Kopie an Betriebsrat/Original in Personalakte

*Die Gesprächsführung in einem Rückkehrgespräch
sollte folgende Regeln berücksichtigen:*

• Führen Sie das Gespräch nicht unter Zeitdruck.
• Überraschen Sie den Mitarbeitenden nicht mit dem Gespräch.
• Gehen Sie nicht unvorbereitet in das Gespräch.
• Verletzen Sie nicht die Privatsphäre des Mitarbeitenden.
• Vermeiden Sie Vorwürfe, Vorhaltungen, Schuldzuweisungen und Klagen
• Vermeiden Sie Bedrohungen und Ironie.
• Zweifeln Sie nicht an der Krankheit Ihres Mitarbeitenden.
• Zwingen Sie Ihrem Mitarbeitenden keine Aufgaben auf, die für ihn nicht zu bewältigen sind.
• Sprechen Sie nicht von vergangenen Leistungen, um Ihrem Mitarbeitenden zu zeigen, was er alles versäumt hat.
• Senden Sie klare Botschaften mit konkreten Vereinbarungen und Zielsetzungen.

Die rechtliche Einordnung von Rückkehrgesprächen

In rechtlicher Hinsicht sind bei der Durchführung von Rückkehrgesprächen verschiedene Ebenen voneinander zu trennen. Insbesondere gilt es – jedenfalls bei der Durchführung standardisierter Rückkehrgespräche – Unterschiede zu beachten, in Betrieben, die eine Interessenvertretung haben (Betriebs- und Personalrat, Mitarbeitervertretung) und solchen, die keine Interessenvertretung haben.

3.1.1 Einrichtungen ohne Interessenvertretung

In Einrichtungen ohne Interessenvertretung richtet sich das »Ob« und das »Wie« der Durchführung von Rückkehrgesprächen nach den allgemeinen arbeitsrechtlichen Grundsätzen. Insofern ist es zunächst fraglich, ob ein Mitarbeiter berechtigt ist, die Teilnahme an einem Rückkehrgespräch zu verweigern. Diese Frage lässt sich relativ schlicht mit »nein« beantworten. Der Mitarbeiter kann im Rahmen des der Einrichtung zustehenden Direktionsrechts jederzeit dazu verpflichtet werden, während der Arbeitszeit für ein Gespräch mit seinem Dienstvorgesetzten zur Verfügung zu stehen, sofern die Unterredung im weitesten Sinne dienstliche Belange betrifft. Da Krankheitszeiten Betriebsabläufe unmittelbar beeinflussen, wird diesbezüglich jedenfalls an einem mittelbaren dienstlichen Bezug des Krankengesprächs kein Zweifel bestehen. Dieses insbesondere auch unter Berücksichtigung des Umstandes, dass der Gesetzgeber unter dem Stichwort »Prävention« den § 84 Abs. 2 in das SGB IX eingeführt hat, welcher die Einrichtung dazu verpflichtet, bei krankheitsbedingten Belastungen des Arbeitsverhältnisses bereits im Vorfeld Maßnahmen zu ergreifen, um einer möglichen Belastung oder Beendigung des Arbeitsverhältnisses vorzugreifen (vgl. Kap. 3.4.1).

Rechtlich problematisch gestaltet sich der Ablauf des Rückkehrgesprächs, insbesondere im Hinblick auf Auskünfte, die vom Mitarbeiter erwartet werden. So ist der Betrieb zunächst wesentlich daran interessiert zu erfahren, worauf die Krankheitszeiten des Mitarbeiters beruhen und ob chronische Krankheiten vorliegen, die befürchten lassen, dass der Mitarbeiter immer wieder ausfallen wird. Es stellt sich somit die Frage, ob der Mitarbeiter Auskunft über Krankheitsursachen geben muss. Für die Beantwortung dieser Frage wird man insbesondere die Rechtsprechungsgrundsätze zu den Fragerechten des Arbeitgebers bei Einstellungen sowie die Regelungen des Entgeltfortzahlungsgesetzes (EFZG) heranziehen müssen.

Einigkeit besteht zunächst darüber, dass Fragen nach früheren Erkrankungen bei der Einstellung von Mitarbeitern nur sehr eingeschränkt möglich sind, denn sie beinhalten regelmäßig einen erheblichen Eingriff in das Persönlichkeitsrecht des Mitarbeiters. Des Weiteren sieht das Entgeltfortzahlungsgesetz lediglich die Vorlage einer Arbeitsunfähigkeitsbescheinigung vor (§ 5 EFZG), aus der ersichtlich sein soll, wie lange der Mitarbeiter voraussichtlich an der Ausübung seiner Arbeitsleistung aufgrund von Krankheit gehindert sein wird. Welche Krankheit ursächlich ist für die Arbeitsunfähigkeit, soll sich aus der Arbeitsunfähigkeitsbescheinigung gerade nicht ersehen lassen. Ergänzt wird diese Vorschrift durch § 275 Abs. 1 Nr. 3 SGB V. Danach soll die Einrichtung den medizinischen Dienst der Krankenkassen einschalten, wenn berechtigte Zweifel an der Erkrankung des Mitarbeiters bestehen. Der MDK überprüft jedoch lediglich, ob die Arbeitsunfähigkeitsbescheinigung in rechtmäßiger Weise ergangen ist. Diagnosen oder Krankheitsursachen erfährt die Einrichtung auch auf diesem Wege nicht.

Im Ergebnis kann der Mitarbeiter somit die Auskunft über Ursachen seiner Erkrankung grundsätzlich ablehnen, ohne dass dieses Verhalten von der Einrichtung in irgendeiner Weise sanktioniert werden könnte.

Ausnahmen dürften lediglich für die Fälle angenommen werden, in denen das konkrete Krankheitsbild des Mitarbeiters Schutzmaßnahmen für Arbeitskollegen, Kunden oder Patienten erforderlich machen, die Krankheit auf einer Schädigung dritter Personen beruht (Vgl. § 6 EFZG) oder eine Fortsetzungserkrankung vorliegt, die Einfluss auf die Entgeltfortzahlungspflicht des Arbeitgebers haben könnte (vgl. Kap. 1.5).

In sämtlichen anderen Fällen dürfte dem Mitarbeiter ein Auskunftsverweigerungsrecht zustehen. Fraglich ist jedoch, ob es dem Mitarbeiter zu raten ist, von diesem Auskunftsverweigerungsrecht Gebrauch zu machen. Denn in den Fällen, in denen die Krankheitszeiten zu unzumutbaren betrieblichen Belastungen führen, wird der Einrichtung, die keinerlei Auskünfte von ihrem Mitarbeiter erhält, schlussendlich nichts anderes übrig bleiben, als gegenüber diesem die krankheitsbedingte Beendigungskündigung auszusprechen (vgl. Kap. 3.3). Denn spätestens in einem dann durchzuführenden Kündigungsschutzprozess hat der Mitarbeiter vollen Umfangs Auskunft zu geben über die Ursachen seiner Erkrankungen und er hat die ihn behandelnden Ärzte von der Schweigepflicht zu entbinden.

Im Ergebnis verbleibt es jedoch dabei, dass außerhalb eines Kündigungsschutzprozesses der Mitarbeiter nicht verpflichtet ist, Auskünfte über seinen Gesundheitszustand zu erteilen, noch seine Ärzte von der Schweigepflicht zu entbinden.

3.1.2 Einrichtungen mit Interessenvertretung

Die Führung formalisierter Rückkehrgespräche zur Aufklärung eines überdurchschnittlichen Krankheitsstandes mit einer nach abstrakten Kriterien ermittelten Mehrzahl von Arbeitnehmern ist gemäß § 87 Abs. 1 Nr. 1 BetrVG mitbestimmungspflichtig. Das heißt, ohne Zustimmung des Betriebsrats und Verständigung über den Inhalt der Rückkehrgespräche ist es in Betrieben, die einen Betriebsrat haben, rechtlich nicht möglich, formalisierte Rückkehrgespräche zu implementieren. Diese Grundsätze gelten auch entsprechend, wenn es im Betrieb keinen Betriebsrat, sondern einen Personalrat oder eine Mitarbeitervertretung gibt.

Gelingt es der Einrichtung jedoch, den Betriebsrat von der Sinnhaftigkeit der Rückkehrgespräche zu überzeugen und gelingt es, den Inhalt dieser Gespräche in einer Betriebsvereinbarung niederzulegen, wird auch die Motivation der Belegschaft an einer konstruktiven Teilnahme bei solchen Gesprächen erheblich gesteigert.

Zielsetzung eines abgestuften Vorgehens innerhalb des betrieblichen Fehlzeitenmanagements ist es eine klare Linie mit Steigerungspotenzial vorzugeben, für den Fall, dass weniger einschneidende Maßnahmen nicht zum Erfolg führen. Das Vorgehen muss zweifelsfrei erkennen lassen, dass mit zunehmenden Fehlzeiten jeweils auch eine adäquat angepasste Reaktion erfolgt. Der Mitarbeiter selbst soll nachvollziehen können, welche Maßnahmen innerhalb des betrieblichen Fehlzeitenmanagements umgesetzt werden und dass der Umgang mit Fehlzeiten nicht beliebigen Hauruck-Aktionen entspringt. Verlässlichkeit und Transparenz im Fehlzeitenmanagement stellen eine der zentralen Voraussetzungen dafür dar, dem Vorwurf des Mobbings und der Willkür zu entgehen. Vor diesem Hintergrund sollte das betriebliche Fehlzeitenmanagement in seiner abgestuften Reaktionsform mit den Mitarbeitern und den Arbeitnehmervertretungsorganen gemeinsam erarbeitet werden, um Ängste und Sorgen, die mit der Einführung zwangsläufig und immer verbunden sind, ernst zu nehmen und in soweit von Anfang an eine entsprechende Akzeptanz beim Umgang mit diesem heiklen Thema weitest möglich in der Mitarbeiterschaft zu fördern.

In dem Moment, in dem nachweisbar ist, dass Maßnahmen zum Umgang mit Fehlzeiten

🔖 innerbetrieblich und

🔖 unter Mitarbeiterbeteiligung erarbeitet,

- alle Mitarbeiter über Inhalte und Maßnahmen informiert sind und
- das gleiche strukturelle Vorgehen für jeden Mitarbeiter gilt,

ist eine gemeinsame Arbeitsbasis vorhanden und der Vorwurf des Mobbings nahezu ausgeräumt. In der Aufbauphase muss aber eindeutig klar sein, dass es nicht um eine Weichmacherei der Thematik geht, sondern die eindeutige und unabänderliche Zielsetzung darin besteht, Fehlzeiten zu senken (vgl. Kap. 1.1). Dies soll u. a. auch dadurch erreicht werden, dass Hürden aufgebaut werden, die Fehlen erschweren. Keinesfalls darf es für den einzelnen Mitarbeiter einfach sein, im Betrieb zu fehlen.

Bei den Rückkehrgesprächen – als wesentlichem Teil des Fehlzeitenmanagements – kommt es jetzt darauf an, alle Maßnahmen gesetzlicher-, organisatorischer-, rechtlicher- und disziplinierender Art zu einer wirksamen Mischung zu bündeln und dabei alle verfügbaren Möglichkeiten auszuschöpfen. In der Vorbereitung empfiehlt es sich zunächst alle möglichen Maßnahmen zusammenstellen, um infolge daraus ein abgestuftes Paket als Bestandteil des betrieblichen Fehlzeitenmanagement zu schnüren. Von grundsätzlicher Bedeutung ist dabei auch, welche Regelungen in den Arbeitsverträgen beim Auftreten von Krankheit vereinbart sind und dass die geplanten Maßnahmen des Betrieblichen Fehlzeitenmanagements in arbeitsrechtlicher Hinsicht den Inhalten der Arbeitsverträge nicht entgegenstehen.

Kontinuität und Konsequenz

Von entscheidender Bedeutung für die Akzeptanz des betrieblichen Fehlzeitenmanagement ist die Kontinuität in der Umsetzung. Werden geplante Maßnahmen nur gelegentlich oder für Außenstehende scheinbar ungezielt angewendet, verkommt das Vorgehen zur Farce und wird nicht ernst genommen. Gleichermaßen gilt es darauf zu achten, dass das betriebliche Fehlzeitenmanagement in seiner letztendlichen Konsequenz durchaus die mögliche Kündigung des Mitarbeiters vorsieht, als letzte, aber keinesfalls auszuschließende Maßnahme, wenn alles andere nicht greift. Diese Eindeutigkeit ist deswegen von Bedeutung, weil es durchaus Mitarbeiter gibt, welche glauben, die Rückkehrgespräche »aussitzen« zu können. Ist dann keine Konsequenz spürbar, läuft das gesamte Vorgehen ins Leere; die Wirkung auf die übrigen Mitarbeiter ist fatal.

Das Ausschöpfen von Basismaßnahmen spielt auch hier wieder eine zentrale Rolle, weil diese bereits Reaktionsmöglichkeiten bieten, welche als so genannte Hürden zur Vermeidung des Auftretens von Fehlzeiten dienen. Dazu gehören beispielsweise das

- Ausschöpfen von Kündigungsmöglichkeiten innerhalb der Probezeit ohne Angabe von Gründen oder
- die mehrfache Befristung von Anstellungsverträgen innerhalb eines 2-Jahres-Zeitraums (vgl. Kap. 2.3.3).

Beides bietet eine wesentliche bessere Ausgangsposition bei Rückkehrgesprächen und kann als Druckmittel dienen, sofern dies erforderlich ist. Dabei darf auch nicht unterschätzt werden, welche Breitenwirkung diese Maßnahmen gegenüber den beobachtenden Mitarbeitern entfalten.

Im Folgenden wird anhand eines Beispiels dargestellt, wie eine Schrittfolge innerhalb des betrieblichen Fehlzeitenmanagements aufgebaut sein kann. Als Rahmen dazu dient das Beispiel in Kap. 2.8 Die abgestufte Vorgehensweise muss bezogen auf die jeweiligen Maßnahmen und formulierten Zielsetzungen aus Kap. 1.1 und die Aufgabenverteilung unbedingt den individuellen Erfordernissen der jeweiligen Einrichtung angepasst sein. Das hängt unter anderem von der Betriebsgröße und den Strukturen der Betriebsverfassungsorgane ab.

Aufbau und mögliche Schrittfolge

1. Schritt: Bei Kenntnis einer Arbeitsunfähigkeit erfolgt eine unverzügliche Mitteilung des Mitarbeiters an den Betrieb. Unverzüglich bedeutet – ohne schuldhaftes Verzögern – und ab dem Zeitpunkt, ab dem der Arztbesuch wegen voraussichtlicher Arbeitsunfähigkeit vereinbart oder durchgeführt wird. Die Meldung an den Betrieb geht nicht erst mit der Vorlage der Arbeitsunfähigkeitsbescheinigung (AUB) nach dem Arztbesuch vonstatten (vgl. Kap. 1.5). Dazu sollten auch die in den Schaubildern 1.4 B, S. 43 und 1.4 F, S. 46 zusammengefassten Maßnahmen einrichtungsintern im Fehlzeitenmanagement festgelegt sein:

- Bei wem wird die AUB abgegeben?
- Wer quittiert den Eingang der AUB?
- Wer bearbeitet diese inhaltlich?

Diese Maßnahmen müssen den Mitarbeitern bekannt sein und im Rahmen der Einführung eines betrieblichen Fehlzeitenmanagements einmal in ihrem kompletten Ablauf vorgestellt werden.

Der Aufbau von Hürden innerhalb dieses Schritts besteht darin, dass bekannt ist,

- zu welchem Zeitpunkt der Mitarbeiter den Betrieb über sein voraussichtliches Fehlen zu informieren hat,
- dass eine sorgfältige Auswertung der AUB erfolgt und
- dass klar definiert ist, bei wem die AUB abzugeben ist.

Zielsetzung im ersten Schritt ist es:

- klare Spielregeln beim Auftreten einer Fehlzeit infolge von Krankheit vorzugeben,
- eindeutige Beobachtung zu signalisieren,
- somit Hürden aufzubauen und damit Fehlzeiten und Absentismus entgegenzuwirken.

2. Schritt: Der Mitarbeiter meldet sich nach Feststellung der Arbeitsunfähigkeit durch den Arzt telefonisch oder persönlich (es besteht keine Auswahl, sondern die Art und Weise wird festgelegt) bei einer benannten Stelle und zusätzlich zu den üblich Bürozeiten persönlich bei der Pflegedienstleitung.

Eine weitere Hürde kann es darstellen, dass zum Beispiel die übliche betriebliche Praxis darin besteht, die AUB erst ab dem dritten Tag vorzulegen, bei bestimmten Mitarbeitern dieses aber bereits ab dem ersten Tag einzufordern (vgl. Kap. 1.5). Auch damit wird innerhalb des Teams ein deutliches Signal gesetzt nach dem Motto: »Mitarbeiter Mustermann muss die AUB schon ab dem ersten Tag abgeben, wisst ihr das?«

Der Aufbau von Hürden innerhalb dieses Schritts besteht darin, dass

- bestimmte Mitarbeiter bereits ab dem ersten Tag verpflichtet sind, eine AUB abzugeben (dieses kann später durchaus auch wieder gelockert werden) und
- damit innerhalb des Teams ein deutliches Signal einer mitarbeiterbezogenen Beobachtung ausgesandt wird.
- die unverzügliche telefonische Information bezüglich der anstehenden Fehlzeiten durch den Mitarbeiter keinesfalls das persönliche Gespräch nach Rückkehr ersetzt.

Zielsetzung im zweiten Schritt ist es:

- klare Spielregeln beim Auftreten einer Fehlzeit vorzugeben,
- Beobachtung zu signalisieren,
- dem Team zu signalisieren, dass die mitarbeiterbezogene Anhäufung von Fehlzeiten durch die Führungskräfte erkannt wurde,
- die Verpflichtung des Mitarbeiters nach Rückkehr persönlich zu seiner Fehlzeit Stellung beziehen zu müssen,
- Hürden aufzubauen und damit weiteren Fehlzeiten und Absentismus entgegenzutreten.

3. und weitere Schritte: Mit dem 3. Schritt wird das Element der Rückkehrgespräche in das betriebliche Fehlzeitenmanagement mit aufgenommen. Diese Gespräche benötigen verschiedene Hilfsmittel, um die Transparenz und Nachvollziehbarkeit zu sichern. Dazu gehören:

- das Rückkehrgesprächsprotokoll (vgl. Kap. 3.1; Schaubild 3.1 A, S. 188),
- eine Übersicht zu der kalendarischen Entwicklung der Fehlzeiten der vergangenen 24 – 36 Monate,
- vorausgegangene Gesprächsprotokolle mit Übersichten zu den dort getroffenen Vereinbarungen,

- ein Überblick zu der Umsetzung von zuvor bereits getroffenen Vereinbarungen und Maßnahmen,
- ein persönliches Bild von der Situation des Gesprächspartners für den Gesprächsführer auf Basis der Inhalte von Kap. 1.3.

Die Art der Gesprächsführung (vgl. Seiten 183 f.) stellt einen entscheidenden Faktor dar. Die Entscheidung, ab wann Rückkehrgespräche und durch wen geführt werden sind in Kap. 3.1 beschrieben.

Mit den Rückkehrgesprächen wird eine ganz besondere Hürde in das betriebliche Fehlzeitenmanagement mit aufgenommen, weil der betroffene Mitarbeiter dazu persönlich erscheinen und Stellung beziehen muss. Zum Abschluss des Rückkehrgesprächs kann mit Mitarbeitern, welche der besonderen Beobachtung bezüglich ihrer Fehlzeiten bedürfen, unmittelbar ein erneuter Gesprächstermin innerhalb eines überschaubaren Zeitraums von beispielsweise 4 Wochen vereinbart werden. Dies signalisiert eindeutig, dass innerhalb dieses Zeitraums eine engmaschige Beobachtung erfolgt (erneuter Aufbau von Hürden).

Spätestens ab den hier beschriebenen weiteren Schritten im Zusammenhang mit den Rückkehrgesprächen stellt sich die Frage nach dem Zeitpunkt der (Regel)- Einbindung der Interessenvertretung der Mitarbeiter bzw. der Schwerbehindertenvertretung in die Gespräche.

Einen weiteren Schritt (und damit eine weitere Hürde) kann die schriftliche Information an den Mitarbeiter darstellen, dass seine Aufnahme in das betriebliche Eingliederungsmanagement nach § 84 SGB IX geplant ist (vgl. Kap. 3.4).

Das betriebliche Fehlzeitenmanagement	ja	nein	Erfolgt später
• beinhaltet eine Regelung, ab wann Rückkehrgespräche zu führen sind.			
• regelt, wer auf welcher Arbeitsebene Rückkehrgespräche führt.			
• gewährleistet, dass Mitarbeiter, die Rückkehrgespräche führen, in Gesprächsführung zumindest geübt sind.			
• verpflichtet zu der konsequenten Durchführung protokollierter Rückkehrgespräche.			
• schreibt vor, dass bei Mitarbeitern mit hohen Fehlzeiten die unmittelbare Terminierung eines Folgegesprächs mit Hinweis auf die individuelle Beobachtung bis dahin erfolgt.			

3.2 Transparenz der Regeln

Was tun, wenn alle Maßnahmen nicht greifen?

Aus der praktischen jahrelangen Erfahrung der Autoren heraus, ist diese Wahrscheinlichkeit sehr gering. Der Hintergrund ist, dass ein Mitarbeiter, der es tatsächlich mit seinen Fehlzeiten darauf anlegt, die machbaren Leidensgrenzen der Einrichtung bzw. des Arbeitsbereichs auszuloten, für sich persönlich seine Aktivitäten überdenkt, wenn er unkalkulierten und andauernden Gegenwind verspürt. Das gelingt dann, wenn die in diesem Buch beschriebenen Maßnahmen konsequent umgesetzt werden. Konsequent bedeutet: Kein Nachlassen und stetiges Vorantreiben der Maßnahmen. Nicht der Fehlende darf der Spielmacher sein, sondern die verantwortliche Führungskraft muss durch die von ihr vorangetriebenen Maßnahmen das Handeln bestimmen – immer einen Schritt voraus sein. Nicht reagieren, sondern agieren. Wird dies konsequent umgesetzt, ist die Folge, dass es gar nicht bis zu einer möglichen Kündigung kommen muss, weil derartige Mitarbeiter vorher die Segel streichen.

Die Gefahr ist – und das soll hier eindeutig gesagt werden – dass Mitarbeiter von schwachen Führungskräften möglicherweise leichtfertig in diese Ecke gestellt werden oder andere Beweggründe dazu kommen. Deswegen kommt der beschriebenen sorgfältigen Analyse (vgl. Kap. 1.3) und Schaubild 1.4 B, S 43 eine wichtige Bedeutung zu – im Sinne der Fürsorgepflicht und Verantwortung gegenüber den Mitarbeitern.

Es gibt sehr wenige Mitarbeiter, die aus Gewohnheit, Faulheit, Beliebigkeit oder aus Desinteresse den Absentismus pflegen. Hier ist es nur begrenzt sinnvoll, die beschriebenen Verfahren anzuwenden, sondern hier hilft eindeutig das klärende Wort unter vier Augen. Tritt ein derartiges Verhalten noch in der Probezeit auf, ist dies zumindest von Seiten der gesetzlichen Möglichkeiten unproblematisch. Ein späteres Auftreten ist ebenfalls dann noch relativ unproblematisch, wenn der beschriebene gesetzliche Befristungszeitraum im Rahmen arbeitsvertraglicher Möglichkeiten voll ausgeschöpft wird (vgl. Kap. 2.3.3). Hat es ein Mitarbeiter darauf angelegt, den Betrieb und seine Kollegen mit seinen Fehlzeiten zu tyrannisieren, soll ihm deutlich gesagt werden, dass hier gleiche Spielregeln für alle gelten. Oder mit einem alten Sprichwort gesagt: »Wie in den Wald hineingerufen wird, so schallt es zurück.«

Das betriebliche Fehlzeitenmanagement	ja	nein	Erfolgt später
• baut auf ein abgestuftes Vorgehen auf mit der klaren Zielsetzung Fehlzeiten infolge von Krankheit zu minimieren.			
• umfasst eine Schrittfolge, deren Ablauf einschließlich der jeweiligen Regelungen innerhalb der Schrittfolgen den Mitarbeitern bekannt ist.			

Fehlzeiten konstruktiv managen
© Vincentz Network GmbH & Co. KG, Hannover 2009; ISBN 978-3-86630-055-2

Krankenkasse XY
Ihr Versicherter
Georg Mustermann

Sehr geehrte Damen und Herren,
im Rahmen unserer Fürsorgepflicht sowie den Verpflichtungen aus dem Betrieblichen Eingliederungsmanagement nach § § 84 SGB IX heraus bitten wir Sie um Unterstützung bezüglich des Mitarbeiters XY. Wir sind erheblich in Sorge um dessen Gesundheit, weil die nachfolgend aufgeführten Fehlzeiten die Befürchtung einer erheblichen Erkrankung begründen. Die Entwicklung der Fehlzeiten stellt sich wie folgt dar und ist der Anlage zu entnehmen.
Im Rahmen von Rückkehrgesprächen, welche wir auch deswegen durchführen, um möglicherweise erforderliche Unterstützungsmaßnahmen seitens des Betriebs zur Gesunderhaltung der Mitarbeiter in Erfahrung zu bringen, ist keinerlei Erkenntnis dahingehend zu ziehen, diese Entwicklung nachhaltig zu ändern. Auch unser Angebot innerhalb des Betriebs in einem anderen Arbeitsbereich zu arbeiten, hat der Mitarbeiter als nicht hilfreich abgelehnt. Ebenso hatten wir angeboten, die wöchentliche Arbeitszeit (zumindest vorübergehend) zu reduzieren, um einer möglicherweise zu hohen Arbeitsbelastung entgegenzutreten. Bei den Gesprächen war in Teilen auch die Arbeitnehmervertretung zugegen.
Wir bitten Sie im Rahmen Ihrer Möglichkeiten und Verpflichtungen Ihrem Versicherten gegenüber anzufragen, ob möglicherweise tiefer gehende Ursachen vorliegen. Gerne sind wir bereit, den Mitarbeiter bei ggf. erforderlichen Maßnahmen zur Auffindung eines anderweitig geeigneten Arbeitsplatzes zu unterstützen. Wenn Sie es wünschen, dass wir darüber hinaus gehende Maßnahmen ergreifen sollen, lassen Sie uns dies bitte wissen,
In der Erwartung Ihrer Unterstützung bedanken wir uns vorab und verbleiben
mit freundlichen Grüßen

Anlage: Kalendarische Fehlzeitenentwicklung der vergangenen drei Jahre

3.3 Arbeitsrechtliche Aspekte

Allgemeines

Die Mehrzahl der Mitarbeiter fehlt tatsächlich nur dann, wenn die Gesundheit ihre Arbeitsleistung nicht mehr zulässt. Bedauerlicherweise finden sich jedoch in fast jeder Einrichtung auch »schwarze Schafe«, die, und das wird dabei häufig übersehen, zu Lasten der Mehrzahl der Mitarbeiter die gesetzlichen Rechte auf Arbeitsunfähigkeit infolge Krankheit ausnutzen. Diese Mitarbeiter erreicht man nur noch durch die konsequente Anwendung arbeitsrechtlich zulässiger Instrumentarien. Des Weiteren gibt

Fehlzeiten konstruktiv managen
© Vincentz Network GmbH & Co. KG, Hannover 2009; ISBN 978-3-86630-055-2

es Mitarbeiter, die eine so erhebliche Anzahl von Fehlzeiten infolge Krankheit aufweisen, dass diese für die Einrichtungen schlichtweg wirtschaftlich nicht mehr vertretbar sind. Zum einen müssen die Fehlzeiten dieser Mitarbeiter entweder durch teure Leiharbeitnehmer oder der Anweisung von (meist zuschlagspflichtiger) Mehrarbeit kompensiert werden und zum anderen blockieren diese Mitarbeiter aufgrund des Personalschlüssels die Einstellung von neuen, motivierten Mitarbeitern. Auch bei dieser Mitarbeitergruppe sollten die arbeitsrechtlichen Mittel voll ausgeschöpft werden.

3.3.1 Verletzung der Pflichten aus dem Entgeltfortzahlungsgesetz

Häufig wird übersehen, dass das EFZG dem Mitarbeiter nicht nur Rechte vermittelt, sondern auch Pflichten auferlegt. Diese Pflichten sollten von Seiten der Personalverantwortlichen konsequent eingefordert werden.

Wie bereits in Kap. 1.5 dargestellt, ist der Mitarbeiter nach dem EFZG verpflichtet, die Einrichtung unverzüglich von der bestehenden Arbeitsunfähigkeit auf dem schnellsten Meldeweg zu unterrichten. Des Weiteren kann die Einrichtung im Rahmen des ihr zustehenden Direktionsrechts auch jederzeit festlegen, wer Adressat der Unterrichtung sein soll. Sofern die Unterrichtung in dem beschriebenen Sinne nicht rechtzeitig erfolgt oder gegenüber dem falschen Adressaten vollzogen wird, ist die Einrichtung zum Ausspruch einer Abmahnung berechtigt.

Beispiel: Der Pflegehelfer D ist von Montag bis Freitag im Dienstplan für den Nachtdienst (Beginn 22:00 Uhr – Ende 6:00 Uhr) eingeteilt. Innerhalb der Einrichtung, in der sechs Stationsleitungen tätig sind, gibt es eine schriftliche Dienstanweisung, nach der Mitarbeiter immer eine der Stationsleitungen unverzüglich über bestehende Arbeitsunfähigkeit zu unterrichten haben. Am Montagmorgen fühlt sich der D nicht und sucht sogleich einen Arzt auf. Der Arzt bescheinigt ihm um 9:15 Uhr Arbeitsunfähigkeit für die ganze Woche. Um 9:30 Uhr unterrichtet der D seine Arbeitskollegin B, von der er weiß, dass diese auch im Nachtdienst eingeteilt ist, darüber, dass er am heutigen Tage nicht zum Nachtdienst erscheinen wird, da er krank ist und bittet die B dieses der sich im Dienst befindlichen Stationsleitung A auszurichten. Aufgrund eines Notfalles vergisst die B jedoch den Anruf des D. Als der D am nächsten Abend wieder nicht zum Dienst erscheint fragt die A die sich im Dienst befindlichen Mitarbeiter, ob diese wüssten warum der D nicht zum Dienst erschienen ist. Da erinnert sich die B wieder an den Anruf des D und gibt diesen an die A weiter. Am nächsten Morgen geht in der Einrichtung die Arbeitsunfähigkeitsbescheinigung des D ein, ohne dass dieser sich zwischenzeitlich erneut gemeldet hätte.

Hier hat der D in vielfältiger Weise gegen seine Verpflichtungen aus dem EFZG sowie gegen die Dienstanweisung verstoßen. Zunächst hat er bezüglich seines Dienstes am Montag nicht unverzüglich über seine Arbeitsunfähigkeit unterrichtet. Zwar hat er bereits um 9:30 Uhr seine Arbeitskollegin B darüber unterrichtet, dass er abends nicht zum Dienst erscheinen würde. Rechtlich hat er sich damit der B als Botin bedient. Bedient sich jedoch ein Mitarbeiter eines Boten, dann trägt er grundsätzlich auch das Übermittlungsrisiko. Das heißt, dass die B die Weitergabe der Unterrichtung unterlassen hat, ist dem D unmittelbar zuzurechnen, so dass im Ergebnis ein Verstoß gegen die Pflicht zur unverzüglichen Unterrichtung nach § 5 Abs. 1 S. 1 EFZG zu bejahen ist. Zusätzlich pflichtwidrig hat der D dadurch gehandelt, dass er entgegen der schriftlichen Dienstanweisung, nicht eine Stationsleitung, sondern die B unterrichtet hat. Einen weiteren Verstoß gegen die Unterrichtungspflicht des § 5 Abs. 1 S.1 hat der D dadurch begangen, dass er auch am Folgetag, dem Dienstag keine der Stationsleitungen unterrichtet hat.

Jeder der im vorgenannten Beispiel aufgezählten Pflichtverletzungen berechtigt die Einrichtung zum Ausspruch einer Abmahnung aufgrund Verletzung arbeitsvertraglicher Nebenpflichten. Die Einrichtung könnte dem D mithin drei Abmahnungen aushändigen, die jeweils isoliert zu betrachten wären. Dabei sollten vom Personalverantwortlichen keine formellen Fehler gemacht werden. Zunächst einmal sollte die Abmahnung schriftlich gefasst und ihre Übergabe an den D sollte dokumentiert werden. Des Weiteren ist inhaltlich darauf zu achten, dass die Abmahnung der Rüge- und der Warnfunktion genügt. Das Fehlverhalten sollte diesbezüglich ganz konkret bezeichnet werden (Rügefunktion) und der Mitarbeiter sollte ausdrücklich darauf hingewiesen werden, dass eine Wiederholung seines Fehlverhaltens arbeitsrechtliche Konsequenzen haben wird, bis hin zu einer verhaltensbedingten Kündigung seines Arbeitsverhältnisses (Warnfunktion).

Formulierungsbeispiel (Abmahnung wegen Verletzung der Mitteilungspflicht):

Abmahnung

Sehr geehrter Frau ...,

bedauerlicherweise sehen wir uns gezwungen, Sie aus den nachfolgenden Gründen wegen Verletzung Ihrer Mitteilungspflichten bei Arbeitsunfähigkeit aus § 5 Abs. 1 S. 1 EFZG abzumahnen. Gem. § 5 Abs. 1 EFZG sind Sie als Arbeitnehmerin verpflichtet, Ihren Arbeitgeber unverzüglich zu benachrichtigen, wenn Sie arbeitsunfähig erkrankt sind. Das heißt, Sie haben Ihren Arbeitgeber so zeitnah über Ihr Nichterscheinen zum Dienst aufgrund Arbeitsunfähigkeit zu informieren, wie Ihnen das nach den jeweiligen Einzelfallumständen möglich ist. Sofern somit keine besonderen Umstände des Einzelfalles dagegen sprechen, haben Sie Ihren Arbeitgeber grundsätzlich telefonisch zu Beginn der betriebsüblichen Arbeitszeit am ersten Arbeitstag Ihres Fehlens über Ihre Arbeitsunfähigkeit und deren voraussichtliche Dauer zu informieren. Soweit es keine ausdrücklichen anderweitigen Regelungen gibt, hat die Information grundsätzlich gegenüber Ihrem Vorgesetzten zu erfolgen.

Ihrer dergestalt obliegenden Verpflichtung zur unverzüglichen Information Ihrer Vorgesetzten sind Sie weder am Montag, den ..., noch am Montag, den ... nachgekommen.

Vielmehr sind Sie dem Dienst an diesen Tagen aufgrund Arbeitsunfähigkeit ferngeblieben, ohne Ihre Vorgesetzten hierüber überhaupt zu irgendeiner Tageszeit zu informieren. Hiermit haben Sie in erheblicher Weise gegen Ihre oben beschriebenen gesetzlichen Verpflichtungen aus § 5 Abs. 1 EFZG verstoßen.

Sollten Sie in der Zukunft nochmals gegen die Ihnen obliegenden Mitteilungspflichten verstoßen, weisen wir Sie ausdrücklich darauf hin, dass Sie im Wiederholungsfalle mit weiteren arbeitsrechtlichen Konsequenzen, bis hin zu einer verhaltensbedingten Kündigung Ihres Arbeitsverhältnisses zu rechnen haben.

Mit freundlichen Grüßen.

....

Geschäftsführerin

Ich habe die Abmahnung vom .... am .... erhalten und bestätige, dass der dort wiedergegebene Sachverhalt zutreffend ist.

Dauert die Arbeitsunfähigkeit länger als drei Kalendertage (nicht Arbeitstage!) an, dann hat der Mitarbeiter gem. § 5 Abs. 1 S. 2 EFZG spätestens am darauf folgenden Arbeitstag (nicht Kalendertag!) eine ärztliche Bescheinigung beizubringen, die das Bestehen der Arbeitsunfähigkeit und deren voraussichtliche Dauer bestätigt (sog. Arbeitsunfähigkeitsbescheinigung). Auch eine (ggf. nur geringfügig) verspätet eingehende Arbeitsunfähigkeitsbescheinigung berechtigt die Einrichtung zum Ausspruch einer Abmahnung.

Formulierungsbeispiel: (Abmahnung wegen verspäteter Vorlage der Arbeitsunfähigkeitsbescheinigung):

Frau ...
- im Hause -
Abmahnung

Sehr geehrte Frau ...,
bedauerlicherweise sehen wir uns gezwungen, Sie aus den nachfolgenden Gründen wegen verspäteter Vorlage der Arbeitsunfähigkeitsbescheinigung abzumahnen.
Dauert eine Arbeitsunfähigkeit länger als drei Kalendertage an, so sind sie gem. § 37a Abs. 1 S.2 MTV verpflichtet, spätestens am darauffolgenden allgemeinen Arbeitstag eine ärztliche Bescheinigung (AU-Bescheinigung) bei Ihrem Arbeitgeber über das Bestehen der Arbeitsunfähigkeit sowie deren voraussichtlichen Dauer vorzulegen. Diese Ihre Verpflichtung ist außerhalb des MTV auch gesetzlich in § 5 Abs. 1 S. 2 EFZG niedergelegt.

Sie waren in der Zeit von Dienstag, dem 05.12.2006 bis einschließlich Freitag, dem 08.12.2006 zum Dienst eingeplant. Aufgrund Arbeitsunfähigkeit in diesem Zeitraum sind sie jedoch zum Dienst nicht erschienen. Sie wären nach den oben genannten Grundsätzen verpflichtet gewesen uns Ihre Arbeitsunfähigkeitsbescheinigung spätestens am Freitag, den 08.12.2006 vorzulegen. Eine Vorlage der Arbeitsunfähigkeitsbescheinigung erfolgte Ihrerseits jedoch erst am Mittwoch, den 13.12.2006. Durch diese verspätete Vorlage der Arbeitsunfähigkeitsbescheinigung haben Sie Ihre oben genannten arbeitsvertraglichen Nebenpflichten verletzt, so dass wir Sie hiermit abmahnen.

Wir weisen Sie darauf hin, dass Sie durch die verspätete Vorlage der Arbeitsunfähigkeitsbescheinigung Ihre oben genannten arbeitsvertraglichen Nebenpflichten aus den §§ 37a MTV, § 5 EFZG in erheblicher Weise verletzt haben.

Sollte sich Ihr in diesem Schreiben gegebenes Fehlverhalten wiederholen, weisen wir Sie weiterhin ausdrücklich darauf hin, dass Sie im Wiederholungsfalle mit weiteren arbeitsrechtlichen Konsequenzen, bis hin zu einer Kündigung Ihres Arbeitsverhältnisses zu rechnen haben.

Hamburg, den ...

....

Geschäftsleitung

Ich habe die Abmahnung vom .... am .... erhalten und bestätige, dass der dort wiedergegebene Sachverhalt zutreffend ist.

Hamburg, den ...

Beachte: In der Personalorganisation sollte darauf geachtet werden, dass das Datum des Eingangs von Arbeitsunfähigkeitsbescheinigungen durch Eingangsstempel dokumentiert wird und die Arbeitsunfähigkeitsbescheinigung in die Personalakte aufgenommen wird.

Fällt der Mitarbeiter länger aus, als in der Arbeitsunfähigkeitsbescheinigung angegeben, hat er eine Folgebescheinigung beizubringen. Wann diese beizubringen ist und wann die Einrichtung über die Fortdauer der Erkrankung zu unterrichten ist, lässt sich dem Gesetz nicht entnehmen. Nach überwiegender Auffassung gelten jedoch für die Folgeerkrankung die gleichen Grundsätze, wie für die erstmalige Erkrankung. Das heißt, die Einrichtung ist wiederum unverzüglich auf dem schnellsten Meldeweg darüber zu unterrichten, dass die Erkrankung andauert und die Folgebescheinigung hat innerhalb der Frist des § 5 Abs. 1 S. 2 EFZG der Einrichtung zuzugehen. Die Einrichtung ist im Übrigen auch berechtigt die Vorlage der Folgebescheinigungen zu einem früheren Zeitpunkt zu verlangen, etwa am ersten Tag der Folgeerkrankung.

Auch ein Verstoß gegen die Unterrichtungs- und Nachweispflichten betreffend die Folgeerkrankungen berechtigen die Einrichtung zum Ausspruch von Abmahnungen.

Ist der Mitarbeiter wegen Verletzung seiner vorgenannten Anzeige- und Nachweispflichten abgemahnt worden und verstößt er im Anschluss hieran erneut gegen diese Verpflichtungen, kommt als weitere Maßnahme eine verhaltensbedingte Kündigung in Betracht. Wie oft zuvor abgemahnt worden sein muss, damit eine solche Kündigung Aussicht auf Erfolg hat, ist schwer zu prognostizieren. Es kann im Einzelfall jedoch auch schon eine Abmahnung ausreichend sein, etwa wenn zwischen dem Abgemahnten und dem sich anschließendenen erneuten einschlägigen Fehlverhalten nur eine kurze Zeitspanne liegt und der Mitarbeiter noch nicht allzu lange für die Einrichtung tätig ist. Zu berücksichtigen ist diesbezüglich, dass sich die Warnfunktion einer Abmahnung mit zunehmender Dauer abschwächt. Es kommt somit zunächst darauf an, wie lange das zuvor abgemahnte Fehlverhalten zurückliegt. Des Weiteren kommt es darauf an, wie lange das Arbeitsverhältnis zuvor unbeanstandet funktioniert hat. Schließlich ist zu berücksichtigen, dass die Rechtsprechung es als schädlich ansieht, wenn ein bestimmtes Verhalten zu oft abgemahnt wurde, ohne das hieran ernsthafte arbeitsrechtliche Konsequenzen geknüpft wurden. Nach m. E. sollte je nach dem welche Zeiträume zwischen den jeweiligen Pflichtverletzungen liegen zuvor 2 bis 3 Mal abgemahnt worden sein, bis eine Kündigung ausgesprochen werden kann.

Solange der Mitarbeiter im Übrigen Arbeitsunfähigkeits- oder Folgebescheinigungen nicht vorlegt, ist die Einrichtung auch nicht zur Zahlung des Entgelts für die betreffenden Zeiträume verpflichtet (vgl. § 7 EFZG).

3.3.2 Erschütterung des Beweiswerts einer Arbeitsunfähigkeitsbescheinigung

Darüber hinaus sollte die Einrichtung auch dann die Entgeltfortzahlung verweigern, wenn die Arbeitsunfähigkeitsbescheinigung entweder den gesetzlichen Anforderungen nicht genügt oder die Gesamtumstände den Beweiswert der Arbeitsunfähigkeitsbescheinigung erschüttern.

Die gesetzlichen Anforderungen an den Inhalt einer Arbeitsunfähigkeitsbescheinigung ergeben sich aus den vom Bundesausschuss der Ärzte und Krankenkassen verabschiedeten AU-RL vom 3. 9. 1991 in RdA 1992, 208; Neufassung der AU-RL v. 1. 12. 2003; in Kraft getreten am 1. 1. 2004, BAnz. Nr. 61 S. 6501 v. 27. 3. 2004. Danach hat die Arbeitsunfähigkeitsbescheinigung als Mindestinhalt die Bescheinigung der Arbeitsunfähigkeit und deren Dauer sowie bei gesetzlich Versicherten den Hinweis zu enthalten, dass die Krankenkasse informiert worden ist. Da Ärzte regelmäßig den Vordruck für Arbeitsunfähigkeitsbescheinigungen des Bundesmanteltarifvertrags-Ärzte verwenden, sind die gesetzlichen Mindestangaben der Arbeitsunfähigkeitsbescheinigung meist erfüllt. Für die Praxis interessanter sind daher die von der Rechtsprechung herausgearbeiteten Sachverhalte, die sich dazu eignen, den Beweiswert einer Arbeitsunfähigkeitsbescheinigung zu erschüttern.

Zum weiteren Verständnis sollen zunächst einige Grundsätze dargestellt werden. Es ist Sache des Mitarbeiters, die krankheitsbedingte Arbeitsunfähigkeit nachzuweisen. I .d. R. führt er diesen Nachweis gegenüber der Einrichtung wie auch vor Gericht durch die Vorlage einer förmlichen ärztlichen Arbeitsunfähigkeitsbescheinigung. Die ordnungsgemäß ausgestellte Arbeitsunfähigkeitsbescheinigung ist der gesetzlich ausdrücklich vorgesehene und insoweit wichtigste Beweis für das Vorliegen krankheitsbedingter Arbeitsunfähigkeit. Einer solchen Bescheinigung kommt ein hoher Beweiswert zu. Um diesen Beweiswert erschüttern zu können, bedarf es der Darlegung besonderer Umstände von Seiten der Einrichtung. Gelingt der Einrichtung jedoch die Darlegung solcher Umstände, verliert die Arbeitsunfähigkeitsbescheinigung ihren Beweiswert und es ist dann Sache des Mitarbeiters, seine Arbeitsunfähigkeit anderweitig nachzuweisen. Die Rechtsprechung hat eine umfangreiche Kasuistik von Lebenssachverhalten herausgearbeitet, bei denen der Beweiswert als erschüttert angesehen werden kann, wobei die nachfolgende Auflistung nicht abschließend sein muss:

- der Mitarbeiter ist auffällig häufig für eine kurze Dauer arbeitsunfähig,
- der 1. Tag der AU fällt häufig auf den Beginn oder das Ende der Woche,
- die AUB wurde von einem Arzt ausgestellt, der durch die Häufigkeit der von ihm ausgestellten AUB bereits auffällig geworden ist (ggf. Info bei der KK einholen),
- Mitarbeiter kündigt sein Fernbleiben im Anschluss an eine Auseinadersetzung oder der Verweigerung von Freizeitausgleichs- und Urlaubswünschen an,
- dem Mitarbeiter wird regelmäßig am Ende seines Urlaubs AU bescheinigt,
- der Mitarbeiter verhält sich nicht krankengerecht (z. B. nächtlicher Kneipenbummel, Ausübung von anderweitiger Beschäftigung),
- Rückdatierung der Arbeitsunfähigkeitsbescheinigung um mehr als 2 Tage,
- rückwirkende Bescheinigung der Arbeitsunfähigkeit um mehr als 2 Tage,
- offensichtliche Verkennung des AU-Begriffs durch den Arzt,
- Nichterscheinen zur Untersuchung durch den MDK,
- der Mitarbeiter lässt sich Folgebescheinigungen von ständig wechselnden Ärzten ausstellen,
- der Mitarbeiter sucht vollkommen unterschiedliche Fachärzte auf und lässt sich von diesen jeweils Folgebescheinigungen ausstellen.

Liegt einer dieser Sachverhalte vor, sollte zunächst die Entgeltfortzahlung eingestellt werden. Es ist dann Sache des Mitarbeiters seinen Anspruch einzuklagen. Im sich anschließenden Klageverfahren müssen von Seiten der Einrichtung zunächst konkrete und nachvollziehbare Umstände dargelegt werden, die den Beweiswert der Arbeitsunfähigkeitsbescheinigung erschüttern. Gelingt es der Einrichtung den Richter dahingehend zu überzeugen, ist es Sache des Mitarbeiters, ohne Arbeitsunfähigkeitsbescheinigung nachzuweisen, dass er tatsächlich unverschuldet infolge Krankheit arbeitsunfähig war bzw. ist. Hierzu muss er seine ihn behandelnden Ärzte von der Schweigepflicht entbinden. Darüber hinaus kann auch ein Sachverständigengutachten eingeholt und es können Zeugen gehört werden.

Auch einer Arbeitsunfähigkeitsbescheinigung, die in einem Land außerhalb der Europäischen Union ausgestellt wird, kommt im Allgemeinen der gleiche Beweiswert zu wie einer in Deutschland oder innerhalb der Europäischen Union ausgestellten Bescheinigung. Die Bescheinigung muss jedoch erkennen lassen, dass der ausländische Arzt zwischen einer bloßen Erkrankung und einer mit Arbeitsunfähigkeit verbundenen Krankheit unterschieden und damit eine den Begriffen des deutschen Arbeits- und Sozialversicherungsrechts entsprechende Beurteilung vorgenommen hat.

3.3.3 Begutachtung durch den MDK

Die Krankenkassen sind nach § 275 SGB V zur Beseitigung von Zweifeln an der Arbeitsunfähigkeit verpflichtet, ein Gutachten einzuholen. Das Gesetz beschreibt in Regelbeispielen, unter welchen Voraussetzungen Zweifel bestehen:

§ 275 Begutachtung und Beratung

(1) Die Krankenkassen sind in den gesetzlich bestimmten Fällen oder wenn es nach Art, Schwere, Dauer oder Häufigkeit der Erkrankung oder nach dem Krankheitsverlauf erforderlich ist, verpflichtet,

3. bei Arbeitsunfähigkeit

a) zur Sicherung des Behandlungserfolgs, insbesondere zur Einleitung von Maßnahmen der Leistungsträger für die Wiederherstellung der Arbeitsfähigkeit, oder

b) zur Beseitigung von Zweifeln an der Arbeitsunfähigkeit

eine gutachtliche Stellungnahme des Medizinischen Dienstes der Krankenversicherung (Medizinischer Dienst) einzuholen.

(1a) Zweifel an der Arbeitsunfähigkeit nach Absatz 1 Nr. 3 Buchstabe b sind insbesondere in Fällen anzunehmen, in denen

a) Versicherte auffällig häufig oder auffällig häufig nur für kurze Dauer arbeitsunfähig sind oder der Beginn der Arbeitsunfähigkeit häufig auf einen Arbeitstag am Beginn oder am Ende einer Woche fällt oder

b) die Arbeitsunfähigkeit von einem Arzt festgestellt worden ist, der durch die Häufigkeit der von ihm ausgestellten Bescheinigungen über Arbeitsunfähigkeit auffällig geworden ist.

Die Prüfung hat unverzüglich nach Vorlage der ärztlichen Feststellung über die Arbeitsunfähigkeit zu erfolgen. Der Arbeitgeber kann verlangen, dass die Krankenkassen eine gutachtliche Stellungnahme des Medizinischen Dienstes zur Überprüfung der Arbeitsunfähigkeit einholt. Die Krankenkasse kann von einer

Beauftragung des Medizinischen Dienstes absehen, wenn sich die medizinischen Voraussetzungen der Arbeitsunfähigkeit eindeutig aus den der Krankenkasse vorliegenden ärztlichen Unterlagen ergeben.

Hat die Einrichtung somit Zweifel an der Arbeitsunfähigkeit des Mitarbeiters, kann sie gegenüber dessen Krankenkasse die Einschaltung des Medizinischen Dienstes verlangen. Kommt der Mitarbeiter einer Aufforderung zur Untersuchung nicht nach, kann dieser Umstand negative Folgen für ihn in einem sich anschließenden Prozess über die Verpflichtung zur Zahlung der Entgeltfortzahlung haben.

3.3.4 Außerordentliche Kündigung wegen Vortäuschens der Arbeitsunfähigkeit

In den Fällen, in denen sich herausstellt, dass der Mitarbeiter seine Arbeitsunfähigkeit nur vorgetäuscht hat, kommt schließlich auch die außerordentliche verhaltensbedingte Kündigung seines Arbeitsverhältnisses, auch ohne vorherige Abmahnung in Betracht.

Beispiel: B ist als Koch in einer Altenpflegeeinrichtung beschäftigt. Ein Freund bietet ihm an, im Rahmen einer Firmenveranstaltung gegen eine besonders üppige Vergütung für zwei Tage in der kommenden Woche zu kochen. Da der B bereits seinen gesamten Jahresurlaub genommen hat und an diesen beiden Tagen zum Dienst eingeteilt ist, ruft er am Montag Morgen bei der Heimleitung an, und teilt dieser mit, dass er krank sei. Nach dem Anruf begibt er sich zu der Firmenveranstaltung und kocht dort 12 Stunden für die Gäste. Aufgrund eines Zufalls erfährt die Heimleitung wenige Tage später, dass der B auf der Firmenveranstaltung gekocht hat. In diesem Fall ist die außerordentliche Kündigung des Arbeitsverhältnisses gerechtfertigt, denn der B hat seine Arbeitsunfähigkeit lediglich vorgetäuscht, um sich einen Nebenerwerb zu sichern. Dass er tatsächlich nicht arbeitsunfähig war, ergibt sich alleine schon aus dem Umstand, dass er der Tätigkeit, die er nach seinem Arbeitsvertrag der Einrichtung schuldete, über einen Zeitraum von 12 Stunden nachgehen konnte.

3.3.5 Direktionsrecht und Änderungskündigung

Die krankheitsbedingte Arbeitsunfähigkeit kann vielfältige Ursachen haben. Dementsprechend sollte vor Ausspruch einer Beendigungskündigung regelmäßig der Versuch unternommen werden, diesen Ursachen auf den Grund zu gehen, etwa im Rahmen eines BEM (= betriebliches Eingliederungsmanagement) oder durch die konsequente Verfolgung von Krankengesprächen. Voraussetzung ist selbstverständlich, dass der Mitarbeiter mitwirkt. Denn ohne konstruktive Mitarbeit des Mitarbeiters wird es in den seltensten Fällen möglich sein, die Ursachen der Krankheit zu ermitteln. Sind die Ursachen ermittelt worden, hat sich die Einrichtung vor Ausspruch einer Beendigungskündigung regelmäßig zu fragen, ob mildere Mittel in Betracht zu ziehen sind, durch die die Beendigungskündigung vermieden werden kann. Dieses alleine auch schon aus dem Grunde, da das gesamte Arbeitsrecht vom sog. ultima ratio Grundsatz geprägt wird. Danach soll die Beendigungskündigung erst dann ausgesprochen werden, wenn zuvor sämtliche milderen Mittel ausgeschöpft worden sind.

Als mildere Mittel kommen insbesondere eine Änderung der Tätigkeit und/oder des Arbeitsumfeldes in Betracht. Nach der Rechtsprechung hat die Einrichtung zu prüfen, ob sie den Mitarbeiter auf einem anderen, leidensgerechten Arbeitsplatz im Betrieb oder Unternehmen weiterbeschäftigen kann. Diese Verpflichtung besteht, wenn ein gleichwertiger oder zumindest zumutbarer Arbeitsplatz frei ist und der Mitarbeiter sich für die dort zu leistende Tätigkeit eignet. Bedeutsam ist, dass die Schwelle des noch zumutbaren von der Rechtsprechung erheblich herabgesetzt worden ist. Dementsprechend soll es nicht darauf ankommen, was objektiv zumutbar ist, sondern was der Mitarbeiter subjektiv als zumutbar erachtet.

Beispiel: Die examinierte Wohnbereichsleiterin B weist, seitdem sie Leitung geworden ist, erhebliche Krankheitszeiten auf. Zuvor, als sie den Wohnbereich noch nicht geleitet hatte, funktionierte das Arbeitsverhältnis über Jahre beanstandungsfrei. In mehreren Gesprächen mit der B wird offensichtlich, dass ihre Arbeitsunfähigkeitszeiten in ihrer Leitungsposition begründet sind. Bevor somit hier die krankheitsbedingte Kündigung ausgesprochen wird, sollte ihr eine Stelle im Wohnbereich angeboten werden, in der sie keine Leitungsaufgaben mehr hat.

3.3.6 Der Ausspruch von personenbedingten Kündigungen

Um nachhaltig die Fehlzeitenquote innerhalb der Einrichtung zu senken, kommt oftmals als letztes Mittel die Kündigung wegen Krankheit in Betracht.

Beachte: Das gesamte Arbeitsrecht wird von dem Prinzip getragen, dass die Beendigungskündigung das letzte Mittel sein soll, betriebliche Störungen zu beseitigen. Die Einrichtung hat somit vor Ausspruch der krankheitsbedingten Beendigungskündigung vorrangig mildere Mittel auszuschöpfen, soweit hierdurch die betrieblichen und vertraglichen Interessen hinreichend gewahrt werden. Als milderes Mittel kommt etwa die Weiterbeschäftigung auf einem anderen freien und vergleichbaren Arbeitsplatz in Betracht, auf dem sich die Leistungsmängel des Mitarbeiters nicht oder nur noch unbedeutend auswirken.

Krankheit wird von der Rechtsprechung definiert als ein regelwidriger Körper- oder Geisteszustand, der eine Heilbehandlung erforderlich macht. Die Krankheit für sich genommen stellt allerdings noch keinen Kündigungsgrund dar. Vielmehr muss die Krankheit konkrete Auswirkungen auf die geschuldete Arbeitsleistung haben, um kündigungsrechtlich relevant zu werden.

Die krankheitsbedingte Kündigung ist ein Unterfall der personenbedingten Kündigung im Sinne des § 1 Abs. 2 KSchG. Die Rechtsprechung prüft die soziale Rechtfertigung einer krankheitsbedingten Kündigung anhand einer dreistufigen Prüfungsfolge:

(1) Negative Gesundheitsprognose

(2) Erhebliche Beeinträchtigung betrieblicher Interessen

(3) Konkrete und umfassende Interessenabwägung

Die Gesundheitsprognose auf der ersten Stufe fällt negativ aus, wenn im Zeitpunkt des Zugangs der Kündigung objektive Tatsachen vorliegen, die die Prognose rechtfertigen, dass der Mitarbeiter auch in Zukunft die von ihm geschuldete Arbeitsleistung ganz oder teilweise nicht mehr in ausreichendem Maße erbringen können wird.

Nach Zugang der Kündigung eintretende Umstände können für die negative Gesundheitsprognose nicht mehr berücksichtigt werden, auch wenn sie den gesundheitlichen Zustand nachhaltig verbessern. Diese neuen Tatsachen können die vorher erstellte Prognose nicht beeinträchtigen, ihre nachträgliche Korrektur durch einen neuen Sachverhalt ist nicht möglich. Neue Tatsachen liegen nicht nur vor, wenn sich die objektive Lebenswirklichkeit ändert. Die Änderung der subjektiven Einstellung des Mitarbeiters steht dem gleich.

Der negativen Prognose kann unter Umständen ein Wiedereinstellungsanspruch des Mitarbeiters aus §§ 241 Abs. 2, 242 BGB entgegenstehen. Voraussetzung hierfür ist, dass sich die zum Zeitpunkt des Ausspruchs der Kündigung vorgelegene negative Prognose vor Ablauf der Kündigungsfrist ändert. Ein solcher Fall liegt z. B. vor, wenn der Arzt bei einer Langzeiterkrankung die Wiederherstellung der Arbeitsfähigkeit in absehbarer Zeit für zu erwarten prognostiziert. Eine bloße Erschütterung der ursprünglichen Negativprognose genügt hingegen nicht. Erfolgt die Widerlegung der Negativprognose erst nach Ablauf der Kündigungsfrist, scheidet ein etwaiger Wiedereinstellungsanspruch dagegen aus. Ein wegen Krankheit wirksam gekündigter Mitarbeiter kann daher seine Wiedereinstellung dann nicht verlangen, wenn die überraschend grundlegende Besserung seines Gesundheitszustandes erst lange nach der wirksamen Beendigung des Arbeitsverhältnisses eingetreten ist.

Auf der zweiten Stufe wird geprüft, ob aufgrund der Krankheitszeiten eine erhebliche Beeinträchtigung betrieblicher Interessen festzustellen ist. Hier sind sowohl betriebliche Belastungen (sog. Betriebsablaufstörungen) als auch wirtschaftliche Belastungen zu berücksichtigen.

Als Störung im Betriebsablauf kommen z. B. die dauerhafte Unterbesetzung des Arbeitsbereiches, Überlastung des verbliebenen Personals oder Abzug von an sich benötigtem Arbeitspersonal aus anderen Arbeitsbereichen in Betracht. Gelegentliche Überstunden anderer Mitarbeiter sind allerdings von der Einrichtung hinzunehmen und somit nicht als Betriebsablaufstörung zu bewerten. Krankheitsbedingte Fehlzeiten sind in diesem Sinne beispielsweise erheblich, wenn sie zu schwerwiegenden Störungen im gesamten Pflegeprozess führen, die nicht durch Überbrückungsmaßnahmen verhindert werden können. Als Überbrückungsmaßnahmen kommen z. B. Personalreserven der Einrichtung, ein etwaiger Springereinsatz, die Umorganisation sowie die Neueinstellung einer Aushilfskraft in Betracht. Die betriebliche Beeinträchtigung muss die Einrichtung auf den Einzelfall bezogen konkret darlegen. Eine rein abstrakte Gefährdung des Betriebsablaufs ist somit nicht ausreichend.

Ein pauschaler Vortrag, dass z. B. wegen der Erkrankung des gekündigten Mitarbeiters andere Mitarbeiter Überstunden machen müssten oder es zu betrieblichen Störungen gekommen sei, da keine eingearbeiteten oder überhaupt keine Ersatzkräfte zur Verfügung gestanden hätten oder der häufig kranke Mitarbeiter in keiner Weise einplanbar gewesen sei, reicht im Hinblick auf die Darlegung der betrieblichen Beeinträchtigung nicht aus. Es ist daher in der Praxis nicht anzuraten, sich auf betriebliche Ablaufstörungen zu berufen. Vielmehr sollten die Erfolgsaussichten der Kündigung von vornherein anhand der aufgelaufenen wirtschaftlichen Belastungen, namentlich der aufgelaufenen Entgeltfortzahlungskosten ermittelt werden (dazu unten).

Schließlich ist auch bei der Kündigung wegen Krankheit auf der dritten Stufe eine Interessenabwägung durchzuführen, an die die Rechtsprechung strenge Maßstäbe anlegt. Hier sind unter anderem zu berücksichtigen, wie lange das Arbeitsverhältnis ungestört angedauert hat, welche Umstände für die Erkrankung ursächlich waren (betriebliche oder Umstände in der Person des Mitarbeiters), wie hoch die Fehlzeitenquote des Mitarbeiters im Vergleich zu anderen Mitarbeitern ist sowie die üblichen Sozialdaten wie Lebensalter, Unterhaltspflichten und Betriebszugehörigkeit.

Ist die Erkrankung auf betriebliche Faktoren zurückzuführen, wirkt sich dieser Umstand im Rahmen der Interessenabwägung zu Lasten der Einrichtung aus.

Beachte: Unter betrieblichen Faktoren sind nicht die üblichen körperlichen Abnutzungserscheinungen zu verstehen, die bedauerlicherweise jedes langfristige Arbeitsverhältnis insbesondere auch in der Pflege früher oder später mit sich bringt. Vielmehr sind hierunter besondere betriebliche Umstände, wie etwa Betriebsunfälle oder eine besonders schädliche Arbeitsumgebung zu verstehen.

Die Interessen des Mitarbeiters treten im Verhältnis zu den Interessen der Einrichtung wiederum zurück, wenn dieser die Krankheit selbst verschuldet hat. Als Maßstab ist die Länge der Ausfallquote des betroffenen Mitarbeiters heranzuziehen. Je geringer die Ausfallquote des Mitarbeiters ist, um so mehr wiegen dessen Interessen. Im Hinblick auf ältere Mitarbeiter, die lange Beschäftigungszeiten aufweisen, muss die Einrichtung Störungen eher hinnehmen als bei jüngeren. Begründet wird dieses einerseits mit dem aufgrund der längeren Zusammenarbeit entstandenen Vertrauensverhältnisses zwischen den Parteien und andererseits mit der in zunehmendem Alter einhergehenden erhöhten Anfälligkeit für Krankheiten. Nach jüngerer Rechtsprechung wird schließlich auch geprüft, ob die Einrichtung alle milderen Mittel ausgeschöpft hat, um die Kündigung zu vermeiden. Hier sollte von Seiten der Einrichtung zumindest dokumentiert werden können, dass ein BEM versucht worden ist.

Im engeren Sinne werden bei krankheitsbedingten Kündigungen drei Fallgruppen unterschieden, nämlich die Kündigung wegen häufiger Kurzzeiterkrankungen, die Kündigung wegen Langzeiterkrankung und die Kündigung wegen dauernder Leistungsunfähigkeit.

3.3.7 Häufige Kurzzeiterkrankungen (bis zu durchschnittlich 3 Tagen/vgl. Kap. 1.1)

Der für die Praxis bedeutsamste Fall der krankheitsbedingten Kündigung ist die Kündigung aufgrund häufiger Kurzzeiterkrankungen. Unter dem Begriff der »häufigen Kurzzeiterkrankungen« werden Leistungsausfälle verstanden, die jeweils von kürzerer Dauer sind und sich häufig wiederholen, ohne dass die Ausfallzeitpunkte im Voraus berechenbar wären. Die Häufigkeit des Fehlens gilt auch als begründet, wenn wiederholt nur eintägige Fehlzeiten vorlagen.

Auch bei häufigen Kurzzeiterkrankungen ist zunächst in der ersten Stufe eine negative Gesundheitsprognose anzustellen. Häufige Kurzzeiterkrankungen in der Vergangenheit sind diesbezüglich geeignet, eine entsprechende Entwicklung des Krankheitsbildes auch für die Zukunft zu indizieren. Dabei muss man sich vergegenwärtigen, dass die Einrichtung in der Praxis nicht immer Kenntnis über die Art und Ursache der Erkrankungen des Mitarbeiters hat, weil nicht jeder Mitarbeiter die Bereitschaft zeigt, vorprozessual Auskunft über die Krankheitsursachen zu geben. In diesen Fällen bleibt der Einrichtung somit oftmals überhaupt nichts anderes übrig, als zunächst einmal die Kündigung auszusprechen, denn spätestens im Arbeitsgerichtsprozess muss der Mitarbeiter Auskunft über Art und Ursache der Krankheit(en) erteilen (dazu unten). Darüber hinaus geht die Einrichtung mit dem Ausspruch der krankheitsbedingten Kündigung auch kaum finanzielle Risiken ein, denn nach Ablauf der Kündigungsfrist kann sie ohne Verschlechterung ihrer Rechtsposition und zur Vermeidung von Annahmeverzugslohnansprüchen des Mitarbeiters ein sog. Prozessarbeitsverhältnis anbieten. Im Rahmen dessen wird dem Mitarbeiter Fortbeschäftigung bis zur rechtskräftigen Beendigung des Kündigungsrechtsstreits angeboten. Verliert der Mitarbeiter den Prozess, scheidet er mit rechtskräftigem Abschluss des Kündigungsrechtsstreits aus. Hierdurch verschlechtert sich die Rechtsposition der Einrichtung aus dem Grunde nicht, da sich die soziale Rechtfertigung einer krankheitsbedingten Kündigung ausschließlich nach der Sachlage beurteilt, wie sie zum Zeitpunkt des Zugangs der Kündigung gegeben war. Nimmt der Mitarbeiter dieses Angebot der Einrichtung nicht an, schuldet sie auch für den Fall, dass sie den Prozess verlieren sollte, keine Vergütung für den Zeitpunkt von der Beendigung des Arbeitsverhältnisses bis zu dessen rechtskräftigem Abschluss. Auf der anderen Seite erhält sie jedoch auch für den Fall Kenntnis von Art, Ursache und Schwere der Krankheit, in dem der Mitarbeiter das Prozessbeschäftigungsverhältnis annimmt. Im Übrigen sollte auch die Wirkung von krankheitsbedingten Kündigungen auf den Gesamtbetrieb und den Betroffenen nicht unterschätzt werden, denn hier wird von Seiten der Einrichtung ein deutliches Zeichen gesetzt, dass es Grenzen gibt, die schlichtweg nicht mehr hinnehmbar sind.

Die Einrichtung kann sich somit zur Begründung der Kündigung zunächst darauf beschränken, die Fehlzeiten der Vergangenheit darzustellen und hiermit die Behauptung verbinden, in Zukunft seien Krankheitszeiten in entsprechendem Umfang zu erwarten. Art und Dauer (zeitliche Abfolge) der Fehlzeiten müssen genau bezeichnet werden. Pauschale Angaben sind insoweit nicht ausreichend. Grundsätzlich sieht die Rechtsprechung einen Referenzzeitraum von zwei bis drei Jahren für die Darlegung der Fehlzeiten in der Vergangenheit als ausreichend an, um eine sichere Gesundheitsprognose darzulegen. Bei noch nicht lange andauernden Beschäftigungsverhältnissen von zum Beispiel 12 bis 24 Monaten kann auch einmal ein kürzerer Referenzzeitraum zugrunde gelegt werden, wenn eine besonders hohe Fehlquote gegeben war. So hatte das Bundesarbeitsgericht die krankheitsbedingte Kündigung einer Mitarbeiterin als gerechtfertigt angesehen, die im Rahmen einer Beschäftigungsdauer von 15 Monaten eine Fehlquote von 50 Prozent aufwies. Andererseits kann der Referenzzeitraum von 2 bis 3 Jahren bei sehr langer Beschäftigungsdauer auch zu kurz bemessen sein. Darüber hinaus ist für die negative Prognose auch von Bedeutung, ob die Erkrankungen eine steigende, gleich bleibende oder fallende Tendenz haben.

In der zweiten Stufe sollte sich die Einrichtung bei Kurzzeiterkrankungen auf erhebliche wirtschaftliche Belastungen stützen. Erhebliche wirtschaftliche Belastungen werden nämlich von der Rechtsprechung bereits dann angenommen, wenn von Seiten der Einrichtung für den betreffenden Mitarbeiter Entgeltfortzahlungskosten für mehr als sechs Wochen pro Kalenderjahr im zugrunde liegenden Referenzzeitraum aufgewendet wurden. Bei der Berechnung ist nur auf die Kosten des betroffenen Arbeitsverhältnisses abzustellen. Dieser Zeitraum gilt unabhängig von etwaig vorzunehmenden Überbrückungsmaßnahmen und gilt auch dann, wenn der Arbeitgeber Betriebsablaufstörungen nicht darlegt und eine Personalreserve nicht vorhanden ist. Die Einrichtung hat konkret darzulegen, in welcher Höhe und für welchen Zeitraum Entgeltfortzahlungskosten entstanden sind.

Beachte: Jedenfalls in Einrichtungen, die einen Betriebsrat haben, ist dieser vor Ausspruch der Kündigung anzuhören (vgl. § 102 BetrVG). Die ordnungsgemäße Anhörung ist Wirksamkeitsvoraussetzung für die Kündigung. Da die Anhörung des Betriebsrats nur dann in ordnungsgemäßer Weise erfolgt ist, wenn diesem sämtliche Umstände konkret mitgeteilt wurden, die die Einrichtung zum Ausspruch der Kündigung bewogen haben, müssen die Personalverantwortlichen ohnehin vor Ausspruch der Kündigung sämtliche Fehlzeiten sowie die daraus resultierenden Entgeltfortzahlungskosten herausarbeiten, da diese Informationen dem Betriebsrat neben den sonstigen Beweggründen und Sozialdaten des Mitarbeiters zwingend im Rahmen der Anhörung mitzuteilen sind. Werden bereits hier Fehler gemacht, schei-

tert die Wirksamkeit der Kündigung bereist an der ordnungsgemäßen Anhörung des Betriebsrats.

Im Hinblick auf die Interessenabwägung in der dritten Stufe genügt die Einrichtung ihrer Vortragslast, wenn sie mitteilt, dass keine überwiegenden Interessen des Mitarbeiters ersichtlich seien, die die Interessenabwägung zugunsten des Mitarbeiters ausfallen lassen müsste.

Sofern die vorgenannten Punkte erfüllt sind und der Mitarbeiter Kündigungsschutzklage erhebt (vgl. §§ 4, 7 KSchG), stellt sich die Frage, wie sich die weitere Darlegungs- und Vortragslast im Prozess gestaltet.

Soweit nach den beschriebenen Voraussetzungen die Indizwirkung der in der Vergangenheit aufgetretenen Fehlzeiten greift, ist es nunmehr Sache des Mitarbeiters im Prozess darzulegen, weshalb mit der Fortsetzung der Fehlzeiten in der Zukunft gleichwohl nicht zu rechnen ist. Der Mitarbeiter genügt seiner Darlegungslast dann, wenn er bestreitet, dass Fehlzeiten in gleicher Höhe in der Zukunft entstehen werden, er diesbezüglich seinen Arzt von der Schweigepflicht entbindet, verbunden mit der Darlegung, dass ihm sein oder seine ihn behandelnden Ärzte gegenüber die positive gesundheitliche Entwicklung bestätigt haben. Es kommt dann im weiteren Verlauf darauf an, welche Krankheiten ursächlich für die Fehlzeiten waren. Krankheiten, die bereits ausgeheilt sind und bei denen folglich keine Wiederholungsgefahr besteht (Armbruch, Blinddarmentzündung mit anschließender Entfernung desselben, Grippe etc.) sowie Krankheiten, die auf Betriebsunfällen beruhen sind nämlich grundsätzlich nicht geeignet, die Indizwirkung zu stützen. Allerdings steht es der Bildung einer negativen Prognose nicht entgegen, dass die Fehlzeiten auf unterschiedlichen prognosefähigen Erkrankungen beruhen. Solche verschiedenen Erkrankungen können den Schluss auf eine gewisse Krankheitsanfälligkeit des Mitarbeiters zulassen und damit eine negative Gesundheitsprognose rechtfertigen. Der Mitarbeiter muss dann beweisen, dass die Krankheiten jeweils eigenständige Ursachen haben und nicht auf einer erhöhten Anfälligkeit für Krankheiten (z. B. psychosomatische Erkrankungen) oder Risikobereitschaft (z. B. Profi-Sport, Risikolebensstil) beruhen.

Kommt das Gericht – ggf. auch nach Anhörung der Ärzte und Einholung eines Sachverständigengutachtens – zu dem Ergebnis, dass die Prognose negativ ausfällt und übersteigen die Entgeltfortzahlungskosten das der Einrichtung wirtschaftlich noch Zumutbare, hat das Gericht gleichwohl noch abschließend die Interessenabwägung zu vollziehen (s. o.). Kommt das Gericht im Rahmen der Interessenabwägung zu dem Ergebnis, dass jedenfalls keine überwiegenden Interessen des Mitarbeiters gegen die Wirksamkeit der Kündigung sprechen, wird es die Kündigungsschutzklage des Mitarbeiters zurückweisen.

3.3.8 Langzeiterkrankung (über 42 Tage pro Jahr/vgl. Kap. 1.1)

Auch eine lang andauernde Erkrankung, bei der die Beendigung der Arbeitsunfähigkeit nicht abzusehen ist, kann eine Kündigung rechtfertigen. Dies gilt selbst dann, wenn die Genesung des Mitarbeiters nicht ausgeschlossen werden kann. Von der sozialen Rechtfertigung einer lang andauernden Erkrankung, die einer Dauererkrankung gleich gestellt wird, kann ausgegangen werden, wenn der Mitarbeiter ca. 1 ½ Jahre arbeitsunfähig ist und ein Ende der Erkrankung nicht absehbar ist. Ebenso genügt es, wenn der Mitarbeiter kürzere Zeit arbeitsunfähig ist (z. B. 6 Monate) und in den nächsten 24 Monaten nicht mit der Wiederherstellung seiner Arbeitsfähigkeit zu rechnen ist. Wie lange die Einrichtung in diesen Fällen warten muss, ist rechtlich nicht geklärt. Je länger jedoch das Arbeitsverhältnis zuvor ordnungsgemäß funktioniert hat, desto länger sollte mit dem Ausspruch der Kündigung gewartet werden.

Auch bei einer Kündigung wegen lang andauernder Krankheit ist im Einzelfall jeweils eine Interessenabwägung durchzuführen. Dabei ist auf Seiten des Mitarbeiters insbesondere zu würdigen, ob sich dieser die Erkrankung im Betrieb ohne sein Verschulden zugezogen hat (Betriebsunfall).

3.3.9 Dauernde Leistungsunfähigkeit

Die krankheitsbedingte dauernde Unfähigkeit, die vertraglich geschuldete Arbeitsleistung zu erbringen, kann ebenfalls als personenbedingter Kündigungsgrund in Betracht kommen. Hierbei handelt es sich nicht um die Kündigung wegen einer Leistungsminderung infolge Krankheit, sondern um die Lösung des Arbeitsverhältnisses wegen dauernder Unmöglichkeit der Erbringung der Arbeitsleistung. Wie bereits erwähnt, steht die Ungewissheit der Wiederherstellung der Arbeitsfähigkeit einer krankheitsbedingten dauernden Leistungsunfähigkeit gleich, wenn ab dem Kündigungszeitpunkt in den nächsten 24 Monaten mit einer anderen Prognose nicht gerechnet werden kann, wobei vor Ausspruch der Kündigung liegende Zeiten in den Prognosezeitraum von 24 Monaten nicht mit eingerechnet werden können. Ergibt eine entsprechende Prognose eine dauernde Leistungsunfähigkeit, ist damit regelmäßig eine erhebliche betriebliche Beeinträchtigung verbunden. Auf eine negative Prognose hinsichtlich künftiger Krankheitszeiten kommt es daher grundsätzlich nicht mehr an. Die auf Dauer bestehende Leistungsunfähigkeit muss aber vom Gericht festgestellt werden. Fehlt ihm hierzu die erforderliche Fachkunde, muss es ein Sachverständigengutachten einholen.

Führen die zu erwartenden Fehlzeiten auf dem bisherigen Arbeitsplatz zu einer erheblichen Beeinträchtigung der betrieblichen Interessen ist stets zu prüfen, ob der Mitarbeiter auf einem anderen Arbeitsplatz weiterbeschäftigt werden kann, auf dem er voll einsatz- und leistungsfähig sein könnte und durch eine entsprechende Umsetzung keine betrieblichen Beeinträchtigungen mehr zu erwarten wären (Grundsatz der Verhältnismäßigkeit). Hierbei hat die Einrichtung für den Mitarbeiter, der sich darauf beruft, auch einen leidensgerechten Arbeitsplatz freizumachen, wenn sie den dort beschäftigten Mitarbeiter im Rahmen seines Direktionsrechts auf einen anderen freien Arbeitsplatz umsetzen bzw. versetzen kann.

Beachte: *Handelt es sich hierbei um eine mitbestimmungspflichtige Versetzung, braucht der Arbeitgeber aber bei einer Zustimmungsverweigerung des Betriebsrats ein gerichtliches Zustimmungsersetzungsverfahren nicht durchzuführen und den leidensgerechten Arbeitsplatz demgemäß nicht frei zu machen.*

Muss oder kann die Einrichtung keinen anderen Arbeitsplatz frei machen, kann die Interessenabwägung nur noch dann zugunsten des Mitarbeiters ausfallen, wenn er aufgrund schwerwiegender persönlicher Umstände besonders schutzbedürftig ist (z. B. dauernde Unfähigkeit zur Erbringung der vertraglich geschuldeten Leistung infolge eines von der Einrichtung verschuldeten Arbeitsunfalls) und der Einrichtung die Weiterbeschäftigung unter diesen Umständen zuzumuten ist.

3.3.10 Weitere Einzelfälle

Eine Alkohol-, Medikamenten- und Drogenabhängigkeit kann neben weiteren denkbaren und möglichen Suchtbildern (z. B. Spielsucht) eine personenbedingte Kündigung rechtfertigen. Befindet sich der abhängige Mitarbeiter in einem Stadium, in dem der (Trunk-)Sucht ein medizinischer Krankheitswert zukommt, finden die Grundsätze über die krankheitsbedingte Kündigung Anwendung. Bei gelegentlicher Trunkenheit oder wiederholtem Alkoholgenuss im Betrieb, der nicht offenkundig auf eine Alkoholkrankheit zurückzuführen ist, kommt dagegen eine verhaltensbedingte Kündigung in Betracht.

Abhängigkeit liegt nach der Rechtsprechung des Bundesarbeitsgerichts dann vor, wenn der gewohnheitsmäßige, übermäßige Alkoholgenuss trotz besserer Einsicht nicht aufgegeben werden kann und eine psychische und physische Abhängigkeit vom Alkohol besteht. Die Alkoholabhängigkeit kann jeweils nach Grad und Schwere der Erkrankung sowie der dadurch verursachten betrieblichen Störungen und wirtschaftlichen Belastungen wie jede andere Erkrankung den Ausspruch einer personenbedingten ordentlichen Kündigung rechtfertigen. Die Therapiebereitschaft des Mitarbeiters ist dabei von zentraler Bedeutung. Ist er im Zeitpunkt der Kündigung nicht bereit, sich einer Entziehungskur zu unterziehen, obwohl eine Alkoholabhängigkeit festgestellt worden ist, kann davon ausgegangen werden, dass er von der Alkoholabhängigkeit in absehbarer Zeit nicht geheilt sein wird. Die negative Prognose ist damit gegeben. Eine nach Ausspruch der Kündigung durchgeführte Entziehungskur kann nicht zur Korrektur der Gesundheitsprognose herangezogen werden. Im Hinblick auf die Interessenabwägung sind die Gründe der Trunkenheit angemessen zu berücksichtigen. Darüber hinaus ist die Einrichtung nach dem Grundsatz der Verhältnismäßigkeit (mildestes Mittel) verpflichtet, vor einer Kündigung dem Mitarbeiter die Durchführung einer Entziehungskur zu ermöglichen.

Beachte: Wird der Mitarbeiter, nachdem er bereits eine Therapiemaßnahme erfolgreich durchlaufen hat, erneut alkoholabhängig, muss die Einrichtung ihm nicht erneut die Möglichkeit einer Therapie einräumen. Vielmehr kann sie in diesen Fällen kündigen.

Für die weiteren denkbaren Suchtbilder, denen ein medizinischer Krankheitswert zukommt, sind ebenfalls die allgemeinen Grundsätze über die krankheitsbedingte Kündigung anzuwenden. Hierzu gehören die Prüfungsschritte der negativen Prognose, der Beeinträchtigung der betrieblichen Interessen und der Interessenabwägung. Auch im Hinblick auf eine Drogen- oder Spielsucht ist eine negative Prognose im Allgemeinen dann gegeben, wenn der Mitarbeiter nicht therapiebereit ist.

AIDS gehört zu den Krankheiten, die – wie jede andere Krankheit auch – eine personenbedingte Kündigung wegen lang andauernder Erkrankung oder häufiger Kurzerkrankungen rechtfertigen kann. Es muss jedoch zwischen der Infektion mit dem HIV-Virus und der AIDS-Erkrankung unterschieden werden. Die Infektion führt oft über Jahre nicht zu gesundheitlichen Beschwerden. Erst mit Ausbruch von AIDS ergibt sich das pathologische Erscheinungsbild.

Die HIV-Infektion als solche beeinträchtigt noch nicht die Eignung des Mitarbeiters für die Erfüllung seiner arbeitsvertraglichen Pflichten und stellt nach herrschender Meinung grundsätzlich noch keinen Kündigungsgrund dar.

Anders ist jedoch der Fall zu beurteilen, wenn die Erfüllung der arbeitsvertraglichen Pflichten die Gefahr mit sich bringt, dass Arbeitskollegen oder Dritte durch den Mitarbeiter mit dem HIV-Virus infiziert werden könnten. Ein solches Gefährdungspotenzial wird häufig im Bereich der Heil- und Pflegeberufe vorhanden sein. In derartigen Fällen liegt in der Regel ein personenbedingter Kündigungsgrund vor.

Eine personenbedingte Kündigung ist wegen altersbedingter Leistungsminderung gerechtfertigt, wenn dem Mitarbeiter die Eignung fehlt, seine arbeitsvertraglichen Pflichten in quantitativer, zeitlicher oder qualitativer Hinsicht ordnungsgemäß zu erfüllen. Die normale altersbedingte Leistungsminderung ist von der Einrichtung aber hinzunehmen wie z. B. höhere krankheitsbedingte Fehlzeiten im Vergleich zu jüngeren Mitarbeitern. Bei der fehlenden Bereitschaft, sich notwendiges Fachwissen anzueignen, kann z. B. bei Einführung neuer Fertigungsmethoden dem Mitarbeiter gekündigt werden. Die Einrichtung muss dem Mitarbeiter jedoch genügend Zeit geben, sich die Kenntnisse alsbald aneignen zu können. Unterlässt der Mitarbeiter trotz Hinweises der Einrichtung eine an ihn herangetragene notwendige Fortbildung, so dass er seine Eignung verliert, kommt nicht eine personen-, sondern eine verhaltensbedingte Kündigung in Betracht. Grundsätzlich bedarf es in einem solchen Fall der vorherigen Abmahnung. Nur dann, wenn die Leistungsmängel unbehebbar sind, ist eine vorherige Abmahnung ausnahmsweise entbehrlich.

3.4 Eingliederungsmanagement und Wiedereingliederungsverhältnisse

Für Mitarbeiter, die längere Zeit im Jahr erkrankt sind, kommen zwei Maßnahmen zur Erhaltung des Arbeitsplatzes in Betracht. Zum einen das betriebliche Eingliederungsmanagement nach § 84 SGB IX und zum anderen die stufenweise Wiedereingliederung nach §§ 75 SGB V.

3.4.1 Betriebliches Eingliederungsmanagement (BEM)

Mit Wirkung zum 1.5.2004 hat der Gesetzgeber unter dem Stichwort Prävention den § 84 Abs. 2 in das SGB IX eingefügt. Danach soll in sämtlichen Einrichtungen ein BEM mit den im Gesetz genannten Mitarbeitergruppen durchgeführt werden.

> »Sind Beschäftigte innerhalb eines Jahres länger als sechs Wochen ununterbrochen oder wiederholt arbeitsunfähig, klärt der Arbeitgeber mit der zuständigen Interessenvertretung im Sinne des § 93, bei schwerbehinderten Menschen außerdem mit der Schwerbehindertenvertretung, mit Zustimmung und Beteiligung der betroffenen Person die Möglichkeiten, wie die Arbeitsunfähigkeit möglichst überwunden werden und mit welchen Leistungen oder Hilfen erneuter Arbeitsunfähigkeit vorgebeugt und der Arbeitsplatz erhalten werden kann (betriebliches Eingliederungsmanagement).« (§ 84 Abs. 2 SGB IX).

Allerdings enthält das Gesetz selber keinerlei Sanktionen, sofern die Einrichtung kein BEM durchführt. Folgerichtig hat der Mitarbeiter auch keinerlei rechtliche Handhabe gegenüber der Einrichtung, die Durchführung des BEM rechtlich durchzusetzen. Allerdings sind Einrichtungen gut beraten, wenn sie ein BEM errichten, denn spätestens dann, wenn ein Arbeitsverhältnis gekündigt wird, spielt es rechtlich durchaus eine Rolle, ob die Möglichkeiten des betrieblichen Eingliederungsmanagements ausgeschöpft worden sind. Dementsprechend war es längere Zeit streitig, wie die unterlassene Durchführung eines BEM im Rahmen eines Rechtsstreits über eine krankheitsbedingte Kündigung zu würdigen ist. Noch im Jahre 2006 vertrat das Landesarbeitsgericht Berlin hierzu die Auffassung, dass die krankheitsbedingte Kündigung schlechterdings immer sozial ungerechtfertigt sei, wenn der Arbeitgeber nicht zuvor die Möglichkeiten des BEM ausgeschöpft habe. Diese Auffassung wurde vom Bundesarbeitsgericht jedoch nicht geteilt. Vielmehr vertritt dieses eine vermittelnde Auffassung. Die Durchführung eines BEM ist danach zunächst keine formelle Wirksamkeitsvoraussetzung für den Ausspruch einer krankheitsbedingten Kündigung. Allerdings ist im Rahmen der in jedem Rechtstreit durchzuführenden Verhältnismäßigkeitsprüfung zu würdigen, ob die Kündigung durch (regelmäßig mildere) Maßnahmen eines BEM hätte verhindert werden können. Für den Umstand, dass dies nicht der Fall ist, trägt zudem die Einrichtung die Beweislast. Die Einrichtung ist daher gut beraten, spätestens vor Ausspruch einer krankheitsbedingten Kündigung ein BEM zumindest zu versuchen.

Fehlzeiten konstruktiv managen
© Vincentz Network GmbH & Co. KG, Hannover 2009; ISBN 978-3-86630-055-2

Das BEM sollte im Wesentlichen folgende Zielsetzung verfolgen (vgl. Kap. 1.1):

❡ die Entstehung von chronischen Krankheiten und Behinderungen bei den Mitarbeitern soll durch vorbeugendes Handeln der Einrichtung und ihrer Interessenvertretungen möglichst verhindert werden,*

❡ Arbeitsunfähigkeit soll überwunden und erneuter Arbeitsunfähigkeit soll vorgebeugt werden,*

❡ der Arbeitsplatz Schwerbehinderter und von Krankheit betroffener Mitarbeiter soll möglichst erhalten bleiben und es soll verhindert werden, dass diese aus dem Erwerbsleben ausscheiden.

Wie sich aus dieser Zielsetzung unschwer ersehen lässt, dient das BEM somit im Wesentlichen der Sicherung und dem Erhalt von Arbeitsplätzen solcher Mitarbeiter, die zeitweilig oder dauerhaft gesundheitlich beeinträchtigt sind. Diesbezüglich ist ein BEM grundsätzlich mit solchen Mitarbeitern durchzuführen, die innerhalb eines Zeitraums von zwölf Monaten entweder durchgehend sechs Wochen erkrankt sind oder innerhalb des gleichen Zeitraums mehrere Kurzzeiterkrankungen aufweisen, die in der Summe sechs Wochen erreichen. Selbstverständlich kann ein BEM auch mit Mitarbeitern durchgeführt werden, die kürzere Krankheitszeiten aufweisen. Insofern ist § 84 dispositiv.

Liegen diese Voraussetzungen in der Person eines Mitarbeiters vor, stellt sich die Frage, wie ein BEM ausgestaltet werden muss. Dabei ist zunächst darauf hinzuweisen, dass die Beteiligung des Mitarbeiters am BEM grundsätzlich freiwillig ist. Das heißt, ein Mitarbeiter kann nicht gezwungen werden, sich aktiv am BEM zu beteiligen. Da jedoch das BEM üblicherweise in seinem Interesse liegen sollte, dürfte dies ein eher theoretisches Problem sein. Darüber hinaus schwächt der Mitarbeiter, der sich dem BEM verweigert, grundsätzlich seine rechtliche Position (dazu unten).

Am BEM zu beteiligen sind die Schwerbehindertenvertretung und die Mitbestimmungsorgane. Durch die Installation eines BEM werden regelmäßig Mitbestimmungsrechte betreffend die Ordnung des Betriebes berührt werden, so dass kaum Zweifel daran bestehen dürften, dass die Mitbestimmungsorgane an der Ausgestaltung und Implementierung des BEM zu beteiligen sind (vgl. Kap. 2.3.1). Es wird diesbezüglich dringend empfohlen, eine Betriebs- bzw. eine Dienstvereinbarung über die Einführung und die Durchführung des BEM mit dem Mitbestimmungsorgan abzuschließen. Hierdurch wird die Akzeptanz für das BEM bei den Mitarbeitern spürbar erhöht.

Das Gesetz bestimmt lediglich, dass der Arbeitgeber in Zusammenarbeit mit der Interessenvertretung sowie der Schwerbehindertenvertretung das BEM durchzuführen hat. Dementsprechend sollte zunächst geregelt werden, wer für welche Mitarbeiter verantwortlich ist. In kleineren Einrichtungen kann es sinnvoll sein, die Verantwortung direkt bei der Heimleitung bzw. der Geschäftsleitung anzusiedeln. In größeren Einrichtungen macht diese Vorgehensweise jedoch kaum Sinn. Hier sollte genau bestimmt werden, wer für welchen Bereich verantwortlich ist. Der Verantwortliche sollte auch zugleich überwachen, welche Mitarbeiter die 6-Wochen-Grenze überschritten haben. Gibt es eine Personalabteilung kann diese Aufgabe selbstverständlich auch dorthin delegiert werden.

Beachte: In der Praxis bewährt hat sich die Konstituierung eines sog. Integrationsteams, welches für das BEM verantwortlich ist. In diesem Team sollte zumindest ein Vertreter der Interessenvertretung der Mitarbeiter sowie die Schwerbehindertenvertretung vertreten sein.

Das Verfahren selbst sollte damit eingeleitet werden, dass der Betroffene zunächst schriftlich darüber unterrichtet wird, dass er in das BEM einbezogen werden soll. Dabei sollte der Hinweis nicht fehlen, dass das BEM freiwillig ist. Es bietet sich an, im Anschreiben schon einen Besprechungstermin festzulegen und den Mitarbeiter aufzufordern, dass er sich innerhalb einer bestimmten Frist schriftlich erklären möge, ob er Einwände gegen das BEM hat. Das Schreiben sowie dessen Zugang beim Mitarbeiter sollten weiterhin entsprechend in der Personalakte dokumentiert werden.

Musteranschreiben BEM:

Herr ...
Betriebliches Eingliederungsmanagement nach § 84 SGB IX

Sehr geehrter Herr ...,
der Gesetzgeber verpflichtet unsere Einrichtung für den Fall, dass unsere Mitarbeiter für einen Zeitraum von mehr als 6 Wochen im Jahr krank sind dazu im Rahmen eines sog. betrieblichen Eingliederungsmanagements präventiv tätig zu werden. Das betriebliche Eingliederungsmanagement verfolgt das Ziel:
die Entstehung von chronischen Krankheiten und Behinderungen bei den Mitarbeitern durch vorbeugendes Handeln möglichst zu verhindern;
Arbeitsunfähigkeit soll überwunden und erneuter Arbeitsunfähigkeit soll vorgebeugt werden,
der Arbeitsplatz Schwerbehinderter und von Krankheit betroffener Mitarbeiter soll möglichst erhalten bleiben und es soll verhindert werden, dass diese aus dem Erwerbsleben ausscheiden.
Sie haben in den zurückliegenden 12 Monaten mehr als 6 Wochen krankheitsbedingt Ihre Arbeit nicht erbringen können, so dass wir Sie in Umsetzung unserer gesetzlichen Verpflichtung gerne in das betriebliche Eingliederungsmanagement einbeziehen wollen. Aus diesem Grunde möchten wir Sie bitten, am .... um .... zu einem ersten Gespräch zu erscheinen. Im Rahmen dieses Gesprächs sollen die Ursachen ihrer Erkrankung erörtert werden und Möglichkeiten gemeinsam entwickelt werden, wie wir zukünftiger Arbeitsunfähigkeit vorbeugen können. Wir weisen dabei ausdrücklich darauf hin, dass

die Teilnahme am betrieblichen Eingliederungsmanagement freiwillig ist. Gleichfalls freiwillig sind die Auskünfte, die Sie im Rahmen der Durchführung des betrieblichen Eingliederungsmanagements erteilen.

Sofern Sie nicht in das betriebliche Eingliederungsmanagement einbezogen werden wollen, möchten wir Sie bitten, uns das bis zum ... schriftlich mitzuteilen, da sich dann der oben genannte Termin erübrigen würde. Schließlich möchten wir Sie noch darauf hinweisen, dass ein Mitglied des Betriebsrats/die Schwerbehindertenvertretung an dem Gesprächstermin teilnehmen wird. Sofern Sie nicht möchten, dass ein Betriebsratsmitglied/die Schwerbehindertenvertretung an dem Gespräch teilnimmt, teilen Sie uns dieses bitte mit.

Dieses Anschreiben nehmen wir zu Ihrer Personalakte.

Hamburg, den ...

Mit freundlichen Grüßen

....
Geschäftsleitung

Verweigert sich der Mitarbeiter dem BEM, sollte auch dieses in der Personalakte dokumentiert werden. Dass die Sachverhalte genau dokumentiert werden sollen, findet seinen Grund darin, dass in einem etwaigen Kündigungsrechtsstreit die Frage zu beantworten ist, ob ein BEM zumindest versucht worden ist (s. o.).

Zu dem Besprechungstermin, der wiederum zu dokumentieren ist, sollte die Interessenvertretung und sofern es sich um einen Schwerbehinderten oder diesem Gleichgestellten handelt, die Schwerbehindertenvertretung hinzugezogen werden. Verlangt der Mitarbeiter ausdrücklich, dass Interessenvertretung und Schwerbehindertenvertretung nicht hinzugezogen werden sollen, ist diesem Wunsch des Mitarbeiters nachzukommen.

Im Besprechungstermin selber sollte zunächst mit sämtlichen Beteiligten darüber beraten werden, wie die Arbeitsunfähigkeit überwunden und mit welchen Leistungen und Hilfen erneuter Arbeitsunfähigkeit vorgebeugt und der Arbeitsplatz erhalten werden kann. Dabei sollten offen die Ursachen der Erkrankung, insbesondere auch mögliche betriebliche Ursachen zwischen den Beteiligten erörtert werden. Hierzu sind die jeweiligen Arbeitsbedingungen zu klären: Gibt es Gesundheitsgefahren durch Über- oder Unterforderung, existieren physisch oder psychische Belastungsfaktoren am Arbeitsplatz, die krankmachende Beanspruchungsfolgen haben, gibt es Mängel in der Arbeitsorganisation oder der ergonomischen Gestaltung usw. Zielsetzung des Gespräches muss es schließlich sein, detaillierte Informationen über die krankheitsbedingten Einschränkungen des Mitarbeiters zu erhalten, dessen Ziele und Vorstellungen zu ermitteln, die Einsatzmöglichkeiten des Mitarbeiters auszuloten und einen Plan für die weiteren Schritte abzustimmen. Hier kann es sich anbieten, sofern vorhanden den Betriebsarzt einzubeziehen.

Als mögliche Maßnahmen können z. B. die nachfolgend genannten Maßnahmen innerhalb von Rückkehrgesprächen thematisiert werden:

Mögliche Maßnahmen zur Fehlzeiten-reduktion als Gesprächsgrundlage bei Rückkehrgesprächen	Technische/ Gesundheitsför-dernde Maßnahmen	Organisatorische Maßnahmen	Disziplinierende Maßnahmen	Rechtliche Maß-nahmen
• Tägliche Arbeitszeitgestaltung – und/oder Pausenregelungen im Rahmen der betrieblichen Möglichkeiten verändern.		x		x
• Änderung der Arbeitsaufgaben.		x		
• Bei Mitarbeitern mit überwiegendem Nachtdiensteinsatz Versetzung in den Tagdienst.	x	x	x	x
• Bei häufigem Fehlen am Wochenenden das Wochenende »nacharbeiten« lassen und. dem eingesprungenen Mitarbeiter frei geben.		x	x	
• Versetzung und Umsetzung in andere Arbeitsbereiche.		x	x	x
• Technische Lösungen am Arbeitsplatz (Hebehilfen etc.).	x			
• Ergonomische Optimierung des Arbeitsplatzes.	x			
• Prüfen, ob andere Aufgaben im Betrieb möglich sind, welche die bestehende Problematik kompensieren.		x		
• Gesundheitsfördernde Angebote mit Krankenkassen abstimmen.	x			
• Befristeter Arbeitsvertrag wird nicht verlängert				x
• Kontinuierliches Angebot der Reduktion der bestehenden vertraglichen Wochen-arbeitszeit.			x	x
• Kündigung während Probezeit ohne Angabe von Gründen.				x

Mögliche Maßnahmen zur Fehlzeitenreduktion als Gesprächsgrundlage bei Rückkehrgesprächen	Technische/Gesundheitsfördernde Maßnahmen	Organisatorische Maßnahmen	Disziplinierende Maßnahmen	Rechtliche Maßnahmen
• Keine Vertragsverlängerung bei Befristeten befristeten Arbeitsverträgen.				x
• Mögliche Nebentätigkeiten untersagen.			x	x
• Veranlassung einer Untersuchung durch den MDK nach vorheriger Abstimmung mit der Krankenkasse des Mitarbeiters.	x			x
• Kontinuierliche Abstimmung mit der Krankenkassen bei Fehlzeiten > 42 Tage/Jahr in Bezug auf die Umsetzung des betrieblichen Eingliederungsmanagements nach § 84 Abs.2 SGB IX.	x		x	x
• Wiedereingliederungsmaßnahmen nach § 28 SGB IX (s. u.).	x			
• Medizinische Rehabilitationsleistungen.	x			
• Einbezug der Berufsgenossenschaften.	x			
• Abstimmung mit Krankenkasse/Berufsgenossenschaften in Bezug auf alternative Beschäftigungsmöglichkeiten – Umqualifizierungen.	x			
• Hinzuziehen weiterer Personen, wie Betriebsrat.			x	x
• Änderungskündigung zur Reduktion der Wochenarbeitszeit.				x
• Reduzierung der Arbeitszeit (Teilzeit, Altersteilzeit).	x			x
• Unmittelbare Vereinbarung eines erneuten Gesprächstermins (optional).			x	

Alle Maßnahmen dienen zunächst dazu den Ernst der Situation darzustellen. Dabei bauen diese aufeinander auf und es sollte immer mit derjenigen Maßnahme begonnen werden, welche im Einzelfall eine viel versprechende Variante darstellt und möglichst wenig in die Arbeitsplatzsituation des Mitarbeiters eingreift. Gleichermaßen ist das Vorgehen deswegen von großer Bedeutung, weil im Falle einer Kündigung aufgezeigt werden kann, dass eine Vielzahl anderer Möglichkeiten im Vorfeld abgewogen worden sind.

3.4.2 Stufenweise Wiedereingliederung

Als wirksames Mittel zur Wiedereingliederung Arbeitsunfähiger und Erwerbsgeminderter hat sich das Modell der stufenweisen Wiedereingliederung etabliert. Dieses Modell basiert im Wesentlichen darauf, Langzeitkranke unter therapeutischen Gesichtspunkten auf Kosten der Rehabilitationsträger stufenweise wieder in den Betrieb zu integrieren. Die ursprünglich nur im Krankenversicherungsrecht in § 74 SGB V vorgesehene Maßnahme wurde mit der Einführung des § 28 SGB IX auf alle Rehabilitationsträger erstreckt.

Beispiel: Als Pendant zu § 74 SGB V gab und gibt es in der gesetzlichen Unfallversicherung die Leistungen zur Belastungserprobung und Arbeitstherapie (vgl. § 27 Abs. 1 Nr. 7 SGB VII, jetzt § 26 Abs. 2 Nr. 7 SGB IX).

Da die Tatbestandsvoraussetzungen der §§ 74 SGB V, 28 SGB IX kongruent sind und § 74 SGB V in der Praxis größerer Bedeutung hat, wird das Verfahren nachfolgend anhand des § 74 SGB V näher erläutert.

> »Können arbeitsunfähige Versicherte nach ärztlicher Feststellung ihre bisherige Tätigkeit teilweise verrichten und können sie durch eine stufenweise Wiederaufnahme ihrer Tätigkeit voraussichtlich besser wieder in das Erwerbsleben eingegliedert werden, soll der Arzt auf der Bescheinigung über die Arbeitsunfähigkeit Art und Umfang der möglichen Tätigkeiten angeben und dabei in geeigneten Fällen die Stellungnahme des Betriebsarztes oder mit Zustimmung der Krankenkasse die Stellungnahme des Medizinischen Dienstes (§ 275) einholen.« (§ 74 SGB V).

Voraussetzung der stufenweisen Wiedereingliederung ist zunächst, dass der Mitarbeiter arbeitsunfähig im Sinne des Entgeltfortzahlungsrechts ist. Entgegen einer weit verbreiteten Auffassung sind dabei Krankheit und Arbeitsunfähigkeit keinesfalls gleich zu setzen. Vielmehr kann der Mitarbeiter durchaus arbeitsfähig sein, auch wenn er krank ist.

Beispiel: Der Heimleiter, der sich im Skiurlaub den linken Arm bricht, kann durchaus auch mit einem Gipsverband seine Funktion als Heimleiter ausüben. Eine Pflegehelferin kann ihre Tätigkeit mit der gleichen Beeinträchtigung nicht mehr ausüben.

Arbeitsunfähigkeit liegt somit immer nur dann vor, wenn der AN seine vertraglich geschuldete Tätigkeit objektiv nicht ausüben kann (z. B. nach stationärer Aufnahme im Krankenhaus) oder objektiv nicht ausüben sollte, weil die Heilung nach ärztlicher Prognose verhindert oder verzögert wird.

Liegt Arbeitsunfähigkeit in diesem Sinn vor, bedarf es weiterhin auf der ärztlichen AU-Bescheinigung näherer Angaben des Vertragsarztes über Art und Umfang möglicher Tätigkeiten des Mitarbeiters im Rahmen der Wiedereingliederung. Damit der Arzt diese Angaben machen kann, hat er sich ein genaues Bild über die vom Mitarbeiter geschuldeten Tätigkeiten zu machen. Im Ergebnis muss der Arzt zu der Überzeugung gelangen, dass medizinische Gründe der in der AU-Bescheinigung niedergelegten Beschäftigung nicht entgegenstehen und der Mitarbeiter tatsächlich die Möglichkeit der Wiedereingliederung ergreifen will.

Beachte: Maßnahmen der stufenweisen Wiedereingliederung kommen nur für Leistungsberechtigte in Betracht. Das heißt, bezieht der Mitarbeiter beispielsweise kein Krankengeld nach § 44 SGB V mehr, scheiden Wiedereingliederungsversuche von vorneherein aus.

Sind die vorgenannten Voraussetzungen gegeben, stellt sich weiterhin die Frage, ob der Mitarbeiter die in der AU-Bescheinigung ausgewiesenen Tätigkeiten gegenüber der Einrichtung beanspruchen kann. Dabei gilt es zunächst zu berücksichtigen, dass es eine teilweise Arbeitsfähigkeit nicht gibt. Das heißt, die Einrichtung ist nicht verpflichtet, einen Mitarbeiter fortzubeschäftigen, der die nach dem Arbeitsvertrag geschuldete Leistung nicht vollen Umfangs erbringen kann.

Beispiel: Eine examinierte Pflegekraft, die einen Bandscheibenvorfall gehabt hat und daher nur leichteste Hebetätigkeiten (5 Kg) und Mobilitätshilfen leisten kann, muss von der Einrichtung nicht im Rahmen der noch möglichen Tätigkeiten beschäftigt werden. Vielmehr besteht eine Beschäftigungspflicht nur dann, wenn sämtliche nach dem Arbeitsvertrag oder der Stellenbeschreibung geschuldeten Tätigkeiten erbracht werden können.

Des Weiteren handelt es sich nach gefestigter Rechtsprechung bei einem Wiedereingliederungsverhältnis nicht um eine teilweise Fortsetzung des bisherigen Arbeitsverhältnisses. Dieses ruht vielmehr und das Wiedereingliederungsverhältnis begründet eine neue Vertragsbeziehung besonderer Art, die auflösend bedingt ist. Aus diesen Rechtsgründen folgt, dass die Einrichtung nicht dazu verpflichtet werden kann, sich auf die Wiedereingliederung einzulassen. Vielmehr bedarf es einer Einigung über die Begründung des Wiedereingliederungsverhältnisses mit dem Mitarbeiter. Weiterhin folgt aus dieser rechtlichen Einordnung, dass Entgeltansprüche im Rahmen des Wiedereingliederungsverhältnisses nicht begründet werden. Auch Urlaubsansprüche entstehen während des Wiedereingliederungsverhältnisses nicht. Vielmehr bezieht der Arbeitnehmer ausschließlich Leistungen des Rehabilitationsträgers.

Hat sich die Einrichtung auf ein Wiedereingliederungsverhältnis eingelassen, stellt sich schließlich die Frage, wann dieses endet. Hier ist zunächst darauf hinzuweisen, dass das Wiedereingliederungsverhältnis auflösend bedingt ist. Die Bedingung mit der sich das Rechtsverhältnis automatisch auflöst, liegt im Ablauf der vorgesehenen Zeit, in der vollen Wiedererlangung der Arbeitsfähigkeit oder in dem Entfallen der positiven medizinischen Prognose für die bessere Wiedereingliederung in das Erwerbsleben. Jedoch kann das Wiedereingliederungsverhältnis auch zuvor jederzeit durch Willenserklärung von einer der beiden Seiten beendet werden. Dieses folgt daraus, dass die Eingehung freiwillig ist. Ist jedoch die Eingehung freiwillig, dann muss auch jederzeit die Möglichkeit bestehen, dass Vertragsverhältnis besonderer Art mittels Willenserklärung zu beenden.

Betriebliches Eingliederungsmanagement nach § 84 SGB IX stellt einen Teil des gesamten betrieblichen Fehlzeitenmanagements (vgl. Kap. 2.3.1; Beispiel für Inhalte eines betrieblichen Fehlzeitenmanagements) dar. Umgekehrt gesagt könnte das betriebliche Eingliederungsmanagement als die »Basisversion« eines umfassenden betrieblichen Fehlzeitenmanagements verstanden werden. Das betriebliche Fehlzeitenmanagement entspricht also den Anforderungen des betrieblichen Eingliederungsmanagements (BEM) nach § 84 SGB IX, wenn es mindestens die nachfolgend genannten Maßnahmen beinhaltet.

Zielsetzungen (vgl. Kap. 1.1)

Maßnahmen	BEM
• Das Verfahren innerhalb des betrieblichen Fehlzeitenmanagements wird damit eingeläutet, dass der Betroffene vorab schriftlich unterrichtet wird, dass er in das BEM einbezogen werden soll.	☐
• Rückkehrgespräche erfolgen mit allen Mitarbeitern, die mehr als 42 Kalendertage pro Jahr in Folgeinfolge von Krankheit fehlen.	☐
• Beteiligung der Mitbestimmungsorgane der Mitarbeiter bei der Ausarbeitung und Implementation des betrieblichen Fehlzeitenmanagements.	☐
• Bei schwerbehinderten Mitarbeitern wird zusätzlich die Schwerbehindertenvertretung bei Rückkehrgesprächen involviert.	☐
• Bei Rückkehrgesprächen wird gemeinsam mit dem Mitarbeiter geprüft, mit welchen Leistungen oder Hilfen erneuter Arbeitsunfähigkeit vorgebeugt und der Arbeitsplatz erhalten werden kann (siehe Rückkehrgesprächsprotokoll).	☐
• Mit den Mitbestimmungsorganen ist eine Betriebsvereinbarung über Ausgestaltung und Implementierung eines betrieblichen Fehlzeitenmanagements abgeschlossen.	☐

Maßnahmen	BEM
• Es bestehen klare Regelungen dahingehend, wer für welche Maßnahmen des betrieblichen Fehlzeitenmanagements zuständig ist.	☐
• Seitens der Personalabteilung erfolgt eine differenzierte mitarbeiterbezogene Fehlzeitenanalyse	☐
• Für die kontinuierliche Umsetzung der Maßnahmen aus dem betrieblichen Fehlzeitenmanagement ist ein Integrationsteam zusammengestellt, welches für die Umsetzung der Maßnahmen zuständig ist (wer macht was und wann?).	☐

Schlusswort

Sie haben sich durch die Kapitel des Buches gearbeitet. Theoretisch ist alles ganz klar und logisch. Nun liegt die Umsetzung in die Praxis vor Ihnen. Ein weiter und nicht unkomplizierter Weg. Er lohnt sich – für Sie und Ihre Mitarbeitenden.

Um Ihnen den Weg zum Erfolg zu erleichtern, empfehlen wir Ihnen folgendes praxiserprobte Vorgehen:

- Gehen Sie bei der Umsetzung systematisch vor.
- Beginnen Sie mit einer IST-Analyse. Einen Überblick hierzu verschaffen Sie sich am einfachsten über die Checklisten am Ende der jeweiligen Kapitel.
- Kommunizieren Sie Ihre Ziele im Kreis der Führungsverantwortlichen.
- Setzen Sie gemeinsame Schwerpunkte.
- Fangen Sie bitte nicht mit dem schwierigsten Problem an, sondern beginnen Sie mit Schritten, die Ihnen leicht fallen.
- Erstellen Sie eine realistische Zeit- und Prozessstruktur.
- Schaffen Sie sich Verbündete, auch externe wie beispielsweise die Berufsgenossenschaften, die Krankenkassen etc.
- Holen Sie die Interessenvertretung der Mitarbeiter ins Boot.
- Lassen Sie sich nicht zu Äußerungen und Ankündigungen von Maßnahmen hinreißen, die Sie nicht einhalten können.
- Achten Sie bitte konsequent auf den Aspekt ‚Verfahrensethik' – ein faires und weitsichtiges Vorgehen macht sich in jedem Fall bezahlt!
- Scheuen Sie sich nicht, Rat und externe Beratung einzuholen, wenn die Dinge nicht so laufen, wie geplant.

Und ... seien Sie gewiss, dass wir als Autoren Sie auf Ihrem Weg mit unseren guten Gedanken und Wünschen begleiten!

Herzlichst
Michael Wipp
Bahram Aghamiri
Karla Kämmer

Fehlzeiten konstruktiv managen
© Vincentz Network GmbH & Co. KG, Hannover 2009; ISBN 978-3-86630-055-2

Literaturverzeichnis

Badura, Schellschmidt, Vetter: Fehlzeiten-Report 2006; Springer Verlag

BGW-Pflegereprot 2007: Sieht die Pflege bald alt aus?, Berufsgenossenschaft für Gesundheitsdienst und Wohlfahrtspflege

Berger, Gerhard; Kessler, Johannes und Zimber, Andreas: (2005): 40-plus Mitarbeiter. Nutzen Sie das Potenzial erfahrener Mitarbeiter. Altenheim. 12/2005 S. 14–17 und: Berger, Gerhard; Kessler, Johannes und Zimber, Andreas: 40-plus Mitarbeiter. Schaffen Sie altersgerechte Arbeitsplätze. Altenheim. 12/2005 S. 18–21. Hannover: Vincentz Network

Blickle, G. (1998): Ethik in Organisationen. Göttingen: Verlag für angewandte Psychologie

Domsch, Michael E.; Ladwig, Desiree H. 2000: Handbuch Mitarbeiterbefragung. Springer Verlag

Freiherr von Holtz 2001: Der Zusammenhang zwischen Mitarbeiterzufriedenheit und Kundenzufriedenheit. FGM verlag

IKK-Branchenreport 2007: Gesundheitswesen

Kämmer, K. (Hrsg.) (2007): Pflegemanagement in Altenpflegeeinrichtungen. Hannover: Schlütersche Verlagsanstalt

Keul, Siegfried (2007): Fehlen aus Gewohnheit, Saarbrücken; VDM Verlag Dr. Müller

Möglichkeiten und Grenzen selbstständiger Lebensführung in stationären Einrichtungen (MuG IV) – Forschungsprojekt im Auftrag des Bundesministeriums für Familie, Senioren, Frauen und Jugend.

Müller, G. (1998): Prozedurale Gerechtigkeit in Organisationen. In: G. Blickle (Hrsg.) (1998): Ethik in Organisationen. Göttingen: Verlag für angewandte Psychologie

Strunk-Richter, Gerlinde (2007): Patricia Benners Modell – Stufen zur Pflegekompetenz. In: Kämmer, Karla (Hrsg.): Pflegemanagement in Altenpflegeeinrichtungen. Hannover: Schlütersche Verlagsanstalt

Weber, P. (2005): Schwierige Gespräche Kompetent bewältigen. Kritikgespräch Schlechte-Nachrichten-Gespräch. Ein Praxisleitfaden für Führungskräfte. Lengerich: Pabst Science Publishers

Wipp/Wagner (2005): Der Regelkreis der Einsatzplanung, Hannover: Vincentz Network

Fehlzeiten konstruktiv managen
© Vincentz Network GmbH & Co. KG, Hannover 2009; ISBN 978-3-86630-055-2

Abkürzungen

Allgemeine Abkürzungen

AT	Arbeitstage
AUB	Arbeitsunfähigkeits bescheinigung
GF	Geschäftsführung
HL	Hausleitung
KK	Krankenkasse
Lfz	Lohnfortzahlung
LQV	Leistungs- und Qualitätsvereinbarung
MDK	Medizinischer Dienst der Krankenkassen
PDL	Pflegedienstleitung
PFK	Pflegefachkraft
RiP(r)	Risikopotenzialanalyse
WBL	Wohnbereichsleitung

Juristische Abkürzungen

AGG	Allgemeines Gleichbehandlungsgesetz
ArbZG	Arbeitszeitgesetz
AÜG	Arbeitnehmerüberlassungs- gesetz
AU-RL	Arbeitsunfähigkeits- Richtlinien
BAG	Bundesarbeitsgericht
BAnz	Bundesanzeiger
BEM	Betriebliches Eingliede- rungsmanagement
BetrVG	Betriebsverfassungsgesetz
BetrVG	Betriebsverfassungsgesetz
BGB	Bürgerliches Gesetzbuch
BUrLG	Bundes-Urlaubsgesetz
EFZG	Entgeltfortzahlungsgesetz
GewO	Gewerbeordnung
KSchG	Kündigungsschutzgesetz
LAG	Landesarbeitsgericht
MTV	Manteltarifvertrag
MuSchG	Mutterschutzgesetz
NachwG	Nachweisgesetz
PflegeZG	Pflegezeitgesetz
RdA	Recht der Arbeit
RVO	Reichsversicherungs- ordnung
SBG IX	Sozialgesetzbuch IX
SGB V	Sozialgesetzbuch V
SGB XI	Sozialgesetzbuch XI
TzBfG	Teilzeit- und Befristungsgesetz

Anlagen

Fehlzeiten konstruktiv managen
© Vincentz Network GmbH & Co. KG, Hannover 2009; ISBN 978-3-86630-055-2

Rechtsprechungsübersicht

Krankheitsbedingte Kündigung

BAG; 19.04.2007; 2 AZR 239/06

Die Kündigung ist im Falle lang anhaltender Krankheit sozial gerechtfertigt, wenn eine negative Prognose hinsichtlich der voraussichtlichen Dauer der Arbeitsunfähigkeit vorliegt – erste Stufe, eine darauf beruhende erhebliche Beeinträchtigung betrieblicher Interessen festzustellen ist – zweite Stufe – und eine Interessenabwägung ergibt, dass die betrieblichen Beeinträchtigungen zu einer billigerweise nicht mehr hinzunehmenden Belastung des Arbeitgebers führen – dritte Stufe. Bei krankheitsbedingter dauernder Leistungsunfähigkeit ist in aller Regel ohne Weiteres von einer erheblichen Beeinträchtigung der betrieblichen Interessen auszugehen.

Die Möglichkeit einer Weiterbeschäftigung auf einem freien Arbeitsplatz – gegebenenfalls auch zu geänderten Bedingungen – schließt eine krankheitsbedingte Kündigung aus. Wenn eine Umsetzungsmöglichkeit besteht, führt die Krankheit nicht zu einer erheblichen Beeinträchtigung der betrieblichen Interessen. Im Rahmen der Prüfung anderweitiger Beschäftigungsmöglichkeiten kommen jedoch nach der ständigen Rechtsprechung des Senats nur solche in Betracht, die entweder gleichwertig mit der bisherigen Beschäftigung sind oder geringer bewertet sind. Das Kündigungsschutzgesetz schützt das Vertragsverhältnis in seinem Bestand und seinem bisherigen Inhalt, verschafft aber keinen Anspruch auf Beförderung.

LAG Berlin; 25.01.2007; 6 Sa 1245/06

Eine Kündigung kann nicht auf Belastungen durch zu besorgende weitere hohe krankheitsbedingte Fehlzeiten gestützt werden, wenn der Arbeitgeber den Arbeitnehmer aus betriebsbedingten Gründen ohnehin nicht mehr beschäftigen kann.

LAG Berlin; 25.01.2007; 6 Sa 1245/06

Eine Kündigung kann nicht auf Belastungen durch zu besorgende weitere hohe krankheitsbedingte Fehlzeiten gestützt werden, wenn der Arbeitgeber den Arbeitnehmer aus betriebsbedingten Gründen ohnehin nicht mehr beschäftigen kann.

BAG; 07.12.2006; 2 AZR182/06

Die Durchführung des Präventionsverfahrens nach § 84 I SGB IX ist keine formelle Wirksamkeitsvoraussetzung für den Ausspruch einer Kündigung gegenüber einem schwerbehinderten Menschen. Die Vorschrift stellt eine Konkretisierung des dem gesamten Kündigungsschutzrecht innewohnenden Verhältnismäßigkeitsgrundsatzes dar.

Fehlzeiten konstruktiv managen
© Vincentz Network GmbH & Co. KG, Hannover 2009; ISBN 978-3-86630-055-2

LAG Schleswig Holstein; 03.11.2005; 3 Sa 320/05

Bei einer Kündigung wegen häufiger Kurzerkrankungen kann sich im Rahmen der Feststellung der Zukunftsprognose aus der Gesamtheit des Krankheitsbildes eine persönliche konstitutionelle Schwäche und damit eine besondere Krankheitsanfälligkeit ergeben. Dann ist nicht entscheidend, dass die jeweilige individuelle Einzelerkrankung ausgeheilt ist. Um die negative Gesundheitsprognose insoweit zu erschüttern, muss der Arbeitnehmer konkret vortragen, dass und gegebenenfalls wann welcher ihn behandelnde Arzt die künftige Entwicklung seiner Erkrankungszeiten vor welchem tatsächlichen Hintergrund positiv beurteilt hat. Es reicht nicht aus, die Einzeldiagnosen offen zu legen, die Ärzte von der Schweigepflicht zu entbinden und ohne näheren Vortrag pauschal unter Berufung auf das Zeugnis seiner Ärzte zu behaupten, die Einzelerkrankungen seien jeweils ausgeheilt, um die Indizwirkung der bisherigen Fehlzeiten zu erschüttern.

BAG; 10.11.2005; 2 AZR – 44/05

Häufige Kurzerkrankungen in der Vergangenheit können indiziell für eine entsprechende künftige Entwicklung des Krankheitsbildes sprechen.

LAG Sachsen-Anhalt; 07.06.2005; 11 Sa 828/04

Negative Prognose bei häufiger Kurzerkrankung erforderlich.

LAG Hamm; 03.09.2004; 15 (19) Sa 507/04

Zur Darlegung erheblicher Betriebsablaufstörungen reicht ein pauschaler Vortrag dahingehend nicht aus, es sei zu betrieblichen Störungen gekommen, da keine eingearbeiteten oder überhaupt keine Ersatzkräfte zur Verfügung gestanden hätten.

LAG Rheinland-Pfalz; 30.08.2004; 7 Sa 447/04

Zur Darlegung erheblicher Betriebsablaufstörungen reicht ein pauschaler Vortrag nicht aus, dass wegen der Erkrankung des gekündigten Mitarbeiters andere Mitarbeiter Überstunden machen musste.

BAG; 27.06.2001; 7 AZR 662/99

Ein wegen Krankheit wirksam gekündigter Arbeitnehmer kann eine Wiedereinstellung jedenfalls dann nicht verlangen, wenn die nachträgliche überraschende grundlegende Besserung seines Gesundheitszustands erst nach Ablauf der Kündigungsfrist eingetreten ist.

BAG; 20.01.2000; 2 AZR 378/99

Bei einer krankheitsbedingten Kündigung sind im Rahmen der Interessenabwägung die Schwerbehinderung und die Unterhaltspflichten des Arbeitnehmers von den Gerichten stets mit zu berücksichtigen.

BAG; 20.01.2000; EzA § 1 KSchG Krankheit Nr. 47

Hierbei gilt es allerdings zu berücksichtigen, dass nach der Rechtsprechung Entgelt-fortzahlungskosten allein erst dann im Hinblick auf die wirtschaftlichen Belastungen erst dann kündigungsrelevant sind, wenn diese jährlich mehr als sechs Wochen betragen.

BAG; 29.04.1999; 2 AZR 431/98

Die ordentliche Kündigung des Arbeitsverhältnisses ist aus Anlaß einer Langzeiter-krankung erst dann sozial gerechtfertigt (§ 1 Abs. 2 KSchG), wenn eine negative Prognose hinsichtlich der voraussichtlichen Dauer der Arbeitsunfähigkeit vorliegt – erste Stufe -, eine darauf beruhende erhebliche Beeinträchtigung betrieblicher Inte-ressen festzustellen ist – zweite Stufe – und eine Interessenabwägung ergibt, daß die betrieblichen Beeinträchtigungen zu einer billigerweise nicht mehr hinzunehmen-den Belastung des Arbeitgebers führen – dritte Stufe.

Bei krankheitsbedingter dauernder Leistungsunfähigkeit ist in aller Regel ohne wei-teres von einer erheblichen Beeinträchtigung der betrieblichen Interessen auszuge-hen. Die Ungewißheit der Wiederherstellung der Arbeitsfähigkeit steht einer krank-heitsbedingten dauernden Leistungsunfähigkeit dann gleich, wenn in den nächsten 24 Monaten mit einer anderen Prognose nicht gerechnet werden kann.

Soweit der Senat im Urteil vom 10. 11. 1983 (2 AZR 291/82 – AP Nr. 11 zu § 1 KSchG 1969 Krankheit) die Auffassung vertreten hat, die spätere Entwicklung einer Krank-heit nach Ausspruch einer Kündigung könne zur Bestätigung oder Korrektur der Prognose verwertet werden, wird daran nicht festgehalten. Auch für die Beurteilung einer krankheitsbedingten Kündigung ist vielmehr allein auf den Kündigungszeit-punkt abzustellen.

BAG; 29.04.1999; 2 AZR 431/98

Die ordentliche Kündigung des Arbeitsverhältnisses ist aus Anlass einer Langzei-terkrankung erst dann sozial gerechtfertigt, wenn eine negative Prognose hinsicht-lich der voraussichtlichen Dauer der Arbeitsunfähigkeit vorliegt – erste Stufe -, eine darauf beruhende erhebliche Beeinträchtigung betrieblicher Interessen festzustel-len ist – zweite Stufe – und eine Interessenabwägung ergibt, dass die betrieblichen Beeinträchtigungen zu einer billigerweise nicht mehr hinzunehmenden Belastung des Arbeitgebers führen – dritte Stufe.

Bei krankheitsbedingter dauernder Leistungsunfähigkeit ist in aller Regel ohne wei-teres von einer erheblichen Beeinträchtigung der betrieblichen Interessen auszuge-hen . Die Ungewissheit der Wiederherstellung der Arbeitsfähigkeit steht einer krank-heitsbedingten dauernden Leistungsunfähigkeit dann gleich, wenn in den nächsten 24 Monaten mit einer anderen Prognose nicht gerechnet werden kann.

Soweit der Senat die Auffassung vertreten hat, die spätere Entwicklung einer Krank-heit nach Ausspruch einer Kündigung könne zur Bestätigung oder Korrektur der

Prognose verwertet werden, wird daran nicht festgehalten. Auch für die Beurteilung einer krankheitsbedingten Kündigung ist vielmehr allein auf den Kündigungszeitpunkt abzustellen.

BAG; 19.05.1993; 2 AZR – 598/92

Ein Referenzzeitraum von zwei bis drei Jahren kann für die Darlegung der Fehlzeiten in der Vergangenheit als ausreichend angesehen werden, um eine sichere Gesundheitsprognose darzulegen.

BAG; 21.05.1992; AP Nr. 20 § 1 KSchG KrankheiT

Auch eine lang andauernde Erkrankung, bei der die Beendigung der Arbeitsunfähigkeit nicht abzusehen ist, kann zur Kündigung berechtigen.

BAG; 09.04.1987; 2 AZR 210/86

Ist der Arbeitnehmer im Zeitpunkt der Kündigung nicht bereit, sich einer Entziehungskur zu unterwerfen, obwohl eine Alkoholabhängigkeit festgestellt worden ist, kann davon ausgegangen werden, dass er von der Alkoholabhängigkeit in absehbarer Zeit nicht geheilt wird.

BAG; 15.08.1984; 7 AZR 536/82

Maßgebliche Beurteilungsgrundlage für die Rechtmäßigkeit einer Kündigung sind die objektiven Verhältnisse im Zeitpunkt des Zugangs der Kündigungserklärung. Das gilt auch für eine aus Anlaß einer lang andauernden Krankheit ausgesprochene ordentliche Kündigung. Die objektiven Kriterien, nach denen der Arbeitgeber seine Zukunftsprognose zur weiteren Dauer der Arbeitsunfähigkeit des Arbeitnehmers anzustellen hat, müssen beim Zugang der Kündigungserklärung vorliegen.

Der Arbeitgeber braucht die Erfolgsaussichten einer möglichen, aber mit einem erheblichen Risiko behafteten Operation jedenfalls dann nicht in seine Prognose über die weitere Dauer der Arbeitsunfähigkeit einzubeziehen, wenn der Arbeitnehmer sich auch nach mehrmonatiger Bedenkzeit noch unentschlossen zeigt, ob er sich der Operation unterziehen soll.

BAG; 10.11.1983; 2 AZR 291/82

Bei der Prognose, ob häufige Kurzerkrankungen die Besorgnis weiterer Erkrankungen rechtfertigen, ist zwar grundsätzlich auf den Zeitpunkt der Kündigung abzustellen. Die spätere tatsächliche Entwicklung der Krankheit bis zum Ende der letzten mündlichen Verhandlung in der Tatsacheninstanz kann aber zur Bestätigung oder Korrektur der Prognose geeignet sein und verwertet werden.

BAG; 10.03.1977; 2 AZR 79/76

Eine ordentliche Kündigung, die der Arbeitgeber damit begründet, wegen häufiger Erkrankungen sei auch künftig mit wiederholten Ausfällen des gekündigten Arbeitnehmers zu rechnen, ist nicht schon deswegen unwirksam, weil der Arbeitgeber

*nicht vor Ausspruch versucht hat – insbesondere durch Anhörung des Arbeitneh-
mers über die Art der Erkrankungen -, die voraussichtliche Entwicklung des Gesundheitszustandes zu ermitteln.*

*Es kommt vielmehr bei einer solchen Kündigung darauf an, ob objektive Tatsachen
vorliegen, die die Besorgnis weiterer Erkrankungen rechtfertigen. Dafür ist die Art
der bisherigen Erkrankungen nur ein Anzeichen. Die Wiederholungsgefahr kann
sich auch aus den bisherigen krankheitsbedingten Fehlzeiten ergeben. Beruft sich
der Arbeitgeber auf derartige Fehlzeiten, hat er zunächst seine Darlegungslast erfüllt,
und es ist dann Sache des Arbeitnehmers vorzutragen, daß seine früheren Erkrankungen so beschaffen waren, daß sie nichts darüber aussagen, ob auch künftig
ständig weitere Krankheiten zu befürchten sind.*

*Bei der Prüfung, wie sich wiederholte krankheitsbedingte Fehlzeiten eines Arbeit-
nehmers auf den Betriebsablauf auswirken, ist nicht auf die Zahl der Arbeitnehmer
des Betriebes insgesamt, sondern auf die Gruppe der Arbeitnehmer abzustellen,
die gleiche Tätigkeiten verrichten wie der gekündigte Arbeitnehmer. Die Größe des
Betriebes ist allerdings wesentlich dafür, ob die Kündigung nicht durch Versetzung
auf einen anderen Arbeitsplatz zu vermeiden war.*

BAG; 19.08.1976; 3 AZR 512/75

*Die Frage, wann Krankheit des ArbN einen ausreichenden KündGrund bildet, kann
nicht rein schematisch beantwortet werden. Hierzu bedarf es vielmehr einer ein-
gehenden Interessenabwägung für den einzelnen Fall, die auf die Verhältnisse im
Zeitpunkt des Zugangs der Künd. abstellt. Dabei ist neben Dauer und Häufigkeit der
Erkrankungen des ArbN zu berücksichtigen, wie die Krankheitsausfälle den Arb-
Geb. wirtschaftl. belasten und wie sie sich auf den Betriebsablauf sowie auch auf
die Zusammenarbeit der übrigen ArbN, die teilweise für den erkrankten ArbN einspringen müssen, auswirken. Diese Umstände können außerdem von unterschiedl.
Gewicht sein, je nachdem ob es sich um einen Großbetrieb, einen mittleren oder um
einen kleinen Betrieb handelt. Weiter sind auch die Dauer der Betriebszugehörigkeit
des ArbN und die Art seiner Erkrankungen zu berücksichtigen; so müssen Beinbruch
und Blinddarmentzündung in der Regel anders bewertet werden als etwa immer
wieder auftretende oder ansteckende oder chronische Krankheiten. Vor allem ist
auch die voraussichtl. zukünftige Entwicklung in die Interessenabwägung mit einzubeziehen.*

Kündigungen im Zusammenhang mit Krankheiten

BAG; 03.04.2008; 2 AZR 965/06

Eine außerordentliche Kündigung kann gerechtfertigt sein, wenn ein Arbeitnehmer, während er krankgeschrieben ist, einer anderweitigen Arbeit nachgeht. Die anderweitige Tätigkeit kann ein Hinweis darauf sein, dass der Arbeitnehmer die Krankheit nur vorgespiegelt hat. Ebenso kann in solchen Fällen eine pflichtwidrige Verzögerung der Heilung vorliegen.

BAG; 17.01.2008; 2 AZR 536/06

Die verhaltensbedingte Kündigung gegenüber einem leistungsschwachen Arbeitnehmer kann nach § 1 Abs. 2 KSchG gerechtfertigt sein, wenn der Arbeitnehmer seine arbeitsvertraglichen Pflichten dadurch vorwerfbar verletzt, dass er fehlerhaft arbeitet. Ein Arbeitnehmer genügt – mangels anderer Vereinbarungen – seiner Vertragspflicht, wenn er unter angemessener Ausschöpfung seiner persönlichen Leistungsfähigkeit arbeitet. Er verstößt gegen seine Arbeitspflicht nicht allein dadurch, dass er die durchschnittliche Fehlerhäufigkeit aller Arbeitnehmer überschreitet. Allerdings kann die längerfristige deutliche Überschreitung der durchschnittlichen Fehlerquote je nach tatsächlicher Fehlerzahl, Art, Schwere und Folgen der fehlerhaften Arbeitsleistung ein Anhaltspunkt dafür sein, dass der Arbeitnehmer vorwerfbar seine vertraglichen Pflichten verletzt. Legt der Arbeitgeber dies im Prozess dar, so muss der Arbeitnehmer erläutern, warum er trotz erheblich unterdurchschnittlicher Leistungen seine Leistungsfähigkeit ausschöpft.

BAG; 08.11.2007; 2 AZR 425/06

Die Kündigung des Arbeitsverhältnisses eines schwerbehinderten Menschen durch den Arbeitgeber bedarf nach § 85 SGB IX der vorherigen Zustimmung durch das Integrationsamt. Eine ohne diese Zustimmung erklärte Kündigung ist unwirksam. Hat das Integrationsamt der Kündigung zugestimmt, so kann der Arbeitgeber innerhalb eines Monats die Kündigung erklären (§ 88 Abs. 3 SGB IX). Das kann bei unverändertem Kündigungsgrund auch mehrfach geschehen.

LAG Rheinland-Pfalz; 30.08.2007; 2 Sa 373/07

Informiert ein Arbeitnehmer seinen Arbeitgeber Anfang des Monats darüber, dass er sich im März einer Operation an der Hüfte unterziehen werde und das diese dazu führen wird, dass er mindestens für fünf Wochen, ggf. auch sieben oder acht Wochen arbeitsunfähig krank ausfallen wird und erhält er im Anschluss darauf am Ende des Monats die Kündigung, dann verstößt diese Kündigung weder gegen Treu und Glauben, noch ist in der Vorgehensweise des Arbeitgebers eine unzulässige Maßregelung zu sehen. Als Reaktion hierauf habe er die Kündigung vom 30.01.2007 erhalten.

Ein Arbeitgeber kann während einer Erkrankung oder sogar wegen Erkrankung kündigen, ohne dass ihm der Vorhalt von Treuwidrigkeit gemacht werden kann. Dies folgt allein schon aus der gesetzlichen Regelung des § 8 EFZG. Danach wird der Anspruch auf Fortzahlung des Arbeitsentgeltes nicht dadurch berührt, dass der Arbeitgeber das Arbeitsverhältnis aus Anlass der Arbeitsunfähigkeit kündigt. Mit diesem gesetzlichen Tatbestand ist auch der Fall gemeint, dass das Arbeitsverhältnis aus Anlass einer bevorstehenden Arbeitsunfähigkeit gekündigt wird. Die gesetzliche Bestimmung wäre überflüssig und daher nicht bedeutsam, wenn eine Kündigung, die aus Anlass einer Arbeitsunfähigkeit ausgesprochen wird, gemäß § 242 BGB rechtsunwirksam wäre. Da nicht davon ausgegangen werden kann, dass der Gesetzgeber überflüssige Bestimmungen schafft und beibehält, folgt allein aus einem Umkehrschluss aus § 8 Abs. 1 EFZG, dass die Kündigung, sollte sie allein deswegen ausgesprochen worden sein, dass der Arbeitnehmer längere Zeit krankheitsbedingt ausfällt, nicht aus diesem Grunde rechtsunwirksam sei kann.

Auch eine rechtsunwirksame Maßregelung wegen Inanspruchnahme eines (§ 612 a BGB) ist vorliegend nicht gegeben. In der zuvor beschriebenen Fallkonstellation nimmt der Arbeitnehmer gegenüber seinem Arbeitgeber kein Recht in Anspruch. Nur die Geltendmachung von Rechten löst überhaupt eventuelle Sanktionsmöglichkeiten des § 612 a BGB aus. Ein Arbeitnehmer hat gegenüber seinem Arbeitgeber nicht das Recht, sich gesund zu verhalten, er hat gegenüber dem Arbeitgeber das Recht, dass dieser die ihm übernommenen arbeitsvertraglichen Verpflichtungen erfüllt. Eine derartige Geltendmachung von Rechten liegt aber nicht vor. Wenn der Arbeitnehmer erkrankt ist, macht er kein Recht geltend, sondern ist wegen der bestehenden Arbeitsunfähigkeit nicht verpflichtet Arbeitsleistungen zu erbringen. Damit macht er gegenüber dem Arbeitgeber kein Recht geltend. Somit fehlen die tatbestandlichen Voraussetzungen des § 612 a BGB.

LAG Baden-Württemberg; 18.06.2007; 4 Sa 14/07

In einer Kündigung wegen altersbedingt erhöhten Fehlzeiten liegt nicht zwingend eine unzulässige Altersdiskriminierung. Eine mittelbare Diskriminierung nach dem Allgemeinen Gleichbehandlungsgesetz (AGG) liegt in diesen Fällen nur dann vor, wenn dem Arbeitnehmer wegen Fehlzeiten gekündigt worden wäre, die über den durchschnittlichen. Fehlzeiten der jüngeren Arbeitnehmer gelegen, sich aber noch im Rahmen der durchschnittlichen Fehlzeiten vergleichbarer Arbeitnehmer seiner Altersgruppe bewegt hätten.

BAG; 07.12.2006; 2 AZR182/06

Die Durchführung des Präventionsverfahrens nach § 84 I SGB IX ist keine formelle Wirksamkeitsvoraussetzung für den Ausspruch einer Kündigung gegenüber einem schwerbehinderten Menschen. Die Vorschrift stellt eine Konkretisierung des dem gesamten Kündigungsschutzrecht innewohnenden Verhältnismäßigkeitsgrundsatzes dar.

LAG Rheinland Pfalz; 08.08.2006; 2 Sa 76/06

Unentschuldigt fehlen rechtfertigt nicht immer fristlose Kündigung.

LAG Hamm; 10.09.2003; 18 Sa 721/03

Auch die vorsätzlich vorgetäuschte Arbeitsunfähigkeit stellt – auch ohne vorherige Abmahnung – einen an sich zur außerordentlichen Kündigung geeigneten Umstand dar, Beweiswert AUB.

BAG; 17.06.2003; NZA 2004, 564

Das BAG geht insoweit davon aus, dass die Ankündigung einer zukünftigen, im Zeitpunkt der Äußerung noch nicht bestehenden Erkrankung durch den Arbeitnehmer für den Fall, dass der Arbeitgeber einem Verlangen auf Gewährung zusätzlichen bezahlten oder unbezahlten Urlaubs nicht entsprechen sollte, ohne Rücksicht auf die später tatsächlich auftretende Krankheit an sich als wichtiger Grund für eine außerordentliche Kündigung geeignet ist. Dabei kann es ausreichend sein, dass die Drohung mit der Erkrankung nicht unmittelbar erfolgt, sondern im Zusammenhang mit dem Urlaubswunsch gestellt wird, und ein verständiger Dritter dies als deutlichen Hinweis werten kann, bei Nichtgewährung des Urlaubs werde eine Krankschreibung erfolgen.

LAG Köln; 12.12.2002; NZA-RR 2004, 242

Ein Grund zur Kündigung ist regelmäßig gegeben, wenn der Arbeitnehmer ankündigt, bei Nichtgewährung von Urlaub für einen bestimmten Tag notfalls einen »gelben Schein« zu nehmen.

LAG Köln; 17.04.2002; 7 Sa 462/01

Droht der Arbeitnehmer zu einem Zeitpunkt, zu dem er unstreitig nicht krank ist, seine Krankmeldung für den Fall an, dass ihm an einem bestimmten Folgetag nicht die gewünschte Arbeitsfreistellung gewährt wird, so kommt ein solches Verhalten als »wichtiger Grund« für eine außerordentliche Kündigung in Betracht. Dies gilt erst recht, wenn der Arbeitnehmer trotz entsprechender Abmahnung seine Androhung wahrmacht.

Der Beweiswert einer dann vorgelegten Arbeitsunfähigkeitsbescheinigung ist erschüttert. Er kann allenfalls dadurch wiederhergestellt werden, dass der Arbeitnehmer objektive Tatsachen vorträgt, die geeignet sind, den Verdacht einer Täuschung des krankschreibenden Arztes zu beseitigen.

LAG Köln; 26.02.1999; NZA-RR 2000, 25

Demgegenüber ist die bloße Ankündigung, sich krankschreiben zu lassen, noch kein Kündigungsgrund, solange es sich dabei auch um den Hinweis auf ein rechtmäßiges Verhalten handeln kann.

Arbeitsunfähigkeitsbescheinigungen

BAG; 02.03.2006; 2 AZR 53/05

Ein als ärztlicher Gutachter für Arbeitsunfähigkeitsbescheinigungen bei einem Medizinischen Dienst der Krankenkassen (MDK) beschäftigter Arbeitnehmer, der während seiner eigenen längeren Arbeitsunfähigkeit wegen einer Hirnhautentzündung trotz anerkannter Krankheitssymptome im Hochgebirge Ski läuft, verletzt seine arbeitsvertraglichen Pflichten in so erheblicher Weise, dass das Arbeitsverhältnis aus wichtigem Grund nach § 626 BGB fristlos beendet werden kann.

LAG Rheinland Pfalz; 09.12.2004; 4 Sa 728/04

Unstreitig liegen über die Krankheit des Kl. ärztliche Arbeitsunfähigkeitsbescheinigungen vor. Diese begründen nach den von der Rechtsprechung entwickelten Grundsätzen die tatsächliche Vermutung für die Richtigkeit, sofern der Arbeitgeber nicht Umstände vorträgt und beweist, aus denen ernstliche Zweifel an der Richtigkeit der ärztlichen Feststellungen begründet sind.

Der Umstand, dass der Kl. während der Arbeitsunfähigkeit auf Grund Schleudertraumas der Halswirbelsäule eine Gaststätte aufsucht, eine von ihm getragene Halskrause auszieht und die Absicht hatte, einen Gast zu verprügeln, belegt nicht, dass er tatsächlich nicht an der Erkrankung gelitten hat. Die Vermutung, dem Kl. sei eine Halskrause ärztlicherseits verordnet worden, ist reine Spekulation. Allenfalls kann dem Kl. wie vom Arbeitsgericht zutreffend festgestellt ein genesungswidriges Verhalten vorgeworfen werden. Ohne vorherige vergebliche Abmahnung löst dies aber nicht das Recht der Bekl. zur außerordentlichen Kündigung aus.

LAG Berlin; 16.04.2003; EzA-SD 15/2003, S. 8 Ls.

Nimmt ein nicht bettlägeriger Arbeitnehmer während einer längeren Arbeitsunfähigkeit einmal pro Woche für eine 3/4 Stunde an einem sog. »Kieser-Rückentraining« teil, begründet dies weder ernsthafte Zweifel an der Arbeitsunfähigkeit des Arbeitnehmers, noch gewisse »Verdachtsmomente« hinsichtlich des Vortäuschens eine Arbeitsunfähigkeit.

LAG Sachsen-Anhalt; 24.04.1996; 3 Sa 449/95

Der Arbeitnehmer ist auch nach Ablauf der sechswöchigen Entgeltfortzahlung verpflichtet, dem Arbeitgeber bei Fortdauer der Arbeitsunfähigkeit eine ärztliche Arbeitsunfähigkeitsbescheinigung vorzulegen.

Die Verletzung dieser Pflicht kann nur unter besonderen Umständen ein wichtiger Grund für eine außerordentliche Kündigung sein.

BAG; 12.07.1989; 5 AZR 377/88

Über die Dauer krankheitsbedingter Arbeitsunfähigkeit und damit über das Ende des Verhinderungsfalles entscheidet der Arzt. Gibt die ärztliche Bescheinigung für das Ende der Arbeitsunfähigkeit lediglich einen Kalendertag an, wird damit in der

Regel Arbeitsunfähigkeit bis zum Ende der üblichen Arbeitszeit des betreffenden Arbeitnehmers an diesem Kalendertag bescheinigt.

Entgeltfortzahlung

BAG; 29.09.2004; 5 AZR 558/03

Der 6-Wochenzeitraum nach dem EFZG beginnt bei ruhenden Arbeitsverhältnissen nicht mit der Erkrankung, sondern erst mit der tatsächlichen Verhinderung an der Arbeitsleistung infolge Krankheit, also mit der Beendigung des Ruhenszeitraums.

BAG; 29.09.2004; 5 AZR 558/03

Die volle Erwerbsminderung nach dem Rentenversicherungsrecht schließt Arbeitsunfähigkeit infolge Krankheit nicht aus.

BAG; 04.12.2002; 5 AZR 490/01

Arbeitsunwilligkeit schließt entgeltfortzahlungspflichtige Arbeitsunfähigkeit aus.

BAG; 09.10.2002; 5 AZR 443/01

In jedem Fall hat der Arzt dem Arbeitgeber auf Nachfrage mitzuteilen, von welchen tatsächlichen Arbeitsbedingungen der Mitarbeiterin er ausgegangen ist und ob krankheitsbedingte Arbeitsunfähigkeit vorgelegen ha.

BAG; 01.10.1997; 5 AZR 726/96

Der Arbeitnehmer, der Entgeltfortzahlung im Krankheitsfall begehrt, hat darzulegen und zu beweisen, dass er arbeitsunfähig krank war.

Diesen Beweis führt der Arbeitnehmer in der Regel durch Vorlage einer ärztlichen Arbeitsunfähigkeitsbescheinigung. Er kann diesen Beweis aber auch mit jedem anderen zulässigen Beweismittel führen.

Es ist zulässig, im Arbeitsvertrag zu vereinbaren, da eine ärztliche Arbeitsunfähigkeitsbescheinigung bereits für den ersten Tag krankheitsbedingter Arbeitsunfähigkeit beigebracht werden muss.

Kommt der Arbeitnehmer seiner Verpflichtung zur Beibringung einer Arbeitsunfähigkeits-Bescheinigung nicht nach, so folgt hieraus allein kein endgültiges Leistungsverweigerungsrecht des Arbeitgebers, sondern nur ein Zurückbehaltungsrecht. Es endet, wenn der Arbeitnehmer anderweitig bewiesen hat, arbeitsunfähig krank gewesen zu sein.

BAG; 24.06.1978; 5 AZR 7/77

Bei einem seuchenpolizeilichen Beschäftigungsverbot wird der Anspruch auf Entgeltfortzahlung im Krankheitsfall dann nicht ausgeschlossen, wenn das Beschäftigungsverbot die Folge der zur Arbeitsunfähigkeit geführten Erkrankung ist.

Direktionsrecht und Arbeitsverhältnis

BAG; 24.04.2007; 1 ABR 47/06

Kommt es zu einer vorübergehenden Verkürzung oder Verlängerung der betriebs-üblichen Arbeitszeit, hat der Betriebsrat gem. § 87 Abs. 1 Nr. 3 BetrVG mitzubestimmen; auch bei Teilzeitbeschäftigten.

BAG; 07.12.2005; 5 AZR 535/04

Es ist zulässig, dass bis zu 25 Prozent der Gesamtarbeitszeit als Abrufarbeit vereinbart werden.

BAG; 03.6.2003; 1 AZR 349/02

Entgegen einer weit verbreiteten Auffassung sind Mitarbeiter gerade nicht dazu verpflichtet Über- und Mehrarbeit zu leisten, denn der Umfang der Arbeitspflicht unterliegt nicht dem Direktionsrecht der Einrichtung gem. § 106 GewO.

BAG; 04.12.2002; 5 AZR 490/01

Arbeitsunwilligkeit schließt entgeltfortzahlungspflichtige Arbeitsunfähigkeit aus.

LAG Köln; 21.01.1999; NZA-RR 1999, 517

Umgekehrt begründet auch die regelmäßige Anordnung von Überstunden keinen Anspruch des Beschäftigten auch in Zukunft Überstunden in gleicher oder ähnlicher Anzahl ableisten zu könne.

BAG; 11.02.1998; 5 AZR 472/97

Auch der jahrelange Einsatz als Nachtwache begründet nicht das Recht, auch in der Zukunft Nachtwachen in gleichem Umfang zugewiesen zu bekommen.

Arbeitsgericht Bochholt; 29.04.1993; 1 Ca 225/93

Im Ergebnis verbleibt es jedoch dabei, dass außerhalb eines Kündigungsschutzprozesses der Mitarbeiter nicht verpflichtet ist, Auskünfte über seinen Gesundheitszustand zu erteilen, noch seine Ärzte von der Schweigepflicht zu entbinden.

BAG; 16.08.1991; 2 AZR 604/90

Auch die schuldhafte vergeblich abgemahnte Verletzung einer Nebenpflicht (hie. der gesetzlichen oder vertraglichen Pflicht zur unverzüglichen Anzeige der Arbeitsunfähigkeit) kann an sich eine ordentliche Kündigung sozial rechtfertigen, und zwar auch dann, wenn es dadurch nicht zu einer Störung der Arbeitsorganisation oder des Betriebsfriedens gekommen ist. Wenn derartige nachteilige Auswirkungen eingetreten sind, ist das im Rahmen der Interessenabwägung zu Lasten des Arbeitnehmers zu berücksichtigen.

BAG; 19.06.1985; 5 AZR 57/84

Es gibt keinen Rechtsanspruch darauf, täglich immer die gleichen Arbeitszeiten zu haben oder keine Schichtarbeit leisten zu müssen.

Wiedereingliederung und BEM

BAG; 12.07.2007; 2 AZR 716/06

Ist ein Beschäftigter innerhalb eines Jahres länger als sechs Wochen ununterbrochen oder wiederholt arbeitsunfähig, hat der Arbeitgeber nach § 84 Abs. 2 Satz 1 SGB IX unter Beteiligung des betroffenen Arbeitnehmers und der Interessenvertretung zu klären, wie die Arbeitsunfähigkeit möglichst überwunden werden und mit welchen Leistungen oder Hilfen erneuter Arbeitsunfähigkeit vorgebeugt und der Arbeitsplatz erhalten werden kann. Kündigt der Arbeitgeber einem Arbeitnehmer aus krankheitsbedingten Gründen, ohne zuvor dieses betriebliche Eingliederungsmanagement durchgeführt zu haben, so führt dies nicht ohne Weiteres zur Unwirksamkeit der Kündigung. Die Durchführung eines betrieblichen Eingliederungsmanagements nach § 84 Abs. 2 SGB IX ist keine formelle Wirksamkeitsvoraussetzung für eine personenbedingte Kündigung aus krankheitsbedingten Gründen. Die gesetzliche Regelung ist aber auch nicht nur ein bloßer Programmsatz, sondern Ausprägung des das Kündigungsrecht beherrschenden Verhältnismäßigkeitsgrundsatzes. Führt der Arbeitgeber kein betriebliches Eingliederungsmanagement durch, kann dies Folgen für die Darlegungs- und Beweislast im Rahmen der Prüfung der betrieblichen Auswirkungen von erheblichen Fehlzeiten haben. Der Arbeitgeber kann sich dann nicht pauschal darauf berufen, ihm seien keine alternativen, der Erkrankung angemessenen Einsatzmöglichkeiten bekannt.

BAG; 13.6.2006; 9 AZR 229/05

Nach dem geltenden Arbeits- und Sozialrecht ist ein Arbeitnehmer arbeitsunfähig, wenn er auf Grund einer Erkrankung nicht seine volle vertraglich vereinbarte Arbeitsleistung erbringen kann. Andererseits ist anerkannt, dass ein arbeitsunfähiger Arbeitnehmer trotz Erkrankung oft in der Lage ist, unter erleichterten Arbeitsbedingungen tätig zu sein und ihm durch eine allmähliche Steigerung der beruflichen Belastung die Rückkehr in den Beruf erleichtert wird. Krankenkassen und sonstige Sozialversicherungsträger fördern deshalb u. a. im Interesse des Betroffenen die sog. stufenweise Wiedereingliederung (§ 74 SGB V, § 28 SGB IX). Im Fall der stufenweisen Wiederaufnahme der Arbeit erhält der arbeitsunfähige Arbeitnehmer weiterhin die ihm sozialrechtlich zustehenden Leistungen. Arbeitsrechtlich bedarf die Wiedereingliederung regelmäßig einer gesonderten Vereinbarung des Arbeitnehmers mit dem Arbeitgeber über die vom Arbeitsvertrag abweichende Art und Weise der Beschäftigung. Im Schwerbehindertenrecht ist ein solcher Beschäftigungsanspruch bereits gesetzlich begründet (§ 81 Abs. 4 Satz 1 Nr. 1 SGB IX). Die Wiedergliede-

rung erfolgt auf der Grundlage ärztlicher Feststellungen. Die hierüber zu erstellende Bescheinigung muss den Wiedereingliederungsplan einschließlich der Prognose über den Zeitpunkt der zu erwartenden Wiedererlangung der Arbeitsfähigkeit enthalten.

Mitbestimmungsrechte und Urlaub

BAG; 24.04.2007; 1 ABR 47/06

Kommt es zu einer vorübergehenden Verkürzung oder Verlängerung der betriebsüblichen Arbeitszeit, hat der Betriebsrat gem. § 87 Abs. 1 Nr. 3 BetrVG mitzubestimmen; auch bei Teilzeitbeschäftigten.

BAG; 24.04.2007; 1 ABR 47/06

Kommt es zu einer vorübergehenden Verkürzung oder Verlängerung der betriebsüblichen Arbeitszeit, hat der Betriebsrat gem. § 87 Abs. 1 Nr. 3 BetrVG mitzubestimmen; auch bei Teilzeitbeschäftigten.

BAG; 05.12.1995; 9 AZR 871/94

Selbst wenn der Arbeitnehmer infolge Krankheit in einem Jahr kaum oder überhaupt nicht gearbeitete hat, kann er Urlaubsgewährung im 1. Quartal des Folgejahres noch geltend machen. Voraussetzung ist, dass der Urlaubsanspruch auch im 1. Quartal noch erfüllt werden kann.

BAG; 08.11.1994; 1 ABR 22/94

Die Führung formalisierter Krankengespräche zur Aufklärung eines überdurchschnittlichen Krankheitsstandes mit einer nach abstrakten Kriterien ermittelten Mehrzahl von Arbeitnehmern ist gemäß § 87 Abs. 1 Nr. 1 BetrVG mitbestimmungspflichtig.

Richtlinien

des Gemeinsamen Bundesausschusses über die Beurteilung der Arbeitsunfähigkeit und die Maßnahmen zur stufenweisen Wiedereingliederung (Arbeitsunfähigkeits-Richtlinien)

nach § 92 Abs. 1 Satz 2 Nr. 7 SGB V
in der Fassung vom 1. Dezember 2003
veröffentlicht im Bundesanzeiger 2004; Nr. 61: S. 6501
zuletzt geändert am 19. September 2006
veröffentlicht im Bundesanzeiger Nr. 241: S. 7356
in Kraft getreten am 23. Dezember 2006

Inhaltsverzeichnis

§ 1 Präambel

(1) Die Feststellung der Arbeitsunfähigkeit und die Bescheinigung über ihre voraussichtliche Dauer erfordern – ebenso wie die ärztliche Beurteilung zur stufenweisen Wiedereingliederung – wegen ihrer Tragweite für den Versicherten und ihrer arbeits und sozialversicherungsrechtlichen sowie wirtschaftlichen Bedeutung besondere Sorgfalt.

(2) Diese Richtlinien haben zum Ziel, ein qualitativ hochwertiges, bundesweit standardisiertes Verfahren für die Praxis zu etablieren, das den Informationsaustausch und die Zusammenarbeit zwischen Vertragsarzt, Krankenkasse und Medizinischem Dienst verbessert.

§ 2 Definition und Bewertungsmaßstäbe

(1) 1Arbeitsunfähigkeit liegt vor, wenn der Versicherte auf Grund von Krankheit seine zuletzt vor der Arbeitsunfähigkeit ausgeübte Tätigkeit nicht mehr oder nur unter der Gefahr der Verschlimmerung der Erkrankung ausführen kann. 2Bei der Beur-

Anlagen

teilung ist darauf abzustellen, welche Bedingungen die bisherige Tätigkeit konkret geprägt haben. ₃Arbeitsunfähigkeit liegt auch vor, wenn auf Grund eines bestimmten Krankheitszustandes, der für sich allein noch keine Arbeitsunfähigkeit bedingt, absehbar ist, dass aus der Ausübung der Tätigkeit für die Gesundheit oder die Gesundung abträgliche Folgen erwachsen, die Arbeitsunfähigkeit unmittelbar hervorrufen.

(2) ₁Arbeitsunfähigkeit besteht auch während einer stufenweisen Wiederaufnahme der Arbeit fort, durch die dem Versicherten die dauerhafte Wiedereingliederung in das Erwerbsleben durch eine schrittweise Heranführung an die volle Arbeitsbelastung ermöglicht werden soll. ₂Ebenso gilt die befristete Eingliederung eines arbeitsunfähigen Versicherten in eine Werkstatt für behinderte Menschen nicht als Wiederaufnahme der beruflichen Tätigkeit. ₃Arbeitsunfähigkeit kann auch während einer Belastungserprobung und einer Arbeitstherapie bestehen.

(3) ₁Arbeitslose sind arbeitsunfähig, wenn sie krankheitsbedingt nicht mehr in der Lage sind, leichte Arbeiten in einem zeitlichen Umfang zu verrichten, für den sie sich bei der Agentur für Arbeit zur Verfügung gestellt haben. ₂Dabei ist es unerheblich, welcher Tätigkeit der Versicherte vor der Arbeitslosigkeit nachging.

(4) ₁Versicherte, bei denen nach Eintritt der Arbeitsunfähigkeit das Beschäftigungsverhältnis endet und die aktuell keinen anerkannten Ausbildungsberuf ausgeübt haben (An oder Ungelernte), sind nur dann arbeitsunfähig, wenn sie die letzte oder eine ähnliche Tätigkeit nicht mehr oder nur unter der Gefahr der Verschlimmerung der Erkrankung ausüben können. ₂Die Krankenkasse informiert den Vertragsarzt über das Ende der Beschäftigung und darüber, dass es sich um einen an oder ungelernten Arbeitnehmer handelt, und nennt ähnlich geartete Tätigkeiten. ₃Beginnt während der Arbeitsunfähigkeit ein neues Beschäftigungsverhältnis, so beurteilt sich die Arbeitsunfähigkeit ab diesem Zeitpunkt nach dem Anforderungsprofil des neuen Arbeitsplatzes.

(5) ₁Die Beurteilung der Arbeitsunfähigkeit setzt die Befragung des Versicherten durch den Arzt zur aktuell ausgeübten Tätigkeit und den damit verbundenen Anforderungen und Belastungen voraus. ₂Das Ergebnis der Befragung ist bei der Beurteilung von Grund und Dauer der Arbeitsunfähigkeit zu berücksichtigen. ₃Zwischen der Krankheit und der dadurch bedingten Unfähigkeit zur Fortsetzung der ausgeübten Tätigkeit muss ein kausaler Zusammenhang erkennbar sein. ₄Bei Arbeitslosen bezieht sich die Befragung des Versicherten auch auf den zeitlichen Umfang, für den der Versicherte sich der Agentur für Arbeit zur Vermittlung zur Verfügung gestellt hat.

(6) Rentner können, wenn sie eine Erwerbstätigkeit ausüben, arbeitsunfähig nach Maßgabe dieser Richtlinien sein.

(7) Für körperlich, geistig oder seelisch behinderte Menschen, die in Werkstätten für behinderte Menschen oder in Blindenwerkstätten beschäftigt werden, gelten diese Richtlinien entsprechend.

(8) ₁Für die Feststellung der Arbeitsunfähigkeit bei Durchführung medizinischer Maßnahmen zur Herbeiführung einer Schwangerschaft gelten diese Richtlinien ent-

sprechend. 2Sie gelten auch bei einer durch Krankheit erforderlichen Sterilisation oder einem unter den Voraussetzungen des § 218 a Abs. 1 StGB vorgenommenem Abbruch der Schwangerschaft (Beratungsregelung).

(9) 1Ist eine Dialysebehandlung lediglich während der vereinbarten Arbeitszeit möglich, besteht für deren Dauer, die Zeit der Anfahrt zur Dialyseeinrichtung und für die nach der Dialyse erforderliche Ruhezeit Arbeitsunfähigkeit. 2Dasselbe gilt für andere extrakorporale Aphereseverfahren. 3Die Bescheinigung für im Voraus feststehende Termine soll in Absprache mit dem Versicherten in einer für dessen Belange zweckmäßigen Form erfolgen.

(10) Ist ein für die Ausübung der Tätigkeit oder das Erreichen des Arbeitsplatzes erforderliches Hilfsmittel (z. B. Körperersatzstück) defekt, besteht Arbeitsunfähigkeit so lange, bis die Reparatur des Hilfsmittels beendet oder ein Ersatz des defekten Hilfsmittels erfolgt ist.

§ 3 Ausnahmetatbestände

(1) Arbeitsunfähigkeit besteht nicht, wenn andere Gründe als eine Krankheit des Versicherten Ursache für eine Arbeitsverhinderung sind.

(2) Arbeitsunfähigkeit liegt nicht vor

- bei Beaufsichtigung, Betreuung oder Pflege eines erkrankten Kindes. Die Bescheinigung hierfür hat auf dem vereinbarten Vordruck (Muster Nr. 21) zu erfolgen, der dem Arbeitgeber vorzulegen ist und zur Vorlage bei der Krankenkasse zum Bezug von Krankengeld ohne Vorliegen einer Arbeitsunfähigkeit des Versicherten berechtigt,

- für Zeiten, in denen ärztliche Behandlungen zu diagnostischen oder therapeutischen Zwecken stattfinden, ohne dass diese Maßnahmen selbst zu einer Arbeitsunfähigkeit führen,

- bei Inanspruchnahme von Heilmitteln (z. B. physikalischmedizinische Therapie),

- bei Teilnahme an ergänzenden Leistungen zur Rehabilitation oder rehabilitativen Leistungen anderer Art (Koronarsportgruppen u. A.),

- bei Durchführung von ambulanten und stationären Vorsorge und Rehabilitationsleistungen, es sei denn, vor Beginn der Leistung bestand bereits Arbeitsunfähigkeit und diese besteht fort oder die Arbeitsunfähigkeit wird durch eine interkurrente Erkrankung ausgelöst,

- wenn Beschäftigungsverbote nach dem Infektionsschutzgesetz oder dem Mutterschutzgesetz (Zeugnis nach § 3 Abs. 1 MuSchG) ausgesprochen wurden,

- bei Organspenden für die Zeit, in welcher der Organspender infolge seiner Spende der beruflichen Tätigkeit nicht nachkommen kann,

- bei kosmetischen und anderen Operationen ohne krankheitsbedingten Hintergrund und ohne Komplikationen oder

– bei einer nicht durch Krankheit bedingten Sterilisation (Verweis auf § 5 Abs. 1 Satz 3 der Richtlinien).

§ 4 Verfahren zur Feststellung der Arbeitsunfähigkeit

(1) 1Bei der Feststellung der Arbeitsunfähigkeit sind körperlicher, geistiger und seelischer Gesundheitszustand des Versicherten gleichermaßen zu berücksichtigen. 2Deshalb dürfen die Feststellung von Arbeitsunfähigkeit und die Empfehlung zur stufenweisen Wiedereingliederung nur auf Grund ärztlicher Untersuchungen erfolgen.

(2) Die ärztlich festgestellte Arbeitsunfähigkeit ist Voraussetzung für den Anspruch auf Entgeltfortzahlung im Krankheitsfall und für den Anspruch auf Krankengeld.

(3) 1Der Vertragsarzt teilt der Krankenkasse auf Anforderung vollständig und in der Regel innerhalb von drei Werktagen weitere Informationen auf den vereinbarten Vordrucken mit. 2Derartige Anfragen seitens der Krankenkasse sind in der Regel frühestens nach einer kumulativen Zeitdauer der Arbeitsunfähigkeit eines Erkrankungsfalles von 21 Tagen zulässig. 3In begründeten Fällen sind auch weitergehende Anfragen der Krankenkasse möglich.

(4) Sofern der Vertragsarzt – abweichend von der Feststellung im Entlassungsbericht der Rehabilitationseinrichtung – weiterhin Arbeitsunfähigkeit attestiert, ist diese von ihm zu begründen.

§ 5 Bescheinigung der Arbeitsunfähigkeit und Entgeltfortzahlung

(1) 1Arbeitsunfähigkeitsbescheinigungen auf dem dafür vorgesehenen Vordruck (Muster Nr. 1) dürfen nur von Vertragsärzten oder deren persönlichen Vertretern für die Erstfeststellung einer Arbeitsunfähigkeit und während der Zeit des Anspruchs auf Entgeltfortzahlung im Krankheitsfall ausgestellt werden. 2In der Arbeitsunfähigkeitsbescheinigung sind die Diagnosen einzutragen, welche die Arbeitsunfähigkeit begründen, und entsprechend den Bestimmungen des § 295 SGB V zu bezeichnen. 3Gleiches gilt während des Anspruchs auf Fortzahlung der Entgeltersatzleistungen (z. B. Arbeitslosengeld, Übergangsgeld). 4Bei einer nicht durch Krankheit erforderlichen Sterilisation ist eine Arbeitsunfähigkeitsbescheinigung ausschließlich für Zwecke der Entgeltfortzahlung erforderlich.

(2) 1Dauert die Arbeitsunfähigkeit länger als in der Erstbescheinigung angegeben, ist nach Prüfung der aktuellen Verhältnisse eine ärztliche Bescheinigung jeweils mit Angabe aller aktuell die Arbeitsunfähigkeit begründenden Diagnosen über das Fortbestehen der Arbeitsunfähigkeit nach Muster Nr. 1 (Folgebescheinigung) auszustellen. 2Symptome (z. B. Fieber, Übelkeit) sind nach spätestens sieben Tagen durch eine Diagnose oder Verdachtsdiagnose auszutauschen. 3Dies trifft auch zu, wenn aus gesundheitlichen Gründen der Versuch der Wiederaufnahme einer Tätigkeit nach Beendigung der vom Arzt festgestellten Arbeitsunfähigkeit nicht erfolgreich war. 4Die Arbeitsunfähigkeit wird dadurch nicht unterbrochen, sondern besteht bis zur endgültigen Wiederaufnahme der Arbeit fort. 5Folgen zwei getrennte Arbeitsunfähigkeitszei-

ten mit unterschiedlichen Diagnosen unmittelbar aufeinander, dann ist für die zweite Arbeitsunfähigkeit eine Erstbescheinigung auszustellen.

(3) 1Die Arbeitsunfähigkeit soll für eine vor der ersten Inanspruchnahme des Arztes liegende Zeit grundsätzlich nicht bescheinigt werden. 2Eine Rückdatierung des Beginns der Arbeitsunfähigkeit auf einen vor dem Behandlungsbeginn liegenden Tag ist ebenso wie eine rückwirkende Bescheinigung über das Fortbestehen der Arbeitsunfähigkeit nur ausnahmsweise und nur nach gewissenhafter Prüfung und in der Regel nur bis zu zwei Tagen zulässig.

(4) Besteht an arbeitsfreien Tagen Arbeitsunfähigkeit, z. B. an Samstagen, Sonntagen, Feiertagen, Urlaubstagen oder an arbeitsfreien Tagen auf Grund einer flexiblen Arbeitszeitregelung (sogenannte Brückentage), ist sie auch für diese Tage zu bescheinigen.

(5) Liegen dem Vertragsarzt Hinweise auf (z. B. arbeitsplatzbezogene) Schwierigkeiten für die weitere Beschäftigung des Versicherten vor, sind diese der Krankenkasse in der Arbeitsunfähigkeitsbescheinigung mitzuteilen (Verweis auf § 7 Abs. 4 der Richtlinien).

(6) Bei Feststellung oder Verdacht des Vorliegens eines Arbeitsunfalls, auf Folgen eines Arbeitsunfalls, einer Berufskrankheit, eines Versorgungsleidens, eines sonstigen Unfalls oder bei Vorliegen von Hinweisen auf Gewaltanwendung oder drittverursachte Gesundheitsschäden ist gemäß § 294 a SGB V auf der Arbeitsunfähigkeitsbescheinigung ein entsprechender Vermerk anzubringen.

§ 6 Bescheinigung der Arbeitsunfähigkeit nach Ablauf der Entgeltfortzahlung

(1) 1Nach Ablauf der Entgeltfortzahlung bzw. der Fortzahlung von Entgeltersatzleistungen ist ein Fortbestehen der Arbeitsunfähigkeit vom Vertragsarzt auf der Bescheinigung für die Krankengeldzahlung (Muster Nr. 17) zu attestieren. 2Diese Bescheinigung ist stets mit allen aktuell die Arbeitsunfähigkeit begründenden Diagnosen – bezeichnet entsprechend den Bestimmungen des § 295 SGB V – auszustellen.

(2) 1Die Bescheinigung für die Krankengeldzahlung soll in der Regel nicht für einen mehr als sieben Tage zurückliegenden und nicht mehr als zwei Tage im Voraus liegenden Zeitraum erfolgen. 2Ist es auf Grund der Erkrankung oder eines besonderen Krankheitsverlaufs offensichtlich sachgerecht, können längere Zeiträume der Arbeitsunfähigkeit bescheinigt werden.

(3) 1Die Bescheinigung über die letzte Arbeitsunfähigkeitsperiode ist dann zu versagen, wenn der Kranke entgegen ärztlicher Anordnung und ohne triftigen Grund länger als eine Woche nicht zur Behandlung gekommen ist und bei der Untersuchung arbeitsfähig befunden wird. 2In diesem Falle darf lediglich die Arbeitsfähigkeit ohne den Tag ihres Wiedereintritts bescheinigt werden; zusätzlich ist der vorletzte Behandlungstag anzugeben. 3Erscheint ein Versicherter entgegen ärztlicher Aufforderung ohne triftigen Grund nicht zum Behandlungstermin, kann eine rückwirkende Bescheinigung der Arbeitsunfähigkeit versagt werden. 4In diesem Fall ist von einer

erneuten Arbeitsunfähigkeit auszugehen, die durch eine Erstbescheinigung zu attestieren ist.

§ 7 Zusammenwirken mit anderen Einrichtungen

(1) 1Der Arzt übermittelt dem Medizinischen Dienst auf Anfrage in der Regel innerhalb von drei Werktagen die Auskünfte und krankheitsspezifischen Unterlagen, die dieser im Zusammenhang mit der Arbeitsunfähigkeit zur Durchführung seiner gesetzlichen Aufgaben benötigt. 2Sofern vertraglich für diese Auskunftserteilung Vordrucke vereinbart worden sind, sind diese zu verwenden.

(2) 1Das Gutachten des Medizinischen Dienstes ist grundsätzlich verbindlich. 2Bestehen zwischen dem Vertragsarzt und dem Medizinischen Dienst Meinungsverschiedenheiten, kann der Vertragsarzt unter schriftlicher Darlegung seiner Gründe bei der Krankenkasse eine erneute Entscheidung auf der Basis eines Zweitgutachtens beantragen. 3Sofern der Vertragsarzt von dieser Möglichkeit Gebrauch macht, hat er diesen Antrag unverzüglich nach Kenntnisnahme der abweichenden Beurteilung des Medizinischen Dienstes zu stellen.

(3) Bei Feststellung oder Verdacht des Vorliegens eines Arbeitsunfalls ist der Versicherte unverzüglich einem zur berufsgenossenschaftlichen Heilbehandlung zugelassenen Arzt vorzustellen.

(4) Kann der Versicherte nach ärztlicher Beurteilung die ausgeübte Tätigkeit nicht mehr ohne nachteilige Folgen für seine Gesundheit oder den Gesundungsprozess verrichten, kann die Krankenkasse mit Zustimmung des Versicherten beim Arbeitgeber die Prüfung anregen, ob eine für den Gesundheitszustand des Versicherten unbedenkliche Tätigkeit bei demselben Arbeitgeber möglich ist.

§ 8 Grundsätze der stufenweisen Wiedereingliederung

Empfehlungen zur Ausgestaltung einer stufenweisen Wiedereingliederung in das Erwerbsleben gemäß § 74 SGB V und § 28 SGB IX finden sich in der Anlage dieser Richtlinien.

§ 9 Inkrafttreten

Diese Richtlinien treten mit Wirkung zum 1. Januar 2004 in Kraft.

Köln, den 1. Dezember 2003

Der Vorsitzende

Jung

Anlagen

Anlage:
Empfehlungen zur Umsetzung der stufenweisen Wiedereingliederung

1. Bei Arbeitsunfähigkeit kann eine Rückkehr an den Arbeitsplatz auch bei weiterhin notwendiger Behandlung sowohl betrieblich möglich als auch aus therapeutischen Gründen angezeigt sein. Über den Weg der stufenweisen Wiedereingliederung wird der Arbeitnehmer individuell, d. h. je nach Krankheit und bisheriger Arbeitsunfähigkeitsdauer schonend, aber kontinuierlich bei fortbestehender Arbeitsunfähigkeit an die Belastungen seines Arbeitsplatzes herangeführt. Der Arbeitnehmer erhält damit die Möglichkeit, seine Belastbarkeit entsprechend dem Stand der wiedererreichten körperlichen, geistigen und seelischen Leistungsfähigkeit zu steigern. Dabei sollte die Wiedereingliederungsphase in der Regel einen Zeitraum von sechs Monaten nicht überschreiten.

2. Die stufenweise Wiedereingliederung erfordert eine vertrauensvolle Zusammenarbeit zwischen Versichertem, behandelndem Arzt, Arbeitgeber, Arbeitnehmervertretung, Betriebsarzt, Krankenkasse sowie ggf. dem MDK und dem Rehabilitationsträger auf der Basis der vom behandelnden Arzt unter Beachtung der Schweigepflicht gegebenen Empfehlungen zur vorübergehenden Einschränkung der quantitativen oder qualitativen Belastung des Versicherten durch die in der Wiedereingliederungsphase ausgeübte berufliche Tätigkeit. Eine standardisierte Betrachtungsweise ist nicht möglich, so dass der zwischen allen Beteiligten einvernehmlich zu findenden Lösung unter angemessener Berücksichtigung der Umstände im Einzelfall maßgebliche Bedeutung zukommt. Der Vertragsarzt kann – mit Zustimmung des Versicherten – vom Betriebsarzt, vom Betrieb oder über die Krankenkasse eine Beschreibung über die Anforderungen der Tätigkeit des Versicherten anfordern.

3. Die infolge der krankheitsbedingten Einschränkung der Leistungsfähigkeit zu vermeidenden arbeitsbedingten Belastungen sind vom behandelnden Arzt zu definieren. Der Vertragsarzt kann der Krankenkasse einen Vorschlag unterbreiten, der die quantitativen und qualitativen Anforderungen einer Tätigkeit beschreibt, die aufgrund der krankheitsbedingten Leistungseinschränkung noch möglich sind. Ist die Begrenzung der Belastung des Versicherten durch vorübergehende Verkürzung der täglichen Arbeitszeit medizinisch angezeigt, kann auch dies eine geeignete Maßnahme zur stufenweisen Wiedereingliederung sein.

4. Eine stufenweise Wiedereingliederung an Arbeitsplätzen, für die arbeitsmedizinische Vorsorgeuntersuchungen nach den berufsgenossenschaftlichen Grundsätzen erforderlich sind, kann grundsätzlich nur mit Zustimmung des Betriebsarztes erfolgen. Ausgenommen davon bleiben die Fälle, bei denen feststeht, dass die am Arbeitsplatz vorliegende spezifische Belastung keine nachteiligen Auswirkungen auf den Gesundungsprozess des Betroffenen selbst oder Unfall oder Gesundheitsgefahren für ihn selbst oder Dritte mit sich bringen kann.

5. Während der Phase der stufenweisen Wiedereingliederung ist der Versicherte in regelmäßigen Abständen vom behandelnden Arzt auf die gesundheitlichen Auswirkungen zu untersuchen. Ergeben die regelmäßigen Untersuchungen eine Steigerung der Belastbarkeit, ist eine Anpassung der stufenweisen Wiedereingliederung vorzunehmen. Stellt sich während der Phase der Wiedereingliederung heraus, dass für den Versicherten nachteilige gesundheitliche Folgen erwachsen können, ist eine Anpassung an die Belastungseinschränkungen vorzunehmen oder die Wiedereingliederung abzubrechen. Ergibt sich während der stufenweisen Wiedereingliederung, dass die bisherige Tätigkeit auf Dauer krankheitsbedingt nicht mehr in dem Umfang wie vor der Arbeitsunfähigkeit aufgenommen werden kann, so ist hierüber die Krankenkasse unverzüglich schriftlich zu informieren.

6. Erklärt der Arbeitgeber, dass es nicht möglich ist, den Versicherten zu beschäftigen, ist die stufenweise Wiedereingliederung nicht durchführbar.

7. Alle Änderungen des vereinbarten Ablaufs der Wiedereingliederung sind den Beteiligten unverzüglich mitzuteilen.

8. Voraussetzung für die stufenweise Wiedereingliederung ist die Einverständniserklärung des Versicherten auf dem vereinbarten Vordruck. Auf diesem hat der Arzt die tägliche Arbeitszeit und diejenigen Tätigkeiten anzugeben, die der Versicherte während der Phase der Wiedereingliederung ausüben kann bzw. denen er nicht ausgesetzt werden darf. Der Arbeitgeber soll eine ablehnende Stellungnahme nach Nummer 6 der Anlage dieser Richtlinien ebenfalls auf dem Vordruck bescheinigen.

Krankenstand und Fehlzeiten

Quelle: IKK-Bundesverband (Hrsg.); IKK-Branchenreport Gesundheitswesen 2007 (Abb. S. 249, 250)

Die Beschäftigten im Gesundheitswesen sind relativ gesund

Die Beschäftigten im Gesundheitswesen sind - gemessen an ihrem Krankenstand - relativ gesund. Wie bereits in den Vorjahren lag ihr Krankenstand 2006 mit 3,2 % deutlich unter dem Krankenstand aller bei der IKK pflichtversicherten Beschäftigten (3,8 %). Der Krankenstand im Gesundheitswesen geht seit 2003 stetig zurück. Er folgt

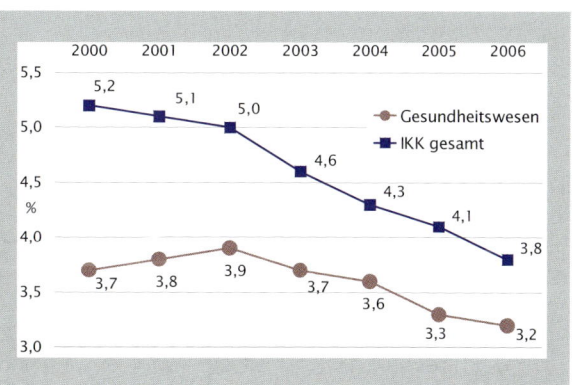

demnach der allgemeinen Entwicklung; auch bei den IKK-Pflichtversicherten insgesamt ist der Krankenstand in den letzten Jahren stark rückläufig. Insgesamt betrachtet haben sich beide Krankenstände in den letzten Jahren angenähert. 2006 hat der Krankenstand im Gesundheitswesen seinen vorläufigen Tiefststand erreicht.

Langzeiterkrankungen spielen eine untergeordnete Rolle

39 % aller Krankheitsfälle bei den Beschäftigten im Gesundheitswesen dauerten nur 1-3 Tage lang, 57,4 % der Fälle dauerten 4-42 Tage lang. Nur 3,7 % aller Krankheitsfälle im Gesundheitswesen waren Langzeiterkrankungen, d.h. Erkrankungen von über 6 Wochen Dauer. Diese Langzeitfälle verursachten allerdings mehr als ein Drittel aller

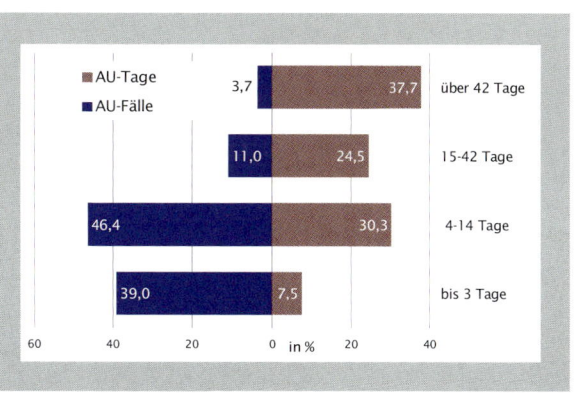

Arbeitsunfähigkeitstage im Gesundheitswesen (37,7%). Im IKK-Durchschnitt entfielen 41,7 % aller Krankheitstage auf Langzeiterkrankungen. Somit spielten länger dauernde Erkrankungen im Gesundheitswesen eine untergeordnete Rolle. Die Kurzzeiterkrankungen von 1-3 Tagen Dauer waren für 7,5 % aller Krankheitstage verantwortlich.

Anlagen

Weniger und kürzere Krankheitsfälle als der IKK-Durchschnitt

	AU-Fälle/ 100	Falldauer (Tage)	Arbeitsunfähig- keitsquote	Fehltage/ Person
Gesundheits- wesen	112,3	10,5	52,4	11,8
IKK gesamt	119,3	11,8	54,6	14,0

Die Beschäftigten im Gesundheitswesen wiesen 2006 gut zwei krankheitsbedingte Fehltage weniger auf als der IKK-Durchschnitt. Ursächlich hierfür waren drei Faktoren: weniger Krankheitsfälle, kürzere Dauer pro Fall und weniger Personen, die 2006 mindestens einmal mit Attest krank geschrieben waren.

Mit zunehmendem Alter nimmt die Erkrankungshäufigkeit tendenziell ab und die Dauer pro Krankheitsfall zu

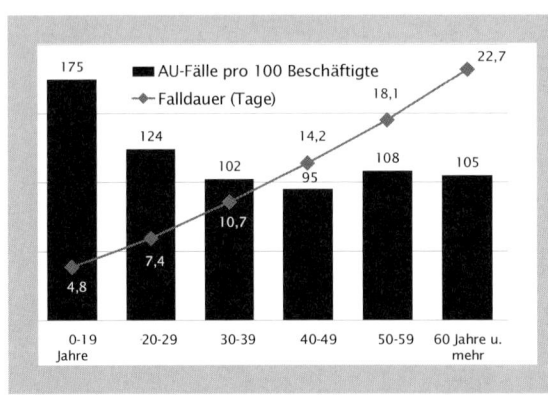

Bei den Beschäftigten im Gesundheitswesen steigt ebenso wie in der IKK gesamt der Krankenstand mit zunehmendem Alter an. Die Ursache hierfür ist in erster Linie in der starken Zunahme der Falldauer mit zunehmendem Alter zu sehen. So dauerte 2006 ein Krankheitsfall bei den jüngsten Beschäftigten nur 4,8 Tage lang, die durchschnittliche Falldauer bei den ältesten Beschäftigten ab 60 Jahren betrug dagegen fast das Fünffache (22,7 Tage pro Fall). Im Gegensatz zur steigenden Falldauer nimmt die Erkrankungshäufigkeit mit zunehmendem Alter tendenziell ab. So weisen die jüngsten Beschäftigten zwei Drittel mehr AU-Fälle als ihre Kollegen ab 60 Jahre auf.

Quelle: BGW-Pflegereport 2007: Sieht die Pflege bald alt aus? (Abb. S. 251, 252)

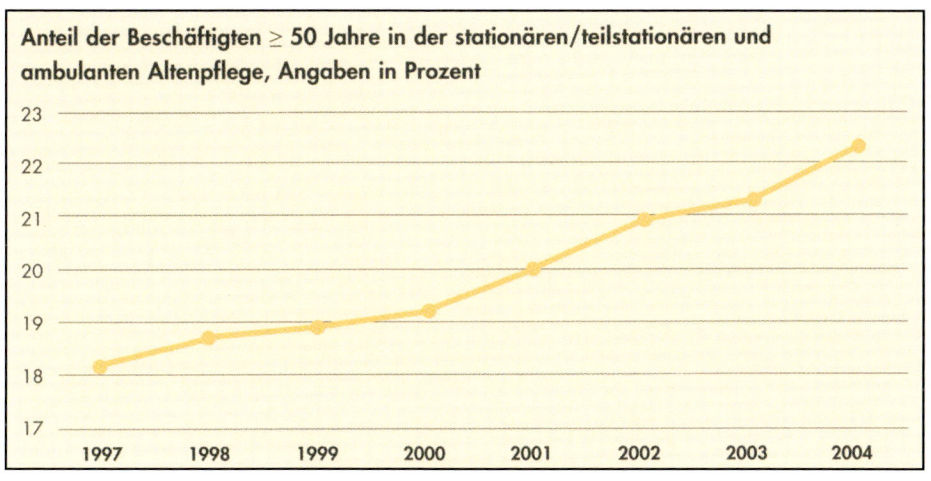

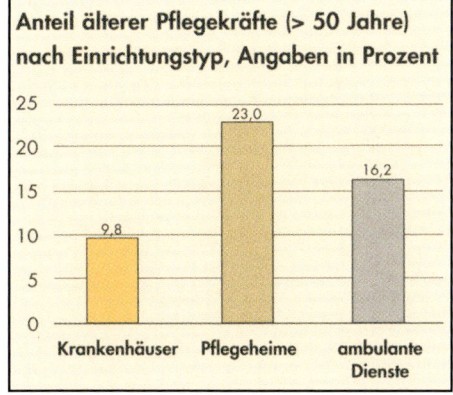

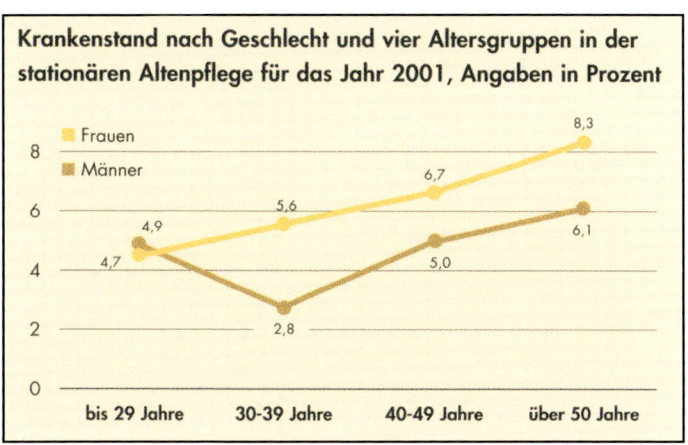

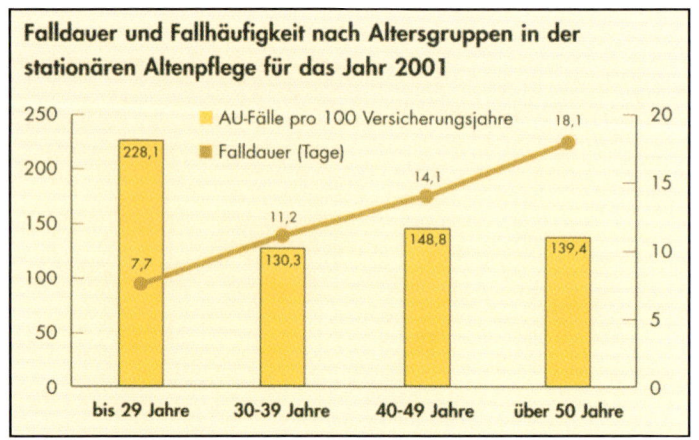

Falldauer und Fallhäufigkeit nach Altersgruppen in der stationären Altenpflege für das Jahr 2001

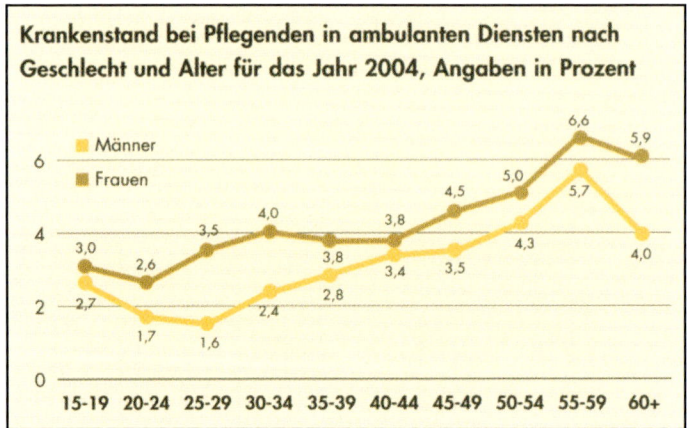

Krankenstand bei Pflegenden in ambulanten Diensten nach Geschlecht und Alter für das Jahr 2004, Angaben in Prozent

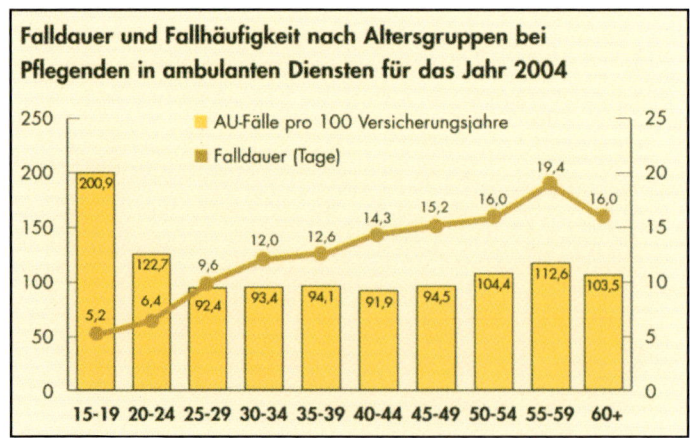

Falldauer und Fallhäufigkeit nach Altersgruppen bei Pflegenden in ambulanten Diensten für das Jahr 2004

Anlagen

Übersicht Schaubilder

Anlagen

Übersicht Formulierungshilfen und Klauselbeispiele

Die nachfolgend mit * gekennzeichneten Formulierungshilfen und Klauselbeispiele sind Bestandteil des jeweiligen Kapitels, um den Zusammenhang zu erhalten.